지역 공동체와
민속연구학 총서 1
**지역 공동체의
현실과 대응**

지역 공동체와 민속학연구 총서 1
지역 공동체의
현실과 대응

초판1쇄 발행 2023년 2월 25일

기 획 국립안동대학교 대학원 민속학과 4단계 BK21교육연구팀
글쓴이 이영배·이진교·이중구·배영동·이용범·
　　　　 정은정·이한승·한양명·이상현·서 별
펴낸이 홍종화

편집·디자인 오경희·조정화·오성현·신나래
　　　　　　　박선주·이효진·정성희
관리 박정대

펴낸곳 민속원
창업 홍기원
출판등록 제1990-000045호
주소 서울 마포구 토정로 25길 41(대흥동 337-25)
전화 02) 804-3320, 805-3320, 806-3320(代)
팩스 02) 802-3346
이메일 minsok1@chollian.net, minsokwon@naver.com
홈페이지 www.minsokwon.com

ISBN　978-89-285-1822-7
SET　978-89-285-1821-0　　94380

ⓒ 국립안동대학교 대학원 민속학과 4단계 BK21교육연구팀, 2023
ⓒ 민속원, 2023, Printed in Seoul, Korea

이 책은 저작권법에 따라 보호를 받는 저작물이므로 무단전재와 복제를 금지하며,
이 책의 전부 또는 일부를 이용하려면 반드시 저작권자와 출판사의 서면동의를 받아야 합니다.

지역 공동체와 민속학연구 총서 1

지역 공동체의 현실과 대응

국립안동대학교 대학원 민속학과 4단계 BK21교육연구팀 기획
이영배·이진교·이중구·배영동·이용범
정은정·이한승·한양명·이상현·서 별 지음

민속원

머리말

지역 공동체 현실문제에 대한 민속학의 반응

국립안동대학교 대학원 민속학과는 2020년 9월부터 '지역 공동체 현실문제에 대한 민속학적 대응과 전문인력 양성'을 주제로 4단계 BK21사업을 수행 중이다. 민속학 연구에서 지역 공동체의 중요성은 아무리 강조해도 지나치지 않는다. 지역 공동체는 다양한 형태의 민속이나 전통문화가 생성·전승된 공간이며, 민속학 연구의 뿌리를 두고 있는 터전과도 다름없다. 따라서 민속학의 성립부터 발전단계는 지역 공동체에 대한 이해의 지평을 확대하는 과정이라고 해도 과언이 아닐 정도로, 민속학에서 지역 공동체는 늘 중요한 문제였다.

하지만, 그동안의 민속학은 주로 과거에 초점을 맞추어 민속이나 전통문화에 관한 연구를 진행한 경향이 강했다. 그렇기 때문에 고령화나 인구감소를 비롯한 지역 공동체가 직면한 현실문제에 대해서는 적절히 대응하지 못한 한계 역시 학계 내에서 지적되어 왔다. 결과적으로 주민들이 겪는 매일매일의 일상이나 그것이 실천되는 시공간으로서의 지역 공동체에 관한 민속학적 연구는 상대적으로 취약한 상태로 남게 되었다. 따라서, 지역 공동체 현실문제에 대한 천착은 그동안 민속학 연구의 틈새를 보완하며, 주민의 삶과 문화를 총체적으로 이해하는 데에 기여할 것이라 기대된다.

한편, 농어촌 활성화에 관한 최근의 논의나 지방소멸에 대한 인문학적 대응 담론에서 문화에 기반한 문제 해결방식이 부각되고 있다. 특히, '민속'

이나 '전통', '토착적 지식' 등과 같이 지역성과 다양성을 강조하는 문화양식은, 서구적 가치와 문화가 세계적인 표준으로 강요되는 신자유주의 체제에 대한 대안으로 주목되고 있다. 이러한 문화양식은 주민의 정서에 친숙하고 사회적 수용성 역시 높게 나타나기 때문에, 지역 활성화나 공동체 복원·재생을 위한 프로젝트에서 핵심적인 요소로 강조된다. 실제로, 현대 한국 지역사회를 배경으로 활발하게 기획·시도되는 축제, 전시, 가요, 영화, 스토리텔링 등의 문화산업 영역에서 민속을 비롯한 지역 공동체문화의 가치와 잠재력은 매우 높게 평가·주목되고 있다.

우리 교육연구팀의 구성원들은 이러한 문제의식을 공유해, 지난 2년 반 동안 지역 공동체와 관련한 연구를 수행해 왔으며, 이 책은 그 결과물의 일부를 엮은 것이다. 제1부에서는 지역 공동체의 재인식과 문제설정을 다룬다. 「인류세와 지방소멸 시대, 공동체문화의 가능성」은 인류세와 지방소멸이 결국은 동일한 문제 영역에서 발생한 문제라고 보며, 그것에 대한 근본적인 원인을 현대 자본주의가 낳은 병폐와 관련짓고 있다. 나아가 인류세와 자본세로부터 그 피난처로서 새로운 가치실천 양식의 가능성을 공동체문화를 통해 탐색한다.

「귀농인의 지역사회 적응과 사회적 자본」은 농촌 지역 '귀농인'의 지역사회 적응 문제를 살피고 있다. 지역의 귀농인 담론에서 그들은 소멸 위기에 처한 지방의 대안적 존재로 기대되지만, 한편으로는 토착 주민과 차별화된 존재로 위치 지어진다. 이 글은 귀농인의 지역사회 적응이 결코 귀농인 개인의 노력만으로 해결될 수 없으며, '귀농인－마을(지역) 사회－지자체(정부)' 등의 상호적응과 관련된 문제임을 보여준다. 그리고 지역 공동체의 형성은 그들의 상호작용 과정과 결과임을 환기하고 있다.

「동해안 지역의 기후변화와 어촌의 현실」은 기후변화가 바다 생태계 그리고 어민들의 어로 활동을 비롯한 생활세계에 미친 영향을 파악하고, 기후위기라는 거대한 흐름 속에 놓인 어촌의 현실을 살피고 있다. 기후변화의 국면 속에서 영덕 지역에는 수온 양극화, 해저 생태계의 변화, 폭풍해일의 심화 등의 현상이 뚜렷하게 감지된다. 이 연구에서는 생태계 변화에 따른 주민의 인식과 대응을 심층적으로 살피는 한편, 이러한 혼란을 야기한 인류세에 대한 경고의 메시지를 전달하고 있다.

제2부는 지역 공동체의 문화적 전통과 변환을 다룬다. 「한말 지역 공동체 구성원의 역할 형평성 전통」은 한말韓末 지역 공동체 공동의 목표 달성을 위한 모금의 사례를 통해, 그 구성원들 사이의 형평성 적용 방식과 유형을 밝히고 있다. 이 글에서 제시한 형평성의 개념은 지역 공동체 운영의 핵심원리로, 현대사회에서도 그 적용 가능성이 높은 개념으로 주목된다.

「해안 지역 민간신앙의 용신龍神과 자연 이해」는 일반적으로 수신水神으로 알려진 해안 지역 용신의 위상을 재조명한다. 용신은 풍어를 가져다주는 유일한 신이 아니며, 오히려 그것이 담당하는 특수한 기능은 수사자水死者의 관장이다. 인간은 용신을 일방적인 숭배와 기원의 대상보다는 자유롭게 소통하고 요구할 수 있는 인간과 가까운 존재로 여긴다. 이 연구는 해안 지역의 신 개념은 물론 삶과 문화를 이해함에 있어서 자연에 대한 인지모델 같은 자연 이해의 새로운 관점이 필요함을 제기한다.

「한국 무속 '표시 체험'에 대한 연구」는 한국 무속의 종교 체험 중 '표시 체험'에 주목한다. '표시 체험'은 내림굿 이후 무당의 무업 실천과 직결된 것으로, 무당들은 이를 소명으로 받아들인다. 이 글에서는 '표시 체험'의 사례들을 분류하고 해석의 측면에 접근한다. '표시 체험'은 무당의 운명적인 사제로서의 체험이자 한국 무속의 소통 방식의 하나이다. 또한, 무당과 손님 사이에서 중요한 소통 촉매로서의 의미와 역할을 해명하고 있다.

「한국전쟁 이후 옹기공방에서 여성의 역할 변화」는 그동안 옹기 생산문화 연구에서 소외되었던 여성의 존재와 역할에 주목한다. 과거 옹기생산문화에서는 남성의 역할만이 조명·강조되었지만, 이 연구에서 주목한 것은 옹기장인 가족 특히 여성의 참여와 역할이다. 이를 통해 전통공예 분야는 생산이나 기술적인 측면만이 아니라 장인의 생활문화를 아울러 이해해야 하며, 그와 관련된 생산문화의 다양한 측면을 고찰할 필요가 있음을 제안하고 있다.

제3부는 지역 문화의 활용 가능성과 전망을 다룬다. 「밀양농악의 전승과 의의」는 1970년대 초에 만들어진 현대의 농악으로서, 고을농악이 갖는 탈공동체성과 뛰어난 치배에 의존한 전승의 실상을 잘 보여준다. 이 글에서는 밀양농악이 현대의 민속 가운데 하나인 고을농악의 창출과 전승양상을 살필 수 있는 적절한 사례 가운데 하나로 제시하고 있다.

「'80년대' 저항 문화와 민속의 지역사회 귀환」은 영양댐 건설 계획에 따라 수몰될 위기에 처한 지역과 마을 공동체를 지킨다는 의미로 기획·실행된 장파천 문화제의 민속학적 의미를 다룬다. 이 글에서는 현대 한국사회에서 복잡다단한 민속의 재구성 과정을 밝힘과 동시에, 지역사회나 농촌에서 민속이 지닌 대안문화로서의 가능성을 탐색하고 있다.

「고향영화Heimatfilm에 대한 독일 Tübingen대학 민속학연구소의 연구 배경과 방법」은 고향에 대한 독일민속학자들의 인식적 특징, 대중매체 대한 연구 경향, 고향영화 장르의 유형 분류와 연구 방법을 제시, 분석하고 있다. 이 연구에서 고향은 실재의 공간이기보다는 그향을 떠난 혹은 도시에 사는 사람의 상상의 공간이며, 고향영화란 이들의 상상을 확인시켜주는 기능을 수행한다고 보았다. 나아가 '민속'의 상품화' 중 레트로 현상의 발생 배경 그리고 민속학의 연구 가능성을 제시하고 있다.

「20세기 후반 문경도자기의 기종과 정체성 변화」는 식기류를 주로 생산했던 문경지역의 사기장들이 20세기 후반부터 점차 새로운 기종을 만들게 된 사회문화적 배경과 과정을 해명하고 있다. 특히 사기장의 경험담을 중심으로 전통기술의 보존과 '만들어진' 전통 상품이라는 두 요소가 어떻게 공존하면서 다면적인 정체성을 형성했는지 분석한다. 이 글은 다양한 환경 변화가 전통기술 보유자들에게 미친 영향과 그로 인한 정체성 변화를 당사자들 시각에서의 이해 가능성을 열어준다.

　마지막으로 이 책의 발간을 위해 옥고를 제공해준 필진께 감사의 말씀을 드린다. 또한, 4단계 BK21사업을 통해 이 책의 출판비와 더불어 안동대 민속학과 대학원생들이 경제적 어려움 없이 공부할 수 있도록 장학금을 지원해준 한국연구재단에도 특별한 감사를 표하고 싶다. 성가신 출판 작업을 수행해 준 홍종화 사장님을 비롯한 민속원 관계자분들, 원고의 수합과 정리에 힘써준 이중구 박사와 서별 박사 과정생에게도 고마움을 전한다. 이 책을 통해 지역 공동체의 위기 진단과 대안 마련에 민속학이 조금이나마 기여하길 바라본다.

저자들을 대표하여
이진교 씀

차례

머리말 4

제1부

지역 공동체의 재인식과 문제설정

제1장 인류세와 지방소멸 시대, 공동체문화의 가능성 // 이영배_ 17

1. 인류세와 지방소멸의 상관적 의의 ···· 17
2. 인류세와 그 비판, 그리고 공-산의 양식 ···· 20
3. 지방소멸 현상과 공동체문화 실천의 양가성 ···· 28
4. 가치실천 양식의 전환과 함께 살기의 가능성 ···· 33
5. 가치실천 양식으로서 공동체문화의 가능성 ···· 38

제2장 귀농인의 지역사회 적응과 사회적 자본 // 이진교_ 42

1. 소멸 위기의 농촌과 귀농인의 중요성 ···· 42
2. 귀농인의 다양성과 농촌사회 적응의 복잡성 ···· 48
3. '기대'와 '차별', 귀농인에 대한 이중적 시선 ···· 58
4. 사회적 자본의 형성과 다안적 존재로서의 가능성 ···· 69
5. 요약과 전망 ···· 82

제3장 동해안 지역의 기후변화와 어촌의 현실 // 이중구_ 86

1. 기후변화를 보는 시각과 사례 연구의 필요성 ···· 86
2. 수온의 양극화와 어종의 변화 ···· 91
3. 해저 생태계의 변호와 복원의 딜레마 ···· 101
4. 폭풍해일의 습격과 생존의 위협 ···· 106
5. 기후위기와 어촌의 현실 ···· 112

제 2 부
지역 공동체의 문화적 전통과 변환

제 4 장 한말 지역 공동체 구성원의 역할 형평성 전통 // **배영동**_ 119

 1. 머리말   ···· 119
 2. 안동 을미의병 창의 시 문중별 모금의 형평성   ···· 124
 3. 영주 순흥면 성황당 중건기금 모금의 형평성   ···· 134
 4. 영해향교 강학소 창건기금 모금의 문중별 형평성   ···· 141
 5. 맺음말   ···· 148
 부록 : 영주 순흥 두레골 성황당 중건을 위한 모금 기부자 명부(募緣文의 부록) ···· 151

제 5 장 해안 지역 민간신앙의 용신龍神과 자연 이해 // **이용범**_ 153

 1. 용신에 대한 자연 중심적 설명의 한계   ···· 153
 2. 의례 대상으로서의 해안 지역 용신   ···· 156
 3. 해안 지역 용신의 기능   ···· 161
 4. 의례 형식과 연행 방식을 통해 본 해안 지역 용신의 위상   ···· 167
 5. 해안 지역 용신과 자연 이해의 문제   ···· 169
 6. 해안 지역 용신과 자연에 대한 새로운 관점의 필요성   ···· 174

제6장　한국 무속 '표시 체험'에 대한 연구 // 정은정_ 176

 1. 표시 체험 개괄 및 문제 제기 　　　　　　　　　　　　　　　　　···· 176
 2. 표시 체험의 사례 및 분류 　　　　　　　　　　　　　　　　　　　···· 180
 3. 표시 체험의 해석 과정 　　　　　　　　　　　　　　　　　　　　···· 192
 4. 표시 체험의 의미와 역할 　　　　　　　　　　　　　　　　　　　···· 196
 5. 요약과 전망 　　　　　　　　　　　　　　　　　　　　　　　　···· 212

제7장　한국전쟁 이후 옹기공방에서 여성의 역할 변화 // 이한승_ 215

 1. 옹기공방에서 여성의 역할에 대한 주목 　　　　　　　　　　　　　···· 215
 2. 1980년대까지 옹기공방에서 여성의 역할 　　　　　　　　　　　　···· 219
 3. 1990년대 이후 옹기공방에서 여성의 참여와 역할 변화 　　　　　　···· 233
 4. 옹기공방에서 여성 역할의 유형과 의미 　　　　　　　　　　　　　···· 245
 5. 요약과 제언 　　　　　　　　　　　　　　　　　　　　　　　　···· 248

제3부

지역 문화의 활용 가능성과 전망

제8장 밀양농악의 전승과 의의 // **한양명**_ 253

1. 농악의 무대화와 밀양농악 · · · · 253
2. 밀양농악의 창출과 활동 : 1971년~1981년 · · · · 256
3. 밀양농악의 잠복과 일시적 재현 : 1982년~1990년대 중반 · · · · 265
4. 밀양농악의 재구성과 전승 : 1998년~현재 · · · · 269
5. 밀양농악의 지속과 변화 · · · · 272
6. 밀양농악 전승의 함의 · · · · 280

제9장 '80년대' 저항 문화와 민속의 지역사회 귀환 // **이진교**_ 285

1. 80년대 민속의 재발견과 한국문화의 역동성 · · · · 285
2. 영양댐 건설 저지 활동과 장파천 문화제 · · · · 290
3. 문화제의 실천과 민속의 재현 · · · · 298
4. 저항 문화의 지역사회 전파와 수용 · · · · 308
5. 문화적 함의와 전망 · · · · 320

제10장 고향영화(Heimatfilm)에 대한
독일 Tübingen대학 민속학연구소의 연구 배경과 방법 // **이상현_** 324

1. 들어가며 ···· 324
2. 고향과 대중매체에 대한 EKW의 연구 특징 ···· 327
3. 고향영화의 역사와 유형 그리고 EKW의 연구 대상과 방법 ···· 336
4. 마무리 ···· 348

제11장 20세기 후반 문경도자기의 기종과 정체성 변화 // **서 별_** 350

1. 문경지역 전통도자기와 사기장의 현황소개 ···· 350
2. 사기장들의 생계유지를 위한 대안적 노력 ···· 355
3. 미술상과 일본 상인의 유입과 '문경도자기'의 재탄생 ···· 369
4. 일본 다기의 영향을 받은 '문경다기' 제작 ···· 381
5. 요약과 차후의 방향성 ···· 393

참고문헌 397
찾아보기 409
글쓴이 소개 414

제1부

지역 공동체의 재인식과 문제설정

제1장 인류세와 지방소멸 시대, 공동체문화의 가능성∥이영배
제2장 귀농인의 지역사회 적응과 사회적 자본∥이진교
제3장 동해안 지역의 기후변화와 어촌의 현실∥이중구

제1장

인류세와 지방소멸 시대, 공동체문화의 가능성*

이영배

1. 인류세와 지방소멸의 상관적 의의

인류세라는 용어는 1980년대부터 생태학자 유진 스토머Eugene Stoermer와 그의 제자 및 동료들이 함께 비공식적으로 사용해왔다. 그러다가 노벨상 수상자인 대기화학자 파울 크뤼천Paul Crutzen이 2000년에 "우리는 인류세에 살고 있습니다!"라고 절당스럽게 외친 이후 많은 관심과 비판을 불러일으키는 논쟁적인 개념이 되었다. 크뤼천과 스토머는 인류세anthropocene를 화석연료 연소로 인한 이산화탄소 배출과 연결시켰고 그것이 13세기 말 산업혁명과 함께 시작했다고 보았다. 근본적으로 그 말에는 지구 역사에서 인

---

* 이 글은 「가치실천 양식의 전환: 인류세, 지방소멸, 공동체문화」, 『인문학연구』 50, 경희대학교 인문학연구원, 2022, 525~553쪽에 게재된 논문을 수정·보완한 것임.

간의 등장을 거대한 자연의 힘으로 보려는 인식이 함의되어 있다.

제이슨 W. 무어는 인류세를 비판하면서 현재 인간과 인간 자연 혹은 비인간 자연이 겪고 있는 긴급한 사태를 자본세capitalocene로 인식할 것을 주장하면서 다음과 같이 인류세의 개념을 혹평한 바 있다. 즉 "인류세 같은 경험주의적 개념들은 흔히 개념적 난장판이자 역사적 난장판이 되는데, 그 이유는 바로 그 개념들이, 숫자들이 역사적 의미를 부여받을 수 있게 되는 현실적으로 존재하는 역사적 관계들을 식별하기에 앞서, 현실을 수량적 집합체들의 다발로 포착하도록 제안하기 때문이다. 역사적 사실을 추가한다고 해서 역사적 해석이 형성되는 것은 아니다."[1]

지방소멸 현상은 해당 지역의 인구가 아예 없어진다는 것이 아니다. 일반적으로는 사회구조 변동으로 인해 산업이 쇠퇴하고 청·중년층 인구가 유출돼 인구가 과소화됨에 따라 고령화가 급속히 진행되는 것을 의미하며 그로 인해 필요한 기반시설의 정비 등 자족 기능이 상실되는 상태를 가리킨다. 그 징후는 출산율이 3명에서 2명으로 줄어든 1980~85년 사이에 보였지만 본격적으로 문제화된 시기는 OECD 회원국 중 출산율이 맨 하위가 된 2005년 이후부터로 보인다. 그 최악의 시나리오는 2030년을 정점으로 인구는 감소하기 시작하여 2172년에는 인구 500만 명, 2198년에는 300만 명, 2256년에는 100만 명, 2379년에는 인구 10만 명만 남게 되어 2750년에 한국인은 멸종된다[2]는 것이다.

실제로 지방 중소도시들이 급속하게 쇠퇴하고 있고 사람과 일자리가 줄고 있으며 빈 건물과 빈집들이 늘어나고 있다. 그에 따라 지방분권, 균형발전, 지역재생, 사회혁신 등 관련 담론과 정책들이 부상해왔다. 그럼에도 불구하고 회의적인 것은 지방소멸 현상의 배후에서 작동하는 근본 문제에 대한 성찰이 있었는가하는 점이다. 여전히 성장논리에 갇힌 채 맴도는 사유

---

1 제이슨 W. 무어, 김효진 옮김, 『생명의 그물 속 자본주의』, 갈무리, 2020, 274쪽.
2 마강래, 『지방도시살생부』, 개마고원, 2017, 23~24쪽 참조.

의 반복과 대안의 침식이 강화되고 있지는 않은지, 그에 대응하는 실천들이 자본주의 체제의 재생산 논리에 침윤되어 작동하는 위기의 반복 강화에 불과한 것은 아닌지 하는 것들이다.

이 글은 인류세와 지방소멸에 대한 그와 같은 문제들에 대해 조금은 근본적인 차원에서 논의해보려고 한다. 그런데 논의 전개에 있어서 다음과 같은 질문이 제기될 수 있다. 그렇다면 무엇을 주목해야 하는가? 인류세와 지방소멸 현상이 같은 층위에서 조망될 수 있는가? 자연과 사회 영역의 분리 속에서 성격이 다른 문제로 분류되고 처방되어야 하는 것일까? 자연과 인간 및 사회의 위기 혹은 붕괴를 야기하는 것들의 토대는 전혀 다른 것으로 파악될 수 있을까?

이러한 질문들에 응답하기 위해, 이 글은 인류세와 지방소멸이 같은 문제 영역 속에서 함께 검토할 수 있는 것으로 본다. 인류세와 지방소멸이 야기하고 그 개념이 문제 삼는 병폐들이 인간과 비인간 생명의 양식에 걸쳐 있다고 본다. 그 양식들이 구체화되는 토대가 가치실천을 둘러싼 구조라고 본다. 현 시대 지배적 가치실천 양식인 자본주의 체제의 위기를 표상하는 개념으로 그 두 현상을 다룬다. 즉 가치실천 양식의 문제 속에서 두 현상을 다룰 것이며 궁극적으로는 공동체문화라는 가치실천 양식이 지닌 대안성에 대해 검토해볼 것이다.

이를 위해 먼저 자연과 인간 사회의 전 영역을 아우르는 위기의 표명으로서 인류세와 그 비판의 논점을 검토하고 지방소멸과 그 대응으로 수행되는 실천들을 양가적인 차원에서 논의할 것이다. 그 다음 어떤 사유와 인식, 실천 행동의 방향이 모색될 수 있는지를 한 가지 실천 사례를 통해 예시하고 그 의의와 가능성을 탐문해보고자 한다.

2. 인류세와 그 비판, 그리고 공-산의 양식

인류세를 지지하는 위기의 현상들은 지구 전체에 걸쳐 매우 구체적이고 포괄적으로 나타난다. 그것은 아주 짧은 시간 동안에 전개된 인간 사회의 산업적 구조 변동들이 끼친 환경적 사회적 변화에 의해 그 문제성이 명확하게 드러난다. 이를테면 농경지와 정착지로 쓰려고 땅을 정리하는 작업은 지표면을 변화시켰고 댐과 같은 대규모 개발 사업들은 물의 흐름을 막아 지구 수권水圈을 헤집어 놓았다. 지권地圈과 수권뿐만 아니라 인간 사회는 문명의 제국주의적/식민주의적 확장 속에서 동식물을 이동시켰고 자연 서식지를 없애거나 과도한 자원 개발을 통해 종을 멸종시키면서 생물권도 변화시켰다. 산업화 과정 속에서 증강된 화석연료의 연소, 농업 혁명의 과정 속에서 전개된 질소 비료의 산업적 합성 등과 같은 인간 활동은 광범위한 환경오염과 기후변화를 초래했다. 이 과정에서 탄소와 질소 등 여러 주요 원소들의 지구적, 생물지구화학적 순환을 돌이킬 수 없을 정도로 변화시키고 있다.

인류세라는 개념은 이와 같이 복합적이고 원인이 다양한 '전례 없는' 위기의 상황을 지시하고 있다. 즉 지구는 이미 우리가 알지 못하는, 파국적인 결말을 가져올 전례 없는 상태로 넘어가고 있으며 그 흐름은 이제 돌이킬 수 없을지도 모른다는 것이다. 그것은 사회적, 정치적, 경제적 변화 및 그 변화들 사이의 상호작용이 지역 규모에서 시작하여 지구적 규모에 이르기까지 다양한 환경적 결과를 가져왔음을 복합적으로 설명하고 있다.

> 호모 사피엔스가 독특한 방식의 삶을 영위하면서 지구 전체로 퍼져나가고, 심지어 지구를 떠날 수도 있는 날이 다가오고는 있지만, 이 모든 것은 우주력[3]에서

---

3   우주, 지구 생명, 인간의 역사를 1년의 흐름에 맞추어 제시한 시간의 형식을 우주력이라 한다. 이 우주력에서 280만 년 전에 나타난, 인간의 직계 조상의 첫 번째 종인 호모(Homo) 속(屬)

단 몇 만을 차지한 사건일 것이다. 지구는 엄청나게 거대한 우주 안의 평범한 은하계 안의 평범한 항성을 공전하는, 평범한 행성이다. 그러한 지구에서 인간은 다른 수백만 생물종과 함께 살아온 호모 속의 한 종에 불과할 뿐이었다. …(중략)… 그러나 …(중략)… 고대 지중해 지역의 **인간 사회들은 숲을 개간하여 농토로 변환해 경작하였고, 그에 따라 대규모 지역에 걸쳐 식생, 토지, 심지어는 기후를 극적으로 변화시켰으며, "지표면을 거의 완벽하게 달의 표면처럼 황량하게" 만들었다.** 인간은 지구를 나쁜 방향으로 영속적으로 변화시킬 수 있는 파괴력을 지니게 되었다. 지질학자 안토니오 스토파니(Antonic Stoppani)는 …(중략)… **인간이 만든 변화에 근거한 새로운 시대를 정의하고 '인류대(Anthropozoic Era)'라는 이름**을 붙였다. 산업 시대가 전개되면서 지구의 자원에 대한 수요는 계속해서 증대했다. 화석연료 사용으로 인한 추동력, 그리고 지구적 교역망의 연결 덕택에 인간활동의 규모, 강도, 범위는 극적으로 커졌다. **숲 개간, 토지 경작, 광석 채굴, 도시 건설, 산업생산은 점차 물, 공기, 토지 오염을 불러왔다. 또한 자연 공간이 번잡한 인공 경관으로 광범위하게 전환되면서, 비인간 생명체의 거주 공간은 점점 더 협소해졌다.** 그렇지만 인간이 지구를 바꿀 수 있을 정도의 힘을 소유하게 되었다는 새로운 증거는 갑작스럽게 나타났다.[4]

인간 사회는 단지 자연계를 교란하는 수준에 그치지 않는다. 인간 사회의 연결망은 다른 생명의 그물망과 지구적으로 얽혀 있고 한 지역에서 내린 결정은 지구 반대편 멀리 떨어진 지역, 혹은 지구 전체의 생태계를 바꾸어놓을 수 있다. 인간이 행성 곳곳에 자신들만의 생태적 지위를 지속적으로 추구함에 따라 지구는 일종의 사회생태계적 체계로서 기능하고 있으며,

---

즉 초기 인류인 호미닌(Hominin)은 12월 31일 22시 24분 즈음에 출현했다. 아마도 30만 년 전에 출현한 호모 사피엔스는 도구를 제작하고 불을 다루는 호미닌들 사이에서 나타났고 그로부터 약 20만 년 동안 호미닌들과 뚜렷하게 구별되지 않았다. 우주력에서 호모 사피엔스는 12월 31일 23시 48분 즈음에 출현한 것으로 계산 기록된다.

[4] 얼 C. 엘리스, 김용진·박범순 옮김, 『인류세』, 교유서가, 2021, 27~29쪽.

점점 더 부유해지고 점점 더 원하는 게 많아지는 인간을 부양하도록 바뀌고 있다.[5]

인류세는 농업과 함께 시작된 것도 아니고 심지어 산업사회의 부상과 함께 시작된 것도 아니라고 주장된다. 그것은 1945년 이후 대규모 산업사회의 부상과 함께, 그리고 지구 전체 환경을 가속적으로 변화시키는 인간의 전례 없는 능력과 함께 시작된 것으로, 인간 때문에 지구 시스템 작용에 체제 이동이 유도될 정도로 인간의 압력이 심각한 수준에 도달하기 시작한 것은 20세기 중반 무렵에야 본격화되었다. 그 층서학적인 유력한 증거로 1945년부터 시작하여 1963년과 1964년에 정점을 찍은 핵무기 실험 과정의 부산물, 즉 방사능 낙진 퇴적층을 제시하거나 또 다른 유력한 증거로 플라스틱 퇴적층과, 화석연료의 불완전 연소 때문에 생기는 블랙카본을 들기도 한다.

이와 같은 사태에 직면하여 이루어지는 대응 실천에서 주목되는 것은 인류가 한때 아무런 처벌도 받지 않고 죽였던 생물종을 이제는 적극적으로 되살리고 그들과 공존하기 위해 애쓰고 있다는 점이다. 이를테면 유럽에서는 늑대가 그들의 옛 사냥터로 돌아왔고 미국에서는 흑곰, 푸마, 코요테가 돌아왔다. 이와 같이 인류세의 '무분별한 정원' 즉 점점 더 인위적으로 바뀌어 가는 생물권 안에서 새로운 관계가 형성되고 있으며 사회, 사람, 야생, 그리고 전체 생태계가 같이 진화하면서 새로운 형태의 자연을 공동으로 창조하고 있다.[6]

지금까지 인류세도 다양하게 해석되었다. 하지만 한 가지 해석이 지배적이다.
이 해석은 근대 세계의 기원이 19세기에 접어들 바로 그 무렵의 영국에서 발견될 수 있다고 말해준다. 이런 시대 전환의 배후에 있는 원동력은 무엇인가? 두

---

5 위의 책, 203~204쪽.
6 위의 책, 195쪽.

낱말로, 석탄과 증기다. 석탄과 증기의 배후에 있는 구동력은 무엇인가? 계급은 아니다. 자본도 아니다. 제국주의도 아니다. 문화도 아니다…추측해보라. **그것은 바로 안드로포스(Anthropos), 즉 미(未)분화된 전체로서의 인류다.** 인류세는 …(중략)… **근대성의 전략적인 권력관계와 생산관계에 새겨진 자연화된 불평등과 소외, 폭력 …(중략)… 상품화, 제국주의, 가부장제, 인종적 구성체, 그리고 그 밖의 많은 것 …(중략)… 고려되지 않는다.** 이들 관계는 인식되지만, 기껏해야, 문제의 틀을 잡는 작업에 대한 사후 첨가물로서 그럴 뿐이다.[7]

인류세 담론이 포괄하는 다양한 영역과 그 실천 활동에도 불구하고 그 배후의 구동력은 미분화된 전체로서의 인류에 초점화되고 있다. 거기에는 역사적 자본주의 체제가 야기한 불평등과 소외, 상품화, 제국주의, 가부장제, 인종차별의 군제 등이 근본적으로 고려되지 않고 문제의 틀을 잡는 사후의 첨가물로 부가되고 있다는 비판이 있다. 무엇보다도 인간들 사이의 관계 자체가 자연의 문제 영역과 분리되어 인식된다.

그러나 인간 활동은 언제나 자연을 통해서 생산된다는 둔제 인식이 있다. 여기에서 자연은 '자원-으로서의-자연'이 아니라 '매트릭스-로서의-자연'으로 규정된다. 그 자연은 우리 몸의 안팎 즉 기후변화에서 미생물 군집에 이르기까지 작용함과 동시에 인간 존재의 육화된 마음을 비롯하여 그 몸을 통해서도 작용하는 것으로서 고려된다.

인간은 역사적 과정 속에서 근본적인 종내 분화를 생산하고 이 과정에서 성별화되고 인종차별적인 체제에 근본적인 계급 불평등을 생산한다. 그 분화와 모순 역시 생명의 그물과 이미 다발을 이루면서 서로 다발을 이룬 권력과 부[8]의 관계 속에서 생산된다. 그 생산, 그 관계가 가치실천 양식이다. 자본주의 체제에서 가치실천 양식은 상품과 노동을 근간으로 이루어진다.

---

7 제이슨 W. 무어, 김효진 옮김, 앞의 책, 273~275쪽
8 위의 책, 278쪽.

자본 자체가 가치를 무한히 증식하는 운동임을 고려할 때 자본주의 체제에서 가치실천 양식은 이윤이 최고의 미덕이 되는데, 그것은 '매트릭스-로서의-자연' 속에서 혹은 그것의 전유를 통해 극대화된다.

> **추상적인 사회적 자연**의 표준화와 단순화, 지도제작, 수량화 실천들-전유 구역에 집중되는 실천들-도 상품생산 체계 안의 유사한 실천과 관련되어 있다 …(중략)… 테일러의 유명한 '시간과 운동' 연구 같은 것은 추상적인 사회적 노동의 영역에 속하며 기성의 **상품화된 관계**를 개편 …(중략)… 도량형 체계의 시행 같은 것은 추상적인 사회적 자연의 영역에 속하며 자본주의 권력의 약하게 **상품화된 재생산관계**로의 진출을 나타낸다. …(중략)… **추상적인 사회적 노동**으로 표상되는, 물질생활의 '단단한' 전환은 자본주의적 세계생태에서 이루어지는 상징적 실천과 지식구성의 '부드러운' 과정으로 보완되고 가능하게 된다(본원적 축적이 그 두 계기 사이의 순환적 매개로서 필요하다). 그런 '연성' 기법-그 배후에 항상 국가와 제국의 폭력이 있는 기법-의 목표는 **가능한 한 대가를 치르지 않은 채로 최소로 상품화되었거나 미상품화된 자연에 대한 접근권**을 확보하는 것이다.[9] …(중략)… 추상적인 사회적 노동의 특징이 **통제와 착취**라면, 추상적인 사회적 자연을 규정짓는 특질은 **통제와 전유**다. 우리는 자본주의가 항상 더 넓어지는 "경험 영역들을 체계적" 질서와 통제 아래 가져오는 방법의 형태로서 측정과 지도제작의 역사적 과정 …(중략)… 경험 영역들을 합리화하고 통제하는 이 포괄적(이고 확장적)인 과정들은 …(중략)… **자본 축적에 유용할 수 있는 모든 형태의 생명활동-엄청나게 오래된 생명(화석연료)의 응고 작업을 포함하는 활동-을 식별하여 울타리를** 치고자 한다.[10]

---

9   위의 책, 320~321쪽.
10 위의 책, 322~324쪽.

추상적인 사회적 자연은 계산되고 수량화되어 통계로서 산출되는, 그리고 그 과정에서 과학·지식·기술에 의해 전유되는 자연을 의미한다. 우리는 자연을 자연 자체로 접촉할 수 없다. 추상적인 사회적 노동은 사회적인 필요노동 시간에 의해 가치로서 척도화되고 계산·측정되는 잉여가치로서 상품화되는 노동이다. 우리는 자본주의 체제 속에서 잉여가치로서 착취되는 이 추상적인 사회적 노동 바깥에 존재하는 어떤 노동도 알지 못하게 구조화된 임금노동의 체계 속에서 살아간다. 그로 인해 우리는 자연의 통제와 전유가 노동의 통제와 착취를 근거 짓고 그 과정에서 생산되는 자본의 축적과 이윤의 무차별한 증식 속에서 가속화돼 나타나고 있는 인류세를 살아가고 있다. 자연과 생명을 합리화하고 통제하는 포괄적이고 확장적인 역사적 자본주의의 체제 속에서 화석연료(엄청나게 오래된 생명) 다시 말해, 지구의 지권·수권·생물권 등의 자연은 언제나 식별되어 울타리가 쳐지는, 즉 종획되어 전유되는, 전례 없고 가속화되는 생명의 위기를 마주하고 있다.

인류세라 불리는 이 시대는 **인간을 포함한 복수종**에게 긴급성의 사태이다. 대규모 죽음과 멸종의 시대이다. 예측 불가능한 특성들이 어리석게도 인지 불가능성 자체로 여겨지는, 무모하게 돌진하는 재앙의 시대이다. **응답-능력의 역량을 이해하고 배양하기를 거부하는 시대**이다.[11] 어쩌면, **인류세의 상징은 불타는 숲이 아니라 불타는 인간** ⋯(중략)⋯ 화석을 만드는 인간, 뭇종을 가속화하는 그들의 맹렬한 프로젝트가 지질학적 시대명을 얻을 정도인 이 인간의 불타는 야망이 과연 어느 정도인지 이해하기 어렵다. 광물, 동식물의 육체, 인간의 거주지 등을 상대로 점점 박차를 가하는 이윤을 쥐어짜는 행태는 제쳐두고라도, 값비싼 대가를 치러야 하는 명백한 생태계 파괴와 확산되는 정치적 무질서에 직면해 우리는 **일말의 기대**를 품는다. **재생에너지 기술과 정치적·기술적 탄소 오염-저감 수**

---

11 도나 해러웨이, 최유미 옮김, 『트러블과 함께하기』, 마농지, 2021, 66쪽.

단을 빨리 개발한다면, **과도한 화석연료 사용이 초래한 지구온난화의 탄소 과잉 문제를 제거하지는 못하더라도 완화**할 수는 있다고 말이다. 아니면 곧 **세계 석탄 및 석유 산업이 재정난에 처해 이 광기가 멈출지도** 모른다고. **하지만 그렇지가 않다.** …(중략)… **북극해가 녹는 것은**, 북극곰과 연안 사람들에게는 끔찍한 일이지만, **경쟁적인 대규모 군대나 탐험, 굴착, 그리고 북극 항로를 횡단하는 유조선을 위해서는 매우 좋은 일**이다. 얼음이 녹고 있는데 쇄빙선이 왜 필요하겠는가?[12]

인류세가 자본세로 비판되는 것에 공감을 표명하면서 도나 해러웨이는 모든 종류의 인간과 비인간 노동자들을 쓸어버리는 노동혁신, 크리터[13]들과 사물들의 재배치·재구성과 함께 설탕과 귀금속, 플랜테이션, 원주민 집단학살, 노예제의 네트워크들을 이야기해야만 한다고 강조한다. 산업혁명이 매우 중요하기는 하지만, 그것(혹은 인간)은, 지구를 변화시키고 역사적으로 어떤 상황에 처해지고 충분히 새로운 세계 만들기에 얽힌 관계들에서 단지 하나의 플레이어일 뿐이다. 따라서 인간Anthropos, 혹은 종으로서의 인간, 혹은 사냥꾼으로서 인간의 배신을 한탄하는 것은 온당치 않다. 그 대신 가차 없이 관계적이고 '공-산sympoiesis, 共-産'[14]적이고 필연적인 것으로서

12　위의 책, 84~85쪽.
13　크리터(Critter)는 온갖 종류의 성가신 동물을 가리키는 일상적인 관용어인데, 해러웨이는 이 크리터라는 말에 창조물(creature)이나 창조(creation) 같은 얼룩이 붙지 않음을 강조하여 쓴다. 크리터는 미생물, 식물, 동물, 인간과 비인간, 그리고 기계까지 포함한 잡다한 것들의 존재를 의미하고 강조한다.
14　이 '공-산'이라는 용어는 'sympoiesis'를 번역한 것으로 최유미가 제안했다(최유미, 『해러웨이, 공-산의 사유』, 도서출판 b, 2020, 5쪽 참조). 이 말은 제작하기 혹은 만들기라는 의미의 'poiesis'와 함께 또는 이질적이고 서로 다른 것들이 엮여 이루어 가는 상태를 의미하는 'sym-'의 복합어이다. 필자는 이 공-산이라는 말이, 자기 완결적 혹은 자기 폐쇄적 존재인 유기체로서 주체와 타자가 구별되거나, 외부가 없는 체제를 근본적인 것으로 보는 인식과 존재에 대한 관점이 투사되어 읽히고 효과화되는 오토포이에시스(auto-poiesis)에 대한 대항 개념으로 쓰일 수 있다고 생각한다. 이 공-산의 세계에서는, 인간과 비인간, 생명이나 비생명 등이, 심포이에시스의 과정 속에서 얽혀 관계 맺고 살고 죽는 실천과, 그러한 존재들과 세계들이 중요해지며 또 그러한 것들을 적극적으로 사유하는 일이 중요해진다. 이러한 인식과 실천의 경향들 속에, 환경 근본주의와 같은 환원적 의지나 원시적 자연 상태로 회귀하려는 퇴행의 벡터가 있는 것은 아니다. 그것은 지금 여기, 생명과 비생명, 인간과 비인간, 자연과 문화가 분리되지 않고 연

땅의 이야기를 새로 써야 한다고 주장한다. 그러면서 인간 종들도 포함하는 생물다양성이 지질학적 최후를 맞는 시대 즉 자본세를 한탄할 필요 없이, 아직 하지 않은 이야기가 너무나 많이 있고, 아직 짜지 않은 망태기가 너무나 많이 있는, 인간에게만 해당하는 것이 아닌[15] 쑬루세chthulucene를 이야기한다.

또한 그는 인류세 담론이 단지 본질적으로 방향이 잘못되었고 마음을 잘못 쓴 것만이 문제가 아니라고 하면서, 그것이 다른 세계들을 상상하고 보살피는 우리의 능력을 차츰 약화시킨다고 비판한다. 여기서 다른 세계들이란 지금 불안정하게 존재하는 세계들과, 여전히 회복 가능한 과거와 현재, 미래를 위해 우리가 다른 크리터들과 힘을 모아 만들어내야 하는 세계들[16]을 의미한다.

자본세 역시 관계성에 의해 만들어졌지, 세속의 신 같은 인간이나 역사의 법칙, 기계 자체, 혹은 근대성이라 불리는 악마에 의해 만들어진 것이 아니라고 그는 비판한다. 따라서 자본세는 좀 더 살 만한 뭔가를 구성하기 위해 관계성에 의해 파괴되어야 한다. 자본세 담론에 핵심적인 진보의 약속은 마치 우리에게 복수종의 웰빙을 위해 함께 세계를 다시 만들고, 다시 상상하고, 다시 살고, 다시 연결하기 위한 다른 방법이 없는 것처럼 우리를 끝없는 지옥 같은 대안들에 단단히 묶는다.[17] 반면, 땅 밑에 사는 것들은 사라진 과거에 갇히지 않는다. 인간 또한 그 부류에 속하지 별개의 존재가 아니다. 인간을 포함한 그 존재들은 부식토humus 즉 퇴비로서 지구의 생물다양성의 힘을 회복하는 힘이고 쑬루세의 공 – 산적인 일이자 놀이를 하는 복수종의 공생체로 사유된다.

결되어있음에 주목하고, 과학·기술·문명의 현재 속에서 그 트러블과 함께 살고 죽기라는 영속성을 패턴으로 하는 새로운 가치실천 양식을 추구한다.
15 도나 해러웨이, 최유미 옮김, 앞의 책, 88~89쪽.
16 위의 책, 90~91쪽.
17 위의 책, 92~93쪽.

인류세나 자본세가 드리우는 디스토피아의 분위기와 달리 이 공-산의 세계 만들기에 함께 하는 복수종의 공생체는 아직 끝나지 않은 세계, 아직은 하늘이 무너지지 않은 불안정한 시대를 쑬루세로 사유하면서 여전히 위태로운 시대 한복판에서 진행 중인 복수종의 함께 되기라는 이야기와 실천들로 구성되는 삶의 양식, 존재의 양식을 추구한다. 여기에서 인간 존재는 인류세와 자본세 담론의 지배적인 각본들과 달리, 단지 반응할 수 있을 뿐인 다른 모든 존재와 구별되는, 유일하게 중요한 행위자가 아니다. 이 세계(쑬루세)에서 인간은, 지구와 함께 있고 지구의 존재이며, 이 지구의 생물적이고 비생물적인 힘들이 가장 중요한 이야기[18]로 선택되어 이야기되는 '공-산의 가치실천 양식'을 함께 써내려간다.

3. 지방소멸 현상과 공동체문화 실천의 양가성

지방소멸 현상은 인구학적 요인과 밀접한 관계가 있다. 그러나 단편적으로 인구의 절대적 감소만을 뜻하지는 않는다. 한 부면에서 인구집중이 과도하게 나타나고 또 한 부면에서는 급격한 인구 유출로 인해 사회가 붕괴된다. 이 양가적인 인구 문제는 인류세와 마찬가지로 세계적인 패턴을 보인다. 즉 1970년대 이후 인구 증가율은 급격히 줄어들었고 계속 낮아지고 있다. 이는 교육 수준이 높고 도시에 거주하는 사람들이 소규모 가족을 이루는 경향 즉 인구 변천에 기인한 바 크다. 세계 인구는 계속 도시로 집중되고 있고 인구 증가율은 계속 감소하고 있다. 추세로 보면 2100년까지 세계 인구가 160억에 달하고 그 이후로도 계속 늘어날 가능성이 있다고 한다. 주류 인구학자들은 2100년에 약 110억 정도에서 세계 인구가 안정화될

---

18 위의 책, 99쪽.

것[19]으로 보고 있지만 이미 생태적 한계치를 훨씬 넘어서 있다. 그럼에도 불구하고 지방소멸이 운위되고 있는 사태는 너무도 역설적이다.

 한국사회는 2026년 무렵이면 초고령 사회(20% 이상)가 될 것으로 예측되고 있다. 도시보다는 농촌에서 그러한 추세는 가속화되고 있다. 이미 2016년에 소멸위험지역 또는 쇠퇴위험지역은 84곳으로 증가했고 여기에는 대도시인 부산광역시의 영도구와 동구도 포함되었다. 읍면동 단위 지역 중 전체의 30% 이상이 30년 안에 제 기능을 할 수 없다는 주장도 제기되듯 지방소멸 현상은 당사자들에게는 생존의 문제가 되어버렸다. 귀농귀촌 등 고령 및 청년세대의 새로운 인구 유입이 그 대안으로 추구되고 있지만 현재까지는 소멸위험지역의 인구감소를 완화하는 데 기여하지 못하고 있으며, 인구 유출의 흐름을 반전시키지는 못하고 있다. 오히려 소멸위험지역은 도청 소재지, 산업도시, 광역대도시로 확산되는 양상을 보이고 있으며 지방 제조업의 불황 속에서 지역 산업기반이 붕괴되고 있고 이는 다시 지방의 인구유출을 더욱 가속화하고 있는 중이다. 이와 같은 지방소멸에 직면하여 지역균형발전 정책에 대한 요구가 높아지고 있으며 국가적인 중요 사안으로 다루어지면서, 물리적 인프라 혁신과 함께 교육, 교통, 주거, 문화 등과 관련된 생활양식의 혁신을 동반하는 전환이 모색되고 있다.[20]

 그 전환 양식의 한 경향으로서 공동체문화 실천이, 마을 단위 또는 지역 단위에서 이루어지고 있다.[21] 그와 함께 공동체문화의 역사적 생태성과 공공성이 대안적 상상의 동력으로 주목되고 있다. 이는 공동체문화의 자율과 자치가 사회구성과 생활양식의 원리로 지지됨과 동시에 상호부조가 관계

---

19 얼 C. 엘리스, 김용진·박범순 옮김, 앞의 책, 205쪽.
20 지방소멸에 대한 전반적인 내용은 기획서, 『지방소멸 일본은 어떻게 대처하고 있는가』, 태양, 2017; 마강래, 『지방도시 살생부』, 개마고원, 2017; 『지방분권이 지방을 망친다』, 개마고원, 2018; 마스다 히로야, 김정환 옮김, 『지방소멸』, 와이즈베리, 2015; 유선종·노민지, 『지방소멸, 어디까지 왔나?』, 매일경제신문사, 2018 참조.
21 공동체문화 실천의 전반적인 내용은 이영배, 「마을행동, 사회적 연대의 민속적 배치와 생성」, 『인문학연구』 35, 경희대학교 인문학연구원, 2017. 111~152쪽 참조.

구성의 윤리적 규범으로 새롭게 강조되는 것으로 나타나고 있다. 공동체문화의 실천은 현실 영역의 여러 문제들이 복합되어 나타나고 있는데, 다양한 협동조합의 형태로 조직화되고 있다. 최근에는 사회적경제 영역 즉 경제정의와 사회정의, 사회적 재난과 생태 문제 등에 대하여 그 해결의 실마리를 공유 가치의 실현 또는 공동체성의 구현에서 찾고자 하는 흐름이 활성화되고 있다.

공동체문화는 농촌지역과 도시지역에서 각기 그 환경과 상황에 적합한 방식으로 재현된다. 농촌지역에서는 농업을 기반으로 한 마을단위 공동체의 경제적 활동과 문화적 전통이 원천이 되고 있고 그 형식과 성격은 현대성을 근간으로 주조·발현된다. 도시지역에서는 동네·시장·직업·취향 등에 따른 사회연결망을 근간으로 도시민의 일상에 최적화된 새로운 공동체문화가 활성화되고 있는데, 이는 공동체의 전통 즉 민속의 근간이 되는 자치·자율·호혜·돌봄 등의 관계 가치가 원천으로 작용하고 있는 것이 특징이다. 이처럼 공동체문화는 농촌과 도시, 전통과 현대, 민속문화와 대중문화, 협동조합과 사회적경제의 영역·속성·가치 등을 가로지르면서 그것을 융합하는 특성이 있다.

경향적으로 공동체문화 실천은 지방소멸이 야기되고, 야기하는 사회구조적인 핵심 문제 영역에 기반해서 이루어지고 있으며 그 동력과 전망 역시 그 기반에 기대어 확보해나가고 있다. 이를테면 도시에서 농촌을 상상하고 농업을 실행하거나 '귀농/귀촌'의 삶을 실천하고 역량을 축적하고 있으며 '육아' 문제, 초중등 '교육' 문제에 대응하여, 협동조합, 대안학교 등이 활성화되고 있다. 또한 '빈곤' 문제를 쟁점화하고 '소외'를 구조적으로 인식하고 그 해결을 위해 공동체를 재구성하고 있으며 사회적 소수자 공동체 또는 취약계층의 '여성'이나 농촌여성을 위한 협동조합 형태의 실천이 진행되고 있다. '농촌재생' 사업이 도농 교류 연계망 구축과 확장을 도모하고 있고 귀농/귀촌을 위한 기반 시설 마련과 다양한 교육·문화 프로그램으로 수행되고 있다. '안전' 문제, 혹은 먹거리 문제와 관련하여서는 그 순환 구조의 혁신이 모색되며 '친환경'적인 경관의 조성과 '주거공동체'의 실험도 잇따르고 있다. 에너지 문제와 관련해서는 그 생산의 생태적 기술 혁신에 따른 발전 방식의 근본적 전환이 추구되고 있다.

그 관계성의 측면에서는 ① 공동체 구성원의 관계를 촉진하는 소통 공간 또는 네트워크가 협동과 연대의 틀에서 두드러지고 ② 전통사회의 마을회의와 맥을 같이 하는 공동협의체 또는 사랑방과 같은 네트워크가 새롭게 형성되고 있다. ③ 아동과 부모가 함께 소통하고 학습하고 노는 성격의 모임이 활성화되고 ④ 특화 학교 및 교육 연구 네트워크가 조직되고 있다. ⑤ 자율·복지 행동 네트워크에 해당하는 자율·협동·연대의 조직이 새롭게 출현하고 있으며 ⑥ 마을기업 또는 사회적기업의 설립을 통해 경제·사회·문화적 격차를 해소하기 위한 노력이 추구되며 ⑦ 도시와 농촌, 생산자와 소비자가 직접 관계 맺는 경제네트워크가 활성화되고 있다. 이와 같이 공동체문화 실천의 조직들은 그 각각이 관계하고 있는 문제 영역에 특화돼 결성되고 있으며 문제 해결 역량에 따라 자립적인 방식으로 또는 외부기관의 지원 속에서 그 역량을 축적해나가고 있다.

주목되는 점은 이러한 실천의 양상들이 ① 지방소멸과 인구소멸, 그로 인한 국가소멸이 운위되고 있는 상황에서 그 대안 지식자원으로 공동체전통을 조명·활용하고 있다는 점 ② 전국적인 차원에서 활성화되고 있음과 동시에 지역적 상황에 적합한 모델을 기획 실행 중이라는 점 ③ 장기적으로 한국 사회의 내적 역량을 도모·강화하는 의미와 가치를 지니고 있다는 점으로 요약할 수 있다.

그러나 상술한 의미와 가치에 반해 그에 대한 반론도 만만치 않다. 즉 이와 같은 공동체문화 실천 양식이 근본적으로 인간 삶의 가치 양식 또는 자본주의에 대한 가치실천 양식의 획기적인 전환이라고 볼 수 있는가 하는 점이다. 그보다는 오히려 인류세 담론 내에서 인간/인류의 위기에 전적으로 관련된 것이기에, 인간예외주의로부터 벗어나 이루어지는 공－산적, 공생적 가치실천 양식과는 거리가 멀다는 비판이 있다. 왜냐하면 "자본주의는 무상 일의 체계인데, 무상 일/에너지의 언제나 상승하는 흐름을 전유하는 데 이바지하도록 인간의 창의력을 동원하는 것에 의존"[22]하고 있기 때문이다. 따라서 그것들은 현 자본주의 체제의 재구성으로 귀결될 수 있는 체제 가장자리의 전유적 실천에 다름 아니며, 경계성의 관점에서 대안성이 발현된다 할지라도 새로운 대안 체제를 향한 길목에서 주저하며 머뭇거리는 양상으로 인식될 수 있다. 마치 역사적 자본주의가 중세 봉건 체제의 새로운 대안으로 출현했던 것과 마찬가지로 공동체문화 실천이 구성해가는 가치실천 양식은 체제가 직면한 사태를 발전적 위기 국면으로 해소해가는 경로에서 이탈하지 않고 그 동력으로 작용하는 체제 내적 힘일 수 있다.

지방소멸은 역사적 자본주의가 한 국면에서 그 위기를 발전적으로 해소해가는 과정에서 필연적으로 나타날 수밖에 없는, 무상/일 에너지의 전유 결과가 야기하는 엔트로피의 증가분에 비유할 수 있다. 따라서 지방소멸은 무상/일 에너지의 재전유를 위한 위기 담론적 성격에 해당할 수 있고 그에 대한 대응으로서 지역재생 또는 도시재생으로 실행되는 낙후된 원도심의 재구[23]와 같은 기획은 자본에 의해 전유된 자연, 비유적으로 쓰레기가 된 쓸모없는 것들의 재활용에 지나지 않으며, 자본의 재전유를 위한 비용의 외부화로 규정할 수 있다.

요컨대 지방소멸은 자원의 효율화와 비용 감축 등을 겨냥한 신자유주의 가치실천 양식에서 배태된 현상, 즉 위기 담론으로서 성격지을 수 있다. 필요한 것은 그 관점과 경향 및 운동/힘을 해체하고 대안적 가치실천 양식이 현재의 국면에서 어떻게 가능할지, 공동체문화 실천의 양가적 기능과 성격

---

22 제이슨 W. 무어, 김효진 옮김, 앞의 책, 434쪽.
23 이와 같은 도시재생에 관한 민속학적 사례 연구로는 최민지, 『포항 원도심 공간의 문화적 재구와 민속의 변환』, 민속원, 2020 참조.

으로부터 다르게 도출할 수 있는 것들이 가능할지, 근본적으로 자본의 황무지 또는 총체적 재난과 함께 살고 죽기 위한 레퓨지아refugia(피난처)를 상상할 수 있을지 등일 것이다. 인류세와 자본세로부터의 피난처로서 새로운 가치실천 양식의 가능성을 탐문해보는 일, 즉 체제의 문제/책임을 은폐하는 것을 넘어, 또는 인류 공동의 위기와 책임을 과장하는 그 담론 효과를 넘어, 가능할 수 있는 피난처의 모색, 그 경로, 그 계기가 될 수 있는 가치실천 양식의 가능성을 찾아보는 일이 필요하다.

4. 가치실천 양식의 전환과 함께 살기의 가능성

자본주의 체제에서 가치 실천은 자본의 증식을 척도로 이루어지고 그 양식은 생산 과정에서 산출된 잉여가치를 착취하는 것으로 짜인다. 그런 점에서 그 가치가 경제적인 것으로 환원되는 것이 일반적이다. 그러나 이러한 가치의 증식을 경제적인 차원만으로 환원하는 것은 자본주의 체제의 역사적 과정을 지나치게 단순화하는 것이라는 비판이 있다. 즉 가치를 경제적으로 환원되는 것으로 구상하는 것은 권력과 자본, 자연의 통일체로서 자본주의라는 역사적 체제를 보지 못하게 한다.

제이슨 W. 무어에 의하면 역사적 자본주의의 가치실천 양식은 상품화 과정의 통제와 착취, 재생산 과정의 통제와 전유로 특징지어진다. 그에 따르면 16세기에 그러한 상품화와 전유의 혁명적 배치를 가능케 하는 일단의 과정이 나타났다. 그 시기 새로운 '실재의 척도'가 부상했는데, 즉 회계, 시간의 계측, 공간 지도의 제작, 자연의 외부화에 동원된 척도는 핵심 상품 부문들의 새로운 기계화보다 자본주의 체제의 역사적 이행과정에서 핵심적인 요인이 되었다. 오히려 자본주의는 가끔은 상품화에서 비롯되었고, 가끔은 제국 및 국가 기구에서 비롯되었으며, 가끔은 지식생산의 새로운 양식

(추상적인 사회적 자연)에서 비롯되었다고 보는 것이 실제에 부합한다.[24]

자본주의 체제의 가치실천 양식은 생명 활동을 개조하는 과정을 드러내는데, 자본 축적을 촉진하기 위해 자연을 표준화하고 기하학적으로 코드화하며 자연의 지도를 제작하는 것을 목표로 삼은 다양한 과정을 연행한다. 이런 시각에 따르면, '여성과 자연, 식민지'의 무상 일은 약탈당할 뿐만 아니라 상징적 실천과 정치권력, 자본 축적을 통해서 적극적으로 창출된다. 이런 적극적 창출 과정은 역사적 자연/추상적인 사회적 자연/추상적인 사회적 노동의 결합으로 표시된다. 이 과정은 노동생산성을 포괄적인 부의 척도로 코드화하여 전근대 문명에서 오랫동안 지속한 토지생산성의 우위를 뒤집었고, 나머지 자연을 노동생산성에 이바지하도록 동원한다.

가치를 경제적인 것으로 환원하여 구상하는 것은 자본의 회로 바깥에서 이루어진 무상 일/에너지의 장기 동원을 설명하지 못한다. 국가와 과학 역시 자본 축적과 독립적인 외부 요소로 작용하지 않는다. 국가와 과학, 자본은 단일한 과정을 구성하는데, 그 과정은 이중 명령 즉 자연을 단순화하라는 명령과 전유 영역을 착취 구역보다 더 빨리 확대하라는 명령으로 실현된다. 요컨대 미자본화된 자연에 대한 자본주의의 왕성한 탐욕이 없었다면 자본의 노동생산성 혁명은 상상할 수 없는 일인 것이다.[25]

생산성의 향상과 지속적인 성장은 자본주의 가치실천 양식의 파괴적 본성이 발현되어 이루는 결과로 파악될 수 있다. 그러한 가치의 실천과 추구는 무상/일 에너지를 인간 자연(여성, 제3세계, 소수인종 등)과 비인간 자연으로부터 수취·전유하는 일의 반복적 연행일 수 있다. 그 연행은 결국 인류세와 지방소멸을 낳고 있는 지구적 규모의 위기와 지역적 규모의 붕괴에 대해 우려하는 목소리를 내고 그 행동을 연출하더라도 문제의 핵심에 다다르지 못한다.

---

24 제이슨 W. 무어, 김효진 옮김, 앞의 책, 344~345쪽.
25 위의 책, 345~346쪽.

그렇다면 인류세와 지방소멸을 생산하는 그 기저의 가치실천 양식의 대안적 공동체문화 행동으로서, 자연과 인간 사회를 분리하지 않고 그것을 생명의 과정 속에서 하나의 다발로 엮어 작동하게 하며, 그 실천들 속에서 함께 엮이고 역동하며 살아가는 생명의 가치실천 양식을 가늠해보는 일이 필요할 것이다. 한 지역의 사례[26]를 통해 예시적으로 공동체문화 실천의 대안적 양식을 검토할 수 있다. 그렇다고 그 지역 사례에 담긴 것이, 모든 것에 대응하는 대안을 생성하고 문제를 해소한다고 주장하지는 않는다. 그 예시 속에 잠재된 어떤 것 속에 함축된 새로운 가치실천 양식의 의의를 생각해보려고 하는 것이다.

충남 홍동지역은 인구가 감소하고 시장경제의 연결망이 훼손되어 있어서 기본적인 사회적 서비스가 제공되지 않는 '자본의 황무지'의 전형에 해당한다. 인구감소의 추세를 귀농·귀촌의 새로운 인구층이 잠시 유예하고 있으며 시장경제의 훼손된 연결망을 협동의 문화적 경제 방식이 수선해가고 있다. 근대화 과정 속에서 끊임없이 유출되는 생명의 역동을 붙잡기 위해, 혹은 협동 교육과 생태적 가치를 추구하는 삶의 바탕을 이루기 위해, '풀무농업고등기술학교'(1958)를 설립하고 지역의 공동체문화 실천을 일구어왔다. 이 학교가 기반이 되어 산업화·공업화에 맞서서 지역 자립 경제를 추구했고 지역의 동량棟樑들을 자립적 농민으로 길러냈다. 또한 학교와 지역사회가 협동과 연대의 관계 손에서 공생하기 위한 실천들이 다양하게 추진되었다. 이 과정에서 지역사회와 다층적으로 매개된 공동체들이 생성·확장되어왔다. 이를테면 신용협동조합·생활협동조합·생산자회 등이 이 학교에서 이루어진 작은 실천에 그 뿌리를 두고 있다.

풀무학교는 생태교육을 중시하여 유기농업을 실천할 수 있는 농민을 양

---

[26] 이 사례에 대한 전반적인 내용은 이영배, 「공동체성의 변화와 유동하는 경계들 – 충남 홍성군 홍동면과 장곡면의 사례를 중심으로」, 『인문학연구』 46, 경희대학교 인문학연구원, 2021, 209~252쪽 참조.

성해왔다. 1976년 정농회를 발족하여 최초의 유기농업 단체를 결성하였고 1990년 홍동면 문당마을에 오리농법에 의한 친환경농업을 도입, 생태마을을 조성하여 지역발전을 견인해온 사례들이 있다. 이외에도 지역주민에 의한 언론과 출판, 지역주민을 위한 육아와 문화생활 등과 같은 실천 속에서 지역의 공동체문화를 만들고 확산시켰다. 이 같은 사례들은 풀무학교의 이념 및 그 실험들과 연계되어 있으며 지역사회 안에서 주민들과 협동·연대·공생하는 이 지역 공동체문화의 특성을 보여준다.

주목되는 사례로, 만성정신질환자들의 치유와 돌봄 그리고 사회적 복귀를 목표로 2014년에 시작된 협동조합 행복한 농장을 들 수 있다. 행복농장은 치유농업프로그램에 참여하는 지역농장주를 비롯하여 농민을 대상으로 정신질환에 대한 교육과 월례세미나 및 포럼도 진행하면서, 농장·전문집단·마을단체·마을사람 간 네트워크를 형성하고자 하였다. 행복농장은 농장이면서 만성정신질환자들을 위한 사회적 복귀 프로그램을 진행하는 대안 공동체이다.

또 하나의 사례로 2004년에 '풀무농업고등기술학교 환경농업전공부'에서 '결성농요'(충청남도 무형문화재 제20호)를 농사일에 도입한 것을 들 수 있다. 학생들에게 결성 농요를 가르치게 했고 경지 정리가 되지 않은 조건 불리 지역인 갓골 논에서 손으로 모를 심고 김을 매면서 농요를 부르게 했다. 일정 기간 동안 농요를 부르며 모를 심는 일이 전공부 농사에서 중요한 행사가 되었고, 갓골 논 자체가 지역의 어린이들과 학생들에게 두레를 체험할 수 있는 학습 장소로 자리 잡았다.[27] 노동조직으로서 두레에서 파생된 민속 즉 소농 중심의 마을문화가 재생될 수 있는 환경을 조성하고 일정 기간 동안 그 재생의 가능성을 구현한 이 기획은 농촌에서 작은 규모의 땅을 일구며 소박하게 살며, '소농의 눈'으로 세상을 보고, 이웃들과 함께 '공생공

---

27 장길섭,「풀무학교 전공부 농업 실습 10년을 돌아보며」, 충남발전연구원+홍동마을 사람들,『마을공화국의 꿈, 홍동마을 이야기』, 한티재, 2014, 206~208쪽.

락'28하고자 한 가치실천의 한 양식적 실험이다.

비록 한 지역에서 실천된 작은 예시적 사례에 불과할지라도29 이 지역 가치실천 양식의 실험들은 소농적 삶의 국지적 실천을 통해 국면적으로 변혁적 대안 가능성을 탐색하는 것으로 가치실천 양식의 전환 가능성을 예시하고 있다. 특히 소농의 눈, 각성된 소농의 눈은 단수적 존재의 유한성을 자각하고 노동자라는 근대적 계급 주체 혹은 계급 연대의 한계 위에서 타자들과 함께 있는, 도래할 사건으로서 '공동-내-존재'를 예시하고 있다.

주목되는 것은, "나무는 나무 아닌 걸로 이루어져 있다"는 실천 주체의 관점30이다. 이는 주체와 대상, 실체와 인식, 자연과 사회의 분리에 대한 명확한 거부이다. 나무·태양·산소 등이 우주라는 공동체와 공명하고 있고 그 속에서 함께 살고 있음이 예시되고 있다. 이 농적 삶의 공동성31에는 인

---

28 위의 책, 201쪽.
29 지역 현장의 사례로 홍동의 예를 들었지만, 이외에도 빈민지역에서 아동이나 독거노인을 그 지역의 여러 단체들이 함께 연대하여 문제를 협동적으로 해소해나가는 사례, 또는 공동체문화의 복원을 통해 공동체 관계망을 이루어가는, 이를테면 놀이나 세시풍속을 함께 하면서 친밀해지고 그 관계 속에서 소외된 것들, 망치된 것들을 복권하고 복구해가는 사례들이 지역적 조건과 상황에 따라 각기 다르게 산재해있다. 즉 영광, 청주, 원주, 홍천 등지의 공동체문화 실천 사례들에서 공통적으로 나타나는 사례들이다. 이러한 사례들이 때로는 우수 사례들로 조명되기도 하고 그렇지 않기도 하나, 그것이 중요하기보다는 훼손된 것들 즉 트러블을 함께 끌어안고 살고 죽는 그 관계 양식, 존재 양식, 실천 양식이라는 특정한 예시들이, 지방소멸이 드리우는 전례 없는 종말의 도래 속에서 피난처가 될 수 있다. 바로 이러한 가능성에 주목하는 것이 보다 더 중요하게 고려되어야 할 것인데, 그러한 측면에서 검토한 홍동의 사례는 예시적 차원에서일지라도 충분한 의미가 있다고 생각한다.
30 장길섭(남, 59세)의 구술(2019년 4월 19일, 홍동면 동네마실방 '뜰'). "각성된 소농의 눈으로 봐야 죽어가는 생태계 **다른 말 못하는 생명들의 눈까지 다 고려하는 관점**으로 봐야 돼요. 그게 가장 진보적인 관점이에요. 지금 소농은 멸종되어가고 있어요. 우리나라 5%도 안 돼요. 근데 세상을 살리는 방법은, …(중략)… 농촌 지역에 가서 대농이 아니고 소농으로 많이 나뉘가지고 많은 농가가 이렇게 살면 모든 사람이 살아나요. 농업만 하는 게 아니고 왜냐면, 사람들이 모여 살기 때문에 거긴 학교도 필요하고 병원도 필요하고 다 필요해요. 그니까 사람들이 모여 있는 데는 경제가 살아나요. …(중략)… 이게 **나무라면 나무는 나무 아닌 걸로 이루어져 있는 거에요.** 태양계가 있어야 나무가 존재할 수 있다. 그니까 너도 하늘 나도 하늘이에요. 너도 우주 나도 우주. 얘가 숨 쉬어서 산소를 내보내니까 내가 호흡하고 내 이산화탄소를 얘가 먹잖아요."
31 소농의 삶이 예시하는 공동성을 민속의 공동성 즉 공동체문화의 가치실천 양식의 특징으로 보고 있는 논의에 대해서는 이영배, 「무위(無爲)의 공동체와 민속의 공동(共同)성」, 『공동체문화와 민속 연구』 1, 안동대학교 민속학연구소, 2021, 5~46쪽 참조.

간과 비인간이 각자의 유한성을 너머 외존[32]되어 함께 엮이는 차원이 접혀져 있다. 편위clinamen로 인해 기울어져 교차하는 존재들의 생성을 상정하는 이 농적 삶의 공동성은 지배적 가치실천 양식에 대한 전환 가능성을 함축한다. 그것은 인류세 혹은 지방소멸이라는 모순적 사태 속에서 현시될 수 있는 하나의 가능태이다. 단지 과거의 유물 혹은 현재의 잔존물이 아니라, 새로운 함께 살기의 대안적 가치실천 양식으로서 생성적 가능성을 음미할 수 있을 것이다. 요컨대 소농의 가치실천 양식의 변혁적 대안 가능성은 성장이 아닌 재생과 복원의 차원에 놓여 있는 것이며 함께 문제를 껴안고 살아가는 구체적·상황적 장소인 레퓨지아로 상상될 수 있다.[33]

5. 가치실천 양식으로서 공동체문화의 가능성

인류세는 지구적인 규모에서 전방위적으로 일어나는 현상에 관련되고, 지방소멸은 국지적이거나 국면적으로 일어나는 현상이다. 즉 국가나 지역의 자본주의 경제 발전의 정도에 따라 때론 시간적으로 단계적이고 때론 공간적으로 분산적인 현상과 관련된다. 따라서 등가적인 관계로 매칭하거나 대등한 수준에서 병치하기 어려울 수 있고 인류세 담론 내에서 근본적

---

32 장-뤽 낭시, 박준상 옮김, 『무위의 공동체』, 인간사랑, 2010, 201~203쪽 참조.
33 이 대안의 상상과 관련하여 요구되기도 하는 구체적인 해법의 모색에는 가늠할 수 없는 한계 수준이 존재할 수 있다. 특히 이론의 영역에서 매우 구체적인 해법의 모색과 모형의 제시는 가능하지 않다. 그렇게 보는 것이 현재의 수준에 부합한다. 한편 현장의 실천 속에서는 매우 다양하게 과정적인 모형들이 제시되고 있다. 따라서 연구 수준에서 모형을 제시하는 것은 바람직하지도 않을 뿐더러 가능하지도 않다. 이는 해러웨이가 인류세에 대한 대안으로 공-산과 쑬루세를 이야기할 때, 그 방편으로 설화/이야기 모형을 가능한 방식으로 제시하고 있는 것과 같다. 다만 성장의 모형은 대안의 가능한 해법이 될 수 없다는 점은 분명해보인다. 오히려 그 성장 모형은 관련 문제를 더 심각하게 만들 수 있을 뿐이다. 이를테면 국가정책으로 시행되는 도시재생, 사회혁신 등과 같은 사업들은 여전히 성장 동력의 확보에 그 목적이 있다. 그렇기 때문에 협동조합과 사회적 기업 등의 사례에서 모범 사례를 추출할 때 매출이나 수량화될 수 있는 성과 지표를 강제하고 지원하고 있는 것이다.

인 문제로 설정하기 어려운, 부차적인 문제일 수 있다. 그러나 이 서로 다른 문제를 공동체문화와 함께, 근본적인 차원에서 서로 교차·중첩되어 작용하는 문제로 볼 수 있다는 생각 속에서, 인류세와 연결된, 그 변환으로서 자본세와 쑬루세를 보다 중요하게 간주하고 관련 논의를 전개하였다.

특히 제이슨 W. 무어는 인간 속 자연, 자연 속 인간이라는 입장을 취하여 자연과 인간 혹은 사회나 문명을 분리/대상화하지 않는다. 그의 관점에서 인류세의 문제는 자연과 인간, 역사적 자연과 역사적 자본주의 체제가 공동생산하는 것으로 해석된다. 이와 같은 자본세의 관점 속에서 인류세의 문제영역과 지방소멸의 문제 영역이 교차 중첩하면서 문제를 심화한다고 보았다. 지방소멸은 사실 인간 자연, 비인간 자연을 전유하여 자본주의 체제를 형성 유지한 역사적 과정 속에서 급작스럽게 나타난 임계적 사태일 수 있다. 한국 자본주의의 발전 속에서 농민과 농촌, 그 자연 등이 도시를 부양하고 자본을 축적하게 한 것을 생각하면 손쉽게 이해될 수 있을 것이다.

한편 쑬루세 이야기는 문제제기보다는 대응에 강조점이 있다. 여기에서는 전례 없는 위기에 대한 응답 능력의 배양이 중요하다. 그 실천으로서 함께 살고 죽는 생명의 패턴 즉 가치실천의 양식을 상상하는 일이 매우 핵심적인 일이 된다. 이는 공동체문화라는 가치실천 양식의 대안적인 성격과 함께 어우러질 수 있다. 또한 그 연구 패러다임을 구상 설계하는 데 중요한 참조가 될 수 있다. 이러한 관점과 입장 속에서 이 서로 다른 세 가지 현상을 함께 엮어 보는 논의를 수행하였다.

인류세와 자본세(또는 그 국지적 현상으로서 지방소멸)가 유발하는 전염성 높은 감성적 경향이 있다. 즉 종말론적 냉소주의와 패배주의, 그리고 자명하고 자기충족적인 예측과 함께 널리 퍼지는 기술지상주의의 지구공학적 해법과 비관주의적 경향이 그것이다. 해러웨이는 이러한 경향에 문제를 제기하면서 "진행 중인 무수한 크리터들의 삶과 죽음을 위한 요구와 함께 산호초가 보여주는 인간 이상의 세계 만들기와 조우"할 것을 독려한다. 이는 쑬루세를 통해 예시하는 대안적 가치실천 양식으로, "적어도 2억 5000만 명의 인간들이 오늘날 진행 중인 그들 자신의 잘 살고 잘 죽기를 위한 이 홀로바이옴holobiome들의 온전성에 직접 의존한다는 인식과 조우"하는 가치실천이다. "다양한 산호들, 다양한 사람들과 민족들이 서로에게 그리고 서로 함께 위태로운 지경" 속에 놓여 있는 현 시대를 "오만함 없는 복수종의 응답-능력"의 배양으로 대처할 것을 호소하기도 한다. "그렇지 않으면, 생물다양성의 땅은 계속 되풀이되는 모욕을 받아들인 나머지 능력의 한계에 다다라 과도하게 압박을 받는 복잡 적응계처럼 매우 질척하고 끈적끈적한 어떤 것 속으로 미쳐 들어갈 것"[34]이라고 우려한다.

그는 산호들 또는 땅에 뿌리박은 것들이 인류세를 인식하도록 하였으며 바다의 산호들과 육지의 이끼들이 우리로 하여금 자본세를 인식하도록 이끌었다고 본다. "심해 채굴과 천공, 그리고 연약한 이끼가 덮인 북쪽 지역에서 진행되는 수압파쇄와 파이프라인 건설"에 의해 세계 부수기는 가속화되고 있다. 그 가속화되는 붕괴의 암울한 현재 속에서 "산호와 이끼 공생자들은 두터운 현 쑬루세의 겹겹이 쌓인 이야기들"을 우리에게 전하며 "뒤죽박죽된 모든 것들과 함께 오만 떨지 않고 협력하면서" 살아가기를 촉구한다. "인간Anthropos이라는 이름"의 예외적 존재가 아니라, "공생발생과 공-산sympoiesis, 共-産에 관한, 그리고 그 내부에 있는 이해와 지식 실천들이 식민화되지 않은 예술, 과학, 정치를 포함한 모든 부식토성 속에서 정말 훌륭하게 이용 가능하고 생성적인" 시대와 조우하기를 촉구한다. "인류세의 악행과 자본세의 세계 부수기"에 의해 끝장난 미래가 아니라, "어떤 생각들이 생각들을 생각하는지가 중요한" "미완성의 쑬루세"를 사유하면서 "미친 정원사처럼, 인류세의 쓰레기, 자본세의 절멸주의를 그러모아 자르고 조각내고 켜켜로 쌓아, 여전히 가능한 과거들과 현재들 그리고 미래들을 위해

---

34 도나 해러웨이, 최유미 옮김, 앞의 책, 100~101쪽.

훨씬 더 뜨거운 퇴비 더미"35 만들기에 주력할 것을 제안한다.

무엇보다 우리가 처한 전례 없는 상황 속에서도 여전히 중요한 것은 "구체적 상황에 처한 실제 인간들의 행위"이다. 단순히 다른 삶과 죽음의 방식을 이야기하는 것이 아니라, 특정한 삶과 죽음의 방식들과 함께 어떻게 함께 살아가야 하는지가 중요하다. "그것은 인간들뿐만 아니라 우리로 인해 절멸, 멸종, 집단 학살 그리고 미래 실종이라는 전망을 떠안게 된 다양한 분류군의 그 많은 크리터들에게도 중요하다. 좋든 싫든 우리는 인류세와 자본세의 탐닉 속에서 화석-태우는 인간에 의해 끔찍하게도 최대한 빨리 더욱더 불안정하게 되어버린 세계 만들기를 돌보고 함께"하는 일과 놀이를 실행해야 한다. '종말론적인 이상한 공황 상태와 더 기이하고 터무니없는 비난'이 아니라 "생각, 사랑, 분노, 배려를 주의 깊게 실천하는 것"과 함께 "다양한 인간과 비인간 플레이어들이, 긴급하게 필요한 쑬루세 이야기를 구성"36해가는 것이 무엇보다도 필요한 일일 것이다.

자본의 회전 속도는 제로가 되려는 욕망으로 들떠 있다. 그 속도의 시간은 생명의 시간을 말살하는 자본의 프로젝트이다. 트러블과 함께 하는 인간과 비인간의 공-산의 이야기는 자본의 경향성을 저지하고 생태적 시간 그물의 가치를 조명하는 원천과 동력으로서 공동체문화 가치실천 양식과 조우할 수 있을 것이다.

---

35 위의 책, 101~103쪽.
36 위의 책, 100쪽.

제2장
귀농인의 지역사회 적응과 사회적 자본*

이진교

1. 소멸 위기의 농촌과 귀농인의 중요성

고령화와 인구감소에 따른 지방소멸 문제는 비단 민속학만의 관심 영역이 아니며, 한국사회 전체가 대면한 심각한 문제 중 하나이다.[1] 이러한 상황에서 주목되는 사회·문화적 현상이 바로 귀농·귀촌인의 지역사회 유입이다. 그동안 민속학은 이른바 토착 주민의 시선과 목소리를 통해, 마을공동체나 지역의 문화를 이해하는 데에 연구역량을 집중해 왔다. 하지만,

---

* 이 글은 「귀농인의 지역사회 적응과 사회적 자본 - 경북 의성군 '귀농·귀촌인연합회' 참여자의 사례연구 - 」, 『비교민속학』 74집, 비교민속학회, 2021, 139~182쪽에 게재된 논문을 수정·보완한 것임.
1 박철, 「지방소멸과 주민자치 인프라」, 『월간 주민자치』 65, 한국자치학회, 2017, 25~36쪽; 김선기, 「인구구조변화 대응을 위한 新지역균형발전 방안」, 『월간 주민자치』 68, 한국자치학회, 2017, 56~63쪽 참조.

귀농인에 관한 민속학적 연구는 드문 편인데, 여기에는 다양한 이유가 있을 것이다. 우선 귀농이라는 현상이 비교적 최근의 일로 여겨졌으며, 그들의 사회·문화적 특성이 민속학의 중요 연구대상과 범위였던 민속 또는 전통과의 관계가 뚜렷하지 않았던 점 등이 그러하다. 무엇보다도 귀농인에 관한 민속학적 관심의 부재는, 그들을 지역이나 마을 사회의 주체가 아닌 타자화된 존재로 이해해왔던 연구 경향과 관계된 것으로 보인다.

하지만, 인구유입이라는 측면 외에도, 현대 농어촌 지역에서 귀농·귀촌인의 사회·문화적 존재감은 이전과 달리 뚜렷하게 부각되고 있다. 몇몇 선행연구들은 지역이나 마을 사회에서 귀농·귀촌인은 결코 수동적이거나 피동적 존재가 아님을 잘 보여준다. 오히려 그들은 정치, 경제, 교육, 생태·환경 등 다양한 영역에서 대안적 역할을 적극적으로 수행하며, 지역개발이나 공동체 활성화의 가능성을 담지한 존재들이다.[2] 무엇보다도, 귀농·귀촌인과 토착 주민의 긍정적·부정적 상호작용은 마을 공동체나 지역사회를 현재 진행형으로 재구성하는 문화적 과정임과 동시에 사회적 실체임을 염두에 둘 필요가 있다.[3]

한국사회에서 귀농·귀촌인에 관한 연구는 그들의 급증 현상에 대한 정부 및 학계의 관심을 반영한다.[4] IMF 이후 정부는 급격한 증가세를 보인

---

2   진양명숙, 「젊은 도시민의 농촌 이주 양상과 성격」, 『지역사회연구』 제16권 제4호, 한국지역사회학회, 2008; 이해진·김철규, 「대안가치지향 귀농귀촌인의 사회적 특성과 역할」, 『農村社會』 제23권 제2호, 한국농촌사회학회, 2013; 박선미, 「현대 농촌 공동체의 주도적 활동가 유형과 활성화의 동력」, 『실천민속학연구』 제37호, 실천민속학회, 2021, 81~120쪽; 진명숙, 「귀농귀촌인 주도 커뮤니티 유형과 특징 – 진안군의 사례를 중심으로 – 」, 『지역사회연구』 제27권 1호, 한국농촌사회학회, 2019a, 33~76쪽; 진명숙, 「에코페미니즘 관점에서 본 귀농귀촌 여성의 토종씨앗 지키기 실천 분석」, 『農村社會』 제29권 제2호, 한국지역사회학회, 2019b, 33~76쪽; 김진아, 「완주지역 마을공동체와 문화이장 연구 : 농촌지역 마을공동체 사업을 중심으로」, 원광대학교 행정대학원, 2020.
3   박대식·김경인, 「농촌주민이 인식하는 귀농·귀촌이 농촌 지역사회에 미치는 사회경제적 영향」, 『한국지역사회생활과학회지』 제28권 4호, 한국지역사회생활과학회, 2017, 653~667쪽; 주문희, 「농촌 마을의 재구성과 차이·공존의 장소정치」, 『한국지역지리학회지』 제24권 3호, 한국지역지리학회, 2018, 447~465쪽 등 참조.
4   마상진·박대식, 「귀농·귀촌의 역사적 고찰과 시사점」, 『농촌사회』 29, 한국농촌사회학회,

귀농·귀촌인을 농어촌 지방소멸 문제를 해결할 대안적 존재로 주목하였다. 그 결과 그들에 대한 지원정책을 체계화한 「귀농·귀촌 종합대책」을 2009년에 발표했는데,[5] 여기에 발맞춰 각 지자체 역시 조례 제정 등을 본격화한다. 이러한 상황에서 귀농인에 관한 초창기 연구 경향은, 그들의 이주 촉진과 성공적 정착을 위한 정책적 부분이나 법률 및 조례 등에 초점을 맞춘 것이었다.[6] 특히, 귀농·귀촌인의 개념은 정책적 지원 범위 및 그에 따른 수혜자격 등과 직결된 문제였기 때문에 중요하게 다뤄졌다.[7]

사실 법률적 또는 행정적 영역에서의 '귀농·귀촌인' 개념은 그 특성상 비교적 명확하게 정의되는 편이다. 하지만, 이러한 개념은 현실 세계에서 실재하는 귀농·귀촌인을 단일한 실체로 이해하는 경향이 있으며, 다양한 의식과 실천의 주체로서 그들을 파악하는 데에 한계를 지닐 수밖에 없었다. 따라서 정책적인 부분 못지않게 중요한 것이 바로 사회·문화적 특성에 따른 귀농·귀촌인의 유형과 성격을 해명하는 것이다.[8] 특히, 출신 지역, 이주 동기, 교육 정도, 가치관과 삶의 지향 그리고 그에 따른 사회·문

2019, 7~32쪽.
5 이철우·박순호, 「경상북도 귀농·귀촌정책의 문제점과 개선방안」, 『대한지리학회지』 제50권 6호, 대한지리학회, 2015, 660쪽.
6 송재일, 「귀농귀촌 지원법에 대한 고찰 – 입법론적 논의를 중심으로」, 『명지법학』 제12권, 명지대학교 법학연구소, 2013, 41~72쪽; 김덕만, 「2015 귀농·귀촌 정책방향」, 『한국농촌경제연구원 연구자료』, 한국농촌경제연구원, 2015, 159~196쪽; 이철우·박순호, 위의 논문, 2015, 659~675; 송미령·성주인·김정섭·심재헌, 「귀농·귀촌 증가 추세와 정책 과제」, 『한국농촌경제연구원 농정포커스』 103호, 한국농촌경제연구원, 2015, 1~24쪽; 김정섭·오정훈 엮음, 「귀농·귀촌 정책 및 농촌 마을공동체 활성화 방향」, 『한국농촌경제연구원 연구자료』, 한국농촌경제연구원, 2016, 1~115쪽; 김기흥 외, 「지방자치단체의 귀농귀촌 정책과 거버넌스」, 『한국농촌경제연구원 연구자료』, 한국농촌경제연구원, 2016 등.
7 이 부분에 대해서는 김기흥, 「귀농귀촌 개념과 정책 방향 재정립에 관한 연구 – 충남 사례를 기반으로 –」, 『농촌사회』 제28권 2호, 한국농촌사회학회, 2018, 47~86쪽에서 상세히 다루고 있다. 이 외에도 송재일, 위의 글, 56~58쪽 등을 참조할 것.
8 마상진·박대식, 앞의 논문; 유학열, 「충남지역 귀농 귀촌의 실태 및 유형별 특징」, 『열린충남』 제54권, 충남발전연구원, 2011, 18~25쪽; 강대구, 「귀농자의 귀농유형별 영농정착과정」, 『농업교육과 인적자원개발』 제39권 제1호, 한국농산업교육학회, 2007; 강대구, 「귀농동기에 따른 귀농정착과정」, 『열린충남』 제54권, 충남발전연구원, 2011, 18~25쪽 등 참조.

화적 실천 등은, 지역이나 마을 수준에서 귀농·귀촌인의 존재 양상 및 적응 수준을 해명하는 데에 매우 긴요한 부분이라 할 수 있다.[9]

이 연구에서는 지방소멸이라는 농어촌 지역의 절체절명 위기 상황에서 중요한 대안으로 떠오르는 '귀농인'을 대상으로, 그들의 지역사회 적응문제를 살펴보려 한다. 특히, 염두에 두어야 할 부분은 '농민'이 된다는 것은 다른 직업 분류와 변별적인 성격을 지니며, "경제적 목적뿐만 아니라, 사회적·문화적·도덕적 차원을 갖는 특수한 생활을 따르는 것"[10]으로 인식된다는 점이다. 이러한 진술은 귀농인에 대한 이해가 단순히 도시에서 농촌으로의 이주 또는 농사와 관련된 문제에 국한된 것이 아니며, 사회·문화제 영역의 적응과정과 관계됨을 보여준다.

현대 한국사회에서 '귀농인'에 대한 담론은 "농어촌 소멸위기에 대한 대안적(희망적) 존재"이자, 한편으로는 "지역사회에 융화되지 못한 이질적 존재"로 그려지는 경향이 있다.[11] 대체로 지자체를 비롯한 행정 등의 공식적인 영역에서 형성·유통되는 담론이 그들에 대한 긍정적 인식과 기대에 기반한다면, 지역사회의 현실에서 사회·문화적으로 구성된 귀농인에 대한 또 다른 시선은 다분히 부정적인 것이다. 무엇보다도 귀농인에 관한 지역사회의 담론이나 시선은, 그것이 긍정적이든 부정적이든 모두 그들의 타자화와 타자성을 전제한다는 공통점을 지닌다.

특정 귀농인 개인의 부적응이나 갈등 양상이 전체의 문제로 치환되거나

---

9 진양명숙, 앞의 글, 2008; 김택수·이정화, 「귀농인의 농촌사회 적응에 대한 생태체계적 분석」, 『農村社會』 제23권 제2호, 한국농촌사회학회, 2013. 7~48쪽; 마상진, 「귀농·귀촌, 무엇을 어려워하는가?」, 『한국농촌경제연구원 기타연구보고서』, 한국농촌경제연구원, 2016, 247~271쪽; 마상진, 「귀농·귀촌 동기 유형과 관련 변인」, 『농업교육과 인적자원개발』 제50권 1호, 한국농산업교육학회, 2018, 53~72쪽 등 참조.
10 마이클 우즈, 『농촌-지리학의 눈으로 보는 농촌의 삶, 장소 그리고 지속가능성-』, 따비, 2016, 263쪽.
11 안민지, 「농촌사회 변화에 따른 농촌 원주민과 귀농·귀촌인 간 갈등 인식 연구」, 서울시립대학교 대학원조경학과, 2017; 이준우·홍유미, 「귀농귀촌에 대한 원주민의 인식과 욕구」, 『한국콘텐츠학회논문지』 제18권 10호, 한국콘텐츠학회, 2018, 217~228쪽 등 참조.

특정한 이미지로 고착하는 것에 대해서 경계할 필요가 있지만, 현실 농촌 사회에서 그들의 존재는 이같이 이중적이며 모순된 시선 사이에 위치 지어진다. 또한, 귀농인의 경우 아직 마을과 지역에서 신뢰 관계나 인적 연망 등이 취약하기 때문에, 사회적 자본의 형성 역시 낮은 수준에 머물러 있는 경우가 많다.[12] 이처럼 그들의 사회·문화적 지위가 불안정한 상황에서, 마을 또는 지역 조직이나 단체에서의 참여와 활동은 귀농인의 지역사회 적응에 매우 중요하다.[13] 이러한 활동은 토착 주민을 포함한 이웃과의 신뢰 구축이나 문화적 규범의 습득, 그리고 인적 연망의 확충과 같은 사회적 자본의 형성 기회를 귀농인에게 제공할 수 있기 때문이다.[14] 또한, 귀농인의 사회적 자본 형성은 토착 주민과의 상호 이해 및 적응과 관계된 문제이기 때문에, 궁극적으로는 지역의 사회·문화 변동 가능성을 내포한다.[15]

물론, 이 글의 의도는 단순히 "단체(조직)의 참여 → 사회적 자본의 형성 → 지역사회에 성공적 적응"이라는 낙천적인 전망이나 결론을 이야기하는 것이 아니다. 오히려 인적 연망 확충을 비롯한 사회적 자본 형성과 관련한 귀농인의 다양한 경험과 사례를 통해 적응의 성공과 한계지점을 기술·분석함으로써, 그들의 지역사회 적응문제가 지닌 복잡다단한 사회·문화적

12　Robert D. Putnam, 안청시 외 옮김, 『사회적 자본과 민주주의』, 博英社, 2000, 281쪽. "사회적 자본이라 함은 협력적 행위를 촉진시켜 사회적 효율성을 향상시킬 수 있는 사회조직(신뢰, 규범, 그리고 네트워크 등)의 속성을 지칭한다."

13　마이클 우즈, 앞의 책, 185쪽; 채상헌, 「귀농정착 현황 및 귀농정착 성공요인 분석-귀농귀촌교육수료생 대상 영농정착실태조사 사례 중심으로-」, 『한국농·산업교육학회 학술대회 발표자료집』, 한국농산업교육학회, 2013, 43~60쪽; 박정운·최현선·김재현, 「귀농귀촌 시대의 공동체의 역할-괴산군 사례를 중심으로-」, 『韓國地方自治學會報』 제25권 3호, 한국지방자치학회, 2013, 201~ 203쪽; 허태호·최원실·이상현, 「귀농인의 사회적 자본이 경제적 성과에 미치는 영향」, 『農業經濟硏究』 제25권 3호, 한국농업경제학회, 2021, 89~109쪽; 박대식·남승희, 「귀농·귀촌인의 지역사회참여 실태와 관련 요인」, 『농촌사회』 제25권 3호, 한국농촌사회학회, 2015, 41~87쪽 등.

14　박문호·오내원·임지은, 『농촌지역 활성화를 위한 귀농·귀촌 추진방안』, 한국농촌경제연구원, 2012; 박대식·남승희, 앞의 논문, 41~87쪽 등.

15　정기석, 「사회적 자본을 활용한 제주지역 농촌공동체 활력화 방안」, 『귀농 귀촌 정책 및 농촌마을공동체 활성화 방향-귀농 귀촌 정책 연구 포럼 1차 토론회 자료집-』, 한국농촌경제연구원, 2016, 31~55쪽; 안민지, 앞의 글; 이준우·홍유미, 앞의 글 등 참조.

함의를 해명하는 것이 목적이다. 이 연구의 대상 지역인 의성군은 2016년 소멸지수 전국 1위를 기록한 이래, 귀농·귀촌인의 유치 등을 통한 인구증가와 지역 활성화를 군정의 최우선 순위에 두고, 관련 정책과 행정적 지원을 적극적으로 편 곳이다. 그 결과 '경북 귀농 1번지'라는 별칭이 생길 정도로 귀농·귀촌인 유입이 활발한 지자체이며, 특히 2020년에는 유치 실적 전국 1위를 달성했다.

연구의 과정을 간략히 밝히면 다음과 같다. 2021년 7월 8일 의성군 귀농·귀촌인센터를 처음 방문하여, 귀농정책과 관련한 각종 소개 책자, 통계 자료 및 조례 등과 같은 기본 자료를 제공받았다. 당시 담당 계장으로부터 의성군 귀농 정책의 개요와 센터의 역사 등에 대해 간략한 설명을 듣던 중, 마침 그 자리에 있던 '의성군 귀농·귀촌연합회'(이하 '연합회')의 김○호 회장을 알게 되었다. 그는 이 연구의 취지에 매우 동감하였으며, 귀농인의 연령·성별·출신지 등에 대한 연구자의 의견을 수용하면서 제보자 대부분을 섭외·소개해 주었다. 따라서, 주요 제보자들은 연합회와 직간접적인 관련을 맺고 있으며, 지역사회 적응에 어느 정도 성공한 사람들임을 염두에 둘 필요가 있다. 이 글의 논의 전개는 이러한 성격의 귀농인에게 수집된 자료를 바탕으로 한다.

면담은 2021년 7월 초순부터 8월 중순 사이에 총 10회에 걸쳐 진행되었으며, 회당 소요된 시간은 2~4시간 정도였다. 주로 제보자가 거주하는 면 소재지의 카페나 자택 등에서 면담이 이뤄졌는데, 귀농인 대부분은 이 연구에 호의적인 반응을 보였다. 그들은 귀농 과정에서 경험한 어려움이나 사회적 갈등 양상, 그리고 그것을 극복하는 과정과 노력 등에 대해서 구체적이며 상세하게 진술했다. 나아가, 정부나 지자체의 귀농·귀촌이나 농업 정책, 각종 보조금 사업, 지역의 정치·경제적 상황, 의성의 미래와 귀농인의 역할 등에 대해서 자신의 의견을 적극적으로 피력하였다. 이 연구에서는 제보자 개개인의 목소리와 경험을 통해 그들의 지역사회 적응문제를 해명해 볼 것이다.

2. 귀농인의 다양성과 농촌사회 적응의 복잡성

　법률이나 조례 등에서 규정된 귀농인의 개념은 비교적 단순하다.[16] 의성군의 경우 시 단위에서 1년 이상 살다가 2인 이상의 가족이 이주한 경우가 해당되며, 300평 이상을 농업경영체에 등록한 사람을 귀농인으로 규정한다.[17] 하지만, 현실사회에서 귀농인의 사회·문화적 실체를 파악하는 것은 결코 쉬운 일이 아니다. 개인이나 가구 단위로 이뤄지는 귀농의 동기와 목적, 연령, 성별, 학력, 경제적 수준, 정치적 배경이나 사회·문화적 지향 등은 매우 다양하며, 이러한 요인들은 중층적으로 복잡하게 얽혀 있기 때문이다.

　귀농인의 지역사회 적응문제에 대한 본격적인 논의에 앞서, 그들의 다양성과 귀농의 복잡성을 이해할 필요가 있다. 특히, 귀농은 단순한 전직이나 이사 등과는 차원이 다른, 생계·사회적 관계·문화적 차이 등 삶의 전 영역과 관련된 문제이기 때문에, 그 접근방식이 단순치 않다. 그리고 적응과정에서의 어려움 역시도 다양하게 나타난다.

　　ㄱ. 사실 지인들 같은 경우에는, <u>그냥 하나의 도피성으로 얘기하는 분들이 많고, 막연하게 좋을 것이다 생각하고, 실제로 현실도 모르시고 진심이 아니에요.</u> 저는 먼저 드리는 말씀이, 신중하게 선택을 하라는 말을… <u>이게 단순한 전업은 아니거든요. 인생이 바뀌는 일이에요…</u> 와서 돈을 벌거나 아니면 일종의 지금

---

[16] 『의성군 귀농·귀촌인 조례』, 경상북도 의성군, 2015.11.30. "귀농인"이란 농촌지역으로 이전하기 직전에 농어촌 이외의 지역에서 1년 이상 계속 주민등록되어 있던 사람이 농업경영을 위해 의성군으로 이주하여 주민등록을 한 사람을 말한다.
[17] 『2019년도 행정사무감사 산업건설위원회의록』, 의성군의회, 2019.06.19.

있는 것에 도피의 형태, 이런 것들은 스스로 많이 다시 되물어 봐라, 의심을 해 봐라를 많이 해줘요. 본인이 정말 원하는 게 뭔지 생각해보라고 이야기해 줘요 (S, 여, 2021.07.15).

위의 진술은 후배 귀농인에 대한 조언이나 충고에 대한 연구자의 질문에 제보자가 대답하는 과정에서 나온 답변이다. 그들에게 귀농은 "단순한 전업이 아니며, 인생이 바뀌는' 큰 경험으로 인식된다. 실제로 귀농은 이전의 생업, 주거환경, 사회적 관계, 문화와의 일정한 단절과 더불어 생활의 전 영역에 대한 새로운 경험과 적응을 전제한다. 그래서인지, 제보자들은 한결같이 농촌을 '낭만적'으로 바라보는 것을 경계하며, 그것을 실체로써 이해할 것을 촉구하였다. 그리고 철저한 준비만이 지역사회 적응에 필수적이라는 말을 거듭 당부했다. 다음은 이 연구를 위해 면담에 응해준 제보자의 일람이다.

〈표 1〉 제보자 개요

제보자	성별	연령	이주 연도	직전거주지/고향	가구 형태	생업	비고
①	남	54세	2018	대구/의성	1인 가구	밭농사 7천 평(복숭아, 자두, 옥수수 등)	연합회 사무국장
②③	부부	34세, 30세	2021	대구/의성 대구/마산	부부	논농사 2,800평, 밭농사 900평(고추)	
④	여	44세	2018	서울/의성	부부	밭농사 4천 평(홉, 사과 대추). 수제맥주 제조	연합회 사무차장 단북면 주민자치회 마을 청년회
⑤	남	31세	2020	대구/문경	1인 가구 (미혼)	딸기 시설재배 (스마트팜)	스마트팜 교육생으로 귀농
⑥	여	58세	2017	안동/의성	1인 가구	밭농사 4천 평(사과)	마을 부녀회장, 연합회 여성 부회장
⑦, ⑧	남	67세, 62세	2014	대구/의성	부부	블루베리 밭농사 800평(시설재배 700평), 양봉	⑦은 마을이장, 연합회 지부장 ⑧은 부녀회장

⑨ ⑩	부부	62세 62세	2011	부천/김천 부천/김천	부부	밭농사 3천 5백 평(복숭아, 사과, 살구), 텃밭 5백 평.	⑨는 연합회 회장
⑪, ⑫	부부	55세 50세	2015	구미/구미 구미/안동	부부	밭농사 1천 6백 평(포도, 사과) ⑪ 태양광 사업	⑪ 의용소방대, 면 새마을지도자협의회와 체육회 등에서 활동 ⑫는 구미의 직장에 출퇴근
⑬	여	61세	2015	대구/고령	부부	복숭아 농사, 남편은 운수업	부녀회 총무, 금성면 생활개선회 회장

현재 의성군 봉양면에 거주하는 ①은 귀농 3년 차이다. 1968년생인 그는 의성 봉양 출신이며, 중학교 졸업 후 대구로 유학을 갔다. 대구에서 직장생활을 하던 중 건강상에 커다란 문제를 겪은 후 단독으로 귀농했다. 따라서 그는 현재 '의성 귀농·귀촌인연합회' 사무국장을 맡고 있음에도 불구하고, 위의 행정 조례에서는 '귀농인'에 해당하지 않는다. 2천 평 규모의 과수원에서 복숭아와 자두를 재배하며, 옥수수 역시 주요 경작물이다. 복숭아 작목반에서 총무를 맡고 있으며, 지역사회에 대한 이해도가 매우 높은 편이다. 귀농·귀촌이나 농업 정책, 지역의 미래나 개발방식, 유통구조 개선 등과 같은 문제에 관심이 많다.

②, ③은 2020년 10월에 결혼한 신혼부부로 의성 안계가 고향인 남편은 34세, 마산이 고향인 부인은 30세이다. 결혼 후 대구에서 생활하다가, 남편의 직장생활 스트레스 문제로 귀농을 했다. 2021년 4월 의성 다인면에 이주해 직접 집을 지었다. 고추 농사를 지어 첫 수확을 했는데, 향후 가지 등 지역 특산물을 재배할 계획이다.

ㄴ. 이제 저희가 집 뒤에 텃밭을 조그마하게 해 보려고, 모종 사 와서 하고 있는데, 온 마을 사람들이 다 나와가지고, 저희한테 이렇게 해야 한다, 저렇게 해야 한다, 설명을 계속해 주시고, 안 가고, 할 때까지 보고, 자기 집에서 부추를 캐 오셔가지고, 심으라고 막 주고 가더라고요. 어르신들이 나이가 많으시니까,

그냥 자식처럼 도와주더라고요. 텃세 솔직히 이런 걸 잘 못 느끼고⋯ 젊은 사람들이 보기 좋다고(2021.07.15).

아직 귀농 초창기이지만 위의 진술처럼 젊은 신혼부부라는 이유만으로도 지역 주민의 기대와 관심을 한몸에 받는다고 했다. 이들 부부는 아직 마을이나 지역의 사회조직 또는 단체에 가입하지 않았으나, 마을 부역 등에는 열심히 참여하고 있다.

④는 의성 단북면 출신으로, 44세의 여성이다. 서울에서는 무역업에 종사했으며, 부부가 3년간 세계여행을 하며 새로운 인생을 모색했다. 그 결과 고향인 의성 단북면으로 귀농했는데, 집 구하는 것이 어려워 예천 신도시에서 거주하고 있다. 국내에서는 드물게 맥주 원료인 홉을 재배하며, 유튜브를 통해 관련 영상을 업데이트한다.[18] 인구감소나 지방소멸과 같은 농촌 문제에 관심이 매우 높은 편이며, 귀농인의 네트워크 결성이나 그것과 관련한 각종 데이터베이스 구축 등에 관심이 많다. 현재, 귀농·귀촌인연합회 사무차장을 맡고 있으며, 단북면 주민자치회나 마을 내 청년회 등에서도 활발히 활동하고 있다.

31세 미혼 남성인 ⑤는 문경이 고향이다. 대구에서 10년 정도 직장생활을 했으며, 평소 스마트팜 등에 관심이 많아 정보를 찾던 중, 2020년 의성군의 '청년농업인 스마트팜 교육생 모집' 공고에 응해 귀농하게 되었다. 하우스에서 딸기를 재배하며, 농장 근처의 농막을 빌려 비슷한 처지의 미혼 귀농인 3인과 함께 생활하고 있다. 경제적 기반이 충분치 않은 상태로 귀

---

[18] 유튜브에서 '홉이든'이라는 단어로 검색을 하면, 이들 부부가 업로드한 영상들을 확인할 수 있다. "의성군은 귀농귀촌사업, 청년창농사업, 미래 성장동력을 위한 기반시설마련 등 다양한 인구유입정책을 펼치고 있습니다⋯ 의성군민 여러분, 의성에 자리잡기 위해 온 소중한 분들을 따뜻하게 맞이하여 주세요. 당장의 이익만 쫓아 소탐대실하지 않길 바라는 마음입니다. 3년간 세계를 돌아본 홉이든은 의성의 무한한 가능성을 봅니다"(https://www.youtube.com/watch?v=g6saTKX0E7w).

농했기 때문에, 직접 하우스를 짓는 등 어려움을 겪기도 했다. 아직은 적응 초창기이며 마을 및 지역의 조직이나 단체에는 가입하지 않았지만, 마을행사 등에는 되도록 참여하려 한다. 현재 마을이나 지역사회 적응에 특별한 어려움을 느끼지는 않는다. 군에서 추진하는 사회적 기업이나 마을 기업 등에 관심이 있으며, 향후 마을이나 지역사회의 일에 적극적으로 참여할 계획이다.[19]

　의성 단밀면이 고향인 58세 여성 ⑥은 안동에서 상업에 종사하다, 2017년 자신의 토지가 있는 다인면 ○○리로 이주했다. 평소 귀농할 계획은 없었으나 도시 생활 및 생업과 관련한 인간관계 등에 회의감을 느껴 갑작스럽게 이주를 결정한 경우이다. 제보자는 마침 그 시기가 '갱년기'였다고 부연 설명하기도 했다.[20] 현재 4천 평 규모의 과수원에서 사과 농사를 짓고 있다. 정착 초창기 농업기술센터 등에서의 다양한 교육이 큰 도움이 되었는데, 그때 알게 된 사람들과의 인간관계 및 인적 연망의 중요성을 강조하기도 했다. 본인의 외향적 성격이 적응에 도움을 주었다고 진술했으며, 현재 마을부녀회장을 맡고 있다.

　67세인 ⑦은 대구에서 30년 동안 유통업에 종사했으며, 은퇴 후 노년을 보내기 위해 의성군 안평면 자신의 고향 마을로 2014년에 귀향했다. 원래는 고향으로 돌아올 생각이 없었으나, 현재의 집터가 마음에 들어 이주한

19　"마을 이장님이 계시는데, 젊은 사람들이 왔다고 굉장히 좋아하셨어요. 저희도 그만큼 이제 좀 어떻게 따라가기 위해서, 어떤 마을 수업이나 마을행사 같은 것이 있으면은 적극적으로 참여하고, 같은 교육도 이장님이랑 같이, 시간 안 되지만 조금씩 따라 다니고 하면서, 아까 말씀하신 사회적 기업이나 마을 기업 이런 거 사회적 경제 그런 식으로, 최대한 이장님한테 맞춰드리면서, 앞으로 마을에 대해서 어떻게 해볼까 이런 얘기도 많이 하고, 그런 식으로 하고 있습니다"(2021.07.15).

20　"도시 생활도 좀 지쳤고, 고 담에 사람들하고 부대끼는 것도… 제가 인제, 제가 조금 개인적인 사업을 했거든요. 그러다 보니까는 사람들한테 마 이래 시달리는 것도… 또 보통 우리 여자들 같으면 뭐 이렇게 뭐 갱년기가 온다거나 뭐 그런 게 있었잖아요. 제가 생각할 때는 딱 고 시점일 꺼 같애요, 제가. 근데 저 같은 경우는 귀농해야겠다, 이런 준비는 전혀 없었어요"(2021.07.22).

경우이다. 현재 그들 부부는 양봉과 블루베리 시설재배를 하며, ⑦과 ⑧은 각각 마을 이장과 부녀회장을 맡고 있다.

ㄷ. <u>마을 가꾸기 사업 이래가, 뭐 그리고 우리 과수단지 기반조성 공사하고 이래가, 올해 인자 끝났어요. 이제까지 하면서 고생도 많이 했죠.</u> 아무리 돈 공짜로 갖고 가도 덕 보는 사람들은 좋다 그리고, 자기한테 혜택 안 가는 사람들은⋯ 그런 애로사항들도 많았습니다. <u>본토에 있는 사람들은 이게 새로운 걸 안 할라 그러죠. 변화를 두려워하는 것 같아요.</u> 내가 이 사업을 하면서 계속 동네를 막 뜯어버리고, 전부 새로 한번 해놓으니까 쫌 뭐 몇몇 사람들은 협조해주죠, 다 동네 인자 동네일 하니까. <u>협조는 하는데 뒤에서 말이 많았죠</u>(2021.07.26).

이들 부부는 마을에서 다양한 정부 보조사업을 주도했으며, 그 과정과 결과를 자랑스러워했다. 적응과정에서 큰 어려움을 경험하지는 않았지만, 토착 주민의 정서 및 사고방식과는 일정한 차이를 느끼고 있다. 그래서인지 고향 마을로의 귀농임에도 불구하고, 여전히 미묘한 부분에서는 외지인 취급을 받는다고 진술했다. 귀농 이전부터 다양한 영농교육에 참여했으며, 현재에도 그것의 중요성을 강조하고 있다.

의성 귀농·귀촌인연합회장인 ⑨와 부인인 ⑩은 김천이 그향이며 부천에서 사업을 하다 건강상의 이유로 2011년 가음면에 귀농한 경우이다. 그는 현재 거주하는 집을 경매로 낙찰받았는데, 이 부분이 마을 적응과정에서 커다란 제약으로 작용했다며 후회하는 발언을 했다.

ㄹ. <u>설움 많이 당했지요</u>⋯ 맨 처음 어떻게 매입했냐믄은, <u>토지를 경매로 샀어요.</u> 아서야 될 게요. 절대로 귀농하실 분들은 경매로 사면 안 돼요. 그 땅이 하필이면, 나는 기본적으로 예의를 다 갖추고 경매 입찰을 볼 때, 입찰할 때 그분이 다시 참여할 것인지 아닌지 확실히 물어보고, 허락을 받고⋯ (마을에) <u>나갈라고</u>

발을 딱 디디니까, 내가 죽일 놈이 되어있는 거야. 벌써요. 우리 동네뿐만 아니라, 주변에 모든 사람들이 내가 죽일 놈이 되어있더라고요(2021.07.26).

마을 적응에 큰 문제를 겪어 귀농 2년 만에 원래 살던 부천으로 돌아가려 했으나, 연합회에서 알게 된 귀농·귀촌인들의 도움으로 지역에 정을 붙여 정착하게 된 경우이다. 이는 그가 현재에도 연합회에서 적극적으로 활동하는 이유 중 하나이며, 후배 귀농인의 적응문제에도 관심이 매우 많다. 현재, 약 3천 5백 평 규모의 과수원에서 복숭아, 사과, 살구 등의 농사를 짓고 있으며, 텃밭 역시 5백 평 정도 있다.

⑪, ⑫는 55세, 50세의 부부이며 고향은 구미이다. ⑪은 농촌에서 나고 자랐으며, 그 영향으로 평소에도 귀농에 관심이 많았다. 귀농지로 의성을 선택한 것은 3백 평 규모의 태양광 사업을 운영하는 것과 관계되어 있다. ⑪은 현재 1천 6백 평 규모의 과수원에서 포도와 사과 농사를 짓고 있으며, ⑫는 구미의 직장으로 출퇴근한다.

ㅁ. 집을 잘 샀던 것 같아요. 옆집이 동네 이장님인데, 우리 두 집은 잘 어울려요…저는 크게 (적응의 어려움을) 못 느꼈어요… 저는 뭐 여기 다른 건 안 했고, 우리 마을은 대동이라고 해서 1월 초에 마을 잔치를 한 번 해요. 그때 첨 와가지고, 티비 하나 큰 건 아니고, 조그만한 거 하나…(2021.07.31).

위의 진술처럼 ⑪은 마을이나 지역사회 적응에 특별한 어려움을 경험하지 않았다. 그 이유로 마을 이장과의 친분 및 의용소방대, 면 새마을지도자협의회나 체육회 등과 같은 다양한 사회조직의 가입과 활동을 들고 있었다. 그는 지역 사회단체나 조직에의 참여가 농촌사회 적응에 매우 중요하다고 거듭 강조했다.

경북 고령이 고향인 ⑬은 대구에서 거주하다 의성군 금성면 ○○리에 이주했다. 평소 시골에서 노후를 보내겠다고 생각했으며, 대도시 아파트에서의 삶에 싫증을 느껴 귀농을 결심했다. 현재 복숭아 농사를 짓고 있으며, '의성 복숭아발전연구회'에서 활동하고 있다. 금성면 생활개선회장과 마을 부녀회 총무를 맡는 등 각종 단체나 조직에서 활발하게 활동하는 편이다. 가장 애착이 가는 활동으로 농업대에서의 교육을 꼽았으며, 그곳에서 만난 사람들과 현재까지 친하게 지낸다고 했다.

이상에서 살펴보았듯이 제보자들은 출신지, 귀농 계기와 경제력, 건강과 성격, 적응과정에서의 경험 등이 다르게 나타났다. 제보자 대부분은 귀농의 이유로 번잡한 도시적 삶의 방식에 대한 회의감, 직장생활의 어려움과 스트레스 등을 들고 있었다. 따라서 이주 당시 농촌에 대한 그들의 기대는 바쁘고 분주한 도시 생활과 다르게, '조용하면서 편안한' 그리고 '자연 친화적인' 시골에서의 삶과 관련된 것이었다.[21] 실제로 제보자들은 귀농 후 가장 좋은 점들을 이야기할 때, 예외 없이 '전원적 삶'을 느끼는 순간이라고 대답했다.

적응과정이나 정도 역시 다양하다. 매우 힘든 적응과정을 경험한 사례도 있었지만, 대부분의 제보자는 마을이나 지역사회 적응에 큰 문제가 없었다고 진술했다. 하지만, 개인의 세부적인 경험이나 사례를 이야기할 때에는, 예외 없이 적응과정에서 경험했던 어려움을 구체적이며 상세히 진술했다. 아직 미혼이거나 비교적 젊은 연령층의 경우 마을이나 지역사회에서 환영받는 경향이 나타났지만, 중년 이상의 연령 특히 독신으로 귀농한 경우는 그 자체로 토착 주민의 입방아에 오르기 쉬우며 경계의 대상이 되기도 했다.[22]

---

21 "저는 예전에 촌에 자라다가, 직장생활 좀 하다가, 원래 로망이 있었어요. 촌에서 살고 싶어서" (2021.07.31).
22 "자 지역에 고령화로 어르신들이 많아서, 귀농·귀촌연합회를 보면 연령대가 다들 높으세요. 거의 은퇴 후에 귀촌을 하신 분들이 대다수이기 때문에, 의견이 상당히 다르죠. 근데 저희 지역에 청년들 아까 부부분들도 마찬가지고, 어르신들이 보기에 예쁘죠. 게다가 새댁이 이렇게

제보자 중 다수는 의성이 고향이었지만 고향 마을로 바로 귀농한 경우는 1가구에 불과하다. '농촌 → 도시 → 고향농촌'의 경로를 통한 이른바 U-turn형에 속하는 귀농인의 경우 친인척이나 선후배 등과 같은 인맥이 존재했지만, 그것이 사회적 적응의 충분조건은 아니라고 답했다. 이들 의성 출신 귀농인은 '군민'으로서의 정체성 문제에서는 비교적 자유로웠지만, 토착 주민과의 관계나 정서 등에서는 일정한 차이를 보이며 그것이 갈등 요인으로 작용하기도 했다.[23] 반면, 의성 출신이 아닌 귀농인의 경우 적응 정도와는 별도로 '군민'으로서의 정체성은 약하게 나타났다.

한편, 초기 적응단계에서 귀농인에 대한 마을의 분위기나 이장 등과의 관계가 적응과정에서 중요한 역할을 한다고 강조했다. 3장에서 보다 자세히 살펴보겠지만, 귀농·귀촌인에 대한 편견 등 부정적 인식이 지역사회에 광범위하게 존재한다. 이러한 상황에서 제보자 대부분은 '귀농인'을 하나의 단일한 실체로 이해하려는 인식이나 태도에 대해서 경계심과 반감을 지니고 있었다.[24]

> ㅂ. …<u>귀농하신 분한테 새마을지도자를 마을에서 시켰어요. 그런데 이제 서로 생각과 가치관이 다르다 보니까 이 지도자님이 마을공동체행사에는 자주 안 나왔나 보더라고요.</u> 그래서 기존의 동네 어른들이 마을회관에 불러다가 "지도자

오면, 얼마나 예쁘고 좋아요… 그런데 그렇지 않고 <u>50대 후반 60대에 오시면 예쁘지는 않죠. 그런 부분이 분명히 있고,</u> 그런데 그런 분들은 조금은 더더욱 자세를 낮출 필요는 있죠"(S, 여, 2021.07.15).

23 "와 가지고 좀 투자를 해 갖고 이걸 하다보니까, 하우스 짓고 이래 하다니까. 쫌 알게 모르게 직접 듣는 데 말 안 해도, 뒤에서 얘길 많이 하죠. 그리고 인제 정서상 실제 시내서 들오면, 시골 토착민들하고는 우리 동네뿐만 아니고 어딜 가도 똑같아요. 이게 정서가 좀 틀려요. 나는 인제 고향이다 보니까 앞에서 말을 안 해도, 뒤에서 자기들끼리는 또 그런 것도 있었죠"(Y, 남, 2021.07.26).

24 "유별나게 와서 따지고 하시는 분들이 있어. 본의 아니게 그런 분들 때문에 귀농인 전체가 욕을 먹는 거에요. 막 안 해주면 인제. 왜 그렇게 와서 떼를 쓰냐 하면은, 현지인들은 동장 하고도 잘 알고, 면 그것도 잘 알고, 말하면은 아, 예, 예, 이래 해 주는데… 우리는 가가 인자 막 따져야, 큰 소리 좀 쳐야지, 이렇게 쫌 멕히는 사람이거든요"(Z, 여, 2021.08.11).

를 맡았으면 책임을 다하고 그래야지 그러려면 치워라" 또 거기에서 더 나아가서 "아예 마을을 떠나라" 이렇게 과격한 말씀을 하셨나 봐요. 그래서 이분이…"예, 알겠습니다. 마을을 떠나겠습니다" 하면서 나름대로 정리를 다하고 간 뒤에 며칠 있다가 변호사가 왔어요. 대한민국 기본법에는 어디라도 주거 정착을 하게 되어 있습니다. 이 법을 마을에서 무시를 한 겁니다. 그래서 손해배상 청구를 했어요… 이런 일이 지금 일어나고 있습니다. 그래서 그 마을의 어른들이 상당히 고민에 빠져 있습니다(군의원 C, 2019.09.19).[25]

ㅅ. 귀농인연합회에서 활동해보면 그런 고민을 호소하시는 분도 계시지만, 말씀은 안 하시는데 조용히 상당히 좋은 관계를 유지하고 계시는 분들도 분명 상당수 있어요. 뉴스에 나오거나 언론에 나오는 얘기는 아주 이슈될 만한 것만 나오고 나머지는 다 좋다는 거잖아요…다들 잘 사시거든요(S, 여, 2021.07.15).

ㅂ의 진술은 의성군의회에서 한 군의원의 발언이다. 특정한 귀농인이 그가 이주한 마을이나 지역에서 분란이나 문제를 일으킨 사건이나 사례는 다양하게 존재할 수 있다. 하지만, 군의회라는 공식 석상에서 이러한 발언을 함으로써 특정 개인과 관련한 사건이 귀농인 전체의 일로 치환되는 부분을 주의 깊게 들여다볼 필요가 있다. 〈표 1〉에서 제시한 귀농인들 역시 '의성에 이주해 농사를 짓는다'는 공통점을 지닐 뿐, 살아온 이력履歷, 경제력, 이주 계기나 동기 등 많은 측면에서 개성적인 존재들이다. 따라서, 그들 개개인이 경험한 농촌이나 지역사회에서의 적응과정은 제각각일 수밖에 없다. 실제로, 면담과정에서 제보자 대부분은 ㅅ의 진술처럼 특정한 사건이나 인물을 통해 귀농인 전체를 투영하여 이해하는 것에 대한 피해의식과 경계감을 표현했다.[26] 따라서, 특정한 이미지나 방식으로 귀농인을 이해하

---

25 의성군의회, 위의 자료, 2019.06.19.
26 "스무 명이 잘해도 한 명이 결딴을 지기잖아요. 전부 한 묶음으로 가는 거예요"(H, 남, 2021.

는 것을 지양할 필요가 있다.

3. '기대'와 '차별', 귀농인에 대한 이중적 시선

의성군의 귀농·귀촌인 유입 정책은 인구감소라는 지역 현실문제와 직결되어 있다. 한때 20만을 상회했던 인구가 5만 내외 수준으로 급속히 감소하자, 의성군에서는 인구감소 대책을 본격적으로 세우게 된다. 귀농인에 관한 조례를 의성군에서 처음 제정한 것은 2009년이며, 당시 정책적 지원은 귀농인 유치를 통한 인구증가와 그들의 영농을 돕는 데에 초점을 맞췄다.[27] 이 시기 귀촌의 경우는 별다른 정책적 고려 대상이 아니었으며, 귀농의 경우도 실제 지원의 규모나 범위가 소규모에 불과했던 것으로 보인다.

국가 역시 지방 문제 해결을 위해 귀농·귀촌인에 주목하였는데, 이는 2015년 1월 20일 「귀농어·귀촌 활성화 및 지원에 관한 법률」[28](약칭 : 귀농어귀촌법) 제정을 통해 확인할 수 있다. 이 법률은 귀농·귀촌인에 대한 실태 및 통계 조사, 정착지원 등을 골자로 하며, 특히 '귀농어·귀촌종합지원센터'의 설립과 지원을 명시하고 있었다. 이에 발맞춰 의성군에서도 2015년 11월 '의성군 귀농·귀촌인 지원조례'를 전면 개정하여, '귀농·귀촌인 정보센터'의 설립 기반을 마련했다. 원래 농정과 업무 일부분에 불과했던 귀농·귀촌계가 센터라는 독립적인 형태를 갖추고, 귀농·귀촌인의 유치

07.26).
[27] "임미애 의원 : 본 조례안의 제안 이유는 의성군 농업·농촌의 안정적인 성장·발전과 농업 인력의 지속적인 양성을 위하여 <u>귀농자의 유치 및 지원에 관한 근거를 마련하여 농촌인력 부족을 해소하고 인구유입 정책의 일환으로 조례를 제정하려는 것입니다</u>"(의성군의회, 『제140회의성군의회(제2차 정례회) 산업건설위원회회의록』, 2008.12.12).
[28] 『귀농어·귀촌 활성화 및 지원에 관한 법률』, 국가법령정보센터 홈페이지,
https://law.go.kr/%EB%B2%95%EB%A0%B9/%EA%B7%80%EB%86%8D%EC%96%B4%E3%86%8D%EA%B7%80%EC%B4%8C%ED%99%9C%EC%84%B1%ED%99%94%EB%B0%8F%EC%A7%80%EC%9B%90%EC%97%90%EA%B4%80%ED%95%9C%EB%B2%95%EB%A5%A0.

및 정착을 위한 전담기관으로서의 운영 기반을 갖추게 된 것이다.[29]

한편, 2016년 중앙일보가 발행하는 경제지인 『이코노미스트』의 기사에서는 한국의 지자체 중 소멸위기 1위로 바로 의성군을 꼽고 있었다.[30] 당시 지역사회의 위기감은 극대화되었으며, 이후 의성군은 귀농·귀촌인 유치를 중요한 군정 목표로 설정하여 적극적인 정책적 대응에 나섰다. 당시 지자체에서는 인구감소와 고령화 등으로 소멸위기에 처한 의성의 희망으로 '귀농·귀촌인'을 주목·제시했으며, 그들의 유입과 정착지원에 대한 적극적인 관심을 촉구하였다. 다음은 2021년 군정 방향을 제시하는 업무계획의 프롤로그에서 발췌한 것이다.

> ㄱ. …의성군은 65세 이상 노인인구 비율은 41.5%로 지난해보다 1.5% 증가하였고, 소멸위험지수는 0.13으로 다소 완화되었지만 심각한 사회문제로 나타나고 있습니다. 하지만 <u>건강한 인구구조를 만들기 위한 정책이 성과를 보여, 우리 의성군은 모든 분야에서 서서히 달라지고 있음을 지표가 말해 주고 있습니다.</u> 2019년 합계출산율이 1.76명으로 경북 1위, 전국 3위를 차지하고 있으며, <u>귀농·귀촌인구 또한 12,316명으로 귀농유치 경북 1위, 전국 2위를 달리고 있습니다.</u> 저출생과 지방소멸위기 극복이라는 담대한 계획으로 추진 중인 이웃사촌청년 시범마을 사업도 청년이 창업·창농하고, 청년주거지가 조성되는 등 2년 차에

---

29 "…인제 귀농인연합회에서 조직적인 목소리를 내고, 자기네들이 의견을 반영하다 보니까, 저희 관에서도 인제 전담지원조직을 구성하게 됩니다. 귀농·귀촌인들의 뭐 인제 전담, 뭐 보조사업이나 지원사업 이런 것들을 도와드리기 위해서, 저희들 김주수 군수님이 취임하시고 난 다음에, 또 맹 2015년도입니다. 저희들이 전담부서를 인제 신설하게 됩니다. 원래는 농정과에서 뭐 인제 한 업무 파트로 갖고 있는 걸로, 저희 농업기술센터로 와서, 계장 한 명에다가, 계원 세 명으로 해서, 그리고 또 상담사를 한 분 둬서, 총 그렇게 해서 2015년도 귀농귀촌 전담조직이 구성되고요."(의성군 귀농귀촌정보센터 관계자, 2021.07.08).

30 "경북 의성군엔 지난 18년간 산부인과가 없었다. 하나 있던 산부인과는 1997년 경영난으로 문을 닫았다. 그러다 올 3월 안계면에 있는 영남제일병원에 산부인과가 개설됐다. 분만 취약 지역에 산부인과를 설치하는 보건복지부 사업에 선정되면서다… <u>의성군이 30년 후 인구가 사라질 위험이 큰 지역 1위로 꼽혔다</u>"(「젊은 여성 없는 의성·고흥·군위…30년 뒤 내 고향 사라진다」, 『중앙일보』, 2016.05.02, https://news.joins.com/article/19968138).

접어들면서 성과가 가시화 되고 있습니다. 또한 대통령 직속 '농산어촌청년희망위원회'가 지역을 찾는 등 그간 노력들로 우리 의성군의 위상이 변화되고 있습니다.[31]

현재 의성에서 귀농·귀촌인 유치나 지원정책은 군정의 우선순위에 위치한다. 이는 김주수 의성군수 명의의 위 프롤로그 전체 분량의 절반 이상이 인구 문제 해결과 관련되었으며, 특히 귀농·귀촌인 유치 성과를 강조하는 모습에서도 확인된다. 의성군의 귀농인 정책을 간략하게 정리하면 "귀농귀촌인 스스로 자립하고 안정적으로 정착할 수 있는 프로그램 지원과 시스템구축"이라는 목표 속에서, '귀농인 유치를 위한 홍보', '유입 촉진 프로그램', '안정적 초기정착', 그리고 '지역사회와의 융화' 등으로 설정되어 있다.[32]

실제로 의성군의 귀농·귀촌인에 대한 정책과 지원은 구체적이며 다양한 편이다. 이러한 사실은 귀농·귀촌인에 대한 다양한 지원을 일목요연하게 정리·소개한 『귀농귀촌 의성이 좋다』[33] 등에서 쉽게 확인된다. 의성군 농업기술센터가 제작한 이 소책자에는 '의성군 예비귀농인 지원정책 및 교육', '의성군 귀농·귀촌인 지원정책', '의성군 귀농인 지원정책', '의성군 귀농인 융자지원(담보대출)' 등의 내용이 담겼으며, '2021년 의성군 귀농인 교육' 일람이나 읍면별 귀농·귀촌 연락처 등의 정보 역시 제공한다.[34]

이러한 정책 외에도 의성군에서는 최근 '마을 만들기'나 '지역재생'에 대

---

31 의성군, 『2021년도 업무계획 군민과 함께 행복한 의성을 그려갑니다!』(의성군청 홈페이지, https://www.usc.go.kr/board/list.tc?mn=1277&mngNo=274&pageSeq=1313).
32 귀농·귀촌인 정보센터 홈페이지에 '귀농귀촌인 스스로 자립하고 안정적으로 정착할 수 있는 프로그램 지원과 시스템구축'이라는 제목으로 제시된 의성군 귀농귀촌정책의 개요이다.
33 『귀농귀촌 의성이 좋다』, 의성군농업기술센터, 2021. 한편, 의성군귀농귀촌센터에서는 앞의 소책자와 동일한 제목의 귀농·귀촌 소식지를 매년 발간하고 있다.
34 이 소책자에는 귀농·귀촌인이 지원받을 수 있는 '농기계 임대사업', '농촌복지 사업', '농정분야 지원정책', '의성군 인구늘리기 시책' 등에 대한 개요와 설명을 담고 있다.

한 민간 전문가를 영입해, 민관협력을 통한 젊은 귀농·귀촌인 유치에 적극적으로 나서고 있다. 예를 들면, 도시의 젊은층을 대상으로 한 '이웃사촌 청년시범마을 사업'이나 젊은 귀농인을 대상으로 한 '스마트팜' 관련 사업 등이 그러한데, 이러한 사업들은 매스컴이나 타 지자체 등 전국적인 주목을 받기도 했다. 이러한 정책의 기획과 실현은 소멸위기 극복이라는 지역사회 절체절명의 과제 해결을 목적으로 하며, '귀농인'에 대한 기대와 희망이 내포된 긍정적 담론에 기반하고 있다.

〈표 2〉 의성군 귀농·귀촌 현황[35] (가구/명)

연도	2016	2017	2018	2019	2020	합계
귀농	170/295	161/293	191/327	187/301	231/336	940/1,552
귀촌	332/446	507/707	507/707	634/813	552/690	2,685/3,413
계	502/741	721/1,050	698/1,034	821/1,114	783/1,026	3,525/4,965

〈표 2〉에서 확인되듯이 의성군의 귀농·귀촌 정책은 명시적인 성과를 내고 있다. 귀농·귀촌 정책이 본격화된 2015년 이후 의성에는 약 5천 명의 인구가 유입되었다.[36] 전체 인구 규모가 5만 내외인 의성의 현황을 고려하면 상당한 규모의 귀농·귀촌 인구가 유입되었음이 확인된다. 현재 의성은 '경북 귀농1번지'로 불리며, 특히 2020년에는 귀농인 유치 실적 전국 1위를 달성하였다. 실제로 2020, 21년 귀농한 제보자들은 의성으로 이주한 이유로 '다양한 지원'을 꼽았으며, 문경이 고향인 30대 초반의 한 제보자는 '스마트팜'과 관련한 귀농 프로그램에 매력을 느꼈다고 진술했다.[37]

---

35 의성군농업기술센터, 위의 책, 2021, 6쪽을 재정리.
36 「의성에 '귀농·귀촌 정보센터' 개소」, 『안동MBC뉴스』, 2015.11.23(https://www.youtube.com/watch?v=-DiLyXuHxek). 위의 통계 바로 직전 시기인 2011~2014년, 약 4년간 의성에는 780가구 1,454명이 귀농·귀촌했다.
37 "그래서 뭐 스마트팜이랑 LED광으로 키우는 거에 관심이 많았었는데, 그래서 이제 경북농업기술원에 그런 홍보나 뭐 이런 올라오는 거를 보면서 교육 올라오는 거를 보면서 의성에 이런 스마트팜 사업을 한다는 게 있어가지고 여기 스마트팜에 지원하게 되었고, 의성에 오게 되었어

이렇게 홍보와 정책적 지원을 통한 귀농·귀촌인 유치에 성공하고 있지만, 한편으로 정착에 실패해 의성을 떠나는 귀농인이 약 30%에 달한다는 점 역시 유의해서 살펴볼 필요가 있다.[38] 여기에는 다양한 원인이 있겠지만, 마을이나 지역사회 적응의 어려움과 실패가 중요한 이유로 제시될 수 있을 것이다. 실제로, 지역사회 저변에는 귀농인에 대한 부정적 담론과 배타적인 인식이 광범위하게 존재한다.

ㄴ. 지금 우리 ○○면이 25개리 이장인데, 제가 이장을 하면 후배도 있고 선배도 있고 해서. 참 이야기 해보면 "귀농귀촌인 이야기도 꺼내지 마라. 몸써리 난다 그러더라니까" 제일 마을마다 말썽쟁이는 말썽 지기는 사람은 귀농인들 밖에 없다 그거야. 저 골짜기 드가 있으면서 말도 안 듣고, 협조도 안 하고… 이게 소통이 안 되는 거야… 하도 말썽을 지겨가지고 군에 가가지고 민원 넣는 것은 다 귀농인들이거든… 그러니까 공무원들이 귀농 카면은 머리가 아픈거야. 그거야(Y, 남, 2021.07.26).

ㄷ. 타지인, 그런 느낌은 어쩔 수 없어요… 우리가 아무리 마을에 정착을 할라고 해도, 우리는 들온 사람이에요. 본 땅의 사람들, 현지인들이 그래요, 들어온 사람, 아 거기 들어온 사람… 이렇게 이야길 해요. 우리는 현지인이 될 수가 없어요… 제가 작년 연말에 인제 면에서 나눠주는 그 전화번호부 있잖아요? 이래 인제 우리 마을 ○○리를 보니까, 우리는 잉크도 안 묻혔어요. 전화번호 아예 올라가지도 안 했어요. 네, 동장님이 그만큼 관심이 없어요. 그래 내가 한마디 했지요. 보니까 귀농했는 사람 아무도 없더라고. 우리는 여 와 뿌리를 내리고 살아도, 호적에도 안 올리주면 어떡하냐고… 그랬드만… 우리도 같은 지역에 살고 있으니까, 의성군민으로 인정해 달라 그 말 하고 싶죠(Z, 여, 2021.08.11).

요"(A, 남, 31세, 21.07.15).
38 의성군의회, 『2019년도 행정사무감사 산업건설위원회회의록』, 2019.06.19.

마을이나 지역사회에서 귀농인은 '외지인', '들어온 사람', 심지어는 '들어온 놈' 등으로 규정되는 등 토착 주민과는 사회·문화적으로 구별되는 존재이다.[39] ㄴ은 고향으로 귀농해 현재 이장을 맡은 한 제보자의 진술인데, 귀농인에 대한 마을이나 지역사회의 차별적 인식과 담론을 엿볼 수 있다. 이러한 수준에서 귀농인은 대체로 "기존의 사회질서나 문화에 부응하지 못하는", 그러면서 "시도 때도 없이 민원을 넣어 분란을 일으키며", "보조금 등 혜택을 보고도 언제라도 떠날 수 있는"[40] 등과 같은 존재로 그려진다.

이러한 부정적 귀농인 담론 형성은, 정부나 지자체의 그들에 대한 지원이 증가하면서 기존 지역 주민이 느끼는 상실감이나 소외감이 일정하게 작용한 것으로 보인다.[41] 이는 면사무소나 군청 등과 같은 지자체의 행정기구나 지방의회 등과 같은 공적인 영역에서도 공공연하게 나타난다. 아래의 진술은 그러한 모습을 잘 보여준다.

<u>ㄹ. 조금 전 우리 ○○○위원님도 귀농·귀촌에 대해서 관심이 많지만 저는 현장에 주로 있기 때문에 아마 달리 생각하는 경우도 있을 겁니다… 이분들한테 물론 영농교육도 중요하지만 정착해서 살고 있는 정착민들한테도 기본적인 그런 것도 좀 교육을 병행해서 봉사라든지 우리 문화가 또 있지 않습니까? 이 문화</u>

---

39 "사람은 들어온 사람 하지만은 옛날 사람 같으면 들어온 놈이에요. 이 동네 와갖고, 삼십 년을 살아도 아직도 그런 흐름이 있어요. 여 동네 와 한 삼십 년 되었지만은, 언제 어떤 이야기를 하다 보면은 저마 저거는 들어와 산다 이러고, 특별하게 다른 건 없지만은, 그런 말 하는 거지"(Y, 남, 2021.07.26).
40 "인제 이장회의라든가 이래 가면 귀농귀촌한 사람들한테 3년 동안 보조를 해주지 마라 칸다고, 현지인들은. 왜 그러냐 하며는 보조가 처음에 3년 동안 오는 사람들한테 의성군의 정책이 보조를 해준단 말이죠. 현지에서 보면은 적응기간에 보조 딱 받아갖고 요건만 살타하고 3년 있다가 혹 가버리는 사람들이 있다고. 기계라든가, 농기계 보조 받아가… 그라면은 또 적응 안 돼갖고 다시 시골 떠나야되겠다 이캤뿌면· 보조는 실컷 받아먹고, 기계는 싹 팔아버리고, 그래 가니까 현지인들한테는 안 맞다는 거지요."(Y, 남, 2021.07.26).
41 "귀농이라고 이야기를 많이 하는데 왜 그렇게 그것만 강조를 하느냐!… 의성에 있는 의원의 입장보다 같이 농사짓는 입장에서 물론 귀농과 귀촌에 관심을 두는 것도 좋은 일인데 고향에서 농사지으면서 부모님들을 모시고 살아가는 우리 농어민들의 어려움도 한 번 생각해주시기를 부탁드리겠습니다"(의성군의회, 『제184회의성군의회(임시회) 총무위원회회의록』, 2014.01.24).

차이인데 그것도 함께 가주어야 되지 않을까 싶습니다(군의원 C, 2019.09.19).[42]

ㅁ. 그런 얘기도 저도 듣고 있고 이제 귀농이 한 10여년이 지나다 보니까 다양한 사람들이 도심적 사고를 가지고 와서 기존민들과의 사고 차이에서 갈등이 일어나고 있으니까 저희들이 어떻게 하면 이것을 해소를 할까 그래서 처음에 오는 새내기 귀농인들 교육을 할 때 적어도 제가 일부러 시간을 편성해서 첫날에 들어가서 30분간 그런 여러 가지 갈등의 문제를 좀 주의해 달라고 당부도 하고 그렇게 하고 있는데 앞으로 귀농인 모임이라든지 이런 것 있을 때 꼭 다음에 나가서 저희들이 그런 것을 좀 다독이고 하도록 하겠습니다(농촌지도과장 I, 2019.09.19).[43]

ㄹ은 지역 정치의 핵심적 공론장인 의성군의회에서 군의원이 마을 내에서 갈등을 일으킨 한 귀농인의 사례를 구체적으로 제시하며 나온 발언이다. 특히, 귀농인과 토착 주민 사이의 문화적 차이를 지적하는 부분이 주목된다. 이질적 집단의 상호작용은 필연적으로 사회적 갈등이나 문화적 충격 같은 현상을 수반하기 마련이며, 이러한 문제를 해결하기 위해서는 타문화에 관한 이해가 선행되어야 한다. 문제는 이러한 발언의 저변에 다분히 토착 주민 중심의 시선과 사고가 담겨 있으며, 객체화된 귀농인은 지역의 사회적 질서나 토착 문화에 대한 동화의 대상으로 전제된다는 점이다.

이에 대하여 당시 농촌지도과장은 귀농인과 원주민 사이의 사회적 갈등 관리를 위해 '귀농인 교육' 등에 좀 더 신경 쓰겠다고 ㅁ처럼 답변하고 있었다. 실제로 군청을 비롯한 관계 기관은 귀농·귀촌인의 지역사회 적응문제에 많은 관심을 기울이고 있다. 예를 들면 앞에서 언급한 귀농·귀촌인을 대상으로 의성군농업기술센터에서 발간한 소개 책자 제일 앞 장에 쓰인

---

42 의성군의회, 위의 자료.
43 의성군의회, 앞의 자료, 2019.06.19.

'성공적인 귀농·귀촌을 위한 십계명'(이하 십계명)은 그러한 모습을 잘 보여준다.

〈표 3〉 성공적인 귀농·귀촌을 위한 십계명[44]

1. 겸손한 마음을 가져라
2. 지역의 노인을 공경하라
3. 마을 리더와 친교하라
4. 잘난 척 나서지 말라
5. 마을 대소사에 적극 참여하라
6. 이웃과 송사를 다투지 말라
7. 늘 웃으며 먼저 인사하라
8. 이웃과 음식을 나누어라
9. 외로움을 극복하라
10. 봉사단체에 가입하라

위의 '십계명'은 군이나 센터 등의 귀농인 관련 각종 출판물이나 교육 등과 같은 공식적인 영역에서 강조하는 부분이다. 귀농·귀촌인의 지역사회 정착을 위해 제시된 십계경은,[45] 일견 한국사회 특히 농촌을 중심으로 통용되는 일반적인 윤리나 규범과 큰 차이는 없어 보인다. 특히, 토착 주민과 사회적으로 원활한 '관계 맺기'에 해당하는 항목은 1~10을 관통한다. 이러한 십계명 자체에 대해서 제보자 대부분은 특별한 의문이나 부정적 반응을 보이지 않았다.

오히려, 낯선 타지에서 이주해온 외부인으로서 마을이나 지역사회에 정착하기 위해서는, 약간의 불편함이나 불이익 등은 어느 정도 감수할 부분이라는 의견 역시 상당히 많았다. 또한, 십계명처럼 행동하면 확실히 지역사회 적응에 유리할 것이라고 이야기할 정도였다.[46] 하지만, 위의 십계명은 다분히 기존 토착 주민 중심의 농촌문화와 사회적 질서에 초점을 맞춘 것이며, 귀농·귀촌인의 사회·문화적 취약성을 역설적으로 보여준다.

---

44 의성군농업기술센터, 앞의 자료.
45 한국사회에 귀농·귀촌인이 증가함에 따라 이와 유사한 행동 규범 등이 이미 제시되고 있었다 (고영준, 「귀농 선배들 "후배여, 이것은 명심하자"」, 『오마이뉴스』, 2015.04.24).
46 "동네 어른들한테 인사 잘 하고, 자상하게 인사 잘하고, 좀 사람이 친근감 있게 싹싹하게 이렇게 웃는 얼굴에 침 못 뱉는다고, 싹싹하게 붙어봐, 어른들한테 하면 좋아하죠. 뭐 말 상대도 해 드리고…우리나라는 옛날부터 내려온 게 그건데, 젊은 사람들이 나이 많은 사람 공경하는 건 당연한 건데"(Y, 여, 2021.07.26).

ㅂ. 우리가 처음에 귀농을 하게 되면은 기본적으로 우리가 심화교육이라든지, 새내기교육이라든지 교육을 받게 되면은 기본적으로 십계명에 대해서는 누구 말 마따나 귀에 딱지가 앉을 정도로 우리가 들어요. 그러면 인제 우리가 현지인들랑 같이 부딪치게 되면은, 무조건 고개를 수그리고 들어가야 돼요. 왜? 많이 들으니까… 시간이 지나고, 나도 인간인지라. 그 사람도 인간이고, 똑같은 인간인데. 이거는 너무나 형평에 안 맞는 거예요. 그래서 내가 센터에서 그랬어. 이거는 취지가 안 맞다… 지금까지 우리는 사실상 귀농을 할라하면, 기본적 바탕으로 십계명에 관한 부분에 대해서 교육을 받지만은, 군에서도 귀농인에 대한 부분을 (교육) 시켜라, 호응할 수 있는 마음을 가질 수 있게 교육을 시켜라 내가 말씀을 드렸거든요. 그런데 이장님들 이야기를 들어보면, 한 번도 귀농인들 교육을 받은 적이 없어요(H, 남, 2021.07.26).

ㅅ. 왜 귀농인의 십계명, 이런 게 있어야 되는지… 사실은 제 개인적으로는 그런 게 왜 필요하나 이 생각이 들어요… 근데 귀농인만 특별히 뭐 십계명이 있어야 되는 게 아니라, 현지인도 십계명이 있어야 되는 거예요, 같이. 같이 십계명이 있어야 되지, 왜 귀농인만 십계명을 해야 되는지 그걸 잘 모르겠어요(J, 여, 2021.07.22).

제보자 중 일부는 '십계명' 자체에 대한 의문과는 별도로, 이것이 귀농인에게만 일방적으로 강요되는 현실적 상황이나 그것이 낳을 수 있는 부정적 결과에 대해서 ㅂ, ㅅ과 같이 비판적 목소리를 내고 있었다. 그들은 십계명이 어느 정도 유용성을 지닐 수 있지만, 결국은 토착 주민과 귀농인 사이의 '상호존중'이야말로 바람직한 관계 형성에 중요하다고 주장했다. 실제로 십계명 등과 같은 규범이 귀농인에게만 일방적으로 강요될 경우, 그것은 원래의 취지와 다르게 자칫 또 다른 갈등의 소지로 작용할 가능성이 존재한다. 그래서 한 제보자는 귀농인이 십계명을 무비판적으로 수용할 때의

위험성을 경고하며, 오히려 장기적으로는 귀농인의 지역사회 적응에 방해가 될 가능성에 대해 언급했다.[47]

실제로 지역사회 적응이나 문화 수용에 매우 적극적이었던 몇몇 제보자 역시, 토착 주민과의 관계에서 '눈치껏' 또는 '적당한 거리두기'가 필요하다고 역설하는 모습에서 그러한 점은 재확인된다.[48] 그래서인지 제보자들은 '귀농인'이란 용어 자체에 대해서 의문을 품기도 했다.

> ㅇ. 저는 귀농·귀촌을 굳이 나누는 것부터가, 조금 역차별이 발생한다고 보는데… 굳이 지역과 도시를 나누는 것하고, 한국이 큰 나라도 아닌데. 의성군민도 굳이 그렇게 나누는 거(C, 여, 2021.07.15).

> ㅈ. 지금도 어른들이 나이 드신 어른들이 보면은, 여기서 이십 년 삼십 년 살아도 저거는 외지인이거든요… 그게 어떻게 보면은, 편을 가르고, 새로 들어온 사람들이 자리를 잡는 데이 어려움에 가장 베이스가 그거 같아. 외지인, 그게 뭐가 중요한데. 세상 살아가는 데에 그죠. 내가 서울 살러 가면, 내가 등록하면 그럼 귀농인이 아니고, 그럼 귀도인이 되나요? 환도인 해야 하나? 이건 말이 안 되잖아요 그죠? 용어 자체가 굉장히 차별, 차별적이거든요(B, 남, 2021.07.13).

---

47 "귀농귀촌계에서는 양보를 해라, 무조건 양보를 해라. 무조건 지역민을 위한 시스템이 되어 있거든요. 그런데 그게 좋을 때도 있고, 나쁠 때도 있어요. 무조건 양보하다 보니까 항상 궂은 일 힘든 일은 귀농인이 다 하고 계세요. 이래 보면, 내 지켜 봤는데, 우리 마을 이장도 그래요. 궂은 일, 힘든 일은요, 우리 젊은 애들 있지 않습니까? 맨날 불러서 일 시키고 있어. 지역민들은 단 한 명도 안 나와요. 그러면은 나가 옆에 지켜보니까, 그렇다고 큰 혜택이 돌아오는 것도 아니야. 그런데 저 이장님이 한다는 괄. 내 말 안 들으면 길 안 내줘. 뭐 안 내줘. 그러는거여… 모르니까 시기면 시키는 대로 움직일 수밖에 없다는 거여"(H, 남, 2021.07.26).
48 "저는 좀 자리를 피해드리죠. 왜냐면은 어르신들 위주로 편하게 노시라고. 근데 제가 또 너무 가면 너무 좋아하셔 가지고, 계속 가야 해요. 그런 거는 조금은 필요해요. 밀당 비슷하게 하셨다가 어떤 부분들은 빠지는 기 필요해요. 왜냐면은 요구하는 게 자꾸 많아지거든요. 그게 마을을 위해서 필요한 일이다는 본인이 판단하거든요. 그래서 협조할 일은 하고 피해줄 자리는 피해주고"(C, 2021.07.15).

법률이나 조례 등과 같은 행정적 정의에서 그들은 '귀농인'이나 '귀촌인'으로 규정되며, 그에 따라 다양한 혜택과 지원의 대상이 된다. 하지만, 귀농인이라는 용어 자체에 제보자들이 강한 반감을 갖는 이유는, 실생활에서 마주하는 다양한 차별과 일정하게 관련된 것이다. 실제로 면담에 응한 제보자 다수는 '귀농인'이라는 용어 자체가 지닌 한계와 차별성에 대해서 피력하고 있었다. 이처럼 지역의 사회·문화적인 맥락에서 귀농인은 토착 주민과는 구분되는 존재로서, 끊임없이 타자화되는 것으로 보인다.

이러한 모습은 이미 2장에서 살펴보았듯이 귀농인 일부의 특성이나 일탈을 전체로 치환하는 것을 경계하는 것과 같은 맥락이다. 특히, 지역사회에서 '귀농인'이라는 용어나 규정은 종종 그들을 토착 주민과 구별 짓게 하며, 결과적으로 귀농인의 지역사회 적응을 더욱 어렵게 만들 수 있다. 비록 한국사회에 널리 통용되는 용어 중 하나가 바로 '귀농인'이지만, 그들 스스로가 이 용어에 대한 반감을 강하게 표출한다는 점은 유의해서 이해할 필요가 있다. 이는 지역사회에서 그들의 위치가 그만큼 취약함을 반영하기 때문이다.

이 장에서는 귀농인에 대한 지역사회의 이중적 시선에 대해서 살펴보았다. 정리하면, 지역 행정이나 정치 등의 공식적 영역에서 귀농인에 대한 담론은 지방소멸에 대한 대안적 존재로 그려지는 등 매우 긍정적인 것이다. 하지만 일상의 사회·문화에서 특정 사례를 전체로 치환하는 방식으로 구성·유통되는 그들에 대한 담론은 부정적으로 나타난다. 이렇게 상반되고 모순된 상황 속에서 귀농인은 지역사회 적응을 위해 다양하게 노력하는데, 그 핵심에 사회적 자본의 형성과 확충이 있다.

4. 사회적 자본의 형성과 대안적 존재로서의 가능성

제보자들은 마을이나 지역 적응과정에서 신뢰, 규범, 인적 연망과 같은 사회적 자본의 중요성을 잘 인식하고 있었다.[49] 하지만, 지역이나 마을에서 귀농인의 입지를 고려할 때, 그들의 사회적 활동이나 참여 정도는 매우 제한적일 수밖에 없다. 귀농인 대다수는 거주 기간에 상관없이 농촌사회의 인적 연망에서 취약한 위치에 놓이며, 그에 따라 사회적 자본의 형성에 어려움을 겪기 때문이다.

처음 귀농인이 이주하면 마을이나 지역사회 적응을 위해 다양한 노력을 기울이기 마련이다. 제보자들은 "떡을 돌린다"든가, "노인회관에 TV를 기증"하였으며, 마을 어르신들에게 예의를 갖춰 인사하고 싹싹하게 말을 거는 등의 노력을 하고 있었다. 또한, 동네 부역이나 잔치 등 마을의 공식적·비공식적인 행사 참여 역시 중요하다. 실제로 제보자들은 이러한 행사에 여건이 허락하는 한 참여하는 것이 좋다는 반응을 보였으며, 그런 자리에서 노력 봉사나 '찬조금' 등으로 성의를 표시한다고 했다. 이는 지역의 사회적 질서와 문화를 귀농인들이 인정·수용하는 모습이며, 앞 장의 이른바 '십계명'에서 제시된 규범을 충실히 따르는 것이다.

개별적 노력 못지않게 중요한 것이 바로 다양한 사회조직이나 단체의 참여와 활동이다. 마을이나 지역은 대동계를 비롯한 전통적 사회조직뿐만 아니라 노인회, 부녀회, 청년회, 체육회, 작목반 등 수많은 단체와 조직을 통해 운영된다. 귀농인 개인은 이러한 단체나 조직에의 참여와 활동을 통해 마을이나 지역에서 신뢰 관계를 형성할 수 있으며, 온전한 구성원으로서

---

[49] "뭐 우리 또 모르던 것도 그분들 통해서 제가 알 수도 있는 거고, 그런 정보라든가 이런 것들을 아무래도 쪼끔… 또 아직까지도 우리 촌에는 또 인맥사회잖아요… 저 같은 경우는 저희 오빠 덕을 많이 보는 택이에요… 쟤는 누구 동생이다 이카면은 촌에는 그게 엄청 중요하더라고… 나는 몰랐더니 우리 오빠 덕을 내가 엄청 보고 있다는 거를 알게 되더라고"(J, 여, 2021.07.22).

존재를 인정받을 수 있다.

ㄱ. 우리 부녀회 친목계도 있고, 계추도 하고 뭐… 또 우리는 전체적인 부녀회, 우리 면부녀회 거도 또 저희들이 하고… 많이 도움이 돼요… 예를 들어가지고 이래 밖에를 나가도 우리가 그냥 형님 이카고 알고 인사할 수도 있잖아요… 쪼끔 어려운 일이 부탁해야되는 일이 있잖아요? 그러면 형님, 나 이거 뭐 이거한데 이거 쫌 뭐 어떻게 그분한테 이야기 좀 해주면 안 돼요? 하면서 이렇게 연결고리가 돼요…저는 지금은 내가 의성군민이지요. 오자마자는 안 바뀌어요. 지금 저 같은 경우는 제가 또 요런 단체적인 활동을 하고 있으니까 그냥 의성군민이라고 이래 생각하는데, 만약에 내가 예를 들어서 부녀회장이라든가 이런 부분에서 아무것도 아니라면은, 제가 이렇게 있는 이 시기쯤 되면 딴마음을 먹었을 수도 있어요(J, 여, 2021.07.22).

ㄴ. 그래서 저는 여기 와 가지고 무조건 했는 게, 단체에 무조건, 단체에 가입을 해야겠다. 사람을 사귈라 그러면. 그래서 의용소방대 자꾸 이야기해가 들어가게 되었고. 그 다음에 새마을지도자 협의회도 들어가 있고 지금. 그 다음에 또 지금은 체육회, 체육회 멤버로 들어가 있으니까. 지금 젊은 사람이 없잖아요. 들어가가 맨 일만 하고 있어요. 총무 노릇 하고. (웃음) 그러다보니까 한 개 들어가니까 두 개 들어가고… 그렇게 활동을 하다 보니까, 움직이고 이러니까, 다른 사람들이 절 보는 시각이 달라진 것 같아요. 첨하고(K, 남, 2021.07.31).

위의 진술은 귀농인의 마을이나 지역사회 적응문제에 있어, 조직이나 단체의 참여 및 활동의 중요성을 잘 보여준다. ㄱ의 제보자는 별다른 준비 없이 갑작스럽게 혼자 이주했기 때문에, 농사일이나 마을 내 적응에 어려움을 겪은 경우이다. 그러나 그동안 잘 운영되지 않았던 마을부녀회의 재건 과정에서 주변 사람들의 추대로 회장을 맡게 되었다. 또한, 마을부녀회장 자격으로 면부녀회 등에 참여하며 지역사회에서의 인적 연망을 넓히는 것이 가능해졌다. 이러한 활동을 통해 그녀는 '의성군민'으로의 정체성이 뚜렷해졌으며, 마을이나 지역사회의 공적인 문제에 더 많은 관심을 갖게 되었다고 진술했다.[50] 그녀는 부녀회 등에서 활동하지 않았다면 귀농을 포기하고 원래 살던 곳으로 되돌아갔을 것이라고 이야기할 정도로, 조직이나 단체에서의 활동에 특별한 의미를 부여했다.

ㄴ의 제보자는 아직도 "완전히 지역민"이라는 생각은 들지 않지만, 다양한 단체 가입과 활동을 통해 다른 귀농인과 비교해 마을이나 지역사회에 수월하게 적응했다고 말할 정도였다. 처음 이사와 친해진 이웃집 마을 이장의 권유로 의용소방대에 가입하였으며, 그것을 계기로 면의 새마을지도자협의회와 체육회 등에 참여하게 되었다. 또한, 회원들의 만장일치로 가입하는 일종의 지역 유지들 모임인 '○○회'[51]에도 참여를 허락받아, 토착 주민들과 '형님-아우' 관계를 자연스럽게 맺을 수 있었다.[52] 이러한 활동의 결과 그는 농사일을 비롯한 다양한 측면에서 그들과 도움을 주고받게 되었으며, 면사무소에 가면 직원이 먼저 자신을 알아보고 인사하는 등의 사회적 인정이 뒤따랐다고 진술했다.

위의 사례처럼 다양한 조직에 가입·활동하면서 주민들과의 신뢰를 형성하여 마을이나 지역의 구성원으로 인정받는 것이, 귀농인의 농촌사회 적

---

50 "아무래도 부녀회장 하면은 틀리죠. 우리가 그냥 일반 내가 들어와 가 사는 거와 그래도 또 마을에 또 뭐 한 단체에 소속 돼 가지고 하는 거는 아무래도 틀리죠… 아, 적는 두 발 벗고 나와서 하지요. (새뜰사업도) 그렇고. 이런 만일에 우리 마을 자근으로 뭐가 마을이 바뀔 수 있는 관광이라든가 이런 게 있으믄 당연히 해야 되지요"(J, 여, 2021.07.22).
51 "여기 한 사십 년 된 단체가 하나 있어요. 사적 단체인데, 그거 옛날에는 조기축구회에서 비롯되었다가, 지금에는 이저 저 ○○회라고 그래서, 한 십여 명 남짓 활동을 하고 있는데, 친목도모가 일 번이고, 면에다 노력 봉사를 하는 경우도 좀 있고, 또 체육회 행사할 때에는 우리 계에서 나가, 노력 봉사도 하그 뭐 이런 거죠. 그런 걸 하는 거지지… 그렇죠, 지금 가면 (면사무소) 직원들 다 알아보니까"(K, 남, 2021.07.31).
52 "지인이 어차피 여기 왔으니까, 마을(지역) 위해서 봉사 활동도 한번 해보라 그래가지고 (의용소방대에) 드가게 된 거죠… 그래 형님 동생도 하고, 뭐 소주 한 잔도 하고 이러니까, 금방 빨리 알게 되죠"(K, 남, 2021.7.31).

응에 가장 자연스러운 방법의 하나일 것이다. 하지만 그들이 기존 지역사회 단체나 조직에서 참여·활동하는 것은 그리 쉬운 일이 아니다.

> ㄷ. 그리고 <u>재작년에 부녀회를 새로 결성했어요.</u> 부녀회도 이렇게 없어졌는데, 결성을 해 가지고 인제 준비해, 주민이 사시는 주민이, <u>이제 저를 회장을 시킬라 그러니까, 동네 말아먹을 일 있냐고… 들어온 사람을, 저는 아무리 노력해도 그 마을에는 그냥 타지인이에요, 들어온 사람이에요…</u> 솔직히 여기는 <u>귀농을 20년을 해든 30년을 해든 들어온 사람</u>이래요(Z, 여, 2021.08.11).

> ㄹ. 우리 동네에서 모임을 하잖아요. 솔직히 여기 계신 분들은 60명 중에 한, 삼분의 이도 안돼요, 여 사시는 분들이 여기 본토 계신 분들이. 귀농인들이 많아요. 근데 <u>이 사람들도 일 시켜놓고, 자기네들만 얘기를 해요.</u> 그래서 제가 그러잖아요. 고향이 있는데 <u>내가 왜 고향으로 안 가서 이런 설움을 받아야 하는지. 그걸 절실하게 느껴요</u>(U, 여, 2021.08.11).

물론, 제보자 중에는 자신의 고향으로 귀농해 이장을 맡아 마을 내 주요 사업이나 여론 형성에 주도적인 역할을 수행한 경우도 있다. 하지만, ㄷ과 ㄹ의 진술처럼 마을 내 모임이나 집단에 참여하더라도, 귀농인이 토착 주민과 동등한 대우를 받을 수 있는 것은 아니다. 제보자들은 동네 부역이나 마을 잔치 등에서 똑같은 노동을 하더라도, 정작 마을에서의 대우는 토착 주민과 다르다고 토로했다. 또한, 마을의 대소사를 결정하는 총회 등의 의사결정 과정에서 귀농인의 발언 기회와 영향력은 제한적일 수밖에 없다.

이러한 한계에도 불구하고 제보자들은 조직이나 단체에의 적극적인 참여야말로 농촌사회 적응의 성패를 가를 정도로 중요한 요소라고 강조했다. 그래서 연구자가 후배 귀농인에 대한 조언을 질문하자, "무조건 단체에 가입하라"고 권유할 정도였다.[53] 도시와 비교해 농촌에서의 생활은 주거와 생업공간이 어느 정도 일치하는 등, 한정된 지리적 범위 안에서 이뤄지는 경우가 많다. 또한, 노동과 여가, 개인적 삶과 공적인 영역 등이 여전히 미분화된 측면이 있으며, 정치·경제·사회·문화적 생활 등 다양한 층위가 복합적이며 밀접하게 연결된 편이다. 이러한 상황에서 사회단체나 조직에의 참여와 활동은, 마을이나 지역에서 구성원으로의 인정 여부 및 신뢰 형성과 직·간접적으로 관계되기 때문에 더욱 중요하다.

한편, 귀농·귀촌 인구의 급증과 함께 그들이 주도하는 조직이나 단체 역시, 지역 적응 문제와 관련해서 주의 깊게 살펴보아야 할 부분이다. 지역이나 마을 내에서의 사회적 자본이 부재한 귀농 초창기의 경우, 조직에의 참여와 활동이 인적 연망의 확충이나 실생활에 필요한 지식 및 정보획득에 도움을 줄 수 있기 때문이다. 또한, 귀농 초창기 적응과정에서 '귀농귀촌인 정보센터'나 '농업기술센터'에서의 교육과정 역시 그들의 사회적 연망 형성에 중요한 역할을 하는 것으로 보인다.

> ㅁ. 너무나 설움을 많이 당하다 보니까. 아 아니다 라고 생각을. 갈라고 그랬지 포기하고. 정말로 포기하고 갈라고 그랬었는데, 우연치 않게 귀농인연합회라는 것을 알고, 그쪽에 있는 분들 친분관계를 맺다 보니까 안에 있는 마을에 계신 분의 사람보다 바깥에서 먼저 사람을 사귀게 되었어요…(다른 귀농인에게 도움을) 엄청나게 많이 받았죠. 전치적으로 심리적인 안정이에요. 두 번째는 뭔가 하면은 사람과 사람이 대화가 가능하다는 거예요. 세 번째는 그분들이 나를 인정한다는 거예요. 그러다보니까 아 내가 여기 살 곳이 못 되는 곳이 아니라, 내가

---

53 "아무 말 말고 모든 단체에 들어가라. 단체. 그러니까 거 가면 사람을 알아요 사람을 알면, 내가 필요할 때, 상당히 도움을 많이 받아요. 여기 지인들은, 여기 있는 분들은. 나는 뭐 못해도 자기네들이 와서 해주는 것도 있고. 나는 심지어는 낮에 또 다른 일을 하다보면은, 우리 사과밭에 풀 베야 되잖아요. 그럼 자기가 풀 베다가 기계를 빌려다 왔는데 시간이 남으면, 니 풀 다 벴냐? 나 아직 못 벴는데 그러면, 내 베 놓고 갈게 이런 분도 있어요. 몇 분은 있어요. 많지는 않지만은… 그런 단체에 들어가서 활동을 하다가 보니까, 그런 사람을 알게 되는 거예요. 대신에 그분들이 원하면 나도 가 또 맹 똑같이 해야지"(K, 남, 2021.07.31).

어떻게 살아가는 방법이 여러 가지 있겠지만, 아 이것도 살아가는 방법 중 한 가지다 라는 생각이 들면서(H, 남, 2021.07.26).

ㅂ. 귀농·귀촌연합회는 제가 들어와가지고, 귀농 이제 본격적으로 제가 이제 사과대학교를 다녔어요. 사과대학교를 다니면서 그 다음 해는 또 농어촌기술센터에서 하는 CEO 과정, 그게 또 CEO 과정 그것도 농업대학교거든요. 고거를 2년 차 댕기면서 알았어요…. 제주도 같이 가고 있는 이 멤버는 지금도 우리는 사과대학교에 같이 댕긴 언니들 있잖아요. 지금까지도 아직까지도 모임을 계속해요, 우리는. 그분들은 귀농·귀촌인들도 있고 현지에 사시는 분들도 있고… 뭐 우리 또 모르던 것도 그분들 통해서 제가 알 수도 있는 거고, 그런 정보라든가 이런 것들을 아무래도 쪼끔 또… 또 아직까지도 우리 촌에는 또 인맥 사회잖아요, 여기는(J, 여, 2021.07.22).

ㅁ의 사례는 경매로 집을 구입한 것이 이유가 되어, 이주 초창기 마을 주민에게 심한 배척을 받은 경우이다. 진술자의 부인은 "평생 울 걸 여기서 다 울었어요."[54]라고 토로할 정도로 힘든 적응과정을 겪었으며, 이들 부부는 결국 귀농 전 살던 곳으로 되돌아갈 생각까지 했었다. 그때 귀농·귀촌인연합회를 알게 되었으며, 그곳에서 새롭게 알게 된 사람들과 부부끼리 어울리며 심리적인 안정을 되찾아, 힘든 시기를 넘길 수 있었다.[55] 이후 시간이 지나며 그들 부부 역시 대동회 참석이나 부녀회 가입이 가능해졌으며, 토착 주민들과 신뢰를 쌓아가며 서서히 마을 사회에 적응하게 되었다.[56] 이

---

[54] "저는 평생 울 걸 여기서 다 울었어요. 진짜 이렇게 많이 울어 본 적이 없어요. 그래서 다시 갈라고도… 진짜… 누가 가르켜 주는 사람이 없어요. 제가 제 고향이 없는 게 아니잖아요. 고향이 있는데 객지에 왔다고 서러움을 그렇게 주더라고요"(U, 여, 2021.08.11).
[55] "귀농에 참여하면서 활동을 많이 하고 다녔죠…. 여기 와서 2년 있다가 2013년도, 우리는 안 그랬으면 갔어요. 부부끼리 많이 다녔어요. 거의 다 부부끼리만 하고. 네 가구가 만나가지고 밥 먹으러 가고, 여행도 갔다 오고 이런 거도 하고, 또 여자친구는 얘랑 친구들도, 얘는 귀농회에서 만났어요. 귀농귀촌에서 연합회에서"(U, 여, 2021.08.11).

러한 경험 때문인지 ㅁ의 제보자는 현재 연합회장을 맡아 활발하게 활동 중이며, 후배 귀농인에 대해서 동질감을 가지고 공적으로나 사적으로 그들의 적응을 돕는다고 이야기했다.

ㅂ은 군청이나 농업기술센터 등의 교육 프로그램에 활발하게 참여하였으며, 그곳에서 귀농·귀촌인연합회를 알게 돼 가입·활동한 사례이다. 비록 정도의 차이는 있지만, 제보자들 대부분은 이러한 프로그램이 단순히 농업기술 습득만을 위한 것이 아니며, 다른 귀농인과의 교류 특히 특정 작물 영농에 전문적 지식을 지닌 주민과 인적 네트워크 형성 및 다양한 차원의 정보교환 기회가 된다고 강조했다.[57] 실제로 이주 초창기 귀농인은 이러한 활동을 통해 농업을 비롯한 실생활에서 비교적 손쉽게 다양한 도움을 받을 수 있으며, 한편으로는 지역사회에 대한 이해도를 높일 수 있다.

정리하면, 귀농·귀촌인연합회에서의 활동이나 각종 교육 프로그램에의 참여는 그 자체로 귀농인의 지역사회 적응에 일정한 도움을 주며, 나아가 이러한 활동을 계기로 친목 단체의 결성이나 유지 그리고 또 다른 사회 활동의 참여 기회로 이어진다는 점에서 중요하다. 이러한 유용성에도 불구하고, 관계 기관의 교육 프로그램이나 연합회 등의 귀농·귀촌인 단체 역시 일정한 한계를 지닌다.

> ㅅ. 지역별로 영향력은 평균에서 이하로 되어 있어요. 즉 말하자면, 인지도가 없거든요… 새마을지도자나 소방대나 이런 조직들은 나름대로 몇 수십 년이 묵은 역사를 가지고 있는 조직이기 때문에, 힘이 있고 충분히 영향력이 발휘되고

---

56 그는 개인적 친분을 이용해 가정용 태양광을 주민들에게 저렴하게 보급하는 등, 마을 내에서 입지를 넓히는 중이라고 했다
57 "기술센터서 교육도 받고, 거 다니다 보니까 귀농인연합회가 있고, 거서 가입해가 같이 활동을 하고… 그러다 보니까 나는 다른 사람들은 어떻게 생각하는지 모르지만, 나는 배우는 것도 배우는 거지만, 인적 네트워크가 최고더라고요…인적 네트워크라는 게, 중요하지요. 실질적으로 교수님들, 강사님들 강의하는 거보다가 같은 교육생들이 인적 네트워크로 배우는 게 더 많아요. 자기 나름대로 한 가지쓱은 전문가잖습니까?"(Y, 남, 2021.07.26).

있는 상황이에요… 우리 귀농인연합회 같은 경우는 그런 시스템 자체가 없어요. 솔직하게 혜택도 받지 못하고 있고, 또 어려운 부분이 바로 그거야… 지금은 움직일 수 있는 공간들이 임원들밖에 없어요. (코로나19로 인해) 마을에서 우리가 만날 수가 없다 보니까, 각 지회장님 모임하고, 지회장님하고 집행부 모임을 자주 해 가지고, 나름대로의 정보교환이라든가, 제일 중요한 것은 뭔가 하면은, 우리가 손 놓고 있으면 안 되니까(H, 남, 2021.07.26).

ㅇ. 그거는 확실해요. 처음에 초창기 때 마을에서 적응할 수 있도록 그런 단체에서 도움을 많이 받았죠… 어떤 뭐 정보라든가, 교육을 가야 하는 데 그런 정보, 같이 움직일 수 있는 어떤 거 그런 부분에 상당히 도움을 받았죠… 모임도 귀농인 모임 이런 게 첨에 들어 왔는 사람들은 진짜 도움이 되는데, 시간이 지나면 탈퇴해서 자꾸 이쪽으로 옮겨야 되는데. 지역민하고 자꾸 어울려야 되는데. 스스로가 계속 이렇게 뭉쳐가 있어 봐야 이 사람들하고 계속 배척이 되는 거라. 내 생각은 그래요. 나도 빠져나올 생각을 하고 있는 거지"(K, 남, 2021.07.31).

ㅈ. 귀농인연합회를 제가 가봤습니다. 물론 자체 정관으로 이루어지겠지만 사실 귀농회에 귀농하신 연도를 제한할 필요가 있을 것 같아요. 저도 그렇게 따지자면 귀농인입니다, 결과적으로 보면, 들어온 지 20년, 30년 가까운 분도 귀농인연합회에 참여를 하더라고요. 이게 무슨 잣대가 이런가 싶어서 제가 묻습니다. 이것도 좀 지도를 하셔서 귀농이라는 용어를 쓸 수 있는 귀농한지, 예를 들어서 10년 이내라든지 이런 규정이 있어야 되지 그렇게 말하면 전 군민의 3분의 1이 귀농이 됩니다. 그렇기 때문에 이것도 조금 손을 봐 주시는 게(군의원 C, 2020.02.06).[58]

---

[58] 의성군의회, 『제237회 의성군의회(임시회) 산업건설위원회회의록』, 2020.02.06.

2010년 창립한 '의성귀농·귀촌연합회'는 의성군 18개 면에 지부가 결성되었으며, 전체 회원은 약 300명 정도이다. 제보자에 따라 연합회의 현재 위상을 다르게 평가했지만, 연합회장이 '귀농귀촌정보센터장'을 당연직으로 맡는 등 귀농·귀촌인을 대표하는 의성의 공식적 단체로 인식된다. 하지만, 새마을지도자회나 의용소방대처럼 기존의 지역 사회단체 등과 비교해 입지가 그리 확고한 것은 아니며, '민-관 협력체계' 역시 아직 완전히 자리잡은 것이 아니다.[59] 또한, 코로나19라는 특수한 상황을 고려하더라도, 연합회의 운영과 활동이 이주 연차가 어느 정도 된 임원을 중심으로 이뤄진다는 점 역시 한계로 지적된다.[60]

한편, ㅇ의 제보자는 이주 초기 정착과정에서 연합회의 도움과 역할에 대해서 긍정적인 평가를 했지만, 일정 시기가 지나도 귀농인끼리 뭉쳐 지내면 궁극적으로 지역사회 적응에 방해가 될 것이라고 이야기했다. 이와 유사하게 한 여성 제보자는 이왕에 이주한 이상 '귀농인'이라는 의식을 버리고, 현지인 정체성을 의도적으로 지니는 것이 지역사회 적응에 용이할 것이라는 주장을 폈다.[61] 이러한 진술은 ㅈ처럼 의성군의회나 농업기술센터 등과 같은 공적인 영역에서도 비슷하게 주장된다. 예를 들면, 농업기술센터의 주요 업무보고 자리에서 한 군의원은 전입 후 일정 기간이 경과한 귀농인은 현지인 취급해야 한다고 말하며, 한편으로는 그들의 세력화를 경계하

---

59 "연합회라든가, 귀농인, 귀농 귀촌인들을 위해서 새로운 어떤 사업을 연구를 하고, 개발을 해가지고, 뭘 하고자 하는데, 센터나 군에 있는 행정공무원들은 그걸 싫어합니다. 왜? 일을 해야 하니까… 날도 더운데 뭐 나가서 서류도 만들어야 되고, 싫은 소리 들어야 되고"(B, 남, 2021.07.13).
60 최근에는 귀농한 지 몇 년 지나지 않은 40~50대 초반의 비교적 젊은 인물들이 연합회 사무국장과 차장을 맡게 되었으며, 급증하는 젊은 귀농인의 적극적인 유입을 모색하는 등, 다양한 차원의 모색을 하고 있다.
61 "나는 인제 귀농인 딱지 떼고 싶어요. 다 그카지만… 우리 서로 카잖아요. 딱지 떼라. 우리 인제.. 올해 내 맡은 역할만 하고, 귀농인(연합회)에서도 빠지고 싶어요… 우리가 정착 해 살아가는데 왜 귀농인으로 살아가느냐? 의성군민으로 살아야죠, 그렇잖아요? 그러니 공평하게 좀, 대해주셨으면"(Z, 여, 2021.08.11).

기도 했다.[62]

이런 상황에 대해서 귀농인 역시 다양한 목소리를 내며, 향후 지역사회에서 자신들의 역할을 모색하기도 한다.

    ㅊ. 우리 귀농귀촌인이 또 다른 귀농귀촌인을 유입시킬 가능성이 가장 높은 존재죠. 그래서 저는 기반이 있는 사람이지만, 기반이 없는 사람이 와서 기반을 구축한단 말이에요. <u>시간이 꽤 걸리지만, 그 기반이 또 알을 낳아서 붙을 수가 있거든요. 그러면 또 확장이 되고…</u> 그래서 이제 정책에 대해서도 저희가 이제 <u>일자리 창출 사업에 같이 하고 있으니깐 관심 있게 보는데요</u>(S, 여, 2021.07.15).

    ㅋ. <u>명예이장 같은 것도 괜찮은 것 같아요.</u> 그래가지고 육 개월이든, 일 년이든 돈 주고 뭐 현 이장, 동네에서 동민들이 선출한 이장은 아니더라도… 그럼 <u>명예이장한테는 한 달에 뭐 십만 원씩 이장 판공비로 집행을 하고, 나머지는 마을 기금으로 적립을 해라.</u> 이런 식으로 정책을 짠다면은, 들어온 사람은 경제적 부담도 없고. 그 대신에 약간의 경비를 받아가면서… 그 돈으로 인사도 하고, 명예이장입니다. <u>서로를 교류를 할 수 있는. 어쩌면 반강제적인 교류가 되겠지요.</u> 하지만 그렇지만은 좋은 목적으로 쓰이는 거니까. <u>귀농·귀촌인 정착에도 도움이 되겠고. 그러면 모르겠지만, 동네 들어가니까 돈 내놔라 그건</u>(B, 남, 2021.07.13).

    ㅌ. 근데 혹시 군수님 만날 일 있으면 이야기해 주이소. 귀농·귀촌 정책을 펴고 싶다고 하면, <u>귀농·귀촌인들한테 정책제안을 하라 그러세요.</u> 어떤 정책제

---

[62] "그래서 앞으로 이런 부분을 한 번 회 임원들이나 회원들하고 충분히 간담회를 통하든지 해서 충분히 얘기를 해서 이제는 귀농·귀촌인을 자꾸 자기들 세를 확대하는 것보다는 어느 정도 되면 현지인으로서 의성의 주역이라는 생각을 가질 수 있도록 교육도 하고 저희들이 그렇게 인식 전환을 가져가야 될 시기가 왔다고 생각하고 있고 앞으로 같이 협의 잘해서 그런 개념을 달리할 수 있도록 한번 조직을 정비하도록 노력하겠습니다"(의성군의회, 앞의 자료, 2020.02.06).

안을 하는지, 당신들이 원하는 정책이 뭐냐 대체… 물론 우리들 입장에서는 이런 조직을 키울 수 있고, 공동의 목적을 만들 수 있는 계기가 될 텐데. 지회장님 다 모이십시오. 임원진들 다 모이십시오. 군에서 이런 제안이 나왔습니다. 예를 들면 2021년 현재 진행하고 있는 정책에 대한 평가라든지, 다음에 귀농·귀촌들이 원하는 정책이라든지 이런 것들을 제안을 해달라든지. 이건 진짜 고민을 많이 해야 됩니다 이거는. 나라의 예산을 받느냐 못 받느냐인데, 그러면 다양한 의견들이 나올 거에요… 다양한 의견들을 만들어가지고 올리면 되는데, 상향식 의사전달은 거의 안 받죠(B, 남, 2021.07.13).

귀농인과 관련한 의성의 현재 상황은, 비교적 짧은 기간 동안 그들의 인구유입 급증에 따른 일종의 과도기적 현상으로 여겨진다. 그래서인지 귀농인들은 ㅊ의 진술처럼 자신들의 성공적 정착 여부가 후속 귀농자 유입을 위한 모델이 될 것이라고 이야기하는 경우가 많았다.[63] 또한, ㅋ의 진술처럼 귀농인의 적응을 위해 '명예이장'[64] 제도의 도입이나 마을 기금(보조금) 적립과 연계시키는 정책 마련 등을 구체적으로 제시하기도 했다. 나아가 한 제보자는 귀농·귀촌인이 직접 정책제안을 할 수 있는 공론의 장을 마련할 것을 주문했는데, 이는 기존 지역민의 정치적 감각과는 변별적인 모습이다.

필자가 면담한 귀농인 다수는 자신들이 경험했던 적응과정의 어려움과 애로를 이야기했고, 그것을 극복하는 다양한 방법이나 후배들에 대한 조언을 제시했다. 특정 사안에 관한 귀농인 개개인의 대안이나 전망은 입장에

---

[63] "근데, 왔던 사람이 제대로 정착 못하고, 아 저 동네 아니더라 그러면은, 예를 들면 제가 의성에 왔다가 못살았는데 힘들었는데, 야 의성 뭐 니 한 번 살아 봤잖아? 나 의성 가서 살아보고 싶은데, 그러면 가라고 하겠어요. 말리겠어요"(B, 남, 2021.07.13).
[64] 김진아, 앞의 논문. 완주군에는 귀농·귀촌인이 다수를 차지하는 '문화이장' 프로젝트를 통해, 민-관 협력 및 공동체성 회복과 관련한 다양한 성과를 산출하고 있다. 이 프로젝트는 완주군 문화도시 사업에서 가장 높은 평가를 받는 공동체복원 프로그램이기도 하다.

따라 차이가 나타났지만, ㅊ~ㅌ의 진술처럼 단순히 개인만의 사례나 당면한 문제 해결에만 집중하는 것이 아니었다. 그들은 귀농·귀촌뿐만 아니라 농업 정책이나 농산물 유통구조의 모순과 해결 등에 관심을 표명했다.

물론 이 연구의 면담 대상이 주로 연합회와 직간접적인 관련을 맺고 있으며, 비교적 사회적 활동이 활발한 귀농인들임을 염두에 둘 필요는 있다.[65] 하지만, 그들이 정치·경제·사회·문화 등 다양한 영역에서 의성의 현실과 미래 전망에 관한 의견을 적극적으로 표출한다는 점은, 그 자체로 중요한 의미를 지닌다. 이러한 모습은 정치나 행정을 중심으로 유통되는 귀농인에 대한 공식적 담론과 대응한 그들의 적응 전략일 수 있으며, 한편으로는 주민자치, 풀뿌리 민주주의 등에 기반한 새로운 지역사회 형성문제 등과 관계될 수 있기 때문이다.

> ㅍ. 지금 안 그래도 귀농·귀촌인들이 계속 유입해서 들어오니까, 유입해 들어온다는 것은 무슨 뜻인가 하면, 기존에 계신 분보다 연령층이 좀 낮다는 뜻이거든요. 그분들이 마을에 구성원으로 자리를 잡게 되면은, 좀 자연스럽게 깨우치지 않을까? 그게 제일 중요해요. 왜냐하면, <u>마을에서 문호가 개방된 마을에서는요, 잘 살아요. 화합도 잘 되어 있고, 모든 조직체가 잘 되어 있어 가지고, 무슨 일을 하고자 하게 되면은, 협동이 잘 되거든요. 그런데 그 마을이 패쇄돼 가지고 있는 마을들은요. 그냥 시키는 대로만 하니까. 패쇄되었다는 말이 뭡니까? 하나도 변하지 않았다는 뜻이거든요. 그대로 유지돼 가지고 있는 데가 생각보다 많아요…</u> 지역민들에 대한 정책도 귀농·귀촌계에서 많이 신경을 써야 돼요(H, 남, 2021.07.26).

---

[65] 1, 2장에서 거듭 지적했듯이 귀농인을 하나의 이미지나 실체로 이해하는 것은 매우 위험하다. 귀농인 중에는 외부활동이나 사회적 관계를 매우 중요하게 생각하는 사람이 있는가 하면, 고립된 삶을 지향하거나 최소한의 사회적 관계를 원하는 경우도 적지 않기 때문이다.

위의 진술은 귀농인에 대한 마을의 분위기나 태도에 따라, 그들의 적응 정도가 확연한 차이를 보인다는 지적이다. 이러한 모습을 통해 귀농인이 생각하는 적응의 문제는 단순히 지역이나 마을의 사회와 문화에 동화되는 형태가 아니라는 것이 확인된다. 결국, 귀농인의 적응문제는 토착 주민의 문화나 사회적 질서를 일방적으로 강요·부과하는 형태가 아니며, 오히려 그들 사이의 상호 이해 및 적응과 관련된 것임을 보여준다. 현재 의성지역의 마을 수준에서는 귀농·귀촌인이 살지 않는 곳이 드물 정도로, 그들의 유입이 활발하다. 이는 분명 지방소멸 위기 극복이라는 목적 속에서 귀농·귀촌인을 적극적으로 유치하려는 행정이나 정책적 효과에 기인한 것으로 보인다.

하지만, 현재 지자체의 귀농·귀촌 정책은 다분히 '인구증가'를 위한 홍보와 유치에 방점이 찍혀 있으며, 상대적으로 그들의 성공적 정착이나 지역사회와의 융합 문제는 후순위에 머물러 있다.[66] 그 결과 토착 주민과 귀농인 사이에 발생하는 갈등의 효과적인 관리나 해결에는 일정한 한계를 노출하는 것으로 보인다. 의성의 현재와 미래는 귀농인과 마을 공동체 및 지역사회 그리고 행정기관의 끊임없는 상호작용 속에서 형성될 것이다. 이러한 상황에서 귀농인과 토착 주민의 상호 이해와 그에 따른 문화적 실천은 사회적 갈등의 감소뿐만 아니라, 향후 농촌사회의 지속 가능성을 가늠할 중요한 척도가 될 수 있다.

---

[66] "일차적으로는 기존에 있는 귀농·귀촌인들이 어려움이 뭔지, 또 귀농·귀촌센터하고 귀농인 사이에서 정보를 주고받으면서, 자기네들이 가지고 있는 정책적인 부분들하고, 귀농·귀촌인들이 생각하는 그 부분들하고, 괴리감이 무엇인지 정확하게 알아야 됩니다. 이 괴리감을 좀 줄일 수 있는 정책들을 개발해 내지 않는다면, 그냥 왔다가도 스치고 가고, 피곤하다고 그러죠"(B, 남, 2021.07.13).

5. 요약과 전망

현대 한국 농촌 지역에서 귀농·귀촌인의 유입은 매우 주목할만한 사회·문화적 현상 중 하나이다. 고령화와 인구감소로 인해 소멸 위기에 놓인 농촌에서 이들 귀농·귀촌인은 분명 긍정적인 가능성과 잠재력을 지니지만,[67] 현실에서 그들의 등장과 부각은 새로운 사회적 갈등이나 분쟁의 소지가 되기도 한다.[68] 농업을 위한 농촌으로의 이주, 다시 말해 귀농은 단순 전업이나 이사 등과는 비교할 수 없이 복잡한 적응의 문제를 내포하고 있다. 귀농은 단순히 직업을 농업으로 바꾸는 일에 국한된 문제가 아니며, 사회·문화 전반에 얽힌 삶의 전 영역과 관계된 일이기 때문이다.[69]

현실사회에서 그들은 '귀농인' 또는 '들어온 사람' 등과 같은 말로 통칭되지만, 귀농인 대부분은 개인의 자유 의지에 따라 농촌으로 이주를 선택했다. 따라서 그들 각자의 적응 방식은 매우 다양한 스펙트럼을 지닐 수밖에 없다. 이 연구에서는 이러한 점을 염두에 두고 개성적 존재이자 사회적 실체로서 귀농인의 지역사회 적응문제를 접근·이해하려 했다. 연구의 결과를 간략히 요약하면 다음과 같다.

귀농인 개개인은 개성적 실체를 지닌 존재이지만, 지역사회에서 그들의 위치는 긍정과 부정의 이중적 시선과 담론 사이에 위치한다. 대체로 행정이나 정치와 같은 공식적 영역에서 유통되는 귀농인에 대한 담론은 "지방소멸 위기를 극복할 대안적 존재"나 "의성을 활기차게 만들 미래의 주역"으로 그려진다. 하지만 일상에서 사회·문화적으로 구성된 그들에 대한 담론은 "마을 공동체나 지역사회에 분란을 일으키는", "보조금을 타면서도 언제

---

[67] 진양명숙, 앞의 글, 2008; 이해진·김철규, 앞의 글; 박선미, 앞의 글; 진명숙, 앞의 글, 2019a; 진명숙, 앞의 글, 2019b; 김진아, 앞의 글 등 참조.
[68] 안민지, 앞의 글; 이준우·홍유미, 앞의 글 등 참조.
[69] 마이클 우즈, 앞의 책, 263쪽.

라도 떠날 수 있는" 등과 같이 부정적인 존재로 이야기된다. 특정 개인의 일탈이나 사례를 전체의 문제로 치환한 형식의 귀농인에 대한 부정적 담론은, 지역사회의 공식적·비공식적 영역에서 그들에 대한 차별과 구별 짓기의 논리적 근거로 작용한다.

무엇보다도, 긍정적이든 부정적이든 귀농인에 대한 사회적 담론과 시선 모두는 그들의 타자화와 타자성에 기반한다는 점에 유의할 필요가 있다. 예를 들면 '성공적 귀농·귀촌인을 위한 십계명' 등과 같은 규범은 그러한 모습을 함축적으로 보여준다. 이러한 규범은 일견 귀농인의 성공적인 지역사회 적응에 도움을 주는 것처럼 보인다. 하지만, 여기에는 기존 토착 주민 중심의 사회질서나 문화를 귀농인에게 일방적으로 강요하는 적응 형태인 '동화'가 암묵적으로 전제된다는 문제점이 나타난다. 따라서, 십계명 역시 다양한 부작용을 발생시킬 수 있으며, 장기적으로는 귀농인의 지역사회 적응에 방해 요소가 될 수 있다. 그래서 제보자 중 일부는 그것의 무용론과 함께 '상호존중'이나 '상호적응'을 강조했는데, 이러한 부분은 향후 정책적으로 세심하게 고려할 부분이다.

이처럼 상반되고 모순된 상황 속에서도 귀농인은 지역사회 적응을 위한 다양한 차원의 일상적 실천을 거듭한다. 그리고 그 핵심에는 다양한 단체나 조직에의 참여를 통한 인적 연망의 형성과 같은 사회적 자본의 확충에 있다.[70] 실제로 이 글에서 제시한 몇몇 제보자의 사례는 마을이나 지역의 기존 사회조직이나 단체에 가입·활동하는 것이 인적 네트워크 및 주민과의 신뢰 관계, 그리고 지역민으로서의 정체성 형성과 관련해 중요한 역할을 담당한다는 것을 보여준다. 하지만 현실에서 귀농인이 지역의 기존 사회조직이나 단체에서 활동하는 것이 그리 쉬운 것만은 아니며, 그 안에서도 그들에 대한 다양한 차별과 구별 짓기의 모습이 나타나고 있었다.

---

70   Robert D. Putnam, 앞의 책, 273~308쪽; 마이클 우즈, 위의 책, 185쪽 참조.

이러한 상황에서 귀농인이 비교적 손쉽게 참여할 수 있는 사회적 활동이 바로 귀농·귀촌인 연합회나 관계 기관의 각종 귀농이나 영농을 위한 교육 프로그램 등이다. 특히, 이주 초창기 귀농인 단체나 각종 교육 프로그램에의 참여는, 농사일뿐 아니라 생활의 다양한 영역에서 도움을 받는 기회가 됨과 동시에 지역사회에 관한 이해를 높이는 기회가 된다. 나아가 또 다른 인적 연망 확충의 기회를 제공한다는 측면에서 귀농인의 사회적 자본 형성 및 지역사회 적응에 일정한 역할을 한다. 반면, 귀농·귀촌인 단체에서의 활동이 궁극적으로는 그들의 지역사회 착근에 방해될 수 있다는 의견 역시 일정하게 나타났다. 또한, 귀농·귀촌 인구의 급증과 함께 그들의 세력화를 경계하는 목소리 역시 주의 깊게 살펴봐야 할 부분이다. 이러한 점을 고려할 때, 연합회를 비롯한 공식적·비공식적 귀농·귀촌인 모임이나 단체의 향후 위상과 역할에 대한 지역사회 내의 심층적 논의와 합의가 필요한 시점이라고 생각한다.

마지막으로, 면담에 응했던 귀농인 다수가 마을이나 지역이 직면한 다양한 현실문제에 대해 적극적으로 의견을 표출한다는 점 역시 주목할 부분이다. 그것은 귀농·귀촌인에 대한 정책적 지원 방향이나 범위 등 자신의 이해관계와 직결된 부분에서부터, 농촌이나 농업 정책, 지역의 정치·경제·사회·문화에 이르기까지 매우 다양하게 나타났다. 개별적 사안에 대해서는 개인의 입장에 따라 제시하는 해법이 달랐지만, 자신이 거주하는 마을이나 지역의 미래 전망과 관련해서 귀농인의 역할과 의미를 강조하는 것은 공통된 모습이었다. 이는 정치나 행정의 영역에서 유통되는 귀농인에 대한 긍정적 담론에 조응하는 그들의 지역사회 적응 전략일 수 있다. 한편으로 이러한 목소리는 현실에 대한 귀농인의 기대와 희망을 반영하기 때문에, 상향식 정책개발이나 행정 등에 일정한 시사점을 줄 수 있을 것이다.

귀농인 상당수는 지역사회 정착에 실패하며, 성공한 사람조차도 적응단계에서 다양한 어려움과 문제를 경험하는 것은 부인할 수 없는 현실이다.

이 글에서 제시한 다양한 목소리와 사례들은 귀농인의 적응이 단순히 개개인의 노력만으로 해결되는 문제가 아니며, '귀농인 - 마을(지역) 사회 - 지자체(정부)' 등의 상호적응과 관련된 것임을 보여준다.[71] 무엇보다 중요한 것은 귀농인을 '외지인'으로서가 아니라, 지역사회나 마을에서 '더불어 살아가야 할 존재'로 받아들이는 인식의 전환이다.

귀농인의 경우 지역의 기존 사회적 질서나 문화에 대한 정서 역시 토착민의 그것과는 분명 변별적으로 나타난다. 향후, 지자체를 비롯한 마을이나 지역사회 수준에서 귀농인의 의미와 역할 등을 사회·문화적으로 재인식·재정립할 기회를 어떤 식으로든 갖게 될 것이다. 의성에서 귀농인의 성공적 정착과 앞으로의 역할은 지역사회의 지속 가능성을 가늠할 매우 중요한 문제라고 생각한다. 이는 소멸 위기에 처한 한국 농촌의 미래 또는 새로운 가능성과 직결된 문제이기 때문에, 민속학에서도 매우 주의 깊게 지켜봐야 할 부분이다.

---

[71] 박대식·김경인, 앞의 글; 주문희, 앞의 글 참조.

제3장
동해안 지역의 기후변화와 어촌의 현실*

이중구

1. 기후변화를 보는 시각과 사례 연구의 필요성

기후는 짧은 시간 동안에 변화하는 날씨와 달리 장기적인 균형 상태를 이루고 있기 때문에 예측 가능한 현상으로 받아들여지며, 인류의 탄생부터 문명의 발전 단계에 걸쳐 큰 영향을 미쳤다. 기후의 중요성은 자연적 현상으로 머무는 것이 아니라 인간을 둘러싼 경제·사회·문화적 영역과 밀접한 관련을 맺고 있다는 점에서 잘 드러난다. 기후는 식량의 생산을 직접적으로 관장함으로써 인류의 생존 문제와 맞닿아 있으며, 각 지역에서 두드러지게 나타나는 생업, 의식주, 생활양식 등의 문화적 층위는 기후의 영향

---

* 이 글은 「동해안 지역의 기후변화와 어촌의 현실: 경북 영덕지역의 사례」, 『한국민속학』 제76집, 한국민속학회, 2022, 275~310쪽에 게재된 논문을 수정·보완한 것임.

속에서 형성된 것이다. 아울러 소빙기에 일어난 프랑스혁명의 사례처럼 기후 불순, 농작물 감소, 식량 부족, 기근, 아사, 사회 불안으로 이어지는 과정을 공식화함으로써 기후는 정치와 사회에도 영향을 미친다.[1]

    18세기 이후에 기후와 인간의 관계는 환경결정론적 시각으로 해석됐다. 몽테스키외를 거슬러 올라가 서구의 지적 사고에는 문화적 차이를 자연환경에서 찾으려는 전통이 있었다.[2] 대표적으로 기후, 토양, 식생 등의 풍토가 그 지역에 사는 사람들의 성격, 생활양식, 윤리관습, 국가형태 등을 결정한다는 풍토이론을 들 수 있다.[3] 이런 환경결정론적 시각에서 기후는 각 지역의 사회와 경제, 문화적 차이를 나타내는 데 영향을 미친 단일 변수인 셈이다. 그러나 18세기 후반부에 이르러 헤르더는 인류가 기후의 영향을 받아 다양한 외관을 갖추고, 그에 맞는 생활방식과 세계관을 발전시켜 왔지만 동시에 이를 통해 다시 기후의 변화에 영향을 끼치는 상호 영향적인 관계를 맺고 있다고 했다.[4] 이후 환경가능론의 입장에서 다양한 논의들이 등장했으며, 인간과 환경의 관계를 설명하는 주류 시각으로 자리 잡았다. 비달의 말처럼 자연이란 인간 거주의 한계를 결정짓기도 하지만 가능성도 제공하고 있으며, 인간이 주어진 환경에 반응하거나 적응하는 방식은 그 자신의 전통적인 생활방식에 달려 있다.[5]

    최근 학문적으로 쟁점이 되는 인류세는 환경가능론의 입장에서 인간이 기후에 미친 영향을 더욱 확대한 개념이다. 주지하듯이 인류세는 자연의 자체적인 작용이 아니라 인간이 지구 환경에 영향을 미침으로써 기후변화를 이끈 시기라고 할 수 있다. 18세기에 진행된 산업혁명은 생산시설의 기

---

1   김연옥, 『기후 변화』, 민음사, 1998, 203쪽.
2   데이비트 키플란 저, 최협 역, 『인류학의 문화이론』, 나남출판, 1994, 150쪽.
3   요한 고트프리트 폰 헤르더 저, 안성찬 역, 『인류의 교육을 위한 새로운 역사철학』, 한길사, 2011, 215쪽.
4   김연신, 「18세기 문화이론으로서 기후풍토론 : 헤르더의 인류학적 기후풍토론을 중심으로」, 『괴테연구』 29, 한국괴테학회, 2016, 122~123쪽.
5   이희연, 「비달의 환경가능론」, 국토연구원 엮, 『공간이론의 사상가들』, 한울, 2001, 421~422쪽.

계화를 통해 대량생산시대의 서막을 열었으며, 인류세라는 새로운 지질시대의 시작을 알리는 변곡점이었다. 대기 중 이산화탄소의 농도 증가로 인한 온실효과의 발생과 기후의 온난화 현상은 인류세를 상징하는 기후조건으로 자리 잡았다.6 20세기 이후의 도시화, 산업화, 산림 파괴, 과도한 토지 이용, 핵 등 각종 지구 환경의 파괴와 오염은 인간이 기후에 미친 영향으로, 인간이 만든 자연이 다시 인간 생활에 역기능적으로 작용하고 있는 것이다.7

인류의 진화 과정에서 기후는 자연작용에 의해서 크고 작은 변화를 겪었지만, 오랜 시간 속에서 점진적으로 진행된 까닭에 안정적인 영역으로 간주됐다. 예컨대 우리나라의 겨울철 날씨를 상징하는 삼한사온처럼 기후는 주기성을 보임으로써 예상 가능한 범주로 여겨졌다. 하지만 최근에는 한 세대 내에서도 기후변화가 체감될 정도로 가속화 양상을 보이고 있으며, 이로 인해 기후의 불가측성이 높아졌다. 기후변화의 속도는 이산화탄소의 배출량과 어깨를 나란히 한다. 1950년대 이후의 이산화탄소 배출 증가율은 이전과 대비해서 급격하게 늘었는데, 이를 거대한 가속Great Acceleration이라고 명명한다.8 이 지점에서 인류에게는 이산화탄소의 배출처럼 기후변화의 직접적인 원인을 최소화하고, 기후체계에 맞춰 이뤄온 삶의 방식과 경제활동 등을 재조정해야 하는 과제가 주어졌다. 매우 짧은 시간에 기후가 현저하게 변했다는 것은 문명 초창기 이후 인류가 경험해온 안정적인 기후조건들이 비정상적이고 취약할 수 있다는 사실을 드러낸다.9 즉 기후변화라는

---

6   이산화탄소의 과다 배출은 온실효과를 발생시킴으로써 지구온난화의 주범으로 손꼽힌다. 1880~1890년에 대기 중의 이산화탄소 농도는 약 290ppm는데, 1950년대에는 310ppm~315ppm으로 증가했고, 1980년에는 335~340ppm까지 상승했다(H.H. 램 저, 김종규 역, 『기후와 역사 : 기후・역사・현대 세계』, 한울아카데미, 2004, 379쪽).
7   김연옥, 앞의 책, 17쪽.
8   프란츠 마우엘스하겐・크리스티안 피스터, 「기후에서 사회로 : 21세기 기후역사」, 『기후문화 : 기후변화와 사회적 현실』, 성균관대학교 출판부, 2013, 366쪽.
9   디디에 오글뤼스텐느・장 주젤・에르베 르 트뢰트 저, 박수현 역, 『기후 예고된 재앙』, 알마, 2009, 41쪽.

말 속에는 인간이 살기 적합한 기후조건이 변화하면서 인류의 생존을 위협하는 요소로 작용한다는 위기의식이 묻어 있다.[10]

기후변화의 영향은 대체로 동시대를 살아가는 사람들이 체감하지만, 그 강도는 다르게 나타난다. 특히 자연을 활용해서 생업활동을 영위하는 농어민의 경우 기후변화에 더욱 민감하게 반응할 것으로 쉽게 예상할 수 있다. 이미 농업 부문에서는 기후변화에 의해 재배작물의 종류는 물론 생육시기와 생육상태에 영향을 받고 있다.[11] 기후변화의 영향은 농민들의 작물 재배 전략뿐만 아니라 생산성에도 영향을 미침으로써 식량 문제를 현실화하게 된다.

바다의 경우 지구 전체 면적의 약 70%를 차지하고 있는데, 거대한 면적만큼 기후변화에 대한 반응이 역동적이며 파급력도 크다. 바다는 해류를 통해 엄청난 양의 열을 지구 곳곳에 운반하며 기후에 능동적이고 역동적인 역할을 한다.[12] 또한 바다에서 생산되는 각종 어패류와 해조류는 사람들에게 영양분을 공급하는 식량자원으로 자리 잡았다. 기후변화는 바다의 산성도 증가, 해수면 상승, 수온 상승에 영향을 미치게 되며, 어종 교대,[13] 사막화, 강력한 태풍과 폭풍해일 등의 현상을 발생시킨다. 하지만 기후시스템은 온실가스 증가와 같은 새로운 방향의 자극에 대해 제대로 반응하기까지 수십 년이 걸리는데, 이것을 '반응시간'이라고 부른다.[14] 현재 바다에서 진행

---

10 우리나라의 경우 온실가스 배출 정도에 따라 21세기 후반기(2081~2100년)에 현재(2000~2019년) 대비 연평균기온이 2.3℃~6.3℃ 상승하고, 강수량은 3~18% 늘어남으로써 극한 고온현상과 강수현상이 증가할 것으로 전망된다. 아울러 폭염일은 15.4~70.7일, 온난일은 33.6~94.2일 증가할 것으로 예상하고 있다. 기후변화의 국면 속에서 최근 30년 동안 연평균기온은 과거 30년에 비해 1.6℃ 상승했고, 최고기온과 최저기온은 각각 1.1℃, 1.9℃ 높아졌다. 매 10년당 각각 0.13℃, 0.24℃ 상승한 셈이다(국립기상과학원, 『우리나라 109년 기후변화 분석 보고서(1912-2020년)』, 2021, 18쪽).
11 이승호 외, 「기후변화가 농업생태에 미치는 영향 : 나주지역을 사례로」, 『대한지리학회지』 43권 1호, 대한지리학회, 2008, 23~32쪽 참조.
12 슈테판 람슈토르프·캐서린 리처드슨 저, 오철우 역, 『바다의 미래, 어떠한 위험에 처해 있는가』, 도서출판 길, 2012, 57쪽.
13 가와사끼 쓰요시 저, 공영·서영상 역, 『기후변화와 어류』, 아카데미서적, 2012, 26쪽.

되고 있는 기후변화는 이미 수십 년 전부터 행해진 '이미 저질러진 온난화'에 대한 반응이다.[15] 향후 기후변화가 더욱 심해지면 태풍과 해일, 침수 등의 피해로 인해 기후난민을 확산하고 폭염과 한파, 전염병 등을 발생시킴으로써, 결국에는 인류의 생존을 위협하는 요소로 작용할 수 있다.

기후는 공공재적 성격을 갖기 때문에 기후변화에 대해 전 지구적 차원에서 대응 방안을 고심하고 있다. 그런 가운데 각 분과학문에도 기후변화의 문제를 중요한 연구 과제로 삼고 있으며, 사회적·실용적 차원의 연구들이 진행 중이다. 하지만 민속학에서는 17, 18세기 농업의 특징을 당시 기후조건이었던 소빙기와 관련해서 살펴본 김재호의 연구가 거의 유일하다고 할 수 있다.[16] 그 이후에는 관련 논의들이 진전되지 못함으로써, 기후변화가 현재를 살아가는 사람들의 삶에 미친 영향을 파악할 수 없다는 점이 아쉬움으로 남는다. 민속학은 질적연구를 통해 지역, 직업, 연령, 계층 등에 따라 다르게 나타나는 기후변화의 영향 관계를 세분화해서 살펴볼 수 있는 강점이 있다. 이는 기후변화가 인간 사회에 미친 거시적이고 보편적인 영향 관계를 살핀 다른 학문의 연구 경향과 차별성을 둘 수 있는 지점이기도 하다.

이 글에서는 경북 영덕 지역의 어촌을 사례로 기후변화가 어민들의 생활과 생업활동에 미친 영향을 살펴보려고 한다. 동해안은 최대 깊이 3,700㎞, 평균 깊이 약 1,540㎞인 반폐쇄해로 수심이 깊고, 해양과 관련한 다양한 자연현상이 나타나기 때문에 세계 대양의 축소판으로 알려졌으며,[17] 해양환경과 기후변화의 관계 속에서 특별히 주목되는 공간이다. 영덕 동해안 지역의 기후변화 양상은 각종 통계자료를 통해 살피고, 그것이 실제적으로 미

---

14 윌리엄 F. 러디먼 저, 김홍옥 역, 『인류는 어떻게 기후에 영향을 미치게 되었는가』, 에코리브르, 2017, 259~267쪽 참조.
15 조천호, 『파란하늘, 빨간지구』, 동아시아, 2019, 75쪽.
16 김재호, 「조선후기 한국 농업의 특징과 기후생태학적 배경」, 『비교민속학』 41, 비교민속학회, 2010.
17 공영·서영상·성기탁·한인성, 『기후변화와 해양생태계』, 아카데미서적, 2010, 40쪽.

친 영향에 대해서는 어민들에게 수집한 인터뷰자료를 활용할 것이다. 최근의 급격한 기후변화는 가속화 양상을 보일 뿐만 아니라 예측이 어려운 방향으로 진행되기 때문에 어민들은 이전과 다른 기후를 체감하고 있다. 이 과정에서 오랜 시간 동안 바다 환경에 적응하며 축적한 어민들의 기후지식을 약화시키고 있으며, 일상생활과 어로 활동의 변화도 감지된다. 이런 어민들의 경험은 과학적인 기후 데이터로 설명할 수 없는 지점에 있으며, 기후변화가 인간의 생활세계에 미친 실제적 영향 관계를 파악하는 데 중요한 자료가 된다. 따라서 여기에서는 기후변화라는 거대한 흐름이 바다를 터전으로 생활하는 어민들에게 실제적으로 미친 영향과 어촌사회가 처한 현실을 살펴봄으로써, 민속학적 차원에서 기후변화의 현실을 점검하고 성찰할 수 있는 계기로 삼고자 한다.

2. 수온의 양극화와 어종의 변화

해양생태계는 물속에 서식하는 각종 동식물과 이를 둘러싼 자연의 유기적인 순환체계를 이루고 있다. 오랜 시간에 걸쳐서 형성된 바다 생태계는 일정한 질서를 갖고 있었으며, 해마다 발생하는 자연적 변수는 한시적인 현상으로 그치는 경우가 많았다. 이런 상황 속에서 지역민들의 경험과 지식체계 속에는 자연생태계의 질서가 갈무리돼 있었다.[18] 한편 전 지구적 기

---

18 바다의 기후는 해마다 반복적이고 규칙적인 패턴을 지니고 있었다. 이에 따라 어민들은 기후와 관련한 지식체계를 발전시키면서 바다 환경에 대한 적응기제로 삼았다. 기후에 대한 어민들의 지식체계는 바람과 해류 등 기후 요소의 분류는 물론 기후 특성, 기후에 대한 대응 등의 형태로 나타난다. 수온은 회유성 어류의 이동 경로에 영향을 미치는 등 해양동식물의 서식환경을 결정짓는 중요한 인자 가운데 하나이다. 동해안의 전반적인 기후가 그렇듯이 수온 역시 일정한 질서를 갖고 있었기 때문에 영덕의 어민들은 수온과 관련한 기후지식을 축적했다. 보통 북쪽으로부터 '맛물'이 내려오면 물이 따뜻해지고, 남쪽으로부터 '썰물'이 올라오면 물이 차가워진다. 맛물과 썰물은 대양 및 지구적 차원에서 연중 거의 일정한 방향과 속도로 흐르는 넓은 개념이 아니라 동해안이라는 국지적 차원에서 연안을 따라 수시로 방향을 달리하며 흐르는

후변화의 국면 속에서 지구온난화의 영향이 크게 미치는 것처럼 바다 생태계 역시 수온 상승에 따른 자연생태계의 변화가 뚜렷하게 나타난다. 온실가스가 증가해 기온이 상승하면 그 열이 바다에 흡수되어 수온이 높아진다.[19] IPCC 보고서에 따르면 1991~2003년에 전 세계적으로 바다의 온도는 표층부터 700m까지 0.1℃ 증가했으며, 높은 수온은 해수면 상승과 폭풍해일에도 영향을 미치기 때문에 문제의 심각성을 경고하고 있다.[20] 우리나라의 경우 최근 49년간(1968~2016년) 연평균 표층 수온은 약 1.23℃ 상승하여 같은 기간 전 세계 평균치(0.47℃) 보다 약 2.6배 정도 높은 수준을 보였다. 해역별로 살펴보면 동해안은 1.43℃, 남해안은 1.01℃, 서해안은 1.26℃ 상승하여 동해안의 수온 상승률이 상대적으로 높게 나타났다. 최근 100여 년간의 계절별 수온 상승 경향은 여름철에 비해 겨울철이 2~3배 높은 수준이었다.[21] 다음은 2010년부터 2020년까지 동해안 지역을 중심으로 이상 수온과 관련한 내용을 정리한 것이다.[22]

'물'을 가르키는 좁은 개념이다(조숙정, 「동해안 '해류' 구분법과 '무대'에 관한 민속지식 : 서해안 '물때'와 비교의 관점」, 『비교민속학』 37, 비교민속학회, 2021, 168쪽). 밀물과 썰물의 구체적인 경로를 알 수 없지만, 일부 어민은 북쪽의 알래스카나 북해도 쪽에서 내려오는 물이 따뜻하고, 대만과 부산에서 올라오는 물이 차갑다고 여긴다. 한편 '짝물'은 바람과 해류의 방향이 반대로 진행되는 것인데, 강원도에서는 표층과 저층의 물이 서로 반대로 가는 것을 일컫는 경우가 많다. 강원도의 어민들에 의하면 기후변화로 인해 짝물의 발생 빈도가 더욱 높아졌다고 한다. 바람의 경우 수온과 관련해서 '샛바람(북동풍)'이 불면 물이 따뜻해지고, '갈바람(남동풍)'이 불면 물이 차가워지는 것으로 인식했다. 특히 단오부터 "석 달 열흘에 걸쳐" 샛바람이 강하게 불고 나면 수온이 높아지면서 고기가 많이 생긴다고 여겼다. 이때 부는 샛바람은 고기를 몰고 오기 때문에 '밑거름' 혹은 단오 경에 부는 바람이므로 '단오새'라고 했다. 가을 이후에는 갈바람과 하늬바람이 우세해지면서 물이 차가워지는 것으로 여겼다. 이처럼 어민들은 해류와 바람을 고려해서 수온에 따라 시기별로 특정 어종을 겨냥한 어로 활동을 준비했다. 그렇지만 현재는 전반적으로 수온의 변화가 불규칙해지면서 회유성 어종의 출현에 대한 변수가 증가한 것으로 볼 수 있다.

19 조천호, 앞의 책, 86쪽.
20 IPCC, *Climate Change 2007 : The Physical Science Basis*, CAMBRIDGE UNIVERSITY PRESS, 2007, pp. 387~415.
21 환경부, 『한국 기후변화 평가보고서 2020 : 기후변화 영향 및 적응』, 2020, 192쪽.
22 관계부처합동, 『이상기후 보고서』, 각 연도(2010~2020) 참조.

2010~2020년의 이상 수온과 어획량 변화

연도	내용
2010	· 연근해 수온의 이상 저온현상 · 오징어, 꽁치 어획량 부진/대구 어획량 증가
2011	· 겨울철에서 여름철까지 근근해 수온의 이상 저온현상 · 동해 남부, 남해 동부 해역에서 1주~보름 간격으로 수온의 급격한 변동 현상(8월 최고 수온 26℃, 최저 수온 13℃) · 오징어 어획량 부진
2012	· 평년 대비 표층 수온이 2~5월 초 1~3℃ 저온, 5~8월 1~5℃ 고온, 9~11월 1~3℃ 저온
2013	· 1~3월 대부분의 해역에서 평년 대비 1~3℃ 저수온, 6월~9월 사이 1~3℃ 고수온 · 5~7월 삼척~영덕 냉수대/7, 3월 기장~영덕 중냉수대 · 오징어 어획량 부진
2014	· 8월에 우리나라 전 해역에서 평년에 비하여 1~3℃ 고수온, 7월 중순~8월 초순 동해 연안의 대부분에 강한 냉수대 · 청어, 오징어 어획량 감소
2015	· 7월 하순~8월 하순에 영덕~기장 부근에 중규모 냉수대 · 급격한 수온 차에 다른 양식어장의 생물 대량 폐사
2016	· 폭염의 영향으로 우리나라 전 해역에 8월 10일~하순까지 2~4℃ 높은 고수온 현상이 지속 · 겨울철 대부분의 해역에서 평년에 비해 1℃ 내의 높은 고수온 현상
2017	· 7월 하순~8월 중순 폭염에 따른 우리나라 전 해역에 이례적인 고수온 현상 · 동중국해 및 남해에 분포하는 살오징어의 분포지역을 서해로 밀집시켜, 7~8월 서해 살오징어 어획량 큰 증가 · 동해안은 평년 대비 고수온에 의해 어군이 동해 전역으로 확산되거나 북상 회유 및 남하 회유 지연 등의 영향으로 어획량 큰 감소
2018	· 7월~8월 중순까지 폭염의 영향으로 동해와 서해 표층 수온 2~4℃ 상승 · 한파에 의해 동계 우리나라 주변 해역 저수온 현상 · 7~9월 여름철 전·평년 대비 서해안의 고수온 영향으로 살오징어의 북상회유가 활발해지고 어군이 발해만까지 북상하면서 어획 부진
2019	· 대부분의 해역에서 전년 대비 7월 1~6℃, 8월 1~3℃ 내외로 수온이 낮게 나타남
2020	· 동해 중부(영덕~삼척) 6월 초순부터 9월 초순까지 냉수대 발생과 소멸 반복

위의 표에서 눈에 되는 점은 고수온과 냉수대로[23] 대표되는 극심한 저수

---

23 냉수대란 여름철에 남풍계열의 바람이 지속적으로 불 때 동해 연안 저층의 냉수가 표층으로 용승하여 주변 해역의 표면 수온보다 5℃ 이상 낮은 수온대를 형성하는 현상을 말한다. 한반도 동남지역은 해마다 약간의 차이는 있지만, 여름철에 주변 해역보다 해수면 온도가 급격히 떨어지는 냉수역이 발생한다. 이런 냉수대는 3~5℃ 정도의 해수면 온도를 하강시키는데 울진 이북에서는 북한한류의 영향을 받지만, 영덕과 포항처럼 동해안의 동남 지역의 경우 계절풍인

온 현상이 거의 모든 해에 나타나는 것이다. 냉수대의 경우 이전에 비해 그 빈도가 늘고 시기가 앞당겨지며 장기적으로 지속되는 특징을 보인다. 최근 냉수대는 지구온난화로 인해 대만과 필리핀 주변의 북태평양 수온이 상승하면서 발생한 남풍의 영향을 받은 것으로 알려졌다.[24] 어민들에 따르면 냉수대에는 물의 색깔이 짙어지고, 한류성 어종인 아귀가 눈에 띄게 늘어난다고 한다.

> 지금 물이 차가울 때는 많이 차갑고 물이 뜨거울 때는 많이 뜨거워. 옛날처럼 보편적으로 물이 형성이 안 돼 있어. 일 년에 두 번씩 갈리는데 3월 말쯤 시작해서 6월까지는 물이 많이 차갑고 7월에서 10월까지는 많이 뜨거워. 냉수대가 심해진지가 근 한 10년쯤 됐어. 냉수대가 생기면 고기가 입질을 안 해. 다 물 밑에서 가만히 있고 입을 안 벌린다는 말이야. 멸치나 고등어, 갈치, 오징어처럼 뜬고기는 냉수대가 오면 마비야. 그래서 수온은 13~15도가 좋아.[25]

위의 제보에 나타난 것처럼 저수온과 고수온 현상은 이전보다 한층 심해졌다. 냉수대의 확산은 전반적으로 수온이 높아진 상황에서 저수온과 고수온의 양극화가 심해졌음을 의미한다. 무엇보다 이상 수온은 봄여름을 중심으로 연중 나타나고 있다. 물론 예전부터 수온은 해마다 고온과 저온을 반복하면서 바다 생태계에 영향을 미쳤다. 하지만 최근에 이런 극단적인 수온의 양극화 현상이 더욱 심해지고, 온도 변화의 폭이 커지면서 바다 생태계가 극심한 혼란을 겪게 됐으며, 어민들에게는 어로 활동의 불가측성이 더욱 심화했다. 수온 변화의 영향으로 회유성 어류의 교대 현상이 급속도로 진행

남서풍에 의한 용승이 영향을 미친 것으로 분석되었다(이화운·지효은·이순환, 「한반도 동남 연안지역의 냉수대 영향과 해풍의 상호관련성 연구」, 『한국대기환경학회지』 25-6, 한국대기환경학회, 2009, 483~484쪽 재인용).
24 『한국일보』, 2021년 5월 30일.
25 박금한(남, 1947년생), 2022년 4월 2일 면담 조사.

되며, 가자미처럼 수온에 따라 활동성이 줄어드는[26] 정착성 어종의 생산량도 들쭉날쭉한 경향을 보인다. 어류의 회유로는 수온의 영향 속에서 정해지는 측면이 강하며, 한류와 난류가 교차하는 동해안 지역에서는 시기에 따라 특정 어종이 모습을 드러내는가 하면 자취를 감추기도 한다. 위의 표에 나타난 것처럼 저수온이 극심한 해에는 난류성 어종인 오징어와 꽁치의 어획량이 부진했으며, 한류성 어종인 대구의 생산량이 증가했다. 반대로 고수온이 강하게 나타난 해에는 한류성 어종인 청어의[27] 생산량이 감소했다.

최근 수십 년 동안 영덕 지역에는 수온의 영향 속에서 어종 교대 현상에 따른 어획량의 변화가 나타난다. 1967년에 영덕에서 위판된 어종은 노가리(16,869m/t), 가자미류(1,997m/t), 오징어(1,336m/t), 도루묵(641m/t), 꽁치(738m/t), 갑오징어(272m/t), 방어(257m/t), 쥐치(224m/t), 정어리(157m/t), 전어(11m/t), 대구(10m/t) 등이었다.[28] 그 가운데 현재 영덕에서 생산되지 않거나 생산량이 현저히 줄어든 어종은 노가리, 도루묵, 갑오징어, 정어리, 전어이다. 반면 새로 모습을 드러내거나 생산량이 늘어난 어종은 청어와 방어, 참다랑어를 들 수 있으며, 꽁치와 오징어는 어획량의 변동이 심한 축에 속한다.

1970년대에는 강원도 근해에서 부화한 뒤 남하한 노가리의 생산량이 유독 많았다.[29] 하지만 2000년대에 들어 동해안에서 명태가 자취를 감추면서 노가리도 더 이상 잡히지 않는다.[30] 한편 어민들은 난류성 어종인 오징어가

---

26 영덕의 어민들이 주로 잡는 가자미는 줄가자미, 물가자미, 참(수)가자미 등이 있다. 가자미는 수온이 높을 때만 활동을 하고 수온이 낮아지면 좀처럼 움직이지 않는다.
27 청어는 역사적으로 기후에 의해 꽤 역동적인 모습을 보였다. 17세기 이후 동아시아 3국에는 소빙기의 영향으로 청어어업이 발전했지만, 19세기 중후반 온난화가 진행되면서 청어가 점차 자취를 감췄다(김문기, 「온난화와 청어 : 천・해・인의 관점에서」, 『역사와 경계』 90, 경남사학회, 2014, 210~215쪽 참조).
28 영덕군, 『영덕군 통계연보』, 1977, 95쪽.
29 金蓮玉・李淑姬, 「東海岸 漁村의 水産地理學的 研究 : 丑山港을 中心으로」, 『農村問題論集』 2, 梨花女子大學校 農村問題研究所, 1976, 66~67쪽 참조.
30 1914~1933년에는 동해안의 명태어획량은 2~9만 톤이었지만, 1934~1942년에는 연간어획량이 10~27만 톤으로 상승했다. 1945년 이후에 38° 30´ N 이남의 명태어획량은 1960년대 말까지는 낮은 수준에 있었으나 1970년대 초부터 증가하여 약 10년간(1976~1985) 어획량은 8~17만

18~20℃의 수온을 따라서 회유하는 것으로 여기는데, 보통은 9~10월에 영덕의 축산 앞바다에 모습을 드러낸다. 따라서 그해의 수온에 따라 오징어 생산량의 차이를 보인다.

> 축산에는 근해자망 전국 허가를 받은 배가 4척이 있어. 지금 꽁치 잡는 철인데 어획량이 없어서 오징어 잡으려고 어망을 교체 중이야. 9, 10월이 여기 오징어 성어기인데, 8월쯤 서해에서 작업을 하다가 여기로 다시 와서 잡아. 오징어는 조류에 따라서 많이 잡기도 하는데 서해에서 난지도 10년이 넘었어. 서해부터 나고 여기에 나니까 서해부터 잡고 여기로 오는 거지. 서해 오징어는 여기보다는 좀 작아.[31]

앞선 표에서 살펴본 것처럼 2010년, 2011년, 2014년에는 저수온으로 인해서 오징어의 생산량이 줄었다. 반면 서해안에서 오징어가 생산되기 때문에 근해자망어업 허가를 가진 어민들은 7월경에 서해로 오징어잡이를 나선다. 서해안의 오징어는 동중국해에서 흘러드는 난류의 영향으로 이전에도 종종 나타났지만, 1990년대까지만 해도 이례적인 현상이었다. 2000년대 들어서 그 빈도가 점차 늘어났고, 2010년대 이후에는 자리를 잡아 가는 추세이다.

> 꽁치는 보리를 벨 때가 가장 많이 날 때야. 올해는 적자라 꽁치 배가 벌써 다 철망했어. 꽁치는 따뜻한 물에 나는데 냉수대 영향도 있고, 봄이나 가을이나 물 온도가 안 맞으니까 안 오는 거야. 이때 되면 무슨 고기가 나니까 어망을 준비하는데 안 와. 가을에도 냉수대가 있는데 그 영향도 있지 싶어. 물 온도가 맞으면

톤이었으며, 1990년대에 들어 생산량이 급감했다(공영·서영상·성기탁·한인성, 앞의 책, 204쪽).
31 임경식(남, 1956년생), 2022년 4월 2일 면담 조사.

내년이라도 날 수가 있어. 청어는 10월부터 설까지 많이 나는데 수온 따라 왔다 갔다 해서 물이 차가울 때 나. 요즘에는 청어 잡다가 없으면 오징어 잡고 그래. 전에 청어 많이 날 때는 태가 작아서 못 싣고 그랬어. 예전에는 도루묵도 많이 났는데, 지금은 많이 안 나. 그때 주로 보면 7월에서 12월까지 잡았는데, 8년 됐나? 안 보이더라고. 도루묵이 차가운 물에 사는데, 수온 영향도 있다고 봐야지. 강원도 위쪽에서는 지금도 잡아.[32]

위의 제보는 축산3리의 한 어민이 수온과 관련 속에서 꽁치와 청어, 도루묵의 생산량 변화를 압축적으로 말한 것이다. 그 가운데 꽁치와 청어는 수온에 따라 생산량이 교차하는 특징을 보여주기 때문에 주목된다. 꽁치는 봄과 가을에 한 차례씩 동해안을 거쳐 회유하는 까닭에 '봄꽁치'와 '가을꽁치'로 나뉜다. 특히 보리누름에 성어기를 이루는데, 최근 꽁치 생산량이 줄어드는 것은 냉수대의 영향이 크다고 할 수 있다.[33] 2022년에도 어민들은 꽁치의 회유 시기와 겹친 냉수대 탓에 일찌감치 5월에 철망을 하고, 오징어 어업 준비에 나섰다. 반면 청어가 1960년대 이후에 자취를 감췄다가 다시 동해안을 회유로로 삼은 것은 마찬가지로 냉수대의 영향을 받은 것으로 볼 수 있다.[34] 공교롭게도 냉수대가 극성을 부리면서 비슷한 시기에 꽁치의 생산량은 줄어든 반면, 청어의 어획량이 늘어난 것이다. 이와 관련해서 1960년대부터 지속된 청어의 흉어로 인해 건조식품인 과메기의 재료가 청어에서 꽁치로 바뀌었다. 최근에는 다시 청어가 많이 잡히면서 청어 과메기의

---

32 박금한(남, 1947년생), 2022년 4월 2일 면담 조사.
33 경북지역의 꽁치생산량은 1970년에 16,151m/t, 1975년에 20,566m/t이었으며, 1980년대에는 1만 m/t 이하로 줄어들었다. 2010년대 이후에는 생산량이 더욱 감소했는데, 2018년의 경우 전체 생산량은 708m/t이었으며, 그 가운데 637m/t이 경북지역에서 잡혔다(『수산통계연보』, 『농림수산통계연보』, 『해양수산통계연보』, 각 연도 참조).
34 청어는 1960년대 이후 동해안에서 잡히지 않다가 1985년에 35m/t, 1990년에 1,365m/t이 생산됐다. 2000년대 후반부터 청어의 생산량이 점차 늘어났는데, 2018년의 경우 전체 24,035m/t 가운데 16,319m/t이 경북에서 생산됐다(『수산통계연보』, 『농림수산통계연보』, 『해양수산통계연보』, 각 연도 참조).

생산량이 늘고 있다는 점도 눈여겨볼 만하다.[35]

한편 영덕 지역의 정치망어업은 오징어와 방어, 삼치, 청어를 주요 어종으로 한다. 정치망어업에 종사하는 어민들은 6월부터 날치의 양이 많아지면 고기가 없어지고, 태풍이 지나간 뒤에 다시 고기가 생기는 것으로 인식한다. 따라서 연중 9~12월까지 오징어와 방어, 삼치, 청어를 중심으로 주어장이 형성된다. 최근 정치망어업에서 눈에 띄는 변화는 방어와 참다랑어의 회유이다.

> 여기 안 보이다가 다시 보이는 고기가 방어가 없어졌다가 6~7년 전부터 다시 났어. 대모망이 방어 잡았는데 안 보이다가 수온이 변하니까 다시 온 거야. 수온 따라 떼가 지나가는데 가을에 제값을 받아. 지금 방어는 한 마리에 만 원, 오천 원 그런데, 12월 되면 가을방어가 20~30만 원까지 해. 지금 방어는 기름기가 다 빠지고 고기가 안 좋아. 가을 되면 모든 고기가 기름기가 꽉 차고 좋아. 그리고 물 온도가 올라가니까 참다랑어도 잡혀. 그런데 잡아봤자 위판을 못 하니까 다 버려야 돼. 엄청난 손실이잖아. 그것도 문제인데 버리면 둥둥 떠서 연안으로 온단 말이야. 참치는 계속 움직이고, 몸에 열이 많은 고기라서 그물에 걸리면 죽어. 쿼터제 때문에 여기는 극소수만 배당되는데, 배 한 척이 하루만 작업하면 할당량을 다 채워버리는 거야. 올해는 5월에 왔고, 재작년에는 6, 7월에 엄청나게 났어. 참다랑어 난 것도 5년 정도 되는데, 그전에는 어쩌다가 한 번씩 몇 마리씩 잡았지. 처음에는 조금 들어왔을 때는 잡아서 팔았는데 나중에는 배가 만선이 돼서 들어오니까 쿼터제 때문에 다 버리라고 하더라고. 강구항 내에 들어가는 정치망

---

[35] 흔히 명태나 오징어 등의 어종은 남획이 생산량 감소의 또 다른 요인으로 지목된다. 이런 복합적인 요인 가운데 어느 것이 더 큰 영향을 미쳤는지에 대한 이견이 있을 수 있다. 대게 역시 기선저인망 어선들에 의한 남획과 겨울철 이상 고온 현상으로 생산량이 급감했다. 다만 난류성 어종인 전어의 경우 3월의 '봄전어'와 10월의 '가을전어'를 잡았다. 하지만 어민들은 어법상 치어까지 잡지 않았기 때문에 전어가 갑자기 모습을 드러내지 않는 이유를 전적으로 수온에서 찾고 있다.

배가 17척인데 고기가 얼마나 많겠어? 돈으로 계산해도 엄청나지. 참다랑어 10kg 이상 되는 거 올 때는 혼자 들지도 못해. 그거 일일이 버리는 것도 일이야. 수온이 상승하기는 많이 했나 봐. 그게 열대지방에서 나고 제주도 근해에서 나고 그랬는데.[36]

난류성 어종인 방어는 초여름에 북상했다가 늦가을에 남하하는데, 11~12월에 잡히는 '가을방어(대방어)'는 지금도 고가에 거래된다. 5월경에 잡히는 '봄방어'는 살과 기름기가 없어서 여수의 가두리양식장에서 살을 찌운 뒤에 시판한다. 대방어는 제주 인근에서 주로 잡혔지만, 수온 상승에 따라 2010년대 중반부터 영덕을 비롯한 동해안 지역의 생산량이 늘었다.

온대성 어종인 참다랑어가 대량으로 잡히기 시작한 것은 10년이 채 되지 않는다. 참다랑어는 높은 수온을 따라 동해까지 진출했는데, 해마다 잡히는 시기가 다르다. 하지만 참다랑어의 어획량은 할당제에 따라 부산지역의 선망어업에 대부분의 쿼터가 부여되고, 동해안의 정치망어업에 배정되는 양은 극히 적기 때문에 잡는 즉시 바다에 버려야 한다. 참다랑어는 활동성이 좋고 성질이 급한 탓에 그물 안에서 금방 죽는다. 죽은 채로 바다에 버려진 참다랑어는 파도에 밀려서 연안까지 떠밀려와 육지까지 오염시키고 있다. 갑오징어의 경우 어민들 사이에서 '오작어', '먹통' 등으로 불렸는데, 봄철에 정치망으로 많이 잡았지만, 명태와 비슷한 시기에 생산량이 줄면서 현재는 좀처럼 찾아보기 어렵다.

한편 2018년에 생태계 교란종으로 지정된 해파리는 수온 상승에 따라 어민들에게 여름철 불청객으로 자리 잡았다. 우리나라에서는 1990년대 후반부터 보름달물해파리가 대량으로 나타나기 시작했고, 2000년대 이후에는 노무라입깃해파리까지 발생 빈도가 급격하게 증가했다. 해파리의 대량 출

---

36 허두만(남, 1947년생), 2022년 5월 7일 면담 조사.

현 원인으로는 수온 상승에 따른 서식처 증가, 수산자원 남획 또는 연안역의 오염에 따른 천적 및 경쟁 생물 감소, 항만·방조제 등 해파리 폴립 polyp이 부착할 수 있는 인공구조물의 증가 등으로 알려졌다.[37] 결국 기후변화에 따른 수온 상승은 해파리의 개체 수 증가와 활동 범위의 확대에 영향을 미친 것이다. 해파리가 점령한 구역은 다른 고기가 접근하지 않기 때문에 어민들이 그물을 올리면 해파리만 가득한 경우도 있다. 과거에도 해파리는 있었지만, 개체 수가 많지 않았으므로 우려할 정도는 아니었다.[38]

해파리는 고기를 쫓아버리기 때문에 어업에 전반적으로 악영향을 미치지만, 호망어업 등으로 활어를 잡는 어민들의 피해는 더욱 크다. 그물에서 해파리와 접촉한 고기들은 독성 때문에 금방 죽기 때문이다. 특히 거대 해파리가 많이 잡히면 양망이 되지 않고, 그물의 파손, 어획물의 현저한 감소와 선도 저하, 변색 등으로 나타난다. 심할 경우 해파리에 의해 어로 활동을 할 수 없어 휴어가 불가피하게 되는데, 일본의 경우 1976~1977년 와카사야 若狹만의 서부에서 해파리로 인한 휴어가 수십 일 동안 이어지자 어민들이 기원제를 올리기도 했다.[39]

> 그물 올리다가 바람 때문에 해파리 섞인 물이 얼굴에 튀면 병원 가서 주사 맞아야 돼. 해파리 곁에 있는 물만 튀어도 따가워. 얼굴이 퉁퉁 붓고, 눈에 튀면 눈이 화끈화끈해. 드럼통보다 큰 해파리도 있는데 그거는 쏘였다 그러면 죽어. 빨간 촉수가 엄청나게 커. 그런 게 들어올 때는 많이 들어와서 조업을 안 해. 조업하다가 사람 죽는데 해파리 때문에 못하는 거지. 해파리가 진을 치고 다니는

---

37 김봉태 외, 「기후 요소가 해파리 출현에 미치는 영향 분석」, 『수산해양교육연구』 27권 6호, 한국수산해양교육학회, 2015, 1755~1756쪽.
38 한 어민은 다양한 종류의 해파리가 나타난 것을 두고 수온 상승의 영향뿐만 아니라 상선을 통해 다른 곳의 개체들이 옮겨온 것으로 추정한다. 상선은 균형을 잡기 위해 별도의 물탱크가 있는데, 짐을 실으면 물을 퍼내고, 하역한 뒤에는 물을 담아서 배가 넘어지지 않도록 한다. 이때 물을 담고, 배출하는 과정에서 해파리가 옮겨왔다는 것이다.
39 安田 撤 저, 윤양호 역, 『해파리의 경고』, 전파과학사, 2009, 121~127쪽.

데 어떻게 작업을 해? 해파리 물 묻으면 고기도 빨리 죽고 빨리 상해. 그때 되면 고기도 안 들고. 정치망은 해파리 때문에 죽을라고 해. 옛날에도 해파리가 있었는데 지금처럼 큰 거는 갖지 않았어.[40]

제보에 나타난 것처럼 해파리 때문에 휴어 일수가 늘어났을뿐더러 조업 과정에서 어민들의 안전을 위협받는다. 조업 도중에 해파리에 닿은 물이 얼굴에 튀면 부어오르기 때문에 곧바로 치료를 받아야 한다. 문제는 마땅한 천적이 없기 때문에 여름철에 해파리가 바다를 점령하도록 지켜봐야 하는 형편이다. 결국 해파리의 득세는 어민들의 안전뿐만 아니라 어업 생산성에도 악영향을 미치는 것이다.

3. 해저 생태계의 변화와 복원의 딜레마

동해안의 해저지형은 수심 5~20m 정도까지 '짬'과 해조류가 중심이 되고, 그 이후에는 대체로 모래와 '뻘'로 이뤄져 있다. 수심이 낮은 곳에는 짬과 해조류를 서식처로 전복, 해삼, 멍게, 성게 등이 자라며, 잠수기어업과 해녀의 물질을 통해 채취한다. 전복과 해삼, 멍게는 연중 채취하며, 5~6월에는 '구시(보라성게)', 11~12월에는 '앙장기(말똥성게)'를 잡는다. 해조류의 경우 미역, 천초, 파래, 도박, 진저리, 곰피, 청각 등이 짬을 중심으로 무성하게 자랐다. 이 때문에 어민들은 해저 환경을 나무와 풀로 우거진 여름철의 산으로 비유한다. 무성한 나무와 풀을 통해 다양한 동물이 서식하듯이 바다도 이와 다르지 않다는 것이다. 특히 해조류는 해저 생태계의 먹이사슬을 형성하는 기본적인 단위이며, 각종 정착성 어패류의 산란장으로 이용되

---

40 김용대(남, 1957년생), 2022년 5월 7일 면담 조사.

기 때문에 중요성을 갖는다. 미역은 3~5월에 해녀들이 채취하는데, 예전부터 생산량이 많고 경제적 측면에서 우월한 가치를 가졌다. 그리고 진저리와 곰피, 참도박 등의 해조류는 상인과 거래함으로써 경제성을 지녔으며, 식재료로도 이용했다.

해저 생태계는 짬과 해조류를 기반으로 먹이사슬을 형성했고, 풍부한 자원은 어민들에게 어로 활동을 영위할 수 있는 동력으로 작용했다. 하지만 최근 해저 생태계는 백화현상에 따른 사막화가 발 빠르게 진행되고 있다는 점에서 기후변화의 영향을 받는다. 백화현상은 암초지대에 번무하는 해조류가 고사・소멸하고, 그 공간을 석화조류로 불리는 여러 종류의 산호말(홍조류)이 점유하여 암반이 백색 또는 황색, 분홍색을 나타내는 것이다.[41] 어민들은 백화현상에 의해 하얗게 변한 짬을 '백돌'이라고 한다. 이로 인해 해조류의 서식처가 파괴되면서 천초, 파래, 도박, 진저리, 곰피, 청각 등이 자취를 감추거나 과거에 비해 극히 소량만 자라고 있다. 이처럼 백화현상의 영향으로 먹이사슬이 교란을 일으키면서 생태계를 구성하고 있던 어패류가 살기 어려운 환경으로 변했다. 주지하듯이 해조류는 각종 어패류의 먹이와 산란장으로 이용된다. 따라서 백화현상은 어패류의 생산량 감소로 연결되면서 어민들의 경제생활에 악영향을 미치게 된다. 창포리의 경우 1990년대까지만 해도 22척의 잠수기어선이 있었지만, 지금은 4척으로 줄었다. 4척의 잠수기어선도 생산량의 극심한 감소를 체감하고 있다. 해녀 또한 고령화로 인해 점차 인원이 감소하는 추세인데, 자원마저 줄어들면서 점차 설 자리가 좁아지고 있다. 한 해녀의 입에서 나온 "바다만 쳐다보고 못 산다."라는 말은 자원의 감소에 따른 위기의식을 압축적으로 드러낸다.

---

[41] 백화현상은 해중림의 소멸로 인해 어류의 산란장・유치어 육성장의 파괴로 이어져 어업자원 전체에 악영향을 끼친다. 특히 전복・성게・소라 등의 조식성 패류 및 자리돔・쥐돔・독가시치 등 조식성 어류의 피해가 심하다. 아울러 다시마・미역・우뭇가사리 등 식용 해조류의 생장을 방해함으로써 어민들의 소득원에 커다란 타격을 준다(사까이 이찌로 저, 정호성・김지희 역, 『백화현상의 실체와 극복』, 서울대학교 출판부, 1998, 36~38쪽).

흔히 수온 상승은 해조류 감소의 중요한 요인으로 지목된다.[42] 앞서 살폈듯이 바다의 수온은 저온과 고온 현상이 더욱 심히졌는데, 특히 문제가 되는 것은 한여름의 고수온이다. 여름철에 폭염 등의 영향으로 고수온 현상이 발생하면, 해조류와 패류가 녹아버리기 때문에 번식할 수 없다. 해마다 여름철 최고 수온이 27~28℃를 상회하면서 해저 동식물의 서식을 어렵게 만들고 있다. 그나마 수심이 깊은 곳에는 수온 상승의 영향을 덜 받기 때문에 통발어업을 하는 어민들은 심해에서 고둥 등을 잡을 수 있어 사정이 나은 편이다. 이와 달리 연안에서 어로 활동을 펼치는 잠수기어업인과 해녀들은 직접적으로 생산량 감소를 체감하고 있다. 미역은 비교적 생산량이 괜찮은 편이지만, 도박은 고수온에 하얗게 변하면서 녹아 현재는 거의 찾아볼 수 없다. 구시와 앙장기의 경우 해녀들이 한두 번 채취하면 손을 털어야 하며, 전복도 수심이 낮은 곳에만 일부 있다. 해삼은 짬 사이에 형성된 골짜기의 부드러운 모래에 산다. 2000년대 중반까지는 해녀들이 하루건너 하루 작업을 해도 제법 많은 양의 해삼을 채취할 수 있었지만 지금은 개체수 감소로 인해 작업 간격이 훨씬 늘었다. 멍게는 연안에서는 거의 사라졌고, 수심이 깊은 곳에 서식하는 것을 잠수기어업으로 잡는다.

물이 따뜻해지니까 옛날에 있던 동식물이 많이 없어졌어. 멍게 같은 거는 온도가 안 맞으니까- 다 죽어. 여기 잠수선이 22척 있었는데, 나가면 멍게를 20가마니씩 잡아 왔어. 멍게는 플랑크톤이 먹이라서 풀이 없어도 돼. 온도만 잘 맞으면 살아. 해녀들도 멍게 하면 조리에 가득 세 조리씩 캤어. 멍게가 없으니까 수익이 많이 줄었지. 포자가 살 자리를 찾아서 많이 날아다니는데 돌에 안 붙고 죽어. 주로 8~9월에 온도가 28도, 29도 되는데, 가에 몇 마리만 있어. 그래도 15m 밖에는 제법 있어서 11조 어선이 많이 따와. 물만 차가우면 15℃만 맞춰주면 일 년

---

[42] 위의 책, 41쪽.

내내 살아.[43]

연안에서 멍게가 흔적을 감춘 이유에 대해 어민들은 멍게의 포자가 돌에 착상하지 못하고 고온에 녹아버린 탓으로 여긴다. 멍게는 돌에 붙어서 플랑크톤을 먹고 살기 때문에 굳이 해조류가 없어도 되지만, 고수온을 이겨낼 힘이 없는 것이다.

이처럼 해저 생태계의 변화와 어민들의 경제활동 위축으로 인해 국가와 지자체에서는 동물의 방류와 식물의 이식작업을 진행 중이다. 각 어촌계에서는 해마다 해삼과 전복 등의 치패를 방류하지만 제대로 정착하지 못하고, 죽거나 자리를 옮기는 경우가 많다. 보다 근본적인 원인을 해결하기 위해 시행된 것이 해조류의 이식을 통한 바다숲 조성 사업이다. 일찍부터 일본에서는 다시마의 양식을 통한 해중림 조성이 해저 생태계 복원을 위한 대안으로 제시됐다.[44] 우리나라에서는 각 지역의 환경을 고려해서 잘피, 모자반 등을 이식함으로써 바다숲을 조성한다. 영덕 지역의 경우 한국수산자원공단에서 창포리 바다를 '개두벅'이라고 불리는 대황의 조성사업지로 선정하고 2016~2018년에 거쳐 이식작업을 했다. 대황은 뿌리가 질겨서 한 번 자리 잡으면 좀처럼 떨어지지 않으며, 수온 변화에도 덜 민감하게 반응한다. 따라서 다른 해조류와 달리 대황이 계속해서 성장하면서 현재 창포리 앞바다에는 무성한 '대황숲'이 형성됐다.

여기 창포바다에 개두벅이라고 화장품도 만들고 하는 게 있는데 여기가 제일 많아. 여기서 가져가서 화장품도 만든다고 하고, 조미료 대신 쓴다고도 하고 한 번씩 가져가. 여기서 내려다봐도 까맣게 자랐어. 그게 태풍이 오면 묵은 거는 조금씩 떨어져도 물질하면 밑에 손도 못 넣고 못 들여다볼 정도로 많아. 3년 만

---

43 유외종(남, 1942년생), 2022년 5월 7일 면담 조사.
44 사까이 이찌로 저, 정호성·김지희 역, 앞의 책, 62쪽.

에 쫙 퍼졌어. 물 밑에 들어가서 풀 헤쳐가면서 일하려면 힘들어. 개두벅이 심기 전에도 조금씩 있었는데 그렇게 퍼질 줄 몰랐어. 개두벅이 물에서 튀어나온 바위에 있으면 미역을 해야 되기 때문에 낫으로 쳐줘야 해. 그런데 그거를 못 하게 하잖아. 해녀들이 10월에 갯닦기 작업을 하는데, 대황을 조금씩 훑어줘야 미역이 돋는데 못해. 그러니까 미역이 돋을 데가 없어. 꼭대기에는 처내도 또 나. 3년 만에 엄청 퍼졌어. 바위 꼭대기 그런 데는 미역이 곱기 나거든. 그런 데를 못 건들게 하니까. 이래서 해녀들이 뭐 먹고 사냐 하잖아. 개두벅 때문에 일이 안 돼. 다른 마을은 시개나 진저리 정도가 있지 이 마을처럼 개두벅이 이렇게 안 많아. 그런 데도 해삼이랑 전복 같은 게 없어. 거기서 미역이 돋아야 하는데 대황이 밀어버리니까. 내년이는 미역을 어디 가서 하나? 풀이 많아도 자원이 잘 안 사는 거 같아. 음지가 져서 안 돼. 개두벅이 독해서 즈위에 풀을 못살게 하는 거야. 그러니까 미역 작황이 자꾸 없어지고 날씨 좋은 날에도 이렇게 놀지.[45]

어민들은 대황숲이 조성된 이후에 발생한 몇 가지 문제를 제기했다. 먼저 대황이 군락을 이뤘음에도 불구하고 패류가 전처럼 많이 자라지 않는다는 점이다. 대황으로 인해 바다숲은 복원됐지만, 패류의 생장을 방해하는 수온의 문제까지는 해결되지 못한 탓이다. 이어서 대황이 번식하면서 다른 해조류의 생장을 방해한다는 점이다. 현재 창포 바다에는 대황이 세력을 넓혀가면서 그나마 남아있던 다른 해조류의 수가 감소하고 있다. 이는 대황이 다른 식물을 밀어내고 생태계를 잠식하는 현상으로 나타난 것이다. 다음으로 대황숲의 조성이 어민들의 어로 활동과 마찰을 빚는다는 점이다. 해녀들은 무성하게 자란 대황숲을 헤치며 물질을 하는 것에 대해 어려움을 토로한다. 잠수를 해서 패류를 채취하기 위해서는 대황 사이사이를 뒤져야 하는데, 그 양이 워낙 많기 때문에 작업이 더딜 수밖에 없다. 또한 해수면

---

[45] 곽○○(여, 1947년생), 2022년 5월 7일 면담 조사.

가까이 자란 대황은 수시로 솎아줘야 미역이 생장할 수 있는 여건이 마련되지만, 제도적으로 규제된다. 보통 10월에 짬에 붙은 잡조류를 제거하는 작업을 "짬 실는다." 혹은 행정용어로 갯닦기라고 하는데, 이때 짬 주위에 자라는 대황을 건들 수 없도록 한 것이다. 이에 따라 창포리의 해녀들은 대황이 지나치게 번식함으로써 미역의 생산량이 점차 줄어들고 있다고 여긴다. 이처럼 해저 생태계의 복원을 위한 바다숲 조성 사업은 무성한 대황숲을 형성하는 데는 성과를 보였지만, 어패류가 좀처럼 늘지 않고 어민들의 어로 활동을 저해하고 있기 때문에 딜레마로 작용하고 있다.

4. 폭풍해일의 습격과 생존의 위협

기후변화는 어민들의 생존을 위협하고, 어업 생산성을 저해하는 다양한 요인을 생성했다. 특히 강력한 태풍과 폭풍해일은 자연환경의 변형이라는 측면에서 주목해 볼 만하다. 이전에도 존재했던 자연적인 현상이 기후변화의 흐름 속에서 변형되어 어민들의 일상생활과 어로 활동에 큰 영향을 미치는 것이다. 태풍 자체는 지구의 에너지를 분산하려는 자연적인 작용이지만, 강력한 태풍과 폭풍해일은 긴 주기 속에서 발생하는 이상기후에 속한다. 2020년에 발생한 태풍 마이삭은 강력한 폭풍해일을 동반함으로써 영덕을 비롯한 동해안 전역에 많은 피해를 입혔다. 우리나라에는 해마다 여름과 가을철에 여러 개의 태풍이 직간접적으로 영향을 미치지만, 어촌은 생활과 생업공간이 바다를 배경으로 형성되기 때문에 강력한 태풍에 더욱 취약한 공간구조를 형성하고 있다. 흔히 강력한 태풍은 해수면[46] 및 수온 상

---

[46] 만약 해수면이 현재보다 1m 더 오른다면, 통계상으로 100년에 한 번꼴로 일어나는 3m 이상의 폭풍해일이 3~4년마다 한 번씩 일어날 것으로 예측된다(슈테판 람슈토르프·캐서린 리처드슨 저, 오철우 역, 『바다의 미래, 어떠한 위험에 처해 있는가』, 도서출판 길, 2012, 152쪽).

승과[47] 깊은 관련성을 갖는다. 2020년에 영덕을 비롯한 동해안 지역에 큰 피해를 입힌 폭풍해일 역시 태평양의 수온 상승이 직접적인 원인으로 작용했다.[48] 태풍은 그동안 어민들에게 일종의 밭갈이처럼 인식됐다. 태풍이 바다의 밑바닥을 뒤집어 주고, 물을 바꿔줘야지만 더 많은 고기가 난다고 여긴 것이다. 하지만 폭풍해일을 동반한 강력한 태풍의 경우 사정은 달라진다. 단순히 조업 중단이나 어장의 손실과 같은 문제를 넘어서 강력한 파도가 주민들의 생활공간에 침투함으로써 생존의 문제로 직결된다. 다음은 당시 폭풍해일을 경험한 몇몇 어민들의 제보이다.

> 원래가 태풍이 오게 되면 샛바람으로 와. 태풍은 꼭 샛바람이지 갈바람은 없어. 처음에는 샛바람으로 태풍이 왔는데 늦게 갈바람으로 태풍이 올라오더라고. 그래서 피해가 많았어. 내가 몇십 년 살아도 샛바람에 계속 내려오다가 갈바람이 늦게 닥치는 거는 처음이야. 태풍이 쭉 오다가 한국에 상륙해서 똑바로 올라가면 갈바람이 잘 안 오는데, 옆으로 들어가서 많이 틀어버리면 방향이 많이 바뀌잖아. 그래서 온 거 같아. 포항에 와서 그대로 올라가면 태풍이 끝나면서 날이 좋아질 때는 약한 갈바람으로 들어오면서 날이 좋아져. 갈바람 불어버리면 파도가 잔잔해져. 오늘 저녁에 갈바람이 조금씩 올라오고 끝나면 내일 날 좋아진다 그래서 고기도 잡으러 가고 해녀들도 물에 들어가. 내일 날씨를 대강 보면 갈바람이 불면 날씨가 좋아지는 거야. 그때는 우리가 갈바람이 올라오니까 금방 끝나겠다 했는데, 그게 엄청나게 커진 거야. 갈바람이 올 거라고 예상을 못 했어. 안 그러면 차도 다 다른 데로 옮기고 그랬지. 물이 넘쳐서 우리 집 들어오는 창문을 다 때려 버리고 이 앞에 차 세운 게 휩쓸려 와서 벽이 다 부서졌어. 방파제에 물이

---

[47] 온실가스가 증가해 기온이 상승하면 그 열이 바다에 흡수되어 수온을 상승시킨다. 더 따뜻해진 바다는 증발량이 증가하고, 더 많은 수증기를 대기에 공급한다. 게다가 따뜻한 대기는 더 많은 수분을 담을 수 있으며, 더 많아진 수증기는 강력한 태풍을 만든다. 해수면 온도가 1도 상승하면 최대 풍속은 약 8m 강해질 수 있다(조천호, 앞의 책, 86쪽).
[48] 『경향신문』, 2020년 9월 11일.

엄청나게 불어서 배를 대놓았는데 못 들어가. 사라호태풍이고 매미고 다 샛바람 이야. 이번에 태풍도(힌남노) 샛바람으로 끝났어. 우리 집이 도로보다 한 70cm 높은데 물이 한가득하고, 여기에 파도가 들어와서 굽이를 쳐서 때려 버리더라고. 내가 살면서 우리 집에 물들어 온 거는 처음이야. 태풍이 물이 따뜻한 데로 찾아다녀. 물이 차가우면 안 와. 이번에 태풍도 포항에 피해 많이 입혔잖아? 그 태풍이 영덕으로 상당히 약하게 왔어. 그때 태풍이 내일쯤 여기 도착한다고 이랬는데 여기 물이 차가워서 안개가 끼고 그랬어. 안개가 끼고 그러면 물이 차갑거든. 온도 차이에 태풍이 오고 가고 그래. 포항 때리고 독도로 올라간 거야. 포항은 비가 많이 와서 피해를 많이 봤는데 여기는 비도 많이 안 오고 편하게 지나갔어.[49]

옛날에는 안 그랬는데 요즘은 태풍이 한 번 온다 그러면 쎄게 오고, 파도도 많이 치고 그래. 요즘은 둑을 해놓아도 밀고 들어오는 데 말도 못 해. 물살이 대단해. 이 앞에 여기가 최고 파도가 많이 오는데, 큰 돌이 뚝 떨어져서 넘어져 있고 돌이 막 굴러다니고 그랬어. 저 앞에 보면 물이 오면 보였다 안 보였다 하는 돌이 있어. 그 집채만 한 돌이 쩍 갈라졌어. 다른 집채만 한 돌은 저기 가 있고. 파도 때문에 모래가 들락날락하다 보니까 파이는가 봐. 그러니까 바위가 쩍 갈라지지. 파도가 그 큰 돌을 끌고 왔다가 끌고 갔다가 그래. 태풍 지나고 바다에 들어가 보면 태풍이 쎄면 물밑이 뒤집어지니까 앙장기 같은 게 없어져서 껍질만 남아있어. 모래가 갈아 가지고 앙장기 같은 걸 못살 게 한단 말이야. 불가사리도 태풍 오고 다 죽어버렸어. 돌 틈에 보니까 불가사리가 하얗게 소복소복 죽어 있어. 물조류가 왔으니까 그렇지 안 그러면 그럴 택이 있나? 이 앞에 집에 장단지 다 쓸어가서 장단지가 없어. 그래서 앞에 사는 사람들은 장 없이 살았어. 태풍이랑 비가 같이 오니까 이게 큰 도랑인데 파도랑 도랑물이랑 짠짠이가 되니까 물이 넘치지. 파도가 들이미니까 물이 빠져나가질 못하잖아. 파도가 때린 데

---

[49] 유외종(남, 1942년생), 2022년 9월 2일 면담 조사.

또 때리고 그러니까 고여지고 못 내려간 거지. 도랑에 쓰레기가 꽉 차버렸어. 위에는 위에 대로 끌고 오고, 바다는 바다대로 끌고 오고. 여기서 보면 동네보다 파도가 더 높아. 사람들이 동네는 여기 있는데 파도를 올려다보네 이러더라고. 내가 이 동네 온 지가 50년이 돼도 그렇게까지는 안 궂었는데 처음이야. 어른들은 사라호태풍 때보다 더하다 그러더라고. 주민들이 창포초등학교 올라가서 대피해 있었어. 어른들이 이러면 안 되겠다 이 앞에다가 삼발을 놓자 그러면서 앞으로는 계속 이렇다고 봐야겠지.[50]

물 수위가 높아져 자꾸. 물이 높아지니까 땅이 내려가는 거 같잖아. 바다에 축간을 해놓으면 배를 대면 딱 맞게 해놓았거든. 딱 발란스가 맞게 돼 있어. 그래서 배 설계도 축간에 배 대기 좋게 한다고. 그런데 수위가 높아지니까 배가 자꾸 올라오는 거야. 발란스가 안 맞으니까 축간 보수공사를 하든가 이런 현상이 생기는 거야. 몇 년 전에도 보수를 했어. 그래서 우리는 신항만을 조청해 놓았어. 물 수위가 높아지니까 잘못하면 해일이 오면 여기까지 넘으니까. 옛날에는 여기까지 넘어온 사실이 없어. 작년에 해일이 와서 이걸 쓸어갔어. 그래서 우리가 군 수산과에다가 동네가 멸종이 되니까 안 되겠다고 용역을 맡겼어. 옛날에는 요즘처럼 이렇게 수위가 높은 해일이 없었어. 그전에는 파도가 축간 아래 반 정도 올라오는 거 밖에 안 됐는데, 지금은 파도가 넘쳐서 쓸어갔다니까. 그러니까 큰일 나겠다 싶어서 동네 생명이 달린 거니까 동네 공청회도 많이 했어. 그런데 아직까지 축간공사를 안 해주네. 축간 입구에 있는 배들은 저 안쪽으로 다 대피했는 데도 배가 몇 대가 부서졌어.[51]

위의 제보는 크게 폭풍해일의 원인과 직접적인 피해 정도, 전망과 대응

---

50 곽○○(여, 1947년생), 2022년 5월 7일 면담 조사.
51 박금한(남, 1947년생), 2022년 4월 2일 면담 조사.

에 대한 이야기를 담고 있다. 먼저 폭풍해일의 원인은 크게 불규칙한 바람과 해수면의 상승으로 요약된다. 영덕 지역의 태풍은 보통 샛바람을 동반하는데, 동해안 지역에 큰 피해를 입혔던 태풍 사라나 태풍 매미 역시 마찬가지였다. 따라서 과거에는 영덕의 어촌 주민들이 샛바람 태풍을 대비해서 남향으로 살짝 틀어 집을 짓고, 문의 방향도 남쪽으로 내기 마련이었다. 보통의 경우 태풍이 그칠 무렵에 갈바람이 불면서 날이 맑아졌다.[52] 어민들은 평소에도 샛바람이 강하게 몰아치다가 갈바람이 불면서 누그러지면, 날이 갤 것으로 짐작하고 조업 준비를 했다. 주민들은 처음에 샛바람이 갈바람으로 전환되면서 태풍이 잠잠해질 것으로 내다봤지만, 예상을 뒤집고 폭풍해일을 일으켰다. 이에 따라 미처 손쓸 틈도 없이 길가에 있던 차들이 민가를 덮치는 등의 피해가 발생했다. 이는 기후변화의 국면 속에서 변형된 자연현상이 어민들의 기후지식과 다른 방향으로 작동하는 사례이므로 특별히 주목된다. 해수면의 상승도 폭풍해일의 한 원인으로 지목된다. 어민들은 해수면 상승의 구체적인 수치까지 알 수 없다. 다만 부두에 정박한 배의 높이를 통해 해수면의 상승 여부를 짐작한다.[53] 해수면이 상승함으로써 선저가 육지와 더욱 밀착되기 때문에 부두의 보수공사를 통해 균형을 맞춰야 한다. 이와 같은 해수면의 상승이 폭풍해일에 의해 마을의 침수를 발생시킨 것으로 여긴다.

---

[52] 흔히 어민들이 인식하는 샛바람과 갈바람은 대비되는 특징을 가지고 있다. 샛바람은 "대가리가 크고 꼬리가 약하다."라고 하는데, 처음에는 강하게 불다가 점점 약해지는 성격을 갖는다. 따라서 손을 쥐었다 펴는 것과 같다고 여긴다. 봄철에 갑자기 강하게 부는 샛바람을 '급새' 또는 '도갈피'라고 하는데, 역시 같은 성격을 지닌 것이다. 급새는 갑자기 강하게 불어닥치기 때문에 조업 중인 어민들의 안전을 위협한다. 몇 해 전에는 축산 앞바다에서 급새에 의해 배가 전복되는 사고가 발생했다. 이후 축산의 어민들은 급새를 당시 전복된 배의 이름을 따서 "만○호 바람"이라고 부른다. 반면 갈바람은 "대가리가 약하고 꼬리가 크다."라고 하는데 처음에는 약하지만, 점점 강력해지는 것으로 인식한다. 과거에는 갈바람에 의해서 배가 전복되는 사고가 잦았다. 창포리에서는 예전에 목선 두 척이 갈바람에 전복돼 같은 날 16가구에서 기제사를 지냈으며, 강력한 갈바람을 두고 '갈바람 몽디'라고 부르기도 했다.
[53] 마을 앞바다의 짬이 물에 잠기는 정도를 보고 해수면의 상승 정도를 짐작하기도 한다.

다음으로 폭풍해일의 피해 정도이다. 창포리에서는 폭풍해일로 인해 물이 넘치면서 민가의 침수피해가 발생했으며, 커다란 짬이 쪼개지거나 파도에 휩쓸려 자리를 옮겨갈 정도로 그 위력은 대단했다. 폭풍해일이 잠잠해질 때까지 주민들은 창포초등학교로 대피했는데, 유례없는 일에 고령자들은 사라보다 마이삭을 더 지독한 태풍으로 인식한다. 폭풍해일이 지나간 뒤에는 각종 패류가 흔적도 없이 사라졌으며, 이유는 알 수 없지만 지금까지 '쪽바리(불가사리)'의 개체 수가 줄었다. 아울러 어선의 피해도 상당했다. 당시 폭풍해일로 인해 강구항과 축산항으로 피항한 여러 척의 배가 파손됐다. 특히 축산항의 경우 좁은 항구 안에 여러 척의 배가 촘촘히 붙어있었던 탓에 어선끼리 부딪히면서 더 많은 피해를 발생시켰다.

이어서 폭풍해일의 전망과 대응이다. 한 어민은 폭풍해일이 짧은 주기 속에서 지속적으로 발생할 것으로 전망했다. 창포리에서는 추후 닥칠 강력한 태풍과 폭풍해일에 대비해서 인근의 대부리처럼 마을 앞바다에 콘크리트 블록TTP을 설치하자는 의견까지 나오는 실정이다. 축산리의 경우 파도가 넘쳐 상가와 민가가 밀집해 있는 마을 중심부를 덮친 것은 처음이기 때문에 주민들이 "동네가 멸종"될 수 있다는 위기의식을 갖게 됐다. 이에 따라 국가와 영덕군을 상대로 축산항의 개축을 요청한 상태이다.

이처럼 당시 폭풍해일은 주민들에게 이례적인 현상으로 받아들여졌으며, 기후변화에 대한 심각성을 인식하는 계기가 됐다. 제보에 나타난 것처럼 주민들은 강력한 폭풍해일이 지속적으로 발생할 것으로 전망하며, 생존은 물론 마을의 운명에 영향을 미칠 수 있다고 여긴다. 이에 따라 콘크리트 블록의 설치나 방파제 공사 등을 통해 대응책을 모색하고 있다.

5. 기후위기와 어촌의 현실

　동해안에서 목격되는 기후변화의 여러 국면은 국지적인 현상이 아니라 전 지구적 기후변화의 영향 속에서 진행된 것이다. 이와 같은 사실은 북태평양의 수온 상승으로 인해 동해안의 냉수대와 폭풍해일이 발생한 것에서 잘 드러난다. 아울러 태평양이나 남극 등 기후변화를 추동하는 중심축에서 이상기후가 발생하면, 연쇄적으로 주변부로 점차 퍼져나가며 폭염, 전염병 등으로 확산되는 도미노 효과를 발생시키고 있는 점도 주목할 필요가 있다.
　현재 전 지구적으로 진행되고 있는 기후변화는 인류가 오랜 시간 적응해 온 기후조건에서 벗어나 인간이 일상생활과 생존에 불리한 기후로의 전환을 의미한다.[54] 자본주의와 고도의 산업화는 결국 기후변화를 발생시킴으로써 인간의 활동을 저해하는 기후조건을 형성했으며, 인류가 불투명한 미래를 맞이해야 하는 현실을 가져왔다. 울리히 벡Ulrich Beck에 따르면 현대 자본주의의 승리는 기후변화라는 전 지구적 위기를 야기하고 전개한다.[55]
　최근의 해양생태계 변화와 어종의 감소 현상은 기후뿐만 아니라 환경오염과 남획 등의 복합적인 요인이 작용한 것이므로 복잡성을 띠고 있다.[56] 결국 현재 인류가 맞고 있는 해양생태계의 위기는 인간의 욕망을 배제한 채 설명할 수 없는 지점에 있다. 특히 기후변화는 '이미 저질러진 온난화'에 대한 반응이며, 남획과 달리 자연의 힘에 의한 것으로서 인간이 제어와

---

[54] 최적의 기후 원리는 거의 완벽하게 동식물에 적용된다. 이 원리에 따르면 각 생명체는 특정 온도, 습도, 바람, 폭풍우, 일광과 같은 조건의 결합 하에 가장 건강하고 활동적이다. 최적 기후조건에서 조금만 벗어나도 인간 활동이 둔화되고 효율성이 저하된다(엘스워스 헌팅턴 저, 한국지역지리학회 역, 『문명과 기후』, 민속원, 2013, 24쪽).
[55] 울리히 벡, 「변화의 기후인가 아니면 녹색 근대가 어떻게 가능할까?」, 『기후문화: 기후변화와 사회적 현실』, 성균관대학교 출판부, 2013, 45쪽.
[56] 해양생태계는 여러 가지 요인에 의해 동식물의 서식처에 변화가 생김으로써 스트레스를 받고 있다. 기후변화에 의해 이런 스트레스가 증가하고 있으며, 기후변화와 연계된 다른 영향에 의하여 복합적으로 작용하고 있기 때문에 '복합적 스트레스'라고 할 수 있다(홍선기, 「기후변화에 따른 해양생태계 변화와 어업」, 『생태와 환경』 47, 한국하천호수학회, 2014, 304쪽 재인용).

통제를 할 수 있는 범위를 넘어서기 때문에 문제의 심각성이 있다.

바다는 예전부터 어로 활동 도중 인명사고가 빈번하고, 어획량의 다변성 때문에 불안정성이 강한 공간으로 자리했다. 이에 따라 어민들은 기후와 관련한 지식을 축적하고, 별신굿과 같은 문화적 장치를 통해 바다의 불안정성을 극복하려고 했다. 이후 기상관측과 어업기술이 발전하면서 바다의 불안정성은 어느 정도 해소될 수 있었다. 그렇지만 영덕의 사례에서 나타난 것처럼 기후변화의 영향 속에서 수온의 양극화, 해저의 사막화, 폭풍해일의 위협 강화 등에 따라 어민들은 삶의 공간에 대한 불안정성을 깊이 체감하고 있다. 기후변화의 국면에서 그동안 어민들이 쌓아왔던 기후지식과 불안정성을 극복하기 위한 종교적 장치는 그 효용성이 감소할 수밖에 없다.

최근의 기후변화는 크게 두 가지 측면에서 위험성을 경고한다. 하나는 기후변화의 가속화 양상이 두드러진다는 것이고, 다른 하나는 향후 진행 방향을 예측할 수 없다는 점이다. 앞서 살펴본 대로 현재 영덕 지역의 어민들은 수온과 해수면 상승, 해저의 사막화, 태풍과 폭풍해일 등을 통해 기후변화를 체감하고 있으며, 이런 양상은 최근 10~20년 동안에 심화했기 때문에 상당히 빠른 속도를 보인다. 동해안 지역에서 기후변화의 징후는 지속적으로 있었지만, 심각한 상황으로 받아들여지지 않았다. 예컨대 1990년대에 진행된 명태의 생산량 감소, 서해안의 오징어 생산량 확대, 적조의 확산[57] 등은 기후변화의 시대로 진입했음을 알리는 신호탄이었다. 2000년대에

---

[57] 적조는 부영양화에 의한 것으로 주로 여름철 고수온 시기에 발생한다. 따라서 적조는 환경오염과 수온 상승이라는 기후변화의 요인이 복합적으로 작용한 것으로 볼 수 있다. 우리나라에서는 1961년에 진해만에서 처음 적조가 보고됐고, 1970년대 후반부터 1990년대 중반까지는 그 범위가 점차 넓어져서 집단화하는 양상을 보였다. 이후 1995년부터는 전국의 연안으로 적조가 확대되면서 막대한 피해를 입혔다(윤양호, 『바다의 반란 적조(赤潮)』, 집문당, 2010, 111쪽).
적조가 발생하면 벌겋게 변한 물의 주위를 시커먼 색의 물이 해류에 따라 움직이는데, 이를 두고 어민들은 "죽은 물"이라고 한다. 1990년대까지 영덕의 주민들은 적조를 인식하지 못했다. 당시에는 적조로 인해서 항 안에 죽은 고기가 떠 있으면 주워서 먹거나 내다 파는 사람도 있을 정도였다. 하지만 적조의 발생 빈도가 점차적으로 늘고, 곳곳에서 피해가 발생하면서 적조에 대한 경각심을 갖게 됐다. 특히 적조에 의해 그물 안에 있는 고기가 떼죽음을 당하는 호망과

들어서 기후변화의 정도가 더욱 심해지고, 여러 경로를 통해 그 심각성이 전달되면서 비로소 어민들에게 현실로 받아들여졌다. 하지만 기후변화에 대한 각종 통계와 경고는 하나의 전망치일 뿐 구체적으로 어민들의 현실 세계에 어떤 영향을 미칠지는 여전히 미지수이다.

한편 기후변화와 관련해서 영덕군의 어민들은 크게 두 가지 수준에서 위기를 체감하고 있다. 어민들이 주로 활동하는 공간은 크게 생활공간인 마을과 생업공간인 바다로 구분된다. 그렇기 때문에 어민들에게는 기후변화로 인해 육지에 발을 딛고 사는 인류의 구성원으로서 겪게 되는 생존의 문제와 어업인으로서 해양생태계의 변화에 따른 생계의 위협이 동시에 가해진다.

최근 동해안 전역은 폭풍해일에 의해 침수피해가 발생했고, 주민들이 고지대로 몸을 피하는 일까지 생겼다. 따라서 해안선을 접하고 있는 어촌은 기후변화의 국면 속에서 더 이상 주민들이 안정적으로 생활할 수 있는 공간이라고 할 수 없다. 수온과 해수면의 상승에 따라 거대한 폭풍해일의 주기가 더욱 짧아질 것으로 예상된다. 이런 상황 속에서 저지대가 물에 잠기고, 다수의 기후난민이 발생할 수 있다는 경고는 어민들에게 결코 남의 일이 아니다.

해양생태계의 변화와 생업터전의 상실은 수온의 양극화와 해저의 사막화 등의 요인에 따른 것이다. 어민들은 해양생태계의 변화로 인해 어종 교대 현상과 자원의 감소를 체감하고 있다. 특히 수온의 양극화는 동해안의 어종 지형도를 뒤바꿔 놓았다. 전반적으로 상승한 수온의 영향 속에서 오히려 난류성 어종인 꽁치와 오징어는 냉수대에 밀려 점점 생산량이 감소했으며, 한류성 어종인 청어의 생산량은 점차 늘어나고 있다. 이에 비해 난류성 어종인 방어와 참다랑어가 포획되는 것은 냉수대를 피해서 이들 어종이 회유하

정치망어업, 양식어업의 피해가 크다. 아울러 바닷물을 끌어다 수족관을 운영하는 식당들도 어려움을 겪기는 마찬가지이다.

기 때문에 가능한 것이며, 동해안의 전반적인 수온 상승을 보여주는 사례이다. 따라서 수온의 양극화는 난류성 어종과 한류성 어종에 동시적으로 영향을 미침으로써 어종 교대 현상을 발생시킨다. 아울러 극심한 고수온과 저수온의 교차는 어류의 활동성을 저해하고 생장을 방해하며, 회유로를 변화시킴으로써 어획량 감소를 현실화했다. 이전에는 어족 자원이 풍부했을 뿐만 아니라, 정착성 어류나 회유성 어류 모두 예상 가능한 범위에서 등장과 퇴장을 반복했지만, 기후변화의 국면에서는 다양한 변수가 생성됨으로써 어업 생산의 불가측성이 확대된 것이다. 또한 기후변화는 해파리와 같은 유해생물이 한여름 바다를 잠식하는 현상을 발생시켰다. 이는 어민들의 안전뿐만 아니라 휴어 일수를 늘리며 어업 생산성에도 악영향을 미친다.

한편 해저에 서식하는 각종 동식물은 바다의 사막화로 인해 개체 수가 감소하거나 아예 자취를 감춰버리기도 했다. 주지하듯이 마을 앞바다에 서식하는 여러 동식물은 높은 생산성을 가졌으며, 마을 혹은 어촌계의 관리 대상이었다. 여기서 창출된 수익은 단순히 개인적 차원이 아니라 별신굿의 경비 등으로 사용됨으로써 마을사회의 운영에도 기여했다. 어촌계원과 해녀는 마을 앞바다에 서식하는 동식물을 통해 가계 경제에 도움을 받지만, 어획량의 감소로 어려움을 겪고 있다. 이런 상황은 기존 어민들의 탈어脫漁를 확대하고, 이주민의 유입을 저해하는 요소로 작용하기 때문에 어업의 지속성에도 악영향을 미친다. 특히 해녀집단의 경우 패류와 해조류의 개체수가 급감하면서 어번기에도 일손을 놓아야 하는 노동력의 유휴화 현상이 심해졌다. 따라서 세대를 거듭하며 내려온 해녀들의 물질 또한 점차 사양화 추세에 접어들었다. 이처럼 기후변화에 따른 각종 현상은 주민들의 생존을 위협하고, 자원의 감소로 인한 경제활동의 둔화로 이어진다. 이는 인구 감소와 고령화라는 사회적 요인과 더불어 어촌사회의 붕괴를 앞당길 수 있는 요인으로 작용할 수 있다.

기후변화가 현실화하면서 어민들에게는 다양한 적응 과제가 주어졌다.

최근 10년 동안에도 동해안 지역에는 수온의 양극화 현상으로 인해서 몇몇 어종의 회유가 들쭉날쭉한 경향을 보였다. 특히 꽁치의 어획량이 감소한 것에 비해 서해안에서 오징어의 생산량이 증가했다. 이에 따라 근해 자망 어선을 운영하는 어민들은 일찌감치 꽁치어업을 접고, 서해로 조업을 나서면서 어업력에도 영향을 미쳤다. 아울러 참다랑어의 회유는 동해안에 찾아온 뜻밖의 손님이지만, 어획 할당제에 따라 손댈 수 없으므로 어민들은 현행 제도와 마찰을 빚고 있다. 이처럼 어민들의 입장에서는 급변하는 어로 환경에 새롭게 적응해야 하는 과제가 주어진 것이다.

가속화와 거대화 양상을 보이는 기후변화는 기존 어민들이 가지고 있던 지식체계와 경험세계를 뛰어넘고, 재해에 대한 국가적 방어기제를 무력화함으로써 인명피해와 경제적 터전의 상실 등의 문제를 현실화했다. 이는 비교적 안정적인 기후 속에서 형성된 삶의 조건들과 제도적 장치들이 기후변화의 속도와 강도에 뒤처지는 것을 의미한다. 이에 따라 기후변화의 국면 속에서 어민들은 생존과 생계를 위협받는 위기에 노출됐으며, 국가 차원에서도 새로운 방어기제를 구축해야 하는 상황에 내몰린 것이다. 한편 기후변화가 심화할수록 국가의 제도적 압력은 더욱 거세질 전망이다. 기후변화에 의해 훼손되거나 변형된 자연생태계를 복원하려는 움직임이 활발해지고 있지만, 제한적일 수밖에 없다. 그런 가운데 영덕 창포리의 사례에서 나타나는 것처럼 황폐해진 해저 환경을 복원하려는 바다숲 조성 사업은 어패류를 증식하지 못하고, 오히려 어로활동에 지장을 초래함으로써 딜레마에 놓여 있다.

이처럼 기후변화의 영향으로 영덕 지역에는 생활공간의 불안정성 심화, 바다 생태계의 변화에 따른 어업 생산량의 감소와 불가측성 확대, 생업활동의 둔화와 유휴 노동력의 증가 등의 현상이 발생했다. 이런 현상은 기후변화의 영향 속에서 주민들의 생존과 생계를 위협하는 위기라고 할 수 있으며, 결국 인간의 욕망과 자연의 변덕이라는 이중주에 의해 도래한 기후변화의 시대, 그리고 인류세의 지형 속에 놓인 어촌의 현실인 것이다.

제2부
지역 공동체의 문화적 전통과 변환

제4장 한말 지역 공동체 구성원의 역할 형평성 전통 ∥ 배영동
제5장 해안 지역 민간신앙의 용신龍神과 자연 이해 ∥ 이용범
제6장 한국 무속 '표시 체험'에 대한 연구 ∥ 정은정
제7장 한국전쟁 이후 옹기공방에서 여성의 역할 변화 ∥ 이한승

제4장

한말 지역 공동체 구성원의 역할 형평성 전통*

배영동

1. 머리말

　현대사회가 자꾸만 사회조직을 공동체로 규정하려 하고 거론하는 데는 본질적으로 공동체를 만들고 유지하기 어렵기 때문이다. 공동체라는 개념에는 사람들의 상상과 염원이 담겨 있으므로, 공동체는 현실적으로 성립되기 어려운 이상적 조직 혹은 집단이라고 할 수 있다. 공동체론은 1980년대 권위주의 체제에 대한 성찰의 일환으로 제기되었고, 자본주의적 시장논리와 국가적 억압을 돌파하려는 문제의식을 바탕에 깔고 있다.[1] 공동체라는 개념에 포함된 '더불어 사는 가치'는 사람들의 삶에 유익하다고 판단되므로

---

* 이 글은 『실천민속학연구』 제37호, 실천민속학회, 2021.02.28. 9~44쪽에 수록된 논문임.
1 최협·김명혜·윤수종 등, 『공동체론의 전개와 지향』, 선인, 2001, 5쪽.

사람들은 공동체를 거론하고 기대하게 되는 법이다. 따라서 공동체문화 연구는 다양한 문제를 해결할 수 있는 대안적 전망을 도출하도록 요구받기도 한다.²

공동체의 성립과 운영의 중요한 요건으로 구성원들의 형평성을 들고 싶다. 공동체는 구성원들의 권리와 의무에 대하여 어떤 형태로든 그들 사이에서 이해될 만한 형평성이 유지되는 사회이기 때문이다. 공동체는 구성원들 간에 권리뿐만 아니라 의무에도 형평성이 살아있는 조직이다. 지역 공동체도 구성원들의 형평성에 대한 고민 없이 운영되기는 어렵다. 그렇다면 전통적으로 지역 공동체가 구성원의 형평성에 대해서 어떠한 판단을 하고 있었는지에 대해 살펴보는 것이 중요하다.

사전을 보면 형평성이란 동등한 자를 동등하게, 동등하지 않은 자를 동등하지 않게 취급하는 것을 의미한다. 오늘날 행정학에서는 새로운 행정이념으로서 '사회적 형평성social equity'을 강조한다. 1968년 미노브룩 학술대회Minnowbrook Conference에서 프레데릭슨Frederickson은 사회적 형평성에 관심을 가질 필요가 있음을 처음 언급하였다.³ 이어서 1974년 『미국행정학회보Public Administration Review』는 사회적 형평성을 주제로 한 심포지엄에 지면을 할애했는데, 거기서 하트Hart는 사회적 형평성의 이론화를 위한 논거를 롤스Rawls의 『정의론A Theory of Justice』에서 찾았다.⁴ 이에 대해서 임의영은 사회적 형평성에 대한 관심이 평등에 기반한 것이므로, 하트를 비롯하여 심포지엄에 참석한 학자들은 '사회의 최소수혜자에게 최대의 혜택을 주어야 한다'는 차등원칙difference principle을 주장한 롤스의 '공정으로서 정의관justice as fairness'에 관심을 가진 것으로 이해한다.⁵

---

2 이영배, 「공동체 문화 재생의 역사적 원천과 특이성」, 『구상과 영역들』, 민속원, 2020, 18쪽.
3 H.G. Frederickson, *Toward a New Public Administration*, in Frank Marini(ed), 1971, pp. 309~331(임의영, 「형평성의 개념화」, 『서울행정학회 학술대회 발표논문집』, 2011.01, 183쪽 재인용-).
4 임의영, 위의 글, 183쪽.

사회적 형평성은 자원이나 지위의 공평한 배분과 관련된 개념으로서, 이는 사회적 약자를 보호하는 것을 그 출발점으로 삼기 때문에, 자원의 배분은 사회적·경제적·정치적으로 불리한 입장에 있는 사람들에게 우선적으로 혜택을 줌으로써 사회 정의를 실현할 수 있다는 관점이다.[6] 따라서 신행정학에서는 행정이 사회의 가장 불리한 이들의 상황을 충분히 고려하는 것을 형평한equitable 것이라고 강조한다.[7]

그럼에도 과연 무엇이 형평성을 실현하는 것인지는 간단하지 않다. "신행정학자들은 롤스의 정의관이 바탕을 두고 실질적으로 사회적 형평성의 개념을 구체화함으로써 실제 현실의 행정에 반영할 수 있는 방안을 찾고자 하였다. 대표적으로 포터와 포터Porter & Porter(1974)는 최소수혜자의 이익을 보장하는 분배기준을 설정하기 위해 형평성을 '수직적 형평성'(다른 사람을 다르게)과 '수평적 형평성'(같은 사람을 같게)으로 구분하고, '다른 사람을 다르게' 대하기 위한 수직적 형평성의 기준으로 욕구needs를 제시하였다. 롤스의 최소극대화 원칙을 적용하면, 더 큰 욕구를 가진 사람의 상황을 개선할 수 있는 차등이 수직적 형평성의 기준이라고 하겠다."[8]

따라서 형평성은 집단 구성원 개개인의 조건·처지·상황에 대해서 어떤 경우에는 차이를 인정하여 상대적으로 평가하는 것이며, 어떤 경우에는 조건·처지·상황의 차이를 인정하지 않고 동등하다는 관점에서 절대적으로 평가하는 것이다. 상대적 형평성은 오늘날 행정학에서 말하는 '사회적 형평성'이며, 절대적 형평성은 개개인을 상대화하지 않는 그야말로 기계적인 형평성이라고 하겠다. 그런데도 사회적 형평성의 가치가 거론되는 까닭

---

5 위의 글, 184쪽.
6 이종수, 「사회적 형평성」, 『행정학사전』, 대영문화사, 2009.
7 윤주명, 「신행정학에 대한 이론적 고찰과 평가」, 『한국자치행정학보』 20권 1호, 한국자치행정학회, 2006.
8 남재욱·오건호, 「기초생활보장 수급 노인의 기초연금 권리보장-보충성 원리와 사회적 형평성을 중심으로-」, 『비판사회정책』 59권, 비판과 대안을 위한 사회복지학회, 2018, 164~165쪽.

은 상류층에게는 양보를, 빈곤층에게는 혜택을 주어서 함께, 더불어 사는 아름다운 사회를 만들 수 있다는 데 있다. 이는 개개인의 다양성과 차이를 인정하고 서로의 능력과 분수에 맞게 살 수 있도록 하는 기준이며, 집단 안에서 서로가 덜 불편하게 살 수 있도록 하는 기준이라 생각된다.

지금까지 공동체에 관한 연구에서 호혜성reciprocity에는 주목해도[9] 형평성에 주목한 성과는 찾아보기 쉽지 않다. 설령 내용상 형평성에 대한 것일지라도 형평성의 가치를 주목하지는 못한 것으로 보인다. 예컨대 향약을 연구해도, 덕목 그 자체를 중요하게 여긴 것이지, 거기에 어떤 형평성을 지향하는 논리가 담겨 있는지에 대해서는 연구하지 않은 듯하다. 부조에 관한 연구에서도 형평성의 논리가 어떻게 작동하는지에 대해서는 고려하지 않은 듯하다. 즉, 공동체 혹은 사회의 형평성이라는 관점에서 전승지식을 이해하려고 하지 않았다.

주지하듯이 조선시대 세종대왕 때 농민에게 세금을 부과할 때 '전분田分 6등법, 연분年分 9등법' 즉, 토지를 6등급, 그해 작황을 9등급으로 구분하여 해마다 어디에 해당하느냐를 평가하여 세금을 부과하였다. 토지에도 차등이 있고, 작황에도 차등이 있다는 전제에서 세금을 부과했으니 과세의 형평성을 중시한 것이다. 조선 후기 향약의 덕업상권, 환난상휼, 예속상규, 과실상규라는 덕목도 양반들의 지배체제를 유지하는 틀에서 지역 주민들의 형평성을 높여서 더 나은 사회를 만들려는 운동으로 평가할 수 있다.

이처럼 우리의 전통적인 공동체에는 어떤 형태로든 형평성 개념이 중요하게 작동하고 있었을 것이다. 공동체 구성원의 형평성은 권리와 의무의 두 측면에서 평가되어야 마땅하다. 그런데 공동체 구성원의 형평성을 검토하고자 할 때, 권리 측면에서는 권력이나 자본을 가진 자가 기회나 이득을 장악하지 못하도록 막는 것이 중요하고, 의무의 측면에서는 형평성 있게

---

[9] 박선미, 「동성마을 잔치 부조(扶助)의 양상과 호혜성 – 20세기 중후반 경북 영양군 감천마을의 사례 – 」, 『실천민속학연구』 제31호, 2018.

일을 분담하는 것이 중요하다. 다만, 이 글에서는 권리 측면이 아니라 의무 측면의 형평성 전통이 어떠했는지에 대해 연구하고자 한다. 의무 측면의 형평성은 공동체의 공동목표 실현을 위한 것이므로 전통적으로 권리 측면의 형평성보다 더 중요하게 여겨진 것으로 보인다. 권력과 자본을 가진 자는 소수이고, 의무 실천자는 공동체 구성원 전체이기 때문이다.

공동체의 형평성 논리는 전통적으로 계契와 같은 결사체에서뿐만 아니라, 마을사회, 지역사회에서도 마찬가지로 요청되었다. 형평성이 맞지 않으면 공동체는 분열되거나 원활한 운영이 어려워지기 때문이다. 작게는 마을 공동체를 지역 공동체로 지칭할 수 있으나, 이 글에서는 일반적으로 마을을 초월한 고을단위의 읍치공동체를 가리키는 용어로 사용하고자 한다. 즉, 한말(19세기 말~20세기 벽두)의 경상북도 안동읍치 공동체, 순흥읍치 공동체, 영해읍치 공동체 운영에서 가구별·마을별·문중별 형평성이 어떻게 판단되고 수용되었는지에 대하여 살펴볼 필요가 있다. 신분제 또는 그 유습이 강하게 남아서 작동하던 한말에 읍치사회에서 문중별 혹은 마을별 형평성은 지역이 하나의 공동체로서 상호작용과 상호의존성을 원활하게 하는 동력이 되기 때문이다. 특히 의병활동과 같은 비상 상황에서도 기금 배정의 형평성은 지역 공동체의 결속력과 의병 운영의 질서를 와해시키지 못하게 하는 기본적인 힘이자 기준으로 평가될 수 있다. 결국 한말의 지역 공동체에서 지배력을 가진 성씨로 구성된 문중 혹은 마을 간의 관계는 형평성의 논리로 유지되었을 것이라는 점에서 중요하다.

따라서 이 글에서는 20세기 초 경북 북부 지역에서 공동의 당면 과제 해결을 위하여 지역사회 구성원들이 어떻게 참여하며, 기금 모금 방식에 어떤 형평성이 있었는지 검토하고자 한다. 검토의 대상은, 첫째 1895년 안동 지역에서 을미의병 창의 당시 문중별(서원 포함) 모금 배정 내용, 둘째 1906년 영주 순흥면 주민들이 결성한 근대적 농민조직인 초군청樵軍廳에서 이웃한 단산면 두레골에 자신들이 섬기는 신을 모실 성황당을 중건하기 위하여 모금한 내용, 셋째 1900년 영해향교에서 강학소를 창건할 때 영해의 여러 문중에서 어떻게 기금을 분담하였는지 대한 내용이다. 첫째 모금은 창의소倡義所에서 향회를 열어서 분배한 것이고, 둘째 모금은 공동체 구성원들이 그들의 이목이나 관행을 고려하면서 자발적으로 성금을 낸 것이다. 성황당의 제의집단이냐 아니냐에 따라서, 제의집단과 관계의 밀도 등에 따라 모금 참여 정도가 다를 것이다. 셋째 모금 역시 자발적으로 내는 것이었겠지만, 지역 내 다른 문중 간의 관계 속에서 형평성을 유지하려는 노력이라는 시선에서 볼 필요가 있다.

2. 안동 을미의병 창의 시 문중별 모금의 형평성

1895년 음력 12월 안동에서 을미의병이 일어났다. 이 의병은 같은 해 음력 8월에 일어난 명성황후 시해사건 그리고 그 후 진행된 단발령에 분격한 유생들이 근왕창의勤王倡義를 내걸고 친일내각 타도와 일본세력 축출을 목표로 일으킨 항일 의병 전투였다. 당시 안동의병창의소는 의병활동을 하기 위해서 안동지역 사회의 각 문중과 서원을 대상으로 모금액을 분배하였다. 안동창의소安東倡義所의 마을 문중별 분배액 기록을 보면 〈표 1〉과 같다.

〈표 1〉 1896년 안동창의소 각 문중 분배기(병신 정월)[10]

모금	지역	분배	마을 문중별 모금액 분배 내용		
2,450냥	풍남	河回류씨문중 1,000냥			
	풍서	九潭김씨문중 80냥 九潭신씨문중 10냥 葛田김씨문중 5냥 葛田안씨문중 30냥	元塘권씨문중 20냥 元塘이씨문중 5냥 舟津김씨문중 50냥	枝谷권씨문중 300냥 蘇山김씨문중 200냥 素山김씨문중 50냥

10 김희곤・권대웅 편, 『한말의병일기 : 을미의병일기・적원일기』, 국가보훈처, 2003, 223~226쪽 (원문62~75쪽). 원문을 대조하여 일부 오독 또는 미판독 글자를 필자가 판독하여 확정함.

1,180냥	풍북	美洞김씨문중 200냥 新陽권씨문중 5냥 新安남씨문중 20냥 梅谷배씨문중 30냥	晚雲권씨문중 20냥 池潭이씨문중 50냥 玄厓김씨문중 屬蘇山	新陽정씨문중 屬道津 寺洞이씨문중 10냥 晚雲송씨문중 15냥 玄厓정씨문중 5냥
	현내	芋洞이씨문중 200냥 山亭김씨문중 15냥	磨崖이씨문중 80냥 中村이씨문중 50냥	稚松권씨문중 屬晚雲
	서후	金溪김씨문중 500냥 金溪邊氏문중 60냥 金溪권씨문중 40냥	春坡장씨문중 100냥 松坡권씨문중 60냥 松坡하씨문중 40냥	鳴洞권씨문중 屬松坡 佳野류씨문중 屬水谷 廣坪정씨문중 屬道津 寶峴권씨문중 屬金溪
	서선	奄谷배씨문중 屬桃木	魯谷권씨문중 50냥	
	북후	道村권씨문중 60냥	道津정씨문중 150냥	雲谷김씨문중 5냥
865냥	북선	周村이씨문중 100냥 馬岩이씨문중 屬芋洞	明溪이씨문중 5냥 蒼洞이씨문중 5냥	泉洞안씨문중 5냥 西枝이씨문중 屬周村
	동선	佳野김씨문중 100냥 佳邱안씨문중 80냥 池洞류씨문중 10냥	茅山이씨문중 10냥 納谷류씨문중 40냥 桃亭구씨문중 2냥	佳邱권씨문중 3냥
	동후	芳岑김씨문중 10냥 鑑湖박씨문중 100냥	東城이씨문중 5냥 蓼村권씨문중 5냥	法興이씨문중 500냥
2,340냥	임북	桃木배씨문중 100냥 九溪이씨문중 50냥 美質우씨문중 50냥	沙月권씨문중 100냥 三山류씨문중 屬水谷 東坡이씨문중 50냥	馬洞금씨문중 10냥
	임동	水谷류씨문중 1,000냥	魯谷문씨문중 40냥	
	임현내	川前김씨문중 80냥	臨河권씨문중 40냥	
	임남	調峴이씨문중 10냥 龍溪권씨문중 20냥	枝洞김씨문중 20냥 梧溪탁씨문중 20냥	新基권씨문중 20냥 松堤권씨문중 40냥
322냥 (337냥)	길안	黙溪김씨문중 100냥 晚陰남씨문중 2냥 晚陰송씨문중 10냥 晚陰경주김씨문중 10냥	羅川조씨문중 10냥 梧臺손씨문중 30냥 晚陰옥씨문중 10냥 晚陰손씨문중 5냥	五樂김씨문중 100냥 芳洞정씨문중 50냥 山月권씨문중 10냥
550냥	일직	蘇湖이씨문중 100냥 龜湖김씨문중 100냥 安谷남씨문중 100냥 縣洞이씨문중 80냥 蘇湖서씨문중 30냥 松洞남씨문중 80냥 支谷권씨문중 屬枝谷	安東김씨문중 4냥 大谷이씨문중 屬縣洞 塔里이씨문중 10냥 星南장씨문중 5냥 星南申氏문중 2냥 苣洞김씨문중 10냥 彭木김씨문중 2냥	龍角정씨문중 5냥 龍角신씨문중 2냥 回岩김씨문중 2냥 遠湖이씨문중 2냥 回岩김씨문중 15냥 湖岑홍씨문중 3냥
1,240냥	춘양	法田강씨문중 400냥 鹿洞,棲碧이씨문중 400냥 春陽홍씨문중 100냥	楓井이씨문중 200냥 洛天堂김씨문중 800냥 納山정씨문중 50냥	玉川김씨문중 屬金溪 春陽구씨문중 10냥

535냥	감천	幽洞조씨문중 50냥 勿溪장씨문중 屬春陽 石南권씨문중 50냥 石坪이씨문중 15냥	勿溪김씨문중 30냥 花谷김씨문중 80냥 閥芳홍씨문중 30냥 長水권씨문중 20냥	樹谷김씨문중 10냥 閥芳劉씨문중 150냥 晩雲康씨문중 100냥 縣內김씨문중 屬美洞
2,105냥	내성	酉谷권씨문중 1,000냥 海底김씨문중 500냥 巨村김씨문중 30냥 巨村邊씨문중 50냥	浦底김씨문중 40냥 立石권씨문중 150냥 黃田김씨문중 200냥 松內류씨문중 50냥 屬高川	西里이씨문중 10냥 幽洞배씨문중 50냥 鶴洞류씨문중 20냥 海底余씨문중 5냥
35냥	소천	鷺湖권씨문중 10냥 鷺湖김씨문중 20냥	粉川이씨문중 5냥	鷺湖김씨문중 屬金溪
50냥	재산	仁谷김씨문중 10냥 才山심씨문중 10냥	東面권씨문중 30냥	東面김씨문중 屬美洞
이상 합계 11,682냥(11,687냥)				
200냥	춘양 서선	蘭谷이씨문중 10냥 梅谷書堂洞송씨문중 20냥	杜谷권씨문중 150냥	松堤김씨문중 20냥

*합계는 원본의 것과 김상기 교수가 집계한 것이 다름

〈표 1〉을 보면 안동, 봉화, 예천 지역의 문중별 모금액 배정은 마을별 호수와 재력, 인물을 기본으로 하는 문중의 규모와 세력에 따라 이루어진 것으로 판단된다. 지금은 안동에 편입된 예안현은 당시 별도의 의병부대인 선성의진(예안의진)을 조직한 까닭에, 이 모금액 배정 기록에는 제외되어 있다.

당시 고액을 배정받은 마을 문중을 보면, 하회 류씨문중 1,000냥, 수곡 류씨문중 1,000냥, (봉화) 유곡 권씨문중 1,000냥, 천전 김씨문중 800냥, (봉화) 낙천당 김씨문중 800냥, 법흥 이씨문중 500냥, 금계 김씨문중 500냥, (봉화) 해저 김씨문중 500냥, (봉화) 법전 강씨문중 400냥, (봉화) 녹동, 서벽 이씨문중 400냥, 지곡(가곡 : 필자) 권씨문중 300냥, 소산蘇山 김씨문중 200냥, 미동 김씨문중 200냥, 우동 이씨문중 200냥, (봉화) 황전 김씨문중 200냥, (봉화) 풍정 이씨문중 200냥 등이다.

그리고 지역사회에서 웬만큼 명망 있는 마을 문중이라면 호수가 많지 않아도 100냥 이상씩 배정하고 있다. 도진 정씨문중 150냥, (봉화) 두곡 권씨문중 150냥, (봉화) 입석 권씨문중 150냥, (예천) 벌방 유씨문중 150냥, 춘파 장씨문중 100냥, 가야 김씨문중 100냥, 감호 박씨문중 100냥, 도목 배씨문중 100냥, 사월 권씨문중 100냥, 묵계 김씨문중 100냥, 오락 김씨문중 100냥, 소호 이씨문중 100냥, 귀호(귀미 : 필자) 김씨문중 100냥, 안곡 남씨문중 100냥, (봉화) 춘양 홍씨문중 100냥, (예천) 만운 강康씨문중 100냥 등이다. 어느 정도 문중세가 있다면 100냥을 기본으로 하여 배정한 것으로 보인다.

100냥 이상을 배정받은 문중의 배정 총액은 10,000냥으로서 문중별 전체 모금 배정액 11,887냥의 84.12%에 달한다. 이는 당시 국가적인 난국에서 안동을 중심으로 봉화와 예천 일부 지역의 반촌 문중이 사회적 책무를 진다는 뜻을 내포하고 있다. 이른바 노블리스 오블리쥬를 실천하는 모습일 수 있다. 특히, 하회 류씨, 수곡 류씨, 유곡 권씨, 천전 김씨, 봉화 낙천당 김씨, 법홍 이씨, 금계 김씨, 봉화 해저 김씨, 봉화 법전 강씨 문중은 상대적으로 더 많은 모금액을 배정받았다. 당시의 가구수, 재력 등을 감안한 것일 뿐만 아니라 창의를 주도하는 사람들이 지역사회에서 유림을 이끄는 마을 문중이라는 사실을 말해준다. 한편 안동에서 큰 규모의 집성촌이지만 모금액 배정에서 제외된 마을도 더러 있는데, 이런 마을은 신분제가 작동하는 당시에 사회적 책무를 자발적으로 수행할 필요가 적었다고 하겠다. 이른바 양반이라는 상류층의 사회적 책무가 모금액 배정에서 중요한 기준이 된 셈이다. 그것은 이 시기까지의 의병활동이 기존의 유교적 질서체제의 붕괴를 막고 기존의 지배질서를 유지하기 위한 목적도 컸기 때문이다. 개별 문중이 지역사회를 구성하는 중요 주체라고 인식한 당시에 이들을 공동체로 규정하기는 어려워도 일제의 민비시해와 단발령에 대항하는 을미의병을 구성하는 상황에서 어떻게 모금하는 것이 적절한지에 대해서 나름의 기준을 만들어서 적용한 것으로 봐야 할 것이다.

이 기준은 향회鄕會를 통하여 결정된 것으로 평소에 지역사회에서 통용되는 어떠한 관행에다가 창의 상황의 요인이 덧붙은 것으로 판단된다. 우선 지역사회에서 평소에 통용되는 기준을 정확히 파악하려면 특정 마을의 문중별 호수와 그들의 토지소유면적을 집계하여 비교분석하여야 할 테지만, 간단한 문제가 아니므로 추후의 과제로 남긴다. 창의를 하는 상황에서 누가 주도한 것인가, 다시 말해서 창의의 주체세력이 누구인지에 따라서 모금의 기준에 차이가 생길 수 있을 것이다.

다음으로 향교·서원·서당·사祠·단壇 등에 배정한 「향중각유중 가배록鄕中各儒中 可配錄」의 내용을 보면 〈표 2〉와 같다.

〈표 2〉 1896년 안동창의소 향중각유중 가배록[11]

명칭	금액	비고	명칭	금액	비고	명칭	금액	비고
향교	600냥							
호계	800냥	서원	삼계	600냥	서원	병산	400냥	서원
임천	600냥	서원	구계	520냥	서원	사빈	400냥	서원
陶淵	240냥	서원	임호	320냥	서원	금장壇	400냥	
서간	80냥	서당	묵계	320냥	서원	명호	160냥	서원
노림	180냥	서원	고산	320냥	서원	청성	200냥	서원
경광	320냥	서원	학암	160냥	서원	유암	80냥	서원
도계	40냥	서원	용계	200냥	서원	주계	160냥	서원
도생	200냥	서원	단고	160냥	서당	道淵	40냥	
아록	240냥		낙연	60냥	서원	화천	200냥	서원
노동	80냥	사	기양	240냥	서당	오계	80냥	
송천	40냥		문양	160냥		도림	40냥	
성담	40냥		공산	40냥	사	서산	40냥	서원
용암	40냥		작산	140냥	사	동산	40냥	서원
합계	8,980냥							

*합계와 비고는 김상기 교수 작성

향교를 제외하고는 서원과 서당, 사, 단 등을 포괄해서 보더라도 배향된

---

11 김희곤·권대웅 편, 위의 책, 226쪽.

인물의 후손 문중과 서원 유사들이 주축이 되어 모금액을 조성하였을 것이다. 500냥 이상 배정받은 곳은 향교 600냥, 호계서원 800냥, 임천서원 600냥, 삼계서원 600냥, 구계서원 520냥으로 도합 3,120냥이다. 300~500냥을 배정받은 곳은 병산서원 400냥, 사빈서원 400냥, 금장단 400냥, 경광서원 320냥, 임호서원 320냥, 묵계서원 320냥, 고산서원 320냥이다. 200~300냥을 배정받은 곳은 기양서당 240냥, 야록○ 240냥, 도생서원 200냥, 용계서원 200냥, 청성서원 200냥, 화천서원 200냥이다. 실체가 불분명한 금장단錦場壇, 야록夜鹿○, 임연재 배삼익을 모신 도생서원道生書院을 제외하고는 널리 알려진 곳이다. 자연히 이들 서원이나 제단은 그 후손 문중이 주축이 되어 모금하였을 것이다. 마을 문중별로 모금액이 배정된 상태에서 다시 서원을 중심으로 하는 유림들의 활동기구에 대해서도 모금액을 배정하였으니, 문중으로서는 사실상 이중의 부담을 감당해야 하는 상황에 처했다.

안동 와룡면 주촌의 진성 이씨 종손이자 을미의병의 재정담당자였던 이긍연李兢淵(1847~1925)이 작성한 「을미의병일기」를 보면 창의를 한 이유와 상황에 대해 어느 정도 판단할 수 있다. "을미년(1895) 11월 27일 서울에서부터 머리를 깎으라는 공문서가 안동부에 도달되었다 하여 그것을 애통하게 생각했다. 그것을 어찌해야 하겠는가. 5백년 예의로 가꾸어온 문물을 하루아침에 이처럼 만들고 말았다. …(중략)… 우리 고을이 하루아침에 머리를 깎고 몸에다 문신을 새기는 오랑캐 풍속으로 바꿀 수는 없는 것이다."[12] 라고 하였으니, 을미의병 창의가 더 직접적으로는 단발령에 대한 분개가 큰 요인이었으나, 이미 민비시해 사건으로 일제에 대한 반감이 크게 작용하고 있었다. "전국 각지에서 봉기한 을미의병은 대개 그 지방의 유명한 유생들을 중심으로 구성되었으며, 이들은 갑오경장의 새로운 법령을 시행하는 관찰사·군수 혹은 경무관·순검 등을 친일파로 지목하여 처단하거나

---

12 김희곤·권대웅 편, 위의 책, 114~115쪽.

문책하고, 또 그들을 진압하려는 관군 및 일본군과 항전하였다. 아울러 전선·철도 등 일본군의 군용시설을 파괴하거나 일본군 주둔지를 공격하기도 하였다."는[13] 것이다. 일상의 상황이 아니라 일본군과 전쟁을 치러야 하는 비상상황에서, 시급히 모금을 해야 했으므로 지역사회에서 '마을 문중별'로 나누어 안배하는 논리를 적용한 것으로 이해된다.

그 당시 거액을 낸 문중이 솔선수범한다는 명분으로 스스로 자기 문중의 분담액을 높였을 가능성은 없어 보인다. 미동(현 오미마을)의 김정섭(1862~1934)이 쓴 『을미년 향회시일기』를 보면 1895년 음력 12월 6일 안동에서 향회를 열던 상황을 이렇게 묘사하고 있다.

> 아침 일찍 反谷의 친구 裵 아무개가 찾아왔다. 지난 밤에 일어난 일의 줄거리를 물으니, "관찰사 김석중과 警務官 임병원, 總巡과 巡檢, 우체기수 등이 꼭두새벽에 도망쳐 사라졌다."고 한다. …(중략)…
>
> 아침을 먹은 뒤에 현평 아재와 함께 이른바 관찰부라는 곳을 가서 보니, 문밖에는 쪽지 글이 붙어 있었는데, "재주가 없는 데다 배운 것도 거칠어 백성들을 복속시키지 못해 관직을 버리고 간다."는 등의 말이 있었으니(대부분 그 겁 많음을 보인 것이다. 떠도는 말을 지어 사람을 두렵게 하고는 이러한 경거망동을 저질러 民情을 소란하게 하였으니 한탄스럽고 한탄스럽다.) 극히 痛惡한 일이다.
>
> 동애로 나와 잠시 이 진사를 방문하고, 돌아오는 길에 濟南樓(안동 읍성 남문의 누각: 필자) 위를 보니 아전들이 붙인 榜이 있었다. 비록 창의를 명분으로 삼긴 하였으나 鄕儒들을 논박하는 곳이 많았다.
>
> 아침이 지난 뒤에 제남루 아래서 開坐하였다. 河上의 老成한 이들은 먼저 김 지평(西山 金興洛)이 있는 곳으로 갔는데, 충분히 토론한 것이 무엇인지는 모르겠다. 전해 들으니, 옛 服制를 지키는 향약장[舊約長]을 선출하여 각 면과 각 마

---

13 유영익, 「을미의병」, 『한국민족문화대백과사전』, 한국정신문화연구원, 1996.

을을 잘 다독임으로써 머리를 깎지 않을 계획을 세웠는데, 아마 아전들과 시정잡배들의 공갈이 심히 두려운지라 부득이 의병을 일으킨다그 하였다. (어찌 스스로 결단하지 못하고 한쪽의 지휘를 받아들이기만 하며, 또한 어찌 의혹하여 끝내 아전들의 강제를 당하는가? 나도 모르는 사이에 실소가 나왔다.)

午時가 되어 비로소 나와서 자리에 앉았는데, 류 도사(石湖 柳道性) 어른이 윗자리에 앉았다. 지평 김흥락 이하 고을의 진신(縉紳)들 노소가 모두 모였는데, 합해서 수천 여명이었다. 먼저 윗자리에서부터 時到한 것을 훑어보고 曹司 5명과 公事員 6명을 뽑았다. 먼저 '安東倡義'라는 네 글자를 쓰고 대장을 추천하여 뽑는데 河北 어른이 뽑히자 언성을 높이며 고사하니 옆에서 놀라 바라보지 않는 이가 없었다. 하상에서 온 여러 사람들이 모두 연로하다그 칭송하여 하는 수 없이 60 아래 위 나이 되는 사람으로 정하기로 하였다. 공사원 류필영, 김서락이 구두로 "참봉 권세연은 참으로 이른바 韓信이라 하겠다."고 추천하였는데, 이 어른도 어른을 모시고 있다고 사양하며 도로 나가 버려서 그대로 회의를 파했다.

이처럼 안동 사람들이 창의를 하였지만 의병대장을 서로 맡지 않으려 하였다. 이긍연이 쓴 『을미의병일기』를 보면 1만명이 모인 이 향회의 수좌首座에는 하회마을 석호 류도성(1823~1906, 북촌댁), 금계마을 서산 김흥락(1827~1899, 김성일의 종손), 수곡마을 세산 류지호(1825~1904, 정재 류치명의 아들로 김흥락의 자형), 귀미마을 척암 김도화(1825~1912), 하회마을 지산 류지영(1828~1896)이 앉았다. 『을미년 향회시일기』에 보면, 처음 '하북河北 어른'이 추대되었는데 언성을 높이며 고사하였다. 하북 어른이 누구인지 정확하지는 않으나 향회에 참석한 최고 연장자였던 하회의 북촌댁 어른 류도성을 가리키는 것이 아닐까 한다. 연로한 사람을 제외하고 60세 전후로 하여 추대하자고 하여, 봉화 유곡 출신의 권세연(1836~1899)이 추대되자 "어른을 모시고 있다"면서 사양하며 밖으로 나가버렸다. 그런데 12월 7일 일기를 보면 전날 선출된 대장이 정해진 자리에 나왔고, 12월 8일 일기에는 정식으로 대장에 취임했다고 되어 있다.

　김정섭의 『일록』을 보면 안동 일직 귀호龜湖(현재 귀미) 출신 척암 김도화가 1896년 음력 1월 29일에 제2대 의병대장으로 선임되고 있다.[14] 초대 의병대장 권세연이 잠시 활동하다가 그만둔 탓이다. 지역사회의 유림이 주도하여 창의를 하여도 대장으로 앞장서기는 어려운 일이었다. 『일록』에 따르면, 척암 김도화는 72세 노령에 의병대장으로 추대되자 그 다음날 하회마을 류난영(1838~1917)을 도총都摠에, 김홍락과 류도성을 지휘장에 선임하고, 일본군 수비대가 주둔하는 상주 태봉을 공격하기 위해 제천의 호좌의진과 연합하였다.

　우리는 안동창의소 의병대장 추대와 선임의 과정에서도 형평성의 논리가 작용하고 있음을 발견하게 된다. 나이가 많은 사람은 나이 탓으로, 상대적으로 젊지만 부모를 모시는 사람은 부모 봉양을 이유로 중책의 자리를 맡기가 어렵다고 판단하였다. 제2대 의병대장을 맡아 활동한 노령의 김도화는 12월 6일 향회에서 수좌에 앉았던 사람들 가운데서 김홍락과 류도성을 지휘장으로 임명하고 상대적으로 젊은 류난영을 도총에 임명하는데, 류난영은 류지영의 동생이었다. 12월 6일 향회 때 수좌에 앉았던 인물 가운데서 세산 류지호만 제외하고 모두 제2차 의병대장 체제에서 일정한 중책을 맡은 데는 원로 유림의 형평성이 작용하였다.

　그리고 초대 의병대장 체제에서 문중별로 모금액을 배정하였다고 판단되는데, 어느 정도의 문중세가 있으면 100냥 정도를 기준으로 하여 가감을 하였다. 마을에서 지배력이 있는 반촌 문중은 대체로 100냥으로 배정되고 있기 때문이다. 물론 20세기 후반 상황에서 생각해보면 마애의 이씨, 도촌의 권씨, 묵계의 김씨, 주촌의 이씨, 구담의 김씨 문중은 가구수에 비해 배정액이 적은 편이고, 반면에 소호의 서씨, 송파의 하씨 문중은 다른 문중에

14 　김희곤·권대웅 편, 앞의 책.

비해 배정액이 많은 편이다. 하지만 이 배정액은 안동창의소에서 일방적으로 정한 것이 아니라, 향회를 열어 결정한 것이다. 이긍연의 『을미의병일기』 1월 21일자에 보면, "향회를 열어 문중과 서원에 무려 2만 냥을 배정하였다"고 적고 있다. 실제로 여러 마을 문중과 유림의 활동 무대인 서원(향교, 서당, 祠 포함)에 배정한 금액을 합하면 2만 냥이 넘는다.

그 당시에는 지역사회가 혼인관계, 학연 등으로 얽혀있어서 어느 마을의 어느 문중이라고 하면, 마을에 있는 토지면적뿐만 아니라 가을에 소작료가 얼마나 들어오는지에 대해서 거의 알려져 있어서 특별히 많이 배정받거나 특별히 적게 배정받은 것이 아니라고 보는 게 옳다. 서원에 배정된 금액도 서원전 등의 재력에 비례하는 것으로 이해된다. 모금액 배정 기준은 액수로 보면 문중이나 서원에 대한 차등 배정이지만, 실제로는 상대적 형평성을 적용한 것으로 판단된다.

다만, 배정액을 통지받은 문중이나 서원에서 모금에 얼마나 동참했는지에 대해서는 정확히 알 수 없다. 이긍연의 『을미의병일기』 1896년 1월 21일자에 보면, 기왕에 배정된 모금액을 갑자기 조달할 수 없는 상태라고 했고, 같은 해 2월 11일자에는 또 추가로 배정을 받아서 "돈을 만들어낼 방도가 없어서 매우 고민스럽다"고 적고 있기 때문이다. 그럼에도 지역사회 공동의 창의 활동을 위한 모금에서 일반적으로 문중이나 서원의 체면과 위신이라는 문제가 작동하였을 터이므로, 배정액이 대체로 모금되었을 것으로 보인다.

유교적 지배질서에서 중시된 상하존비의 관계 실천이라는 관점에서 보면, 지역사회라는 거대한 공동체에서 금전적으로는 양반층이 더 많은 부담을 지고, 서민층은 직접적인 부담을 지지 않은 것이다. 그러나 양반층과 서민층의 평상시 관계에서 보면, 서민층은 양반 지주나 서원의 땅을 소작한다든지 그들의 통솔을 받고 있었으니, 창의라는 비상상황에서는 양반층의 참여와 봉사를 더 요청한 셈이다. 그 대신 의병으로 참여하여 전투할 때는 마을 문중별 배정액에는 보이지 않는 서민층 자제가 양반층 자제보다 절대적으로 더 많이 동원되거나 희생될 수밖에 없는 신분제적 구조가 작용하였다고 판단된다. 그런 면에서 의병활동에서 양반층과 서민층의 역할 형평성을 생각할 수 있다.

형평성은 무조건적인 평등이 아니라 상황에 적합한 평등의 실현을 추구하는 조절이념이다.[15] 한말 의병 활동기금 모금에서 마을 문중별 모금액 배정, 서원별 모금액 배정에는 상대적 형평성이 적용되었다. 지역사회의 양반들을 대상으로 하는 마을 내 문중별 가구수, 인물, 재력 등이 고려되어 향회에서 사회적 범주화social categorization의 기준에 따라 다른 마을의 문중과 사회적 비교social comparision의 과정을 거쳐 상대화되어 모금액이 배정되었다. 사회가 거래의, 거래에 의한, 거래를 위한 행위양식을 그 본질로 하는 반면, 공동체는 공존, 공생, 공영, 그리고 구성원 상호 간의 굳은 연대를 지향한다고[16] 보면, 지역 공동체를 주도하던 양반 지배층일수록 더 많은 모금액을 부담함으로써 의병활동의 동력을 담보할 수 있었다. 공동체 구성원들의 사회적 상호작용에는 평형을 지향하는 합리적 교환법칙이 작용할 때 협동적 인간관계가 지속되듯이,[17] 의병활동을 위한 모금에도 지역 공동체 구성원들 사이에 형평성 있는 교환이 이루어진 것으로 이해된다.

3. 영주 순흥면 성황당 중건기금 모금의 형평성

20세기 초엽 영주 순흥면에는 근대적 농민조직에 해당하는 초군청樵軍廳이 있었다.[18] 1906년에 작성된 모연문募緣文은 순흥 초군청의 초기 역사를

---

15 임의영, 앞의 글, 2011, 201쪽.
16 박호성, 『공동체론: 화해와 통합의 사회·정치적 기초』, 효형출판, 2009, 586쪽.
17 강대기, 『현대사회에서 공동체는 가능한가』, 아카넷, 2004, 28~29쪽 참조.
18 배영동, 「근대시기 '순흥초군청(順興樵軍廳)' 결성의 배경과 의의」, 『실천민속학연구』 제22호, 실천민속학회, 2013, 41~68쪽 참조.

이해하는 데 매우 중요한 군서이다.[19] 순흥면 사람들이 인접한 단산면 두레골에 성황당을 중건하기 위해 모금 취지문을 쓰고, 도화주, 화주, 별유사 등으로 앞장선 사람들의 이름을 밝히고, 뒤에는 모금에 동참한 기부자 명부를 부록처럼 덧붙이고 있다. 모연문에 기록된 도화주 3인 가운데 맨 앞에 나오는 신영두申永斗는 순흥면 태장리 출신으로 초대 초군청 좌상을 지낸 인물이다.

모연문이라는 제목의 문서 뒤에는 기부금을 낸 마을 또는 사람의 명부와 금액을 적은 것이 덧붙어 있다. 주목되는 것은 형방刑房, 관가官家, 관노방官奴房, 작청作廳(아전청), 추소秋所, 장청將廳, 서역청書役廳, 사령방使令房, 상찰上察, 행수行首 등의 아전 기관 또는 직책이 참여하였다는 사실이다. 형방刑房이 맨 앞에 기록된 점으로 보아 두레골에 성황당을 중건하는 일은 아전 가운데서 형방과 관련이 큰 것으로 보인다. '관가'의 경우에는 기부액이 적혀 있지 않다. 초군청 초대 좌상이었다고 전하는 신영두가 앞서 모연문에서는 도화주 3인 가운데 한 사람이었으나, 기부자 명부에는 직책을 상찰上察로 밝히고 있다.

기부자 명부를 보면 순흥면 관내 여러 마을(=洞中)은 물론이고 단산면, 대평면, 창락면(풍기), 화천면, 영천현(지금의 영주 시가권)의 일부 마을, 부석사 주지, 영산전 주지, 충주 목계에 사는 사람 등과 같이 매우 넓은 지역을 대상으로 모금이 이루어졌다. 따라서 적어도 1905년부터 1906년 정월에 이르는 시기에 두레골 성황당 중건은 순흥면 일대 주민들에게는 숙원사업이었던 것으로 이해된다. 한편, '암감곡 좌접장岩甘谷 左接長'도 모금에 동참하고 있다. 접장은 동학교도나 보부상, 과거에 응시하는 유생들 모임의 수장 등을 지칭하는데, 암감곡의 좌접장이 정확히 어떤 직책인지는 불분명하다.

이 모금액 문서를 보면 기관廳 자격, 마을 자격, 벼슬한 개인 자격, 순수

---

[19] 현재 초군청 관련 유물과 문서는 영주시 소수박물관에 소장되어 있다.

개인 자격으로 1냥부터 30냥까지로 다양하게 걸립에 동참하였다. 성금을 낸 주체별, 금액별 분포를 통계 내면 〈표 3〉과 같다. 다만, 봉탑평동중의 성금 2냥은 중복 기재되어 있어서 1회만 계산했고, 화천면 율남실은 3냥을 거듭 내고 있어서 6냥으로 산정하였다.

〈표 3〉 순흥 성황당 중건 성금 주체별 걸립 내용

성금자별		1냥	1냥5전	2냥	3냥	3냥5전	4냥	5냥	6냥	7냥	8냥	10냥	15냥	17냥	30냥	건수계
아전(廳, 房)				1			1					1	3		1	7
상찰(上察)								1								1
행수(行首)			1	1												2
사찰 주지		2														2
좌접장								1								1
동중(洞中)	순흥면	1	1	6	5		4	6		1		2	1	1		28
	단산면			7												7
	대평면				2											2
	창락면											1				1
	화천면			1			1									2
	영천현		1													1
문중	순흥면	1		2												3
순흥면 개인	동장	1														1
	진사댁	3														3
	생원댁	2		2	1											3
	교관댁							1								1
	참봉댁	1						1								2
	영감댁	1			1											2
	의관댁			1												1
	書房댁	1		1												2
	洞병방			1												1
	主事			1												1
	把摠	2														2
	개인	8		8	1			3								20

순흥외 개인	창락면	3														3
	화천면															1
	영천현 토기점			1												1
충주	목계			1												1
계	건수	26	2	32	11	2	4	15	1	1	1	3	4	1	1	104
	금액	26	3	64	30	7	16	75	6	7	8	30	10	17	30	332

　　모금 총액은 332냥인데, 당시 1냥에 대해서는 '정조 일두正租壹斗'라고 주를 단 곳이 몇 군데 있어서, 벼 1말이라는 사실을 알 수 있다. 결국 모금 총액 332냥은 당시 벼 332말에 해당하는 돈이었다. 작청은 모금액 중 최고액인 30냥을 내었고, 추소 장청, 서역청은 각각 15냥씩, 사령방은 10냥, 관노방은 5냥을 내었다. 따라서 아전들이 주관하던 기구에서 고액을 냈으며, 지역 주민들이 낸 최고액은 순흥면 이동중利洞中이 낸 17냥이다. 금액으로 보면 2냥을 낸 건수가 32건으로 가장 많고, 그 다음에는 1냥을 낸 건수가 26건, 5냥을 낸 건수가 15건, 3냥을 낸 건수가 11건으로 많다.

　　이러한 현상은 아전이 주도하는 기구, 개인, 마을별로 역량과 성의에 차이가 있다는 사실을 말해준다. 큰 틀에서 볼 때 성황당 중건 모금액을 초군청이 배분해 준 것이 아니라, 참여 주체들이 성의껏 낸 것이다. 일반적으로 이런 모금은 풍물패가 앞장서고 하는 걸립의 형태로 추진되었고, 따라서 이런 모금 결과를 기록하고 있다고 판단된다. 이것이 뒤이어 초군청 결성의 토대가 되었을 것으로 추정된다. 그 근거는 모금에 동참한 건수를 볼 때 순흥면에 있는 28개 동중이 28건으로 압도적으로 많다는 데서 찾을 수 있다. 개인 자격으로는 5냥이 최고액이며, 동중 자격으로도 5냥, 3냥, 2냥을 낸 건수가 많다. 이를 보면 큰 부자라야 5냥(=벼 5말)을 내고, 대개는 동중이든 개인이든 2냥 또는 3냥을 내면 무난하다고 판단했던 것이다. 지역에 있는 여러 주체들이 거액이 아니라 소액이라도 내면서 많이 참여하는 데 의미를 부여하고 있다.

초대 초군청 좌상이 된 신영두는 상찰의 자격으로 5냥을 냈는데, 이는 아전들이 운영하는 관노방에서 낸 5냥과 같은 금액이다. 신영두가 부유해서 그런지 상찰의 직책을 맡았기 때문에 솔선수범하려는 생각으로 5냥을 낸 것인지는 알 수 없다. 순흥면의 개인 성금자를 봐도 성명을 적고 기록한 20명 이외에 동장, 진사댁, 생원댁, 교관댁, 참봉댁, 영감댁, 의관댁, 서방댁, 동洞형방, 주사, 파총 등과 같이 벼슬이나 직책을 맡고 있거나 재력이 있는 17명이 돈을 냈다. 마을명과 성명을 적고 모금액을 기록한 20명은 재력이 좋은 사람으로 판단된다. 이 시기에 신분제가 법적으로 해체되기는 해도, 여전히 신분제적 질서 속에서 사회적 지위가 높은 사람, 살림살이가 나은 사람들이 모금에 동참한 것으로 이해된다. 104건의 모금 건수를 보면, 동중이라고 표기된 성금자를 제외하면 평범한 농가는 개별적으로 참여하지는 않았다고 할 수밖에 없다. 그 대신 평범한 농가가 주축이 된 동중이 뒤이어 초군청 결성의 주체 세력이 되었을 것이다. 초군청의 주된 구성원은 평범한 농민들, 상인들이었기 때문이다.[20]

따라서 1906년 두레골 성황당을 짓기 위해 모금을 하는 과정에서 아전청이든, 개인이든, 동중이든 성의껏 모금에 동참한 것으로밖에 볼 수 없으므로, 이에 적용된 형평성은 지역사회에서 통용되는 관행적 범주의 성금액을 고려하여 자신의 의사를 반영하는 '자기 판단형 형평성'이다. 자기 판단형 형평성은 자신과 비슷한 부류의 사람과 대체로 비례하도록 상대화하는 상대적 형평성을 기본으로 한다. 거기다가 모금 목적에 자신이 얼마나 찬성하며, 그 공동체에서 자신의 개인적 위상이나 직책, 임무 등에 대하여 어떤 생각을 하느냐에 따라 성금액을 가감하였을 것이다.

이런 방식은 성금의 주체가 마을이든, 문중이든, 가구이든 불문하고 적용된 논리이다. 〈표 3〉에서 동중이라고 표기된 마을로는 제의집단인 순흥면

20　배영동, 앞의 글, 2013 참조.

28개 동중, 두레골 성황당이 위치하는 단산면의 7개 동중, 그밖에 대평면·창락면·화천면·영천현에 속한 13개 동중, 순흥면의 3개 문중 등이 모금에 참여하였다. 순흥면민들이 주축이 되어 성황당을 중건하니 당연히 순흥면의 28개 동중이 성금을 내는 것인데, 2냥과 5냥을 낸 동중이 각각 6건으로 가장 많고, 3냥을 낸 동중이 5건, 4냥을 낸 동중이 4건, 그밖에는 1냥부터 17냥에 이르기까지 다양하게 나타나고 있다. 순흥면 3개 문중에서는 2냥 2건, 1냥 1건을 내고 있다. 상기한 동중과 문중은 모두 자기 판단형 형평성을 생각하며 성금을 낸 것이다.

하지만, 성황당이 중건되는 단산면(순흥면에 인접함)의 7개 동중은 모두 2냥씩 통일적으로 성금을 내고 있다. 초군청이라는 제의집단은 순흥면 주민들이지만, 성황당이 단산면에 중건될 예정이니 순흥면 주민 못지않게 단산면민들 가운데서도 성황당을 생각하는 7개 동중이 있다는 뜻이다. 단산면 마을공동체의 경우 마을별 자기판단형의 상대적 형평성을 적용하기보다는 마을별로 균분하는 절대적 형평성을 적용하고 있다. 그것은 단산면에 이웃한 순흥면 주민들이 성황당을 단산면 두레골에 축조하니, 7개 마을이 합의하여 마을별로 같은 금액의 성금을 낸 것이다.

주목되는 사실은 아전청, 아전방에서 7건의 성금을 낼 뿐만 아니라, 최고액인 30냥이 1건, 15냥이 3건, 10냥이 1건, 5냥이 1건 등으로 상대적으로 고액 성금을 내고 있다는 점이다. 이는 순흥초군청으로 규합된 순흥지역 공동체가 아전청과 아전방뿐만 아니라 사찰, 좌접장, 상찰과 행수가 두레골 성황당 중건을 주도적으로 추진하는 일임을 암시한다. 그러므로 이들은 비교적 고액의 성금을 내서 초군청과 성황제에서 자신들의 위상을 유지하고자 하였을 것이다. 권위와 위상에 어느 정도 비례하는 성금액이야말로 일반 주민들(순흥초군청의 일반 회원)과 구별되는 상대적 형평성을 적용한 결과이다.

순흥면 주민들의 성황당 중건을 위한 모금에 동참하는 관아의 구성원은 물론이고, 순흥면의 마을·문중·개인, 순흥 외 지역의 개인 등이 자기 판단형 형평성에 근거하여 기부금을 내고 있다. 물론 상대적 형평성을 따르고 있지만, 성황당이 중건되는 단산면의 7개 마을에서는 기부금의 액수를 줄여서 통일하는 절대적 형평성을 적용하고 있다. 성황당 중건은 순흥면 주민들이 초군청이라는 근대적 농민조직을 결성하는 것과 동시에 진행되는 대규모 제의적 행사였다. 따라서 모금 걸립이 순흥면 이외의 지역으로까지 확장되었으므로, 순흥면 이외 지역에 대한 걸립과정에서 단산면 7개 마을을 제외하고는 자기 판단형의 상대적 형평성이 적용될 수밖에 없다. 관아의 구성원, 중건 주체들이 사는 순흥면 지역, 성황당이 건립되는 단산면 지역, 기타 순흥면 개인, 순흥면 이외 개인 등으로 모금의 사회적 범주화가 이루어졌고, 그에 따라 초군청의 사회적 정체성social identity을 중시하는 노선에서 상대적 형평성이 적용된 셈이다. 지역 공동체 운영에 적용된 상대적 형평성은 그 구성원들 사이에 통용되는 것일 뿐만 아니라 객관적 타당성이 있다고 여겨지는 문화에 내재하는 지식이다.[21]

공동체는 사람과 사람 서로 간의 '사이'를 넘어 함께 공존할 수 있는 장이자 공간이며, 이 '사이'는 서로에 대한 이해와 예의, 교환, 배려, 헌신의 장이기도 하다.[22] 이런 시선에서 보면 순흥면 주민들의 성황당 중건을 위한 모금에 순흥면뿐만 아니라 인근 지역 사람들 가운데 일부도 성의껏 모금에 참여한 것은, 이웃 마을에서 큰 행사를 할 때 현물부조를 하듯이 지역 공동체의 규범적 문화 실천이라는 측면에서 이해된다.

---

21 배영동, 「분류적 인지의 민속지식 연구의 가능성과 의의」, 『비교민속학』 제57집, 비교민속학회, 2015, 79쪽 참고.
22 이종수, 『공동체-유토피아에서 마을만들기까지-』, 박영사, 2015, 11쪽.

4. 영해향교 강학소 창건기금 모금의 문중별 형평성

　조선후기 영해(지금의 영덕군)에는 재령 이씨, 안동 권씨, 무안 박씨, 영양 남씨, 대흥 백씨, 평산 신씨, 선산 김씨, 영천 이씨 등의 여러 문중이 세거하는 곳이었다. 경자년(1900년 추정) 2월의 영해향교「강학소 창건록講學所 創建錄」에 보이는 영해지역의 강학소 창건을 위한 문중별 기부금 내용을 보도록 하자.[23]

〈표 4〉 영해향교 강학소 창건 시 문중별 기부 내용(1900년 추정)

	제1유형		제2유형		제3유형	
기부액	재령 이씨 문중 무안 박씨 문중 영양 남씨 문중 안동 권씨 문중 대흥 백씨 문중	100냥 100냥 100냥 100냥 100냥	영천 이씨 문중 함양 박씨 문중 평산 신씨 문중 행주 전씨 문중	60냥 50냥 50냥 50냥	야성 정씨 문중 신안 주씨 문중 영해 박씨 문중	15냥 15냥 15냥

　영해향교 강학소 창건을 위한 모금을 하는 상황에서 여러 문중이 적지 않은 기부금을 내고 있다. 기부금액에 따라 유형화 하면 〈표 4〉와 같다. 제1유형 문중으로 재령 이씨, 무안 박씨, 영양 남씨, 안동 권씨, 대흥 백씨 문중을, 제2유형 문중으로 영천 이씨, 함양 박씨, 평산 신씨, 행주 전씨 문중을, 제3유형 문중으로 야성 정씨, 신안 주씨, 영해 박씨 문중으로 구분할 수 있다. 차등적 기부금액은 역시 지역에서 문중의 호수, 재력, 인물 등을 반영한 것으로 이해되며, 이것이 오늘날 말하는 사회적 형평성을 말하는 실례에 해당된다고 하겠다. 액수로는 차등적이지만 문중 운영의 관점에서는 형평성을 고려한 것이다. 그럼 여기에 문중별 형평성이 어떻게 작동하고 있을까?

23　김순모, 「나라골 8종가의 연대에 관한 연구」, 안동대 민속학과 석사논문, 1993, 57쪽.

16세기 이래 5대성五大姓 중심의 향촌지배체제가 구축되기 시작한 영해의 경우 1896년 영해의병 진영의 인적 구성에 5대성의 인물이 적절하게 포함되어 있었다. 이에 대해 김희곤과 김정미가 연구한 성과에 근거하여 1896년 3월 5일 영해의병진 결성 당시 집강소 조직의 구성원을 성씨별로 집계하면 〈표 5〉와 같다.

〈표 5〉 1896년 영해의병진 결성 당시 집강소 조직의 인물 구성[24]

성씨		역할	도집강	부집강	찬획	훈정	도통	도서기	서기	관재	출령유사	시도유사	군관	공사원	조사	계
족보에서 확인		재령 이	1			1	2	2	3	2	3		1			15
		영양 남			2	1	2	2	6	1	2	1	1	1		19
		무안 박		1		1	2	1	2	1	2		1			11
		안동 권		1	1	2	2		4	3	4	1	2		1	21
		대흥 백		1		1	1		2	1	2	2	1	1		12
족보에서 미확인		신(申)				1	2		3	2	2	1				11
		정(鄭)					1									1
		김					6		3	2	1	3	4			19
		이			1				4	1	5	3	2			16
		남					1				1					2
		박					3	2		2	2	2	2			13
		장(張)					1									1
		배					1									1
		전(田)							1			1				2
		윤							1			2	1			4
		한								1						1
		최								1			1			2
		조(趙)								1			1			2

[24] 김희곤 외, 『영덕의 독립운동사』, 영덕군, 2003, 56~57쪽의 〈표 3-2〉를 활용하여 집계하면 166명이지만 이 책에서는 168명으로 서술하고 있다. 이 부분 집필자인 김정미의 연구(「한말 경상도 영해지방의 의병전쟁」, 『대구사학』 42, 대구사학회, 1992, 63~64쪽)에 근거하면 167명이 맞다. 원본 자료로 2021년에 다시 고증해주신 김희곤 교수께 감사드린다.

류							1							1
오							1							1
주(周)							1							1
임(林)										1				1
강(姜)										1				1
성씨 미상								1	4	4				9
계	1	3	4	?	24	7	29	18	27	21	23	2	1	167

집강소 조직 구성원 전체 167명 가운데 연구자들이 족보에서 확인한 5대성의 인물은 재령 이씨 15명, 영양 남씨 19명, 무안 박씨 11명, 안동 권씨 21명, 대흥 백씨 12명으로 78명이다.[25] 족보에서 확인되지 않았지만 5대성의 인물은 더 많았다고 추측된다. 이렇듯 영해에서 의병진 결성 당시에 조직한 집강소의 인적 구성은 5대성을 비롯하여 유력 문중별로 안배한 것으로서, 안동의 을미의병 창의 시에 유력 양반가 문중을 중심으로 모금액을 배정한 것과 마찬가지 양상으로 이해된다. 문중별로 상대적 형평성을 적용한 것이다.

이런 집강소 조직을 결성한 후에 다시 1896년 3월 24일에 의병부대로 전환하였다.[26] 김희곤과 김정미에 따르면, 이때 작성된 "「창의시파록倡義時爬錄」은 지휘부를, 「의포도안義砲都案」은 병사층의 편제와 그 담당자를 기록한 것이다. 병사층의 인원은 177명인데, 「창의시파록」에 기재된 지휘부는 212명이다. 「창의시파록」에 등재된 인명 중 상당수는 실제 의병항쟁에 직접 가담하지 않았으나 후일 그 명단에 이름이 올라간 사람들일 가능성도 있다. 총 212명 가운데 재령 이씨가 22명, 영양 남씨가 26명, 무안 박씨가 18명, 안동 권씨가 23명, 대흥 백씨가 12명으로 5대성에 해당하는 자는 101명으로 파악된다. 이들 5대성에 해당하는 자는 의병부대 조직 편제상에서 대

---

25 김정미, 위의 글, 63~64쪽; 김희곤 외, 위의 책, 68쪽.
26 김희곤 외, 위의 책, 58쪽.

장, 부장을 비롯하여 각 도총都摠, 참모진, 서기, 종사從事 등에 편중되어 있으며, 실질적인 전투임무를 맡은 자는 드물다."[27]

게다가 지휘부인 집강소의 도집강 이수악李壽岳은 존재 이휘일의 주손이며, 부집강 3명, 찬획贊劃 4명은 모두 영해지역 5대성으로 구성되어 있다.[28] 그리고 집강소가 의병부대로 전환된 이후에도 대장은 이수악이 맡았을 뿐만 아니라, 부장·군문도총軍門都摠·구의장舊義將·찬획·참모와 같은 지휘부는 전부 5대성 인물로 구성하였다.[29] 따라서 〈표 4〉에서 영해향교 강학소 창건 기부금 제1유형은 영해의 5대성 위상에 맞게 배정된 것으로 해석된다. 이로 볼 때 기부금 제2유형, 제3유형도 여러 측면에서 그 문중별 위상에 따른 것으로 판단된다.

1935년 『영녕승람盈寧勝覽』을 보면, 영해의 대표적인 반촌으로 여러 성씨가 연대하면서 살고 있는 인량마을의 성씨에 대해서, 안동 권씨, 선산 김씨, 영양 남씨, 무안 박씨, 함양 박씨, 대흥 백씨, 평산 신씨, 영천 이씨, 재령 이씨, 야성 정씨를 들고 있다. 이는 영해지역 성씨 구성의 축소판과 같으며, 1939년 『교남지嶠南誌』에 수록된 영해부 인물의 비율과도 어떤 연관성을 가진다.[30] 1990년경을 기준으로 보면 인량마을에는 영양 남씨, 무안 박

27 위의 책, 63~69쪽.
28 위의 책, 56~60쪽.
29 위의 책, 58~60쪽.
30 정원호, 『교남지』, 1939, 영해부 인물조의 성씨(단, 충의는 무과 합격자인 경우도 있음)

	영양 남	무안 박	함양 박	안동 권	재령 이	영천 이	대흥 백	영해 신	야성 정	선산 김	담양 전	수안 김	신안 주
문과	9	4	2	6	2	1	2	–	–	1	–	–	–
일천	1	1	–	1	6	–	–	–	–	–	–	–	–
음사	4	1	1	–	1	–	–	–	–	1	–	1	–
무과	2	–	–	–	–	–	–	–	2	–	–	–	–
생진	19	2	–	1	1	–	–	–	–	–	–	–	–
충의	3	2	–	2	–	–	–	1	2	–	–	–	–
유행	–	–	–	3	3	–	–	–	–	–	–	–	–
문학	8	–	–	–	–	–	–	–	–	–	1	–	–
계	46	10	3	13	13	1	2	0	1	5	1	2	0

씨, 재령 이씨, 안동 권씨, 대흥 백씨가 번성하다.[31]

⟨표 6⟩ 영덕 인량마을의 성씨별 호수 변화[32]

연도 성씨	1928년		1933년			1991년		비고
	호수	백분비	호수	백분비	세대수	호수	백분비	
재령 이	53	23.5	35	21.6	180	20	13.3	
안동 권	26	11.5	25	15.4	130	24	16.0	
영천 이	30	13.5	20	12.3	108	12	8.0	
대흥 백	13	5.7	8	4.9	46	1	0.6	
영양 남	38	16.8	30	18.5	158	12	8.0	1928년 통계는
동성 외	–	–	44	27.0	125	–	–	「洞案續錄」에 근거한 것이
함양 박	16	7.0	–	–	–	24	16.0	고, 1933년의 통계는 善生永
선산 김	20	8.8	–	–	–	20	13.3	助의 『朝鮮의 聚落』에 근거
평산 신	13	5.7	–	–	–	9	6.0	한 것임.
무안 박	–	–	–	–	–	6	4.0	1991년 인구는 453명.
영해 박	–	–	–	–	–	7	4.6	
신안 주	7	3.0	–	–	–	2	1.3	
기타	9	4.0	–	–	–	13	8.6	
계	225	100%	162	100%	747	150	100%	

⟨표 6⟩을 보면 인량마을에서 시간이 흐를수록 재령 이씨, 영천 이씨, 영양 남씨는 호수가 크게 감소하는 반면 함양 박씨는 크게 증가하고 있다. 따라서 호수로 보면 어느 시기를 기준으로 하느냐에 따라서 문중세가 달라진다.

그렇다면 성씨 구성이 동해지역과 유사한 인량마을에서 1980년대 이후 재력이 좋은 특정 문중이 자발적인 기부를 한 이야기와 그에 대한 다른 문중의 시선을 검토해보고자 한다. 안동대학교 한문학과 고 주승택 교수는 인량마을에 여러 문중이 있어서, 문중 간의 균형을 맞추고 명분을 중시하

---

31 김순모, 앞의 글, 15쪽.
32 위의 글, 19쪽.

는 차원에서 견제가 심하다고 하였다. 특히 외지에서 큰 회사를 운영하던 특정 문중의 종손이 마을의 숙원사업을 해결하기 위하여 전액을 내려고 하면 다른 문중에서 무척 싫어한다는 이야기를 들었다고 한다.

이와 관련하여 해당 종손에게 2020년 8월에 직접 문의한 결과는 좀 달랐다. "1980년대 초반에 회사를 운영하고 있을 때 마을 앞의 작은 하천에 교량을 건설하도록 전액을 지원한 적이 있다. 또한 마을의 농악기를 새로 구입하도록 전액을 지원한 적도 있다. 마을에 초등학교가 폐교되었을 때 이를 마을 주민들이 구입해서 체험숙박시설로 활용하려고 하였을 때도 상당히 많은 돈을 지원한 적이 있다."고 했다.

필자는 그 종손에게 "돈을 혼자서 많이 냈다고 해서 마을의 다른 문중에서 불만을 가진다는 이야기를 들은 적이 없었냐?"고 문의하니 "그런 이야기를 들은 적이 없다."고 했다. 그렇다면 고 주승택 교수의 이야기와 배치된다. 더 정확한 사정에 대해서는 추가 조사를 해야 하는 사항이지만, 어쩌면 마을의 다른 문중에서 전액 기부를 한 종손에게는 말하지 않고, 그들끼리 불만을 가지고 있었을 가능성도 없지 않다. 그 종손으로서는 자신이 마을에 기부할 만한 여유가 있고 마음도 있어서 한 일이었다고 설명했다. 이에 대해 다른 문중에서는 마을에 오래 지속되던 문중 간 형평성에 문제가 생긴 것으로 생각할 수 있다.

상대적으로 많은 기부를 한 특정 문중 종손으로서는 자발적으로 혼자서 찬조하는 것이 주민들과 다른 문중에 부담을 주지 않고 숙원사업을 해결하는 형평성이라고 생각할 수 있다. 여건이 여의치 않은 문중에 부담을 주면서 모금을 해서 마을의 기간시설이나 공동재共同財, commons를 마련하기보다는 여건이 되는 사람이나 문중이 전적으로 기부하는 것이 기부자로서는 형평성이라고 생각하기 마련이다. 이런 자발적 찬조를 통해 실현되는 형평성을 '배려적 형평성'이라 규정할 수 있다. 하지만 특정 문중이 배려적 형평성을 실천하는 경우, 다른 문중들과 합의하지 않으면 다른 문중에서는 형평성을 깨는 일로 여길 수 있다.

이에 기부를 많이 한 문중의 종손에게 마을 또는 문중과 같은 공동체의 숙원사업을 실현하기 위한 모금을 바람직하게 하는 방법에 대해서 문의하였다. 망설이지 않고 "문중이나 개인이나 모금을 할 때는 모금 목표총액을 정하고, 재정 형편이 가장 좋은 사람이나 문중이 목표총액을 생각하여 먼저 얼마를 내겠다고 하면, 다른 사람들이나 문중에서 이 금액을 기준으로 하여 각자 낼 금액을 판단하여 낸다."고 답변해주었다. 이것은 공동체 구성원의 역할과 의무에 관하여 개인 또는 문중이 부담할 형평성 실행 방식이다. 상당히 쉽게 수긍이 가는 공동체 구성원들의 상대적 형평성의 실행 방식으로서, 구성원들이 각자 체면과 위신을 유지하면서 갈등을 줄이는 효과적인 기준이다. "형평성은 사람들 간의 상호교류를 규율하는 공정fairness과 정의justness 그리고 정당한 대우right dealing의 정신과 습관을 의미한다. 그것은 법적인 의무이기보다는 윤리적인 의무이며, 그것에 관한 논의는 도덕적 영역에 속한다."고[33] 보면, 형평성은 사회·문화적인 기준이며 전승지식의 범주에서 결정되고 수용된다. 따라서 공동체 구성원들의 형평성은 구성원 상호 간에 체면, 위신, 갈등을 조정하여 불편이 적도록 하는 사회·문화적 기준이다.

그렇다면, 현대사회에 실천되는 형평성에 관한 기준은, 어느 날 갑자기 만들어진 것이 아니라 과거부터 지금까지 작동하던 형평성의 전통이었다고 판단된다. 이 형평성의 전통은 1900년의 영해향교 강학소 창건을 위한 기부금 마련에도 마찬가지로 적용되었다고 봐야 옳다. 그 핵심은 처지나 위상이 같은 문중을 같게 보고, 처지나 위상이 다른 문중을 다르게 보는 기준이다. 전자는 절대적 형평성이고, 후자는 상대적 형평성이다. 〈표 4〉에서 문중별 기부금액을 세 유형으로 나눈 것은 상대적 형평성을 적용한 결과이

---

33 Black's Law Dictionary(임의영, 앞의 글, 190쪽 재인용).

며, 같은 유형 안에서 문중별 기부금액은 절대적 형평성을 적용한 결과이다. 환언해서 기부금액을 문중별로 유형화한 것은 상대적 형평성에 따라 등급화한 것이며, 같은 등급 안에서는 절대적 형평성이 적용되고 있다.

따라서 영해향교 강학소 창건시 문중별 향교 기부금액은 문중별 상대적 형평성의 대전제에서 부분적으로 절대적 형평성이 적용된 결과이다. 세 유형으로 등급화하여 등급에 따라 상대적 형평성을 적용한 것은 기본적으로 마을 내 여러 문중이 합의한 형평성임을 의미한다. 즉, 영해향교 강학소 창건 기금을 지역 내 문중별로 할당한 것은, 공동체의 권리 분배를 위한 '응분의 몫desert'을,[34] 의무 수행을 위한 응분의 몫으로 나눈 것에 가깝다.

5. 맺음말

공동체 운영에는 구성원의 권리에 해당하는 형평성보다 의무에 해당하는 형평성이 더 중요하다. 구성원 모두가 가급적 동등하게 대우받고 가급적 동등한 의무를 수행할 때 공동체의 지속성을 보장할 수 있기 때문이다.

한말에 지역 공동체가 공동 목표를 달성하기 위한 모금을 할 때 구성원들의 형평성이 어떠했는지에 대해서 세 가지 사례로 살펴보았다. 하나는, 1895년 안동에서 을미의병 창의 시에 기금을 모금할 당시 창의소에서 향회를 열어 지역 내 여러 마을의 양반 문중과 서원에 모금액을 차등 분배한 사례이다. 절대적 형평성이 아니라, 문중의 인구와 재력, 서원의 재력을 고려한 상대적 형평성을 적용한 것이다. 둘은, 1906년에 영주 순흥면 주민들이 성황당을 중건할 때 모금액을 순흥면 아전청과 아전방, 동중, 그리고 성

---

[34] 임의영, 「사회적 형평성의 정의론적 논거 모색: '응분의 몫(desert)' 개념을 중심으로」, 『행정논총』 46권 3호, 서울대 한국행정연구소, 2008.

황당이 중건되는 단산면 일대 동중, 기타 자발적으로 문중, 개인 등이 성금을 낸 사례이다. 이 성금은 대부분 자기 판단형 형평성에 기초한 상대적 형평성을 따르고 있으며, 단산면 일부 마을에서는 마을 간 합의에 따른 마을별 절대적 형평성을 적용하고 있다. 셋은, 1900년 영해향교에 강학소를 창건할 때 영해지역의 여러 문중에서 역시 다른 문중과 관계를 고려하여 기부금을 낸 사례이다. 이 역시 지역내 문중별 합의형 형평성에 기초한 상대적 형평성을 적용한 것이다.

이를 보면, 20세기 초 지역 공동체의 형평성 적용 기준은, 기본적으로 상대적 형평성에다가 절대적 형평성을 부분적으로 적용하고 있다. 지역 공동체 안에서 '처지·조건·상황이 다른 구성원을 다르게 보는' 형평성은 상대적 형평성이고, '처지·조건·상황이 같은 구성원을 같게 보는' 것은 절대적 형평성이다. 대개 지역 공동체는 처지·조건·상황이 다른 다수 구성원들의 모임이므로, 절대적 형평성은 상대적 형평성의 틀 안에서 작동할 뿐이다. 따라서 지역 공동체는 상대적 형평성이라는 대전제 속에서 절대적 형평성을 부분적으로 적용하고 있다. 또한 공동체 구성원의 형평성 실천 방식을 보면, 구성원 합의형 형평성과 자기 판단형 형평성으로 나누어진다. 전자는 특정 상황에서 구성원들이 합의하여 결정한 것이며, 후자는 일반적인 관례를 생각하면서 구성원 개개인이 스스로 판단한 것이다.

이러한 사실을 통하여, 지역 공동체 내의 형평성 판단과 적용의 기준은 기본적으로 구성원들의 상대적 형평성을 중시하고, 경우에 따라서 구성원들의 절대적 형평성을 부분적으로 인정하고 있으며, 구성원 합의형 형평성을 기본적으로 중시하면서도 경우에 따라서 자기 판단형 형평성도 인정하고 있다. 지역 공동체의 형평성은 공동체 구성원들이 지역사회에서 더불어 살아가는 지혜이자 삶의 논리다.

공동체 구성원들의 형평성은 누가 어떤 상황에서 무슨 일이나 행사를 하기 위하여 '더불어 하기 위한' 혹은 '더불어 할 수 있는' 기준이며, 구성원들이 처한 상황·조건·처지 등을 고려하여 상호 불편함을 줄이면서 양보할 것은 양보하고 배려할 것은 배려하는 가운데 공동의 목표를 실현하도록 하는 동력이자 전승지식이다.

부록 : 영주 순흥 두레골 성황당 중건을 위한 모금 기부자 명부(募緣文의 부록)

原 金刑房(俸沃)文參兩	上林谷洞中錢文拾兩
官家錢文	上林谷吳主事錢文貳兩
官奴房錢伍兩	上林谷張生員宅錢文壹兩
作廳文參拾兩	上林谷李生員宅錢文貳兩
秋所錢拾五兩	下林谷洞中文肆兩
將廳錢拾伍兩	忠州木溪居李正玉錢文貳兩
書役廳文拾伍兩	韶川洞中錢文參兩
使令房銅拾兩	花溪金令監宅文壹兩(正壹斗)
申上察(永斗)文伍兩	榮川道干里土器店錢文貳兩
池行首(相根)文參兩	榮川道干里中錢文壹兩伍戔
金行首(貞禧)文貳兩	水花洞中錢文貳兩
汝斤崔氏宅錢文貳兩	沙谷洞中錢文參兩
汝斤咸氏宅錢文貳兩	馬谷朴銀峯宅錢文壹兩(正租壹斗)
丹谷洞中錢文貳兩	愚谷金禹玄錢文壹兩(正租壹斗)
下沙文召川金致玉文伍兩	高山金鴉湖宅錢文壹兩
下沙文趙大一文參兩	甘谷洞中錢文參兩
上沙文卞光七文伍兩	道角嚴洞中錢文壹兩伍戔
下林谷金士凡文貳兩	丹山面支谷洞中錢文貳兩
上林谷金成七文貳兩	丹山面三居里洞中錢文貳兩
下沙文丁氏宅錢文壹兩	丹山面坐石洞中錢文貳兩
上沙文鳳溪宅文貳兩	丹山面鳥作洞中錢文貳兩
下好文金氏宅文伍兩	丹山面蓮花洞中錢文貳兩
岩甘谷左(司)接長錢伍兩	丹山面廣岩洞中錢文貳兩
蛤島金門中貳	大平面溪上洞中錢文參兩五戔上
龍山徐敎官宅伍兩	大平面上台洞中錢文參兩五戔上
龍山黃進士宅壹兩	昌樂面熊水洞中錢文捌兩上
盃致洞中錢文貳兩	熊水洞張世卿錢文壹兩
白谷洞中錢文貳兩	熊水洞金千一錢文壹兩
新興朴參奉宅錢文伍兩	熊水洞張大賢錢文貳兩
丹山大枝羅門中文貳兩	… 1매 낙장 추정 …
沙川徐進士宅錢文壹兩	水鐵里鄭成五錢文貳兩
岩石南權河上宅壹兩	金成七錢文壹兩
岩石南金東門內壹兩	水鐵里徐把摠錢文壹兩
新興鄭順汝宅錢文貳兩	白水洞中錢文四兩
新興洞中錢文拾伍兩	愚溪洞中錢文四兩
壽赤德洞中錢文伍兩	利洞中錢文拾柒兩
壽赤德權書房宅錢文貳兩	利洞姜景文壹兩
花桃村李令監宅文參兩	利洞石敬逸錢文壹兩
李參奉宅文壹兩	新基洞中錢文肆兩
下洞中錢文參兩	

可阜成進士宅文壹兩	涑水洞王生員宅文壹兩
佳坪洞中錢文伍兩	鳥項洞中錢伍兩
德山洞中錢文伍兩	南生員(日同宅)文貳兩
梧田洞金進士宅錢文一兩	馬屹川洞中文柒兩
泰田外村錢文壹兩	黃生員(君善宅)文參兩
浮石寺主僧錢文壹兩	永茶洞中文拾兩
靈山殿主僧錢文壹兩	禹議官宅文貳兩
方洞鄭把摠錢文壹兩	禹書房(公○)宅壹兩
方洞朴龍岩錢文壹兩	鳳塔坪洞中文貳兩
方洞安洞長錢文壹兩	花川面栗南實錢文參兩疊
新基張兵房錢文貳兩	本里洞中錢伍兩
新基洞中錢文參兩	加耳洞中錢參兩
松阜洞中錢文貳兩	鳳塔坪洞中錢文貳兩
大栗里洞中錢伍兩	南大洞文伍兩

*시작 지점에 있는 '原'자는 바탕 한지에 쓴 것이고, 그 나머지는 모두 청홍색 색지를 잘라서 이름과 기부액을 써서 하나씩 바탕 한지에 풀로 붙인 형태임. ( ) 안 글자는 행간에 기록된 작은 글씨로 인명 혹은 택호에 해당하며, □는 판독 불분명한 것, ○는 판독 불가한 것임.

제5장

해안 지역 민간신앙의
용신龍神과 자연 이해*

이용범

1. 용신에 대한 자연 중심적 설명의 한계

하나의 문화 현상이나 사실을 이해하고 설명하는 방법 가운데 하나가 그 대상의 자연 조건이나 자연적 요소를 고려하는 것이다. 이처럼 관련 자연 조건 또는 자연적 요소와 연관지어 어떤 현상이나 사실을 이해하거나 설명하는 것은 일반적인 방법 가운데 하나이다. 이는 한국 민간신앙의 신神을 설명할 때도 한 가지 방법으로 자리잡고 있다.

한국 민간신앙의 다양한 신을 이해하는 방법 가운데 하나가 관련 자연 조건이나 자연적 요소 등 이른바 '자연'과 연관지어 신을 이해하는 것이다.

---

* 이 글은 「해안 지역 민간신앙의 용신(龍神)과 자연 이해」, 『실천민속학연구』 38, 실천민속학회, 2021, 325~349쪽에 게재된 논문을 수정·보완한 것임.

아마도 자연과 관련시켜 가장 잘 설명될 수 있다고 여겨지는 신 중의 하나가 용신龍神일 것이다.

용신은 한국 민간신앙의 전통적인 신의 하나로 다양한 삶의 영역에서 여러 기능을 담당한다. 용신이 담당하는 다양한 기능들은 기본적으로 물과 연관된다.[1] 이런 점에서, 용신을 물의 영역을 담당하는 수신水神으로 규정하는 것은 자연스럽다.

일반적으로 수신인 용신의 역할과 위상은 바다가 중요한 삶의 터전인 해안 지역에서 더 중요시되고 더 두드러질 것으로 생각한다. 해안 지역에서 담당하는 용신의 기능은 일차적으로 풍어豊漁라고 말한다. 이외에 해상 어로 작업의 안전이나 수사자水死者에 대한 기능도 용신이 담당하는 역할로 지적된다. 이러한 용신의 기능은 바다라는 자연 환경과 밀접한 관련을 갖는 삶의 조건으로 인해 해안 지역에서 내륙 지역 보다 더 강조되고, 용신의 위상과 중요성도 보다 더 부각된다고 이해하는 것이 보통이다.

그러나 해안 지역에서 행해지는 다양한 민간신앙 의례들을 살펴보면 이러한 일반적 이해와 다른 모습이 확인된다. 용신의 중요성이 다른 신에 비해 높지 않은 것으로 나타나며, 용신의 위상 역시 한정적이다.

예컨대 해안 지역 마을의 당堂에서 용신이 주신主神으로 모셔지는 경우가 드물다. 풍어를 위한 의례 역시 반드시 용신만을 대상으로 행해지지 않는다. 또한 해안 지역 민간신앙에서 용신이 담당하는 기능 가운데 특징적인 것은 풍어와 해상 어로의 안전보다는 오히려 수사자에 대한 기능으로 보인다. 용신의 여러 기능들은 다른 신들에 의해 대체 가능하지만, 수사자를 관리하는 기능은 용신만이 담당할 수 있다. 용신에 대한 의례 역시 마을 의례의 이른바 상당제上堂祭 보다는 주로 하당제下堂祭의 형식으로 진행되는 것이 보통이다. 이렇게 본다면, 해안 지역 민간신앙에서 용신의 위상과 역할

---

1   물과 관련된 용신의 다양한 기능에 대해서는 3장 1절 '용신의 일반적 기능' 참고.

은 일반적 이해와는 달리 제한적이다.

따라서 이 글은 해안 지역이라고 해서 용신 신앙이 내륙 지역에 비해 더 강조된다고 말하기 어렵다고 생각한다. 이는 바다와 관련된 신앙이나 의례가 내륙 지역과 다를 바 없는 의미와 무게를 지닌다고 주장하는 것은 아니다. 하지만 그것이 반드시 용신 개념을 전제하는 것은 아니며, 용신 외에 다양한 신들을 통해서도 가능하다는 사실을 고려할 필요가 있다.

앞서 말한 것처럼, 해안 지역 민간신앙에서 용신이 중심적인 신으로 자리잡고 있다는 관점은 해안 지역의 삶과 문화가 바다라는 자연 환경과 밀접한 관계를 갖는다는 전제를 기초로 한다. 즉 해안가의 삶의 방식은 물론 신앙과 의례 역시 바다라는 해안 지역 나름의 특수한 자연 조건을 반영하고 있다고 파악하는 것이다.

그러나 해안 지역이라고 해서 용신이 반드시 중심적 위치를 차지하거나 그 역할이 두드러지지 않는다는 사실은 이와는 다른 관점을 요구한다. 그러한 사실은, 한국 민간신앙의 신(神) 개념이 물리적 자연 조건과 무관할 수는 없지만, 양자 사이에 직접적인 대응 관계가 성립하는 것으로 보기는 어렵다는 점을 가리키는 것으로 이해할 수 있다. 즉 자연 환경 그 자체가 신 개념에 직접적으로 반영되기 보다는 민간신앙의 신 개념과 관련된 일정한 인지모델 같은 문화적 요인에 의해 걸러져서 수용된다고 파악하는 것이 합리적인 관점이라고 여겨진다.

이 글은 의례 대상, 용신의 특수한 기능, 그리고 의례 형식과 연행 방식의 측면에서 해안 지역 민간신앙 의례에서 나타나는 용신의 위상과 성격을 파악한다. 이를 통해 민간신앙의 신에 대한 이해에서 자연 조건의 의미를 밝히고 그것을 바탕으로 자연 이해와 관련된 간략한 문제 제기를 시도한다. 이러한 작업은 용신과 해안 지역 민간신앙에 대한 새로운 관점을 가능케 하고, 민간신앙을 자연과 연관시켜 바라보는 기존 설명 방식을 성찰하는 계기를 제공할 것으로 기대된다.

2. 의례 대상으로서의 해안 지역 용신

이 장에서는 어로와 관련되어 해안 지역에서 행하는 마을과 가정 단위의 민간신앙 의례를 중심으로, 그러한 의례에서 용신이 의례 대상으로서 어떤 위치를 차지하는가를 살펴보고자 한다.

해안 지역에서 마을 단위로 행하는 어로 관련 민간신앙 의례로 대동굿, 당제(또는 당굿), 별신굿, 영등굿, 잠수굿 등을 들 수 있다. 그 외에 갯제나 멜굿(그물고사)도 마을 단위로 행하는 의례에 포함시킬 수 있다. 가정 단위의 의례로는 뱃고사와 (배)연신굿 등을 대표적인 예로 들 수 있다.

먼저 마을 당의 당신堂神 가운데서 차지하는 용신의 위상을 살펴본다. 인천, 경기, 충남, 호남 등의 서해안 지역에서 마을 단위의 의례인 대동굿이나 당제, 당굿이 행해지는 마을의 당에 용신이 당신으로 좌정한 경우는 드물다.

서해안 해안가 마을 당에서 모시는 당신은 당할머니·서낭·산신·장군신 등으로, 내륙 지방의 마을 당과 다름없는 당신들을 주로 모신다. 물론 이들 서해안 마을 당의 당신들은 내륙 지방 마을의 당신들과 명칭만 동일할 뿐 그 성격과 기능은 다를 수 있다. 그들 신은 이른바 '해신海神'의 성격을 띨 수 있다. 그런데 그 경우 용신이 아닌 다른 신들이 해신으로 나타난다는 점에 주목할 필요가 있다.

서해안의 경우, 대동굿이 벌어지는 연평도 당의 주신主神은 임경업林慶業 장군이다. 곶창굿이 행해지는 강화도 외포리 당에서도 득제장군을 주신으로 모신다. 충남 보령의 외연도 당의 주신 역시 전횡田橫 장군이며, 전북 고창 동호리의 영신당 주신은 당할머니이다. 위도 띠뱃굿으로 널리 알려진 위도 대리 원당의 주신도 여러 서낭신들이다.

용신을 마을 당의 주신으로 모신 경우는 충남 지역의 당진 안섬과 태안의 황도 정도이다. 이 두 지역의 경우에도 임경업 장군을 함께 모시고 있다.[2]

동해안 지역의 경우, 별신굿이 이뤄지는 마을 당의 주신은 서낭이나 골매기신이 중심을 이룬다.[3] 남해안도 몇 지역을 예로 들면, 최영장군(통영 사량도 진촌리)·산신할배 및 할배·할매(사량도 능량동)·서릉장군(수우도)·당산 할바시(창선도) 등을 주신으로 모신다.[4] 전남 여수 영당의 경우 용신을 모시기는 하나 최영崔瑩이나 이순신李舜臣, 이대원李大源, 정운鄭運 같은 장군신들과 함께 모신다.[5]

제주도에도 이른바 해신당海神堂이라고 하는, 바다와 관련된 신을 모시는 당들이 존재한다. 해신당에는 개당, 돈짓당, 잠녀당, 어부당, 남당 등이 있는데, 이들 당에서 모시는 신은 용신이 아니다. 개당에서는 개당 할망과 개당 하르방을, 돈짓당에서는 돈지 할망과 돈지 하르방을 모신다. 어부당에서는 선왕을 주신으로 모시고, 남당에서는 남당 하르방과 남당 할망을 모신다. 잠녀당에서 모시는 신은 용왕해신 부인인데, 이 신도 용왕과는 무관하고 산신의 배우자로 나타나는 사례가 많다고 한다.[6]

일일이 사례를 들기 어려우나, 분명한 것은 해안 지역 마을에서 어로와 관련된 마을 단위 의례가 행해지는 마을 당에서 용신만을 주된 신으로 모시지는 않는다. 장군신이나 당할머니, 산신, 서낭, 골매기 같은 한국 마을 의례의 일반적인 신들을 당신으로 모시고 있다. 제주도의 해신당에서도 용신을 제외한 매우 다양한 신들을 모신다. 이런 점에서 용신이 해안가 마을 당의 주신으로 자리잡고 있다는 사실을 일반화하기가 조심스럽다.[7]

---

2   홍태한, 「서해안 풍어굿의 양상과 특징」, 『도서문화』 28, 목포대 도서문화연구원, 2006, 577~578쪽 및 582쪽.
3   문화공보부 문화재관리국, 『한국민속종합조사보고서』 농악·풍어제·민요편, 1982, 144쪽; 최정여, 서대석 공저, 『동해안 두가』, 형설출판사, 1974, 12쪽.
4   문화공보부 문화재관리국, 『한국민속종합조사보고서』 경남편, 1972, 170~177쪽.
5   이경엽 외, 『여수영당, 풍어굿, 악공청』, 민속원, 2007, 62~75쪽 참조.
6   강정식, 「한국 제주도의 해양신앙」, 『도서문화』 27, 목포대 도서문화연구원, 2006, 128쪽.
7   이 글은 현재 상황을 중심으로 해안 지역 마을 당신(堂神)으로서의 용신의 위상에 대해 설명하고 있다. 이런 설명 방식에 대해 당신의 역사적 변화를 고려할 필요가 있다는 지적이 가능하다. 예컨대 충남 보령시 오천면의 고대도에서는 적어도 19세기 초반까지 용산을 당신으로 모

물론 그렇다고 해서 용신이 전혀 마을 당의 당신으로 모셔지지 않는다고 말할 수는 없다. 용신을 당신으로 모시는 경우도 존재한다. 그러나 그 경우에도 용신은 마을의 중당中堂이나 하당下堂의 신으로 모셔지는 것이 보통이다. 그래서 용신은 상당제의 의례 대상이기 보다는 주로 갯제와 같은 하당제에서 모셔진다. 전남 신안의 다도해 섬지역이 좋은 예이다. 이 지역에서는 반드시 용신이 마을의 당신으로 자리잡고 있지 않을 뿐만 아니라, 용신이 당신으로 나타난다고 해도 중당이나 하당에 자리잡는 것이 보통이다.[8]

이러한 양상은 풍어와 어로 작업의 안전을 위해 행하는 뱃고사나 (배)연신굿에서도 확인된다. 뱃고사나 (배)연신굿이 행해지는 배에서도 역시 용신을 모시지 않는다. 배에서는 배의 안전과 풍어를 담당하는 신으로 배서낭을 모신다.

어로와 관련된 해안 지역 민간신앙 의례의 일차적인 목적으로 풍어를 들 수 있다. 그런데 어로 관련 해안 지역 민간신앙 의례에서 용신이 풍어를 기원하는 유일한 의례 대상으로 나타나지 않는다.

서해안 지역 당제나 당굿에서 풍어와 밀접한 관련이 있는 의례 행위의 하나로 '깃손받기'를 들 수 있다. 깃손받기는 선주들이 가지고 온 뱃기에 한지를 접은 깃손(길지吉紙)를 내려주는 것으로, 이 깃손을 뱃기의 꼭대기에 묶는다. 깃손받기는 풍어를 기원하고 배의 선주를 축원하는 의미가 있다. 그런데 각각의 배를 대상으로 이렇게 깃손을 내리는 신은 용신이 아니라

셨던 것으로 보인다. 이는 조선을 제일 처음으로 찾아 온 독일 선교사 귀츨라프(Gützlaff, Karl Friedrich August)가 1832년 7월 30일에 고대도 당집을 방문하고 남긴 기록으로 확인된다. "우리는 오늘 언덕 위의 당집을 찾아갔다. 둘레를 종이로 매달아 놓은 단칸방이었는데, 가운데는 소금에 절인 고기가 있었다. 바닥에는 금속으로 만든 작은 용 하나가 눕혀 있었고, 다른 우상은 보이지 않았다. 외벽에 기록된 것으로 보아 이 사당은 도광(道光) 3년(1823)에 건축되었음을 알 수 있다. 기부자의 명단과 각자의 액수가 중국의 화폐단위(兩)로 기록되어 있었다." 허호익, 『귀츨라프의 생애와 조선 선교활동 : 최초로 조선을 찾은 프로테스탄트 선교사』, 한국기독교역사연구소, 2009, 179쪽. 그러나 이 글은 마을 당신의 역사적 변화의 측면을 고려하면서 용신의 위상에 대해서 검토하지는 못했다. 이는 추후의 과제로 남겨 두고자 한다.

8 최덕원, 『다도해의 당제 : 신안지역을 중심으로』, 학문사, 1986, 163~174쪽.

마을의 당신이다.[9] 즉 각각의 배에 풍어를 축원해주는 신이 용신이 아니라 마을의 당신인 것이다.

흥미롭게도 서해안 대동굿에는 용신에게 풍어를 기원하는 독립된 절차가 없다. 물론 용신이 등장하는 절차로 강변용신굿이 있다. 그러나 강변용신굿은 대동굿의 마지막 절차로서, 풍어의 기원에 초점이 맞춰져 있기 보다는 바다에서 죽은 여러 고혼孤魂들을 위로하고 달램으로써 굿을 종결짓는 의미가 더 크다. 서해안 대동굿의 경우, 용신에 대한 직접적인 기원을 통해서 보다는 오히려 영산할아범·할맘 거리나 뱅인영감 거리 같이 풍어를 기원하는 주술적 성격의 굿놀이를 통해 풍어를 기원한다고 말할 수 있다.[10]

물론 동해안 별신굿이나 제주도 영등굿과 잠수굿에서는 용신에게 풍어를 기원하는 직접적인 절차가 나타난다. 동해안 별신굿의 경우 이른바 용왕굿이라는 절차를 통해 용신에게 풍어를 빈다. 그러나 이 경우에도 수사자를 위한 의례 행위가 함께 이뤄진다.[11] 제주도 영등굿이나 잠수굿 역시 요왕맞이 절차를 통해 용신에게 해산물의 풍요를 기원하는데, 이때에도 수사자를 위한 기원이 같이 행해진다.

이처럼 용신은 마을 당의 주신이 아닐 뿐만 아니라 다른 어로 관련 의례에서도 주된 의례 대상으로 등장하지 않는다. 갯제의 경우 용왕이 유일한 의례 대상이라는 주장이 있다. 하지만 그러한 주장 역시 '물 아래 김서방', '김참봉'으로 불리는 도깨비의 존재를 완전히 지울 수 없음을 인정하고 있다.[12] 이는 모래밭이 있는 해안 지역에서 멸치의 풍어를 비는 제주도 의례

---

9 하효길, 『한국의 풍어제』, 대원사, 1998, 116~117쪽 및 강성복, 「충남 서해안의 어로민속」, 『충남의 민속문화』, 국립민속박물관, 2010, 83쪽 참조.
10 이경엽, 「바다·삶·무속 : 바다의 의례적 재현과 의미화」, 『한국무속학』 26, 한국무속학회, 2013, 206~212쪽.
11 구룡포 강사리, 영덕 노물동, 명주군 사천진 별신굿을 사례로 들 수 있다. 하효길, 앞의 책, 47쪽. 노물동과 사천진 별신굿의 경우 수사자를 위한 의례 행위가 중심을 이룬다. 최길성, 『한국무속의 연구』, 아세아문화사, 1978, 300·309쪽.
12 이경엽, 「서남해의 갯제와 용왕신앙」, 『한국민속학』 39, 한국민속학회, 2004, 227~228쪽.

인 멜굿에서 영감 즉 도깨비가 멸치를 몰아준다는 믿음 때문에 도깨비를 청하는 사실을 고려할 때 더욱 그렇다. 즉 갯제의 경우도 용왕과 함께 도깨비가 의례 대상이 된다는 점을 확인할 수 있다.

또한 서남해 일대에서 폭넓게 사용되던 독살, 개막이, 덤장 등의 어로를 위한 어장고사에서는 도깨비를 대상으로 풍어를 비는 고사를 지내기도 했다. 도깨비는 갯벌에 설치된 독살이나 덤장에 고기를 몰아주는 존재라고 설명된다.[13] 이런 점에서 바다 일이나 어로와 관련된 민간신앙 의례에서 용신만이 풍어를 기원하는 유일한 의례 대상으로 나타나지 않는다.

풍어뿐만 아니라 어로와 관련된 그외의 다양한 역할을 담당하는 여러 신들이 해안 지역 어로 관련 민간신앙에 존재한다. 이를 잘 보여주는 것이 뱃고사와 (배)연신굿이다. 뱃사람과 어로 작업의 안전, 풍어를 위해 가정 단위로 행해지는 뱃고사나 (배)연신굿의 의례 대상도 배서낭이거나 당맞이를 통해 배로 모셔온 마을의 당신이다.

제주도의 여러 해신당에 모시는 신들이 맡는 다양한 역할 역시 이를 잘 보여준다. 잠녀당의 용왕해신 부인은 해녀와 어부를 보호하는 역할을 담당한다. 어부당의 선왕은 배와 고기잡이에 관련된 일을 관장한다. 개당의 개당 하르방과 할망, 돈짓당의 돈지 하르방과 할망, 남당의 남당 하르방과 할망 등도 해녀와 어부를 비롯한 바다 일을 관장하는 것으로 볼 수 있다. 영등굿의 주된 대상인 영등신 역시 많은 해산물 채취가 이뤄지도록 하는 역할을 담당한다고 말할 수 있다.[14]

이런 점에서 해안 지역 어로 관련 민간신앙에서 용신은 유일한 의례 대상이 아니다. 여러 의례 대상 가운데 한 존재일 뿐이다. 용신 외에도 임경업 장군 같은 장군신이나 산신, 서낭, 당할머니, 골메기, 배서낭, 도깨비 등

---

13 김종대, 『도깨비를 둘러싼 민간신앙과 전설』, 인디북, 2004, 40쪽; 이경엽, 「갯벌지역의 어로활동과 어로신앙」, 『도서문화』 33, 목포대 도서문화연구원, 2009, 243쪽 재인용.
14 강정식, 앞의 글, 128쪽.

의 다양한 신이 등장하고 각각 나름의 역할을 담당하고 있다. 해안 지역 어로 신앙에서 일차적으로 기원되는 풍어 역시 용신간이 전유專有하는 독점적 기능이 아니다. 다른 신들 또한 풍어의 기능을 담당한다. 따라서 해안 지역 어로 신앙 의례의 대상이 되는 신들을 포괄적인 의미에서 해신海神으로 규정할 때, 용신은 다양한 해신 가운데 한 존재에 지나지 않는다.

3. 해안 지역 용신의 기능

이 장에서는 해안 지역 어로 관련 민간신앙에서 나타나는 용신의 기능을 한국 민간신앙에서 용신이 담당하는 다양한 기능의 맥락에서 살펴본다. 그럼으로써 해안 지역 민간신앙에서 용신이 담당하는 기능의 특수성을 확인하고 그 위상을 파악하고자 한다.

1) 용신의 일반적 기능

한국 민간신앙에서 용신의 기능은 다양하고 포괄적이다. 용신이 담당한다고 믿어지는 기능을 다음과 같이 정리할 수 있다.

용신이 기본적으로 수신이라는 점에서, 용신의 일차적 기능으로 인간의 생활과 농경에 필요한 물을 가져다주는 기능을 지적할 수 있다. 이는 가뭄 때 비를 기원하는 기우제의 대상인 용과 맑고 풍부한 물을 기원하는 우물고사나 샘고사의 대상인 용에게서 잘 나타난다.

같은 맥락에서 용신은 풍농의 기능을 담당하는 존재로 여겨지기도 하는데, 이 역시 물을 관장하는 수신으로서의 성격과 연결된다. 예컨대 경상도 지방에서 파종 이후 농작물의 생장기에 행하는 논고사와 농신제로서의 용제龍祭에서 용은 농신農神으로 나타나는데, 논고사는 물론 농신제로서의 용

제는 거의 대부분 논에서 행해진다.[15]

또한 농경과 관련해서 용신은 한해 농사의 풍흉을 예시해주는 역할을 하기도 한다. 충청도 용천 지방의 용갈이[龍耕]가 좋은 예인데, 정월 14일 밤에 열두 개의 그릇에 물을 담아 밖에 내어놓아 그릇에 얼음이 언 상태를 보고 한해 농사의 풍흉을 점친다.[16]

또한 용신은 풍어와 어로의 안전을 보장해주는 존재로도 믿어진다. 용신을 대상으로 한 의례에서 바닷길과 어로 작업의 안전, 풍어 등은 기본적인 기원 사항이다.

용신은 한 지역의 수호신으로 역할하기도 한다. 이는 물을 끼고 있는 지역에서 나타난다. 용신은 산신이나 도당(신), 부군(신)처럼 지역신으로 받아들여진다. 예컨대 서울 무속에서 마을의 신을 모시는 도당거리에서는 용신을 지역신의 하나로 모신다. 이는 한 마을, 지역을 둘러싸고 있는 자연 환경 가운데 하나가 강이라는 점과 관련된 것으로 보인다. 전통적으로 한국 마을의 입지가 배산임수라는 점에서 산과 함께 물은 한 마을의 기본적인 자연 환경 가운데 하나였다. 이러한 전통적인 마을의 입지와 관련시켜서 용신이 지역신으로 자리잡고 있음을 이해할 수 있다.

지역신으로서의 용신은 부군, 도당과 같은 다른 신과 마찬가지로, 한 지역에 사는 사람들의 삶을 안위하고 보살피는 기능을 하는 존재로 나타난다. 즉 부군과 도당이 높은 산 위에서 사람들을 내려다보며 보살피듯, 용신은 아래에서 쳐다보며 사람들을 보살피며, 밀물에도 오르고 썰물에도 내리시면서 수많은 물고기를 몰고 가듯 사람들에게 복을 가져다주고 여러 재액 災厄을 막아주는 존재로 그려진다.[17]

---

15 김택규, 『한국농경세시의 연구』, 영남대출판부, 1985, 252~253, 280, 314쪽.
16 김택규, 위의 책, 210쪽.
17 용신의 이런 성격은 다음 무가(巫歌) 사설을 통해서 알 수 있다.
　　"동해용왕 남해용왕 서해용왕 북해용왕
　　사해 용장군님 아니시냐

용신의 역할은 인간의 탄생과 죽음에도 관련이 있다. 용신은 기자祈子와 아이의 수명장수를 비는 대상의 하나이다. 용신의 이러한 기능은 바다나 강, 샘 같은 물이 기자 치성의 대상 가운데 하나라는 점을 통해 확인된다. 예컨대 서울 지역에서는 어린 자손의 수명장수를 위해 음력 정월 14일 한강 변에서 배를 타고 용신에게 제물을 바치며, 용궁에 '명다리', '명줄'이라 하여 하얀 광목이나 실을 바치는 용궁맞이를 행하였다.[18] 음력 3월 3일부터 4월 8일까지 우담牛潭이란 연못가에 있는 동서 용왕당과 삼신당에서 기자 치성을 하는 부녀자의 행렬이 끊이지 않는다는, 진천 지방 풍속에 대한 『동국세시기東國歲時記』 3월 조의 기록도 같은 예이다.

이러한 기능과 함께 용신은 물에 빠져 죽은 수사자를 관장하는 기능도 담당한다. 수사자의 넋을 건져 위로하고 아울러 수사를 막고자 할 때 용신이 의례 대상이 된다. 물에서 죽은 개인을 위한 넋건지기 굿이라든지 한 마을이나 여러 마을을 단위로 바다에서 죽은 사람들을 달래기 위해 행해지는 무속 수륙재에서 용왕굿은 중요한 하나의 절차로 자리잡고 있다.

또한 용신은 복을 가져다주고 액을 막아주는 기능도 담당한다. 용단지와 용알뜨기는 복을 가져다주는 용의 기능을 보여준다. 정초에 하는 용왕제에서 바가지에다 쌀을 한 주먹 담아 촛불을 꽂고 가족의 사주와 주소를 적은 종이를 실어서 바다에 띄운다든지, 용왕밥을 던지거나 제물을 차리고 비는 행위들은 모두 용신의 제액초복除厄招福의 기능을 말해준다. 여러 지역에서 행해지는 이러한 용왕제는 용신이 포괄적인 제액초복의 역할을 담당하는

밀물에도 오르시고 썰물에도 내리시며
잉어도 천마리요 숭어도 천마리요
떼많은 송사리를 거느리시고
사해 용장군님 수위해서
부모 자손에 밀물 썰물 없게 해주마
집안 평안하게 해주마
명잔에 복잔 아니시랴"
서울새남굿보존회 편, 『서울새남굿 신가집』, 문덕사, 1996, 66쪽.

18 秋葉 隆, 최길성 역, 『조선 무속의 현지연구』, 계명대출판부, 1987, 88쪽 참조

존재라는 점을 보여준다.[19]

용신이 담당하는 다양한 기능에 대해 일정한 분류 기준을 제시하기는 어렵지만, 그 기능들 간의 연속성은 찾아볼 수 있다. 즉 용신을 하나의 소우주小宇宙로서 '물의 영역'을 담당하는 존재로 파악한다면, 이러한 다양한 기능 간의 연속성을 확인할 수 있다.

위에서 제시된 용신의 다양한 기능들은 모두 물과 관련되어 있다. 의례를 행하는 공간 역시, 그것이 우물, 연못, 강가, 바닷가이든, 모두 물가이다. 비록 물가가 아니더라도 의례의 대상은 물과 연결되며 물의 영역을 상징하는 수신水神으로서의 용신이다. 이런 점에서 용신이 담당하는 여러 기능들은 물의 영역을 담당하는 수신水神이 담당하는 기능이란 점에서 상호 간의 연결점을 찾을 수 있다.

2) 해안 지역 용신의 기능

현재 한국 민간신앙에서 행해지는 용신 관련 의례에서 나타나는 용신의 기능, 역할 등은 대체로 위에서 말한 것처럼 정리될 수 있다. 그러나 이러한 기능이나 역할의 제시만으로 한국 민간신앙에서 차지하는 용신 기능의 특징적 성격이 파악되지는 않는다. 왜냐하면 위에서 말한 용신의 기능들은 다른 신들에 의해서 대신될 수 있기 때문이다. 이러한 기능들은 분명하게 용신을 대상으로 한 의례에서 기원되지만, 용신에만 한정된 특수한 기능이기 보다는 한국 민간신앙의 여러 신들에게 두루두루 기원되는 보편적인 기능이다.

기자와 수명장수를 가져다주는 역할은 용신에만 한정된 특수한 역할은 아니다. 용신 외에도 산신, 불보살, 제석, 삼신 등이 기자 치성의 대상이 되

---

19 이상에서 서술한 용신의 다양한 기능은 이용범, 「전주 용왕제의 역사적 변화와 특징」, 『남도민속연구』 25, 남도민속학회, 2012, 125~127쪽 내용을 토대로 함.

며, 또한 그러한 존재들 역시 아이의 수명장수를 담당하는 기능을 함께 갖고 있다. 지역 수호신의 역할을 담당하는 대표적인 신은 흔히 산신으로 상징되는 마을의 도당, 부근, 당신들이다.

풍어를 가져다주는 것을 해안 지역 용신의 대표적인 기능으로 생각하기 쉽다. 그러나 해안 지역에서 행해지는 이른바 풍어 관련 의례의 중심 대상이 용신이라고 말하기 어렵다. 보통 풍어제는 한 지역의 당제나 당굿, 별신굿, 도당굿 등 마을 의례의 형태로서 행해지고, 그러한 풍어제의 중심 대상은 용신 보다는 당제나 당굿, 별신굿, 도당굿의 중심 대상인 산신, 당신, 골매기신, 장군신 같은 인물신 등의 신이다.

오히려 풍어제에서 용신은, 지역에 따른 차이가 있지만, 풍어제의 마지막 부분에서 행해지는 수사자를 위한 절차의 직접적인 대상이 되는 것이 보통이다. 동해안 별신굿이나 제주도 영등굿과 잠수굿처럼 용신을 중심 대상으로 풍어를 비는 절차가 있는 경우도 있지만, 서해안 대동굿처럼 용신에게 풍어를 비는 과정이 나타나지 않는 경우도 있다. 배고사나 (배)연신굿에서도 용신은 직접적인 의례 대상이 아니다. 이런 점에서 풍어와 관련된 용신의 기능 역시 용신에만 한정된 것으로 보기는 어렵고, 풍어의 기능 또한 용신의 특수성을 드러내 주지 못한다.

용제龍祭에서 나타나는 농신으로서의 성격 역시 나름의 특수성을 갖는다고 말하기 어렵다. 기우제 역시 용신만을 대상으로 행해지지 않는다. 또한 용신만이 한 개인이나, 가정, 마을의 포괄적인 제액초복의 기능을 하는 것은 결코 아니다.

그런데 앞에서 제시한 용신의 여러 기능 가운데, 용신 홀로 담당할 수 있는 기능이 한 가지 있다. 그것은 바로 수사자를 관장하는 기능이다. 물에 빠져 죽은 수사자를 용신이 관장하는 것은 물의 세계를 관장하는 존재로서 담당하게 되는 자연스런 역할이다. 마치 지상에서 성황이 한 지역의 죽은 자들을 관장하듯이,[20] 용은 물에서 죽은 자들을 관장한다. 이러한 물의 세계는 하나의 독립된 세계이기에 바다에 빠져 죽은 자의 영혼을 지상으로 안내하는 용궁차사가 따로 있고, 수사자를 위한 제주도의 무혼撫魂굿에서는 용궁차사(또는 거북사자)가 죽은 자의 영혼을 지상으로 데려다 준다.[21]

수사자를 관장하는 용신의 기능은 다른 신들에 의해 대신되지 않는다. 수사자에 대한 용신의 기능은 그와 관련된 절차가 해안 지역 민간신앙 의례에서 용신을 대상으로 한 절차로 자리잡고 있음을 통해 확인된다.

예컨대 동해안 별신굿에서 풍어와 수사자를 위한 헌식이 이뤄지는 용왕굿이라는 절차가 굿의 한 과정으로 자리잡고 있다. 이때 수사자가 있는 가정에서는 수사자를 위한 상을 차린다. 서해안 대동굿에서도 수사자를 위한 강변용신굿이라는 과정이 굿의 마지막 절차로 행해진다. 남해안의 벌교 장도 용왕굿이나 여수 영당의 풍어굿은 씻김굿과 거의 다르지 않은 절차로 굿이 진행되었다.[22] 부안의 위도를 비롯, 호남 서해안 지역에서 행해지는 대부분의 당굿, 당제 등의 마을 의례에서는 용신에 대한 절차가 하당제의 한 과정으로 수사자를 위한 헌식獻食 의례와 맞물려 행해진다. 제주도에서도 용왕을 맞이하는 용왕질침의 절차가 풍어를 위한 영등굿, 잠수굿에서뿐만 아니라 수사자를 위한 무혼굿에서도 나타난다.

이러한 사례들은 수사자를 대상으로 한 용신의 기능이 용신 관련 의례의 구조적 요소 가운데 하나로 자리잡고 있음을 확인해준다. 이는 수사자를 관장하는 기능이 용신만이 담당할 수 있는 특수한 기능이라는 점을 말해주는 것으로 이해된다.

20 불행하거나 억울한 죽음을 당한 여귀(厲鬼)를 위한 여제(厲祭)를 하기 전에 성황 발고제(發告祭)를 먼저 지내고 여제 때에도 성황신을 제사한다. 이는 성황신이 사후 세계의 주재자로서 죽은 귀신들을 관할한다는 관념에 기초한 것이라 할 수 있다. 서영대, 「한국과 중국의 성황신앙 비교」, 『중국사연구』 12-1, 중국사학회, 2001, 200쪽.
21 현용준, 「제주도의 바다 : 삶의 터전, 죽음의 자리 그리고 굿 한마당」, 『제주도 무혼굿』, 열화당, 1985, 82~85쪽.
22 남해안 벌교 장도 용왕굿의 절차에 대해서는 이경엽, 「남해안 용왕굿의 현장론적 연구 : 벌교 장도 용왕굿을 중심으로」, 『한국민속학』 38, 한국민속학회, 2003, 374~375쪽 참조. 여수 영당 풍어굿의 절차에 대해서는 이경엽 외, 앞의 책, 82~90쪽 참조.

해안 지역 용신 신앙의 특징적인 기능을 수사자의 관장으로 파악한다면, 해안 지역 민간신앙에서 용신이 담당하는 기능이 포괄적이라고 말할 수 없다. 그리고 상대적으로 한정된 특수한 기능을 갖는 용신이 해안 지역 민간신앙의 중심 신앙 대상이라고 말하기는 어려울 듯하다.

2장에서 살펴 보았듯이, 해안 지역 어로 관련 민간신앙 의례에서 용신은 유일한 의례 대상이 아니라, 여러 의례 대상 가운데 한 존재일 뿐이다. 해안 지역의 어로 관련 민간신앙 의례는 장군신이나 산신, 서낭, 골매기, 당할머니, 배서낭 등의 여러 신을 대상으로 이뤄지고, 그 신들은 각각 나름의 역할을 담당하고 있다. 따라서 해안 지역 어로신앙 의례에서 용신은 다양한 해신 가운데 한 존재일 뿐이다.

4. 의례 형식과 연행 방식을 통해 본 해안 지역 용신의 위상

용신에 대한 의례 형식과 연행 방식 역시 용신의 특수성을 말해준다. 해안 지역에서 행해지는 마을 단위의 민간신앙 의례에서 용신은 중심 의례 대상이 되지 못하는 것이 보통이다. 일반적으로 용신에 대한 의례 행위는 마을 단위 의례의 한 과정을 구성하는 절차로 나타난다. 즉 독립된 의례가 아니라 마을 의례를 구성하는 개별 절차의 하나로서의 모습을 보인다.

용신에 대한 의례는 마을 단위 당제나 당굿의 하당下堂제로서 행해지는 것이 보통이다. 용신에 대한 의례가 상당제의 형식으로 진행되는 지역은 매우 드물다고 할 수 있다. 모든 지역에서 그런 것은 아니지만, 용신에 대한 의례는 마을 단위 의례의 마지막 단계인 수사자를 위한 헌식과 함께 행해진다. 이런 점에서 그것은 내륙 지방 마을 의례에서 행해지는 이른바 거리제의 성격을 보여준다.

용신을 대상으로 한 해안 지역 민간신앙 의례에서 나타나는 용신에 대한 인간의 태도 역시 용신의 위상을 말해준다. 신에 대한 인간의 태도를 기준으로 할 때, 신은 다음의 세 유형으로 나눠볼 수 있다. 즉 기원과 숭배의 대상으로서의 신, 놀림과 강요[23]의 대상으로서의 신, 부정과 배제의 대상으로서의 신 등의 세 유형으로 나눌 수 있다.

해안 지역 민간신앙에서 나타나는 첫 번째 유형의 신으로는 일반적으로 마을 의례의 상당제의 대상이 되는 산신이나 당신 등을 들 수 있다. 이른바 이들 상당신에 대해서는 제물과 의례 형식, 참여자 등의 여러 측면에서 일정한 제한과 금기가 수반되는 엄숙한 형식의 의례가 이뤄지며, 이들 신은 다른 신들에 비해 상대적으로 높은 위치를 차지한다고 여겨진다.

해안 지역 민간신앙의 용 관련 의례에서 용은 단순히 기원과 숭배의 대상으로만 여겨지지 않는다. 용신에 대한 의례에서 용신은 기원과 숭배의 대상으로 존숭되기 보다는 오히려 놀림과 강요의 대상으로 여겨진다. 이는 용신에 대한 의례가 엄숙한 분위기 보다는 남녀노소가 모두 참여하는 개방적인 놀이와 축제의 분위기에서 이뤄지는 것을 통해 알 수 있다.

용신에 대한 이러한 태도가 잘 나타나는 한 사례로 전남 신안군 대둔도 수리마을의 갯제를 들 수 있다.[24] 이 마을의 갯제는 둑제(또는 용왕제)라고 하는데, 당할머니와 당할아버지를 대상으로 한 상당제와 산신제를 지낸 다음 날에 행해진다. 다른 마을과 같이 상당제와 산신제는 제관들만이 참여하는 엄숙형 의례인데 반해, 둑제는 마을 주민들이 모두 참여하는 의례 형식으로 진행된다. 둑제 날 아침이 되면 집집마다 부녀자들이 제상을 해변에 내어 놓는다. 그리고 마을의 모든 액을 갖고 먼 바다로 떠나는 존재인 허재비를 짚으로 만들어 놓는다. 허재비는 음식을 담을 수 있도록 입도 만들고,

---

23   여기서 놀림이란 비웃고 조롱한다는 의미가 아니라, 통제와 조정의 의미이다. 용신을 대할 때, 일정한 의례 행위를 통해 통제와 조정이 가능한 대상으로 용신을 바라본다는 뜻이다. 강요 역시 의례를 통해 인간의 바람을 들어달라고 강제하는 의례적 강요(ritual coercion)를 의미한다.
24   이하 수리마을의 갯제에 대해서는 이경엽, 앞의 글, 2004, 211~212쪽 참조.

남근을 노출시킨다. 그리고 허재비를 바다로 띄워 보낼 작은 배도 같이 만든다.

흥미로운 것은 주민들이 허재비를 용왕으로 부르는 점이다. 주민들은 허재비로 상징되는 용왕을 상대로 술과 음식을 권하고 대화를 나누며 마을 사람들의 기대와 염원을 전하기도 한다. 이처럼 수리 마을 둑제는 엄숙한 의례가 아닌 흥겨운 굿놀이 형식으로 진행된다. 이러한 수리마을의 사례는, 허수아비를 용왕으로 파악하는 주민들 인식의 타당성 여부와는 무관하게, 해안 지역 마을 의례에서 용신에 대한 인식이 어떠한가를 잘 보여주는 사례 가운데 하나라고 말할 수 있다.

용 관련 제의에서 세 번째의 부정과 배제의 태도는 나타나지 않는다. 이런 점에서 기원과 숭배의 태도가 주로 나타나는 산신, 당신이나 부정과 배제의 태도만이 나타나는 잡신들과는 구분된다. 따라서 해안 지역 민간신앙에서 용신은 그저 높은 신으로서 일방적인 숭배와 기원의 대상이기 보다는 인간이 자유롭게 관계를 맺을 수 있는 가까운 신으로서의 위상을 지니고 있음을 알 수 있다.

5. 해안 지역 용신과 자연 이해의 문제

지금까지 살펴본 결과, 바다가 삶의 터전인 해안 지역이라고 해서 내륙에 비해 용신이 반드시 보다 더 중요한 위상을 차지한다고 말하기 어렵다는 것을 알 수 있다. 해안 지역 삶에서 가장 절실하게 필요한 부분이 풍어인데, 용신은 풍어를 비는 유일한 기원 대상이 아니다. 마을 의례의 상당제의 대상인 산신이나 당신, 임경업 장군 같은 인물신에게도 풍어가 기원되며, 갯제의 경우 도깨비가 그 대상이 되기도 한다. 일반적인 제액초복 역시 여러 신들에게 두루두루 기원된다. 오히려 해안 지역 민간신앙에서 용신이 맡는 특수한 기능은 수사자를 관장하는 것이다.

이런 점에서 용신은 해안 지역에 사는 사람들의 삶을 포괄적으로 보살피는 그런 신으로 보기 어렵다. 오히려 수사자와 관련된 특수한 기능을 주로 담당하는, 해안 지역 민간신앙의 여러 신들 가운데 하나로서 파악된다. 따라서 해안 지역이라고 해서 용신 신앙이 더욱 두드러지고 중심적인 위상을 차지한다고 말하기 어렵다.

자연신이 신의 한 유형으로 설정되는 것을 통해 드러나듯, 한국 민간신앙의 신에 대한 설명에서 자연 조건을 주요 변수로 설정하는 관점이 존재한다. 그러나 해안 지역 민간신앙에서 나타나는 용신의 위상은 자연 환경이 민간신앙의 신 개념에 직접적인 요인으로 작용하지 않을 수 있음을 보여준다. 해안 지역의 일차적 자연 환경은 바다인데, 용신이 풍어와 어로 작업 등 바다와 관련된 인간 삶의 활동을 전적으로 관장하지 않으며, 다른 신들과 함께 역할을 분담하는, 해안 지역의 여러 신들 가운데 하나로 자리잡고 있는 것이다. 이런 점에서 바다라는 물리적 자연 환경이 해안 지역 민간신앙의 신 개념을 형성하는 일차적 요인으로 작용하지 않음을 알 수 있다.

물론 용신은 물의 영역을 관장하는 수신水神으로 개념화할 수 있다는 점에서 자연신의 범주에 포함시킬 수 있다. 이때 고려해야 될 것은, 자연신이라고 말할 때 전제되는 자연 개념이다. 그것이 물리적 자연 환경을 의미하는 것인지 아니면 물리적 자연 환경 그 자체 보다는 그러한 물리적 자연 조건을 이해하고 수용하는 문화적 틀로서의 인지모델을 통해 걸러진 자연인가를 검토할 필요가 있다.

흔히 민간신앙에 나타난 자연에 대한 논의에서 자연과학적 입장에서 자연에 접근하기 쉽다. 즉 자연을 인간이 관여할 수 없는 그 자체의 규칙에 의해 움직이는, 인간의 삶과 무관한 외적인 대상으로서 파악하는 관점에 설 수 있다. 그러나 자연을 인간과 무관한 독립된 객체로서 파악하는, 자연에 대한 이른바 자연과학적 관점에서 벗어날 필요가 있다.[25]

기본적으로 인간 삶은 자연 속에서 이뤄진다는 점에서 자연과 인간은 무관할 수 없으며, 인간과 자연은 필연적으로 상호관계를 가질 수밖에 없다. 그 과정에서 인간은 자연을 물리적인 객체로서만 받아들이지 않는다. 그것에 나름의 의미를 부여해서 의미화된 자연을 수용한다. 즉 자연은 실제의 자연 그 자체로 인간에게 수용되는 것이 아니라, 관련 믿음이나 지식, 생업 같은 문화적 인지 틀을 통해서 수용되며, 그 틀을 통해 이미지화된 자연의 관점에서 물리적 자연 환경에 반응하는 것이다. 해안 지역 민간신앙은 자연에 의미를 부여하는 의미 부여의 문화적 틀 가운데 하나이다. 해안 지역 민간신앙을 통해 나타나는 자연은 물자체物自體로서의 자연이 아니라 인간의 문화적 스크린 즉 인지모델을 통해 생성된 문화적 자연인 것이다.

　여기서 해안 지역 민간신앙에서 바다를 비롯한 주변 자연을 어떻게 인지하고 있는가에 대한 본격적 논의를 전개하지는 못한다. 단지 약간의 단서에 대해 말할 수 있을 뿐이다.

　먼저, 해안 지역 민간신앙은 바다를 그 자체로 독립된 자연 영역으로 바라보지 않는다는 점을 지적할 수 있다. 해안 지역 민간신앙에서 바다는 고립된 영역으로 존재하기 보다는 다른 자연 영역과의 상호관계 속에 공존하고 있는 것으로 파악된다. 즉 해안 지역의 자연 환경을 구성하는 요소로 바다만 존재하는 것이 아니라 산과 같은 다른 공간 역시 중요한 구성 요소 가운데 하나로 자리잡고 있음을 말하고 있다. 이는 해안 지역 민간신앙에서 용신이 중심적 위치를 차지하기 보다는 산신이나 인물신 등 일반 민간신앙 의례의 다양한 신들과 함께 나타난다는 사실을 통해 확인된다.

　물론 바다는 상대적 자율성을 가진, 인간 삶에 유의미한 자연 영역의 하나라는 점이 인정된다. 이는 해안 지역 바닷가에서 용신을 대상으로 마을

25　이처럼 인간과 자연을 근본적으로 분리시키는 관점은 서구에서도 자본주의적 근대성의 등장과 함께 나타났다고 한다. Neil Smith, "Nature", Adam Kuper and Jessica Kuper eds., *The Social Science Encyclopedia*(2nd edition), London & New York : Routledge, 1996, p.970.

이나 가정을 단위로 한 다양한 어로 의례가 행해지는 것을 통해 알 수 있다. 바다가 해안 지역 주민들의 삶에서 나름의 의미를 갖는 영역이 아니라면, 바닷가에서 용신을 대상으로 여러 민간신앙 의례가 행해질 이유가 없을 것이다. 수사자의 관장이라는 특수한 기능이 용신에게 부여된 것도 인간 삶에서 용신이 일정한 역할을 담당하고 있음을 인정받고 있다는 맥락에서 이해할 수 있다.

아울러 바다는 용신을 비롯한 여러 신들과 인간 등 다양한 존재들이 관여하고 상호작용하는 영역이라는 점이다. 이는 해안 지역 어로 관련 민간신앙 의례에서 용신뿐만 아니라 다양한 신들을 대상으로 풍어와 어로 작업의 안전이 기원된다는 점에서 그렇다. 해안 지역 주민들에게는 바다가 그들의 삶을 일구는 중요한 삶의 터전 가운데 하나라는 점에서, 인간 역시 바다에 개입하고 신들과 상호작용하는 주체로서의 위상을 부여받고 있다. 바다는 용신이 전담하는 영역이기 보다는 용신 외의 신들 그리고 그 신들과 함께 인간도 참여하는 인간 삶의 영역의 하나인 것이다.

매우 간략한 단서만을 제시했지만, 바다라는 자연 조건에 대한 이런 이해를 전제할 때 해안 지역 민간신앙에서 용신의 역할과 위상이 왜 현재와 같은 양상으로 나타나는가를 납득할 수 있다.

해안 지역 민간신앙에 나타난 바다에 대한 이해에서 흥미로운 점 가운데 하나로 바다와 어로 작업이 농경문화의 코드로 이미지화된다는 점을 들 수 있다. 이는 제주도 무속에서 해녀의 안전과 해산물의 풍요를 기원하기 위해 행하는 잠수굿을 통해서 잘 나타난다. 특히 잠수굿 과정 가운데 요왕 세경본풀이, 씨드림과 씨점의 절차에서 분명하게 확인된다.[26]

---

26 잠수굿의 요왕 세경본풀이와 씨드림, 씨점의 구체적 행위와 의미는 다음 자료를 참조. 강소전, 「북제주군 구좌읍 김녕리 동김녕마을 잠수굿의 제차와 그 역할」, 『탐라문화』 27, 제주대 탐라문화연구소, 2005, 11~13쪽; 송기태, 「어경(漁耕)의 시대, 바다 경작의 단계와 전망」, 『민속연구』 25, 안동대 민속학연구소, 2012, 91~94쪽; 이경엽, 앞의 글, 2013, 199~203쪽.

요왕 세경본풀이는 해산물의 풍요를 빌기 위해 이른바 요왕 세경신의 본풀이를 구송하는 과정이다. 그런데 세경본풀이는 농경신인 세경신의 기원을 설명하는 신화로서, 농경의 풍요를 위해 구송된다. 이런 점에서 요왕 세경본풀이는 세경본풀이를 모델로 이미지화된 의례 행위라는 점을 알 수 있다. 즉 농경 활동이 해산물 채취 행위의 모델로서 자리잡고 있는 것이다.

씨드림과 씨점도 같은 맥락에서 이해 가능하다. 씨드림은 바닷가에 곡식의 씨앗을 뿌림으로써 해산물의 풍부한 채취를 기원하는 것이고, 씨점은 곡식 씨앗이 굿청 바닥 돗자리에 뿌려진 모습을 통해 해산물 수확의 풍흉 여부를 점치는 것이다. 여기서 흥미로운 것은 씨드림과 씨점 역시 씨를 뿌려 수확을 거두는 농경 행의를 모방하고 있다는 점이다. 즉 해산물의 풍요로운 수확을 위해 농경 행의를 모방한 의례 행위가 행해지고 있는 것이다.

이런 점에서 제주도 잠수굿의 요왕 세경본풀이, 씨드림과 씨점의 과정에서 나타난 의례 행위는 해안 지역 민간신앙이 바다를 물리적 객체로서의 자연으로 파악하기 보다는 문화적 틀의 맥락, 이 경우는 농경 문화의 틀에서 바다가 농경의 공간으로서 문화화되어 수용되고 있음을 잘 보여주는 사례라고 말할 수 있다.

이는 해안 지역의 생업 문화와 관련지어 이해할 수 있다. 한국의 해안 지역 마을은 1960년 대까지만 해도 어업만으로 생활을 영위하기 어려웠고, 어업 외에 농업이 중요한 생업으로 자리잡고 있는 반농반어半農半漁촌이 대부분이었다. 해안 지역 마을이 어업만으로 생활을 꾸릴 수 있게 된 것은 1970년대부터라고 한다. 이런 까닭으로 그전까지만 해도 해안 지역 어촌 마을에서는 농경 문화가 중심 문화로 자리잡고 있었다.[27] 이런 문화적 배경을 전제로 바닷가와 바다에서의 어로 작업이 농경 문화의 이미지로 코드화

---

27 김재호, 「전통사회 해촌에서 농업이 갖는 사회문화적 의미」, 『비교민속학』 65, 비교민속학회, 2018 및 배영동, 「반농반어촌의 농경의례와 어로의례의 상관성과 복합성: 20세기 경북 영덕 창포마을의 경우」, 『비교민속학』 65, 비교민속학회 2018 참고.

될 수 있었던 것으로 이해된다.

6. 해안 지역 용신과 자연에 대한 새로운 관점의 필요성

일반적으로 수신으로 규정 가능한 용신은 바다가 주된 자연 환경이자 일차적인 삶의 조건을 구성하는 해안 지역에서 내륙 지역 보다 더 중요시될 것으로 여겨진다. 이 글은 해안 지역 민간신앙 의례를 중심으로 해안 지역에서 나타나는 용신의 위상이 이러한 상식적 이해와는 다르다는 점을 밝혔다. 나아가 그것을 바탕으로 해안 지역의 용신은 물론 자연에 대한 이해에 있어서 새로운 관점의 필요성을 지적하고자 하였다.

이미 살펴본 것처럼, 상식적 이해와는 다르게, 해안 지역의 다양한 어로 관련 민간신앙에서 용신은 중심적 신으로 나타나지 않는다. 용신은 해안 지역 민간신앙에서 중심 관심사인 풍어를 가져다주는 유일한 신이 아니며, 풍어의 기능은 용신 외에 다른 신들을 통해서도 충족된다. 해안 지역 민간신앙에서 용신이 담당하는 특수한 기능은 오히려 수사자의 관장이다. 또한 인간은 용신을 일방적인 숭배와 기원의 대상으로 보다는 자유롭게 소통하고 요구할 수 있는 인간과 가까운 존재로 여긴다.

이런 사실에 기초해 볼 때, 바다를 주요한 삶의 터전으로 하는 해안 지역이라고 해서 용신의 중요성이 더 강조되지 않음을 알 수 있다. 나아가 해안 지역의 신 개념은 물론 삶과 문화를 이해함에 있어서 자연 이해에 대한 새로운 관점이 필요하다고 말할 수 있다.

그러나 이 글은 자연 이해에 대한 새로운 관점의 필요성을 본격적으로 서술하지 못하였다. 단지 해안 지역 민간신앙에 나타난 자연 이해의 양상을 간략하게 제시하는데 그치고 말았다. 해안 지역 어로 관련 민간신앙 의례에 대해서도 포괄적 사례를 대상으로 보다 치밀한 분석을 진행했다고 말하기에는 충분치 못한 점이 있다. 또한 역사적 변화에 대해서도 전혀 고려하지 못하였다. 이러한 한계의 보완은 추후 과제로 남겨 두고자 한다.

제6장

한국 무속 '표시 체험'에 대한 연구*

정은정

1. 표시 체험 개괄 및 문제 제기

　종교 체험은 종교와 관련된 경험으로, 성스러운 존재나 신적 존재들과의 만남을 기반으로 하는 인간의 체험이라고 할 수 있다. 이 글에서 다루게 될 '표시 체험'은 한국 무속의 사제인 무당들의 무업과 직결되는 종교적 경험이라고 할 수 있다. 무당은 손님을 만나기 전 손님이 가진 문제와 관련하여 꿈을 꾸거나 몸을 통해 체험하게 되는데, 그들은 이를 '표시(지기·표적) 받는다.', '몸으로 받는다.'등으로 이야기한다.[1] 무당들은 이 '표시'를 '평생의 숙제'로 받아들이며, 그것을 잘 해석하고 풀어서 문제를 해결하는 것을 자

---

* 이 글은 「한국 무속 종교 체험에 대한 연구 - '표시 체험'을 중심으로 - 」, 『실천민속학연구』 제39호, 실천민속학회, 2022, 455~494쪽에 게재된 논문을 수정·보완한 것임.
1 아래의 글에서는 '표시' 혹은 '표시 체험'으로 표기함.

신들의 '소명'으로 인식하고 있다.[2]

이 연구는 무속 내부자의 시선을 기반으로 하며, 한국 무속의 다양한 종교 체험 중 신내림굿 이후, 무당의 무업 실천과 직결되는 것으로 보이는 '표시 체험'에 주목한다. 구업의 현장은 손님의 당면 문제 해결을 위해, 무당이 상담이나 의례(굿, 치성, 기도)를 실천하는 장이라고 할 수 있다. 따라서 '표시 체험'에 대한 접근은 무속의 종교 체험과 상담 및 의례의 상관성에 대한 접근으로, 굿 의뢰자인 손님과 굿 수행자인 무당의 상관관계를 보여줄 수 있는 연구라고 할 수 있다.

한국의 전통 종교인 무속은 구체적 현실로 존재하며 여전히 사람들에게 구체적인 영향을 끼치고 있다.[3] 사람들은 보편적 방법으로 해결하기 힘든 문제에 봉착하게 되면 무당을 찾기 마련이다. 그들은 자신이 당면한 문제를 해결하기 위해, '잘 맞추는 용한 무당', '영험한 쪽집게 무당'을 수소문하게 된다.[4]

이 연구의 주제인 '표시 체험'은 무당들에게 무당의 '용함' 혹은 '영험'과 직결되는 무당의 체험으로 무업의 현장에서 매우 중요하게 여겨진다. '표시 체험'은 무속의 주체인 무당과 단골, 제가집 및 일반인들도 경험하지만 주

---

[2] "무당은 평생을 표시로 인해 움직이지. 표시가 바로 우리들 숙제야. 이 숙제를 잘 풀어야 굿을 해도 제가집이 성불을 보지. 본인한테 온 표시·표적을 못 풀어서 다른 무당들한테 물으러 다니는 무당들도 참 많아.", "굿은 사람들한테 보여 줄라고 하는 거고, 사실은 이 표시를 잘 풀어 내야 되는 거야. 굿하기 전에 이미 답을 다 받고 하거든. 답을 찾아야 거기 맞게 장도 보고 굿도 하지. 근데 어디를 봐도 이런 이야기는 없지. 무당들은 이런 이야기 안하지.": A만신(여, 1967년생, 무업, 2020.10.31. 서울시 불광동, ○○사), "굿을 할 때나 점을 칠 때는 신이 나의 몸으로 들어온다. … 내가(신이) 와 있다는 표적을 즈는 것이다.… 굿의 청배를 통해서 오신다. 그런 과정에서 들어오실 때 표적을 주신다."(55세, 여, 대구, 무업), 손노선, 「한국 강신무의 접신에 관한 연구」, 영남대학교 석사학위논문, 2009, 36쪽.

[3] 이부영, 『한국의 샤머니즘과 분석심리학 : 고통과 치유의 상징을 찾아서』, 한길사, 2017, 45쪽.

[4] 그에 대해 필자의 오랜 친구인 초등학교 교사의 발화를 보자, 그녀는 "며칠 전, 친정 엄마가 '안동 서문시장'의 용한 무당에게 전화 예약을 한 후, 예약 당일 새벽같이 엄마랑 함께 찾아가 점을 봤는데, 애들 문제하고 신랑문제…엄마한테도 말 못한걸, 진짜 신기하게 다 맞추더라, 어떤 거는 옆에 엄마가 있어서 말을 다 못하는 것도 있더라니까…진짜 놀랐다니까…나는 사람들이 왜 그렇게 무당을 찾는지 인제 알았다니까."(김○교, 여, 1976년생, 교사, 2022.01.10. 안동댐 주차장)

로 무당에게 집중적으로 나타나며, 체험의 방식은 꿈이나 몸을 통한 신체 감각적 체험이 많고, 상대방의 상황 혹은 몸과 정신의 상태가 무당의 몸이나 마음 혹은 꿈속에서 재현되는 특징이 있다. 요컨대 무당이 상대방이 과거에 겪었거나 현재 겪고 있는 몸이나 마음, 혹은 주변의 상태, 삶의 특정 부분을 경험하게 되는 것이다. 무당은 이를 통해 신이나 조상, 자신과 가까운 지인과 손님들의 당면 문제와 관련한 정보, 그들이 처한 상황이나 상태를 알게 되는 것이다.

이 글은 무당과 손님(단골, 제가집, 제자)의 관계를 기반으로 발생하는 '표시 체험' 사례들을 중심으로 그것의 제 양상과 해석의 과정, 그리고 그 의미와 역할을 살펴보고자 한다. '표시 체험'에 대한 주목은, 그것이 무당과 손님 혹은 신 부모(신 선생)와 제자 또는 무당과 그 가족과의 관계 속에서 발생하는 체험이라는 점에서 무속의 독특한 세계관과 무속 신앙 주체들의 행위 규범에 접근할 수 있는 가능성을 보여준다. 이러한 관계적 맥락이라는 특징은 체험 이후 체험의 해석에도 영향을 주며 그에 따른 의례의 종류 및 의례 내용의 선택으로 까지 이어지고 있다.[5]

무속 현장에서 '표시 체험'은 종종, 꿈·소리·직감 등의 예시 방법들과 별개로 다루어져 무당의 유형을 구분하는 기준으로 적용되기도 한다.[6] 이는 무당들이 '표시 체험'을 다른 예시 방법들과 차이가 나는 것으로 인지한

---

5 "…표시에 따라 대처방법… 달라진다. 마구측신이나 동법관련 …만약 객귀.…조상. 표시가 들어오면 객귀를 풀어내야 한다. 주로 안 좋은 표시가 많기에 표시 내용에 따라 다르게 풀어내야 한다. 메조 밥. 날고기. 오방신장기. 입으로. 경문으로…굿이든 치성이든, 뒷전(뒷풀이)하고 연결된다. …." A만신(여, 1967년생, 무업 28년, 2020.10.31. 전화 면담)

6 B만신(여, 1962년생, 무업17년, 2021.10.30. 전화 면담) B만신은 자신의 제자를 두고 "나는 처음에 주로 화경으로, 눈으로, 영화필름 돌아가듯이 눈으로 보지만, ○○도사는 몸으로 다 받지. 다르지. 내 제자라도 나하고는 다르지"라고 발화하며, 다른 동료 무당들에 대해서도 '몸으로 받는' 제자와 '화경으로 보는 제자' 등으로 구분하고 있었다. 장순범 역시 자신의 논문에서 무당의 분류기준으로 삼고 "몸으로 받는 형", "체험 형"으로 구분하고 있다. 장순범,「입 무(入 巫) 과정에서 '허주 굿과 삼산돌기'의 포착과 내림굿에 따른 애동 무당의 갈등」, 안동대학교 석사학위논문, 2006.

다는 것을 의미하며,[7] 나아가 무당의 인지체계 속에 표시 체험에 대한 어떠한 기준이 세워져 있다는 것을 의미한다.

종교와 종교 체험 사이에는 매우 밀접한 관련이 있음에도 불구하고 무속 연구에서 '표시 체험'에 대한 연구 및 조사 보고는 활발하게 이루어지지 않았다. 무속 주체들 간 관계적 측면에 주목한 연구 역시 상대적으로 비중이 낮다고 할 수 있다. 또한 한국 무속의 사제인 무당의 종교 체험에 대한 연구는 주로 입무入巫 과정의 '신 내림굿'이나 '접신'을 중심으로 이루어져 온 경향이 있다.

그럼에도 불구하고 '여성', '제주 4. 3' 등 집단성을 띠는 특정 주제들에 대해 무당의 생애사와 체험으로 접근한 김성례의 연구는 주목할 만하다.[8] 특히 「제주무속: 폭력의 역사적 담론」에 제시된 제주도 심방의 꿈과 관련된 내용은[9] 이 연구에 많은 시사점을 주는데, 무당의 '표시 체험'은 심방의 꿈과 같은 방식으로도 나타나기 때문이다. '미조 심방'이 자신의 꿈을 기반으로 '질침'을 선택하게 되는 것은, 표시 해석에 따른 무당의 의례 선택 과정을 보여주는 좋은 사례라고 할 수 있다.[10] 이러한 측면에서 '표시 체험'에 접근하는 것은 무당의 종교 체험과 의례의 상관성에 대한 접근이라고 할 수 있다.

---

7   A만신(여, 1967년생, 무업, 2020.09.10. 전화 면담) "희안하게 굿 할 때만 들어오는 표시는 도망도 못가. 할머니나 영가들 통신하는 거는 그냥 우리 일이니까. 그런데, 표시는 좀 달라. 그래서 더 기도하고, 할머니한테 더 매달리게 되는 거야"
8   김성례, 「제주무속: 폭력의 역사적 담론」, 『종교 신학 연구』 4-1, 서강대 비교사상연구원, 1991, 207쪽. 그는 '김성례・조옥라, 「한국 무속에 나타난 여성체험, 구술 생애사의 서사분석」, 『한국여성학』 7, 1991.'에서 한국무속에 대한 여성체험으로 구술 생애사의 서사분석을 시도 했으며, '김성례, 「제주 무속: 폭력의 역사적 담론」, 『종교 신학연구』 4-1, 서강대 비교사상연구원, 1991.'에서 심방의 체험을 통한 폭력의 역사적 담론으로서 제주무속에 접근했다.
9   위의 글, 15쪽, "미조 심방은 이렇게 굿을 해달라는 부탁을 받기 전날, 맡을 환자의 문제에 대해 암시해 주는 꿈을 곧잘 꾼 경험이 있기 때문에…"라는 대목은 그대로 무당들의 '표시 체험'에 대한 설명과 일치한다.
10 위의 글, 14~17쪽. 미조 심방은 환자를 만나기 전날 꾼 꿈(꿈속에서 흰옷 입은 젊은 부부가 말 없이 서 있는데 입과 가슴이 칼에 찔려 피가 막 솟구치고 있었다.)을 환자의 고모에게 확인하고, 고모가 요구한 '돗제'나 '푸다시'가 아니라 큰 굿인 '질침'을 행하게 된다.

우리는 손노선의 「한국 강신무의 접신에 관한 연구」에 나타난 '무감' 체험 사례를 통해[11] 무속 공동체 내부의 종교 체험은 상황과 배경에 따라 일반에게도 가능하다는 것을 알 수 있다.[12] 이러한 일반인의 '무감' 체험 사례는 표시 체험이 일반인들에게 나타나는 양상을 이해하는데 도움을 준다고 할 수 있다. 나아가 제 3의 신령접촉 방식에 대한 이희정의 연구를[13] 바탕으로, '표시 체험'이 '접신', '공수', '대화' 등의 방식과는 다른 형식의 소통 방식이라고 이해할 수 있을 것이다.

연구를 위해 문헌 자료와 무당을 중심으로 '표시 체험'의 구체적 사례를 수집하고, 체험자와 체험의 내용에 따른 분류를 시도할 것이다. 이어서 그 해석의 과정을 다룬 후, 이를 바탕으로 표시 체험의 의미와 역할을 밝혀보고자 한다.

표시 체험의 사례 조사를 위한 심층면접의 주 제보자는 A만신(여, 55세, 무업 28년, 서울시 불광동 ○○사)과 B만신(여, 60세, 무업 18년, 안동 ○○ 굿당), C법사(남, 61세, 암자운영 20년, 안동시 ○○암)이다. 또한, 주 제보자들의 신 제자들과 단골 및 제가집, 손님들로부터 '표시 체험' 사례들을 수집하였다.

2. 표시 체험의 사례 및 분류

'표시 체험'의 사례들에 대한 대략적 분류를 통해 '표시 체험'의 제 양상과 특성에 접근할 수 있을 것으로 여겨진다. 그렇다면, 무당들은 '표시 체험'을 분류하는 어떠한 기준을 가지고 있을까? 그들은 주로 '표시 체험'과

11　손노선, 「한국 강신무의 접신에 관한 연구」, 영남대학교 대학교 석사학위 논문, 2009, 58~61쪽.
12　본 글, 〈사례 5-①〉 참조.
13　이희정, 「샤먼의 신령 접촉 형식에 관한 연구 – 한국, 시베리아, 북미 샤먼들의 사례를 중심으로 – 」, 서울대학교 박사학위 논문, 1999, 1~3쪽 참조.

관련된 대상(손님과 주변인들)과 방식(꿈, 신체, 습관 및 기호)을 중심으로 구분하고 있었다.

이 장에서는 먼저 무당과 단골 및 일반인, 즉 표시를 받는 체험자에 따라 사례들을 분류한다. '표시 체험'은 무당과 무당의 주변인들에게 나타나고 있으며 그 양상이 표시의 강도 및 해석의 측면에서 다르게 나타나는 것으로 보인다. 무당의 '표시 체험'에 대해, 표시 체험과 관련된 대상을 중심으로 손님과 관련된 표시, 무당의 주변 인물들과 관련된 표시로 나누어서 접근한다. 이어서 굿을 의뢰한 제가집의 표시 사례를 소략하게 제시하고자 한다.

1) 무당의 '표시 체험'

(1) 손님의 문제와 관련된 사례

무당의 '표시 체험'은 손님이 당면한 문제 즉, 무당의 일거리와 관련된 사례가 많다. 이와 관련하여 무당은 자신이 전혀 알지 못하는 손님(타인)이나 손님의 가족, 죽은 조상의 표시까지 받는데, B만신의 "상담할 때 산 혼(살아있는 사람 혼) 표시도 와.⋯점사를 볼 때도 당사자 표시 받지. 그 사람 기분이나 아픈 거.⋯"(B만신 안동 ○○ 굿당, 2020.10.30) 라는 구술을 통해 이를 확인할 수 있다.[14] 이를 통해 우리는 무당이 자신과 대면한 손님과 관련하여 손님의 살아 있는 가족(산 혼)에 대한 표시까지 받는다는 것을 알 수 있다. 또한 표시의 내용에 대한 '기분', '아픈 거'라는 발화는 무당의 '표시 체험' 방식이 일정하지 않을 수 있음을 암시한다.

무당들은 손님과 대면하기 전, 미리 표시를 받는 경우가 많다. 특히 손님의 신체적 병증은 그대로 몸으로 겪게 된다고 한다. 즉, 무당이 손님의 병

---

14 이와 관련해 A만신은 "이거 산 거 표시야 죽은 거 표시야?"라고 하며, B무당은 "당사자를 만나기 전까지는 도대체 산 사람 표신지 죽은 사람 표신지 구분도 잘 안되"라고 발화하기도 한다.

증을 몸으로 경험해서 손님에 대한 정보를 알게 되는 것이다. 6개월 혹은 일주일, 3일 전 부터도 손님의 표시가 들어오기도 하는데, 무업의 초기에는 자신의 병인 줄 알고 병원을 직접 찾아 많은 검사를 하지만 대개 원인이 없는 병으로 결과가 나온다고 한다. 그러나 손님과의 대면을 통해 '이 손님 표시였구나.'하고 인지하게 되면 무당의 표시는 거의 사라진다고 한다.[15] 만신들은 그렇게 자신들이 몸으로 표시를 받은 병증들은 대개 '신에서 나아지도록 해줄 수 있는 병'이라고 말하며, 자신들이 몸으로 표시를 받으면 '손님들이 느끼는 통증은 많이 약해지기도 한다.'고 말한다.[16]

다음의 B만신과 C법사의 사례를 통해 그 양상을 알 수 있다.

〈사례 1-①〉 무당이 받은 손님의 병증 표시(B만신, 여, 1962년생, 무업, 2020. 10.30, 안동시 ○○굿당)

B만신은 정 씨 내외가 찾아오기 3일 전부터 뚜렷한 이유 없이 속이 메스껍고 두통이 있어서 약을 먹었지만 듣지 않아 병원에 가서 검사를 했으나 원인이 없었다. B만신은 정 씨 부부를 만나고서야 그것이 손님의 표시임을 알게 된다.

농사를 짓는 44세의 정 씨는 자신의 아내 최 씨가 갑자기 골반과 속이 매우 아프고 심한 두통까지 겹쳐서 농사일을 못하게 되자, 2020년 10월 16일 인근의 안동병원을 방문한다. 그러나 검사 결과 이상이 없는 것으로 나타났으며, 정 씨는 '이상한 느낌이 들어서' 집으로 가지 않고 바로 아내와 함께 B만신을 찾은 것이다. B만신과 상담을 거쳐 굿 날짜를 잡고 신당에 고하자 최 씨의 병증이 거짓말처럼 사라졌으며, 이들은 2020년 10월 26일 오구굿을 하게 된다.

---

15 이를 두고, "표시가 풀린다. 표시에서 벗어난다."고 발화하기도 한다.
16 B만신은 이를 두고, "그러니까 우리는 조상의 업도 내가 받고, 부모 업도, 손님 업도 내가 받는 거지." 라는 말을 하기도 한다.

〈사례 1-②〉 법사가 받은 손님의 습관·기호 표시(C법사, 남, 1961년 생, 암자 운영, 2020.10.31, 안동시 ○○암)

…먹지도 않던 생선도 매일 먹고…평소에 술을 입에도 대지 않는데 2016년 12월부터 2017년 2월 까지 3개월을 술을 그렇게 마셨다.…2017년 3월 초에 환자가 왔는데, …통증이 몹시 심해서, 밤이 되면 독주를 먹고 잠이 드는 환자였다. 이 환자는 해물을 몹시 즐기며 음주를 즐기던 사람이었는데,…환자를 만나고 상담을 하면서 모든 증세가 사라졌고, 환자 역시 술을 끊었다.

위 사례들을 통해서 우리는 무당이 자신을 찾아 올 손님에 대한 정보를 '표시 체험'을 통해 미리 경험하게 되는 것을 확인할 수 있다. 특히, **〈사례 1-②〉**를 통해서 손님의 병증 뿐 아니라 식습관이나 기호 까지도 표시 받을 수 있음을 알 수 있다.

면담을 하는 중 **〈사례 1-①〉**의 B만신은 화장대 앞, 먹다 남은 약봉지들을 가리키며 "저게 그때 드던 약"이라고 했다. 병원에서 원인이 안 나왔지만 "속이 뒤집히고 눈이 빠질 것 같은 두통" 때문에 약을 먹을 수밖에 없었다고 한다.[17] **〈사례 1-②〉**의 C법사는 "어찌나 노래방이 가고 싶고 여인들 생각이 나던지 아주 혼났지. 계속 그랬으면 아마 지금 법당도 다 접고 내려갔을 지도…"이라며 눈을 껌벅 거리며 말끝을 흐렸다. 심지어는 단골들이 아예 술을 사 와서 함께 술을 먹은 적도 여러 날 된다고 했다.

무당이 손님의 병증과 식습관을 그대로 자신의 신체로 경험한다는 것은, 마치 무당이 손님이 되어 살아보는 경험을 하는 것과 같은 인상을 준다. 즉, 타인의 삶의 일부분, 특히 당사자에게 문제가 되는 부분을 경험해 보는 것이다. 이러한 경험들을 통해 손님에 대한 무당의 친밀성이나 이해가 깊어질 뿐만 아니라, 무당이 개별 손님의 문제를 해결해 나가는 과정에서 좀

---

[17] "다행히 손님이 바로 와서 며칠 안 아팠지, 어떤 사람은 일주일이나 보름 뒤에도 온다니까."라며 그럴 때면 정말 속수무책으로 약을 달고 살 수 밖에 없다고 한다.

더 세밀한 접근이 가능해질 것으로 보인다.

요컨대, '표시 체험'은 무당이 손님에 대한 정보를 미리 획득하게 해주는 체험으로, 그 정보의 내용은 손님의 병증을 넘어서 손님의 기호나 생활 습관 까지도 두루 포함되는, 경우에 따라서는 손님과 관련한 전체적이고도 총체적인 체험이라고도 할 수 있을 것이다. 이러한 측면에서 본다면, 무당은 '표시 체험'을 함으로써 손님이 직면한 문제 뿐 아니라, 한 개인 손님에 대해 좀 더 인간적이고 깊이 있는 접근이 가능해지리라는 것을 짐작할 수 있다.

손님의 문제와 관련해서, 무당은 손님들의 죽은 조상에 대해 다양한 표시를 받는 것으로 나타난다. 다음을 보자.

〈사례 2-①〉 무당이 받은 손님의 조상 표시(A만신, 1967년생, 무업, 2021. 12.12. 전화 제보)

며칠 전, 손님이 오기 전부터 갑자기 머리가 계속 아팠다. (뒷골이 아팠다). 아프니까 손님이 와서 상담을 하면서도 …갑자기 부산스럽게 움직이게 되고 상담하다 말고 갑자기 화장실을 가려고 일어나다가, 결국 손님의 아버지가 뇌졸중으로 화장실을 가다가 넘어져 죽게 된 거를 알게 되었다.

〈사례 2-②〉 제주도 심방이 받은 손님의 조상 표시[18]

만일 단골이 아닌 전혀 모르는 사람이 굿을 의뢰해 오면 그 전날 밤에 꿈을 꾸지요 … 환자분의 작은 어머니가…아침 8시 30분에 나를 찾아 왔는데, 나는 아침 7시 정도에 꿈을 꾸었어요, 소복을 입은 여자 한 분이 가슴에 깔을 꽂고 피를 흘리는 꿈을 꾸고 …조카가 아파서 돗제(돼지를 한 마리 잡아 올려 드리는 제)를 올려 달라고 했어요. 그래서 내가 "돗제를 올려서는 안 될 것 같습니다.

---

18 차옥숭, 『한국인의 종교경험 巫敎』, 서광사, 1997, 175~177쪽.

… 돗제로는 안되니까 굿을 하자고 해서 시왕을 청해 결을 쳤어요.…지금도 내일 누가 찾아올 것 같으면 오늘 밤에 꿈을 꾸어요. 꿈을 꾸고 나면 다음날 돗제나 굿 의례를 받아요."

〈사례 2-③〉 점복 중 무당이 받는 손님의 조상 표시(김춘녀, 여, 30세, 1970. 07.19)[19]

점치는 도중 무당이 졸리면 수면제 먹고 죽은 조상이 문제되고 비릿 내가 나면 피 흘려 죽은 조상, 배가 아프면 난산(難産)으로 죽은 조상, 목마르면 목매어 죽은 조상, 혹은 굶어 죽은 조상, 어깨가 아프면 칼 쓰고 억울하게 죽은 조상이 문제된다고 한다. 점치거나 굿하다가 이런 감각을 그녀는 느낀다고 한다.

위 사례들을 통해 우리는, 무당은 손님과 관련해서 손님 조상에 대한 표시를 손님을 만나기 전부터 미리 받거나, 손님을 대면한 바로 그 자리, 즉 점을 보거나 굿을 하는 중에도 받을 수 있음을 알 수 있다. 또한 무당들에게는 '표시'를 해석하고 의례를 선택 하는 나름의 기준이 있음을 짐작할 수 있다.

우리는 〈사례 2-①〉을 통해 무당의 '표시 체험'이 손님을 만나기 전에 발생하지만, 체험에 대한 해석은 손님과의 대면을 통해 가능해 진다는 것을 확인할 수 있다. 즉, 무당은 손님을 대면하기 전 미리 손님 조상과 관련된 표시를 받지만 손님과의 대면을 통해서야 비로소 '표시'가 상징하는 개별적 조상을 확인을 할 수 있는 것이다.

무당이 표시의 해당 손님을 인식하기 위해서는 손님이 무당을 찾아야 한다. 〈사례 1-①〉, 〈사례 1-②〉, 〈사례 2-①〉에서 무당은 손님에 대한 표시를 받고 기다리는 존재다. 더러는 기다림의 시간이 6개월, 3개월(〈사례 1-

---

19 김광일, 『한국전통문화의 정신분석』, 시인사, 1984, 151쪽.

②)), 며칠이나 몇 시간이 될 수도 있다고 한다. 점을 보는 현장에서 바로 표시를 받는 것은 운이 좋은 경우로 보인다. 특히, 갓 신내림굿을 했거나 성숙 과정의 무당이 이 기다림의 시간을 무사히 보내기 위해서는 누군가의 도움이 필요해 보인다. A만신의 설명에 따르면, 스승이 제자를 잘 관찰해서 표시임을 알려 주고 해결방안을 제시해 주거나, 제자(제자의 미래 손님)의 표시를 스승이 함께 받게 되어 해결하게 되는 경우도 있다고 한다.[20]

〈사례 2-②〉의 제주도 심방은 꿈을 통한 '표시 체험'을 하고 있다. 그녀는 "모르는 사람이 굿을 의뢰하기 전 날"이나 "낯선 손님이 오기 전날", "그 집 조상"이나 "영혼"에 대한 꿈을 꾸지만, 꿈 내용에 대한 해석은 "다음날" 혹은 "그 집에 가서" 손님을 대면하고 나서야 비로소 정확하게 이루어짐을 알 수 있다. 이 사례는 표시의 해석에 따른 무속의례의 선택을 보여주는 사례이기도 한데, "돗제로는 안되니까 굿을 하자고 해서 시왕을 청해 질을 쳤어요."라는 심방의 발화를 통해, 심방은 '표시 체험' 내용에 대한 해석에 따라 의례의 종류를 선택했음을 짐작할 수 있다.

심방은 '돗제'를 요구하는 손님에게 시왕을 청해서 질을 쳐야 한다고 손님에게 제시한다. 즉, 심방은 자신이 꿈으로 받은 표시의 내용을 해석하고 손님에게 확인 과정을 거친 후, 손님의 문제를 해결하기 위해 '질침'을 선택하고 손님에게 제시한 것이다. 제주도에서 돗제는 우환이 있는 집에서 돼지를 잡고 심방을 청해서 굿을 함으로써 액운을 막고 가족의 평안의 기원하는 의식이다. 이에 비해 '질침'은 차사영맞이로도 불리는데, 망인의 '영개울림'을 들은 뒤 영혼을 위무하여 저승으로 보내는 행사다.[21] 그렇다면 심방은 이 손님의 문제에 대한 원인을 죽은 영혼, 즉 자신의 꿈에 나타난 존

---

20   A·B만신은, 표시를 해결하기 위해 산에 기도를 가거나, 다른 용한 무당을 찾는 무당들도 있지만, 말문이 막히거나, 무업을 그만두게 되는 경우까지 발생하기에 표시를 잘 해결하고 무업을 잘 유지해 나가기 위해서는 좋은 신선생이나 신어머니, 신아버지가 꼭 필요하다고 거듭해서 강조한다.
21   한국민족문화대백과사전, http://encykorea.aks.ac.kr.

재로 분석해 내고 있음을 알 수 있다.

무당이 받는 손님의 조상과 관련한 '표시'의 내용은 주로, 문제가 되는 조상의 사망 원인과 관련된 것이 많으며, 해당 조상과 관련된 손님(후손)과의 대면을 통해 표시의 정체가 확인된다고 할 수 있다. 또한 의 사례들에서 나타나는 "손님이 오기 전"이나 "내일 누가 찾아올 것 같으면 오늘 밤에", "점치는 도중"이라는 발화를 통해, '표시 체험'이 무당과 손님과의 상관성 속에서 발생 하는 체험이라는 것을 알 수 있다.

〈사례 2-③〉은 점복과 관련한 만신의 발화이다. 이 만신은 점을 치는 도중 발생하는, 졸리거나 배가 아프거나, 목이 마르거나, 어깨가 아프거나 등, 자신의 몸 상태, 몸에 나타나는 여러 증상을 통해 조상들이 죽은 원인을 해석하고 문제가 되는 손님의 개별 조상을 찾아내고 있다.

사례들에 나타나는 만신들의 '표시 체험' 해석 과정을 보면, 만신들은 '표시 체험'이 손님의 문제 원인과 직결된다는 것을 이미 알고 있으며, 매우 당연하게 손님들의 문제를 '표시 체험'의 내용을 기반으로 해석하고 있다. 이는 무당이 '표시 체험'의 의미와 성격을 이미 알고 있음을 의미한다. 즉 한국의 만신들에게 '표시 체험'은 특별한 무당의 체험이 아닌 보편적 체험일 수도 있음을 짐작할 수 있다.

사례들을 통해 우리는 무당들은 점을 치는 도중이나 굿을 하는 중에도 '표시 체험'을 할 수 있고, 무당에게 '표시 체험'은 특정 손님과 관련하여 매우 개별적으로 경험되고 해석 되어 개별 의례에까지 연결되는 체험이라는 것을 알 수 있다.

(2) 무당의 주변 인물들과 관련된 사례

무당들은 자신의 가족이나 자신의 제자, 단골 등 자신의 주변 인물뿐만 아니라, 자신과 친밀한 관계의 대상들과 관련한 표시를 주로 받는다고 한다.[22] 그들은 제자의 표시를 받기도 하는데, 가령 신내림굿을 허 준 제자가 술을 즐겨하면 본인도 평소와 다르게 술을 즐기게 되거나, 제자의 식습관을 그대로 표시 받는 경우도 있다고 한다.

주변 인물들과 관련된 표시들에 대해, 무당 자신은 처음엔 그것이 '표시'라는 것을 잘 모르지만 문득, 본인의 상태가 평소와 다르다는 것을 스스로 자각 하게 되거나 더러는 주변의 지인들로부터 지적을 받는 경우도 있다고 한다.[23]

〈사례 4-①〉 무당이 받은 지인의 죽은 조상표시(A만신, 여, 1967년생, 무업, 2020.08.19, 서울시 불광동 ○○사, 전화 면담)

2007년 겨울 A만신이 휴식을 취하기 위해 친한 동생 집에 잠시 머문 적이 있다 …갑자기 한밤중에 비빔밥이 너무 먹고 싶어서 주방에서 커다란 바가지에 밥. 김치. 고추장, 참기름을 넣고 비벼서 먹었다. … 동생의 남편이 먹는 모습과 비빔밥을 보더니, 깜짝 놀라면서 "우리 엄마가 살아 계실 때 꼭 그렇게 바가지에 비벼서 주방에서 쭈그리고 앉아서 급하게 먹었다"고 했다. 그 신랑은 자신의 엄마 이야기며, 아버지 이야기 등을 새벽이 되도록 털어놓았다.

〈사례 4-②〉 무당이 받은 C제자의 표시(B만신, 1962년생, 무업, 2020.08.09. 안동 ○○ 굿당)

B만신이 신을 받은 지 3년 되던 해인 2014년에 8월에 신바람으로 힘든 집의 일을 했다. 일을 하고 나서 몸이 아프던 가족은 다 나았지만,…해당 집안의 "큰 딸이 신의 제자가 되어 기도를 받아야 한다."는 공수가 내렸다.

큰 딸은 그해 동짓날 안동으로 내려와서 함께 기거하며 기도에 들어갔다. 큰

---

22 그 이유에 대해서 A만신은 "항상 그들을 위해 기도를 하니까 표시를 받는 건 당연하다."고 말한다.
23 가령 생선을 좋아하던 사람이 비린 것을 가리게 되고, 술이나 흰 우유를 전혀 안 먹던 사람이 갑자기 즐기게 되는 것들은 뚜렷한 변화이기 때문에, 무당과 가까운 이들이 알게 되는 것이다.

딸이 내려오고 얼마 지나지 않아 B무당은 …고등어를 먹는데 "갑자기 비린내가 치받쳐서 먹지를 못했다"고 한다. "본래 시장에서 고등어를 사는데, 대신 동태를 사고, 그날따라 밥도 안 먹히고 먹은 것도 다 토해내고 굿당에 돌아와서까지 설사를 했다"고 한다. 기도하는 큰 딸에게 말했더니, 자신이 서울서 내려오기 바로 전, 고등어를 먹고 3일을 죽다가 살았다고 하더란다. 또 B만신은 본래 우유 등 유제품을 먹지 않았으나 그 날 이후로 "기도 받는 큰 딸이 좋아하는 흰 우유, 바나나우유, 큰 요구르트 등을 사서 쟁여놓고 먹었던 시절이 있었다."고 한다.

〈사례 4-①〉을 통해 우리는 무당은 일거리와는 상관없는 자신의 지인과 관련된 표시도 받을 수 있음을 알 수 있다. A만신은 평소 라면을 끓여도 꼭 반듯하게 상을 차려서 먹는다. 그녀는 자신이 한밤중에 남의 집 부엌살림을 뒤져서 바가지에 먹었다는 것에 대해, 지금 생각해도 "너무 부끄럽고, 절대 이해 안 되는, 정말 이상한 짓을 했다"고 말하며 이어서 '무당이 표시를 받으면 생전 안 하던 짓도 막 하고, 참 모르는 사람이 보면 미쳤다고 할 거야."라고 했다. 그러나 한 밤중에 벌어진 그 상황으로 인해, 어색했던 동생의 남편과 친해질 수 있는 계기가 되어, 다음날 함께 산책을 가기도 했다는 것이다. 이를 통해 우리는 무당이 일거리와 상관없는 지인의 조상에 대한 표시도 받을 수 있으며, 이러한 표시는 사람과 사람 사이의 경계를 허무는 역할도 할 수 있음을 짐작할 수 있다.

〈사례 4-②〉는 무당이 자신과 함께 거주하는 제자의 표시를 받은 사례이다. 이 사례는 '표시 체험'으로 인해, 무당이 자신의 주변 사람들이 과거에 겪은 경험을 몸으로 그대로 겪을 수 있다는 것을 알 수 있다. 또한 무당들은 표시를 받음으로 인해 자신의 평소 습관과는 전혀 다른 행동을 하게 될 수 있음을 보여주는 사례라고 할 수 있다. B무당은 평소 해산물을 아주 즐겨 먹었지만 그 일이 있은 후, 겁이 나서 오랜 동안 해산물을 입에도 대지 못했다고 한다. B만신은 이 경험을 통해 무당은 제가집 표시도 받지만 함께 거주하는 사람이나 제자의 표시도 받을 수 있다는 것을 알게 되었다고 한다.

만신들이 받는 제자들의 표시는 제자가 성숙한 무당이 되기 위해서 해결되거나 교정되어야 할 부분들과 관련성이 높다. 즉 무당은 자신의 제자가 가진 무당으로서의 단점, 문제가 될 만한 부분들을 표시 받는다는 것이다. 만신들은 이러한 표시들을 해석하고 제자의 습관이나 행동, 문제들에 대한 대처 방안을 모색하기도 한다.[24] 뿐만 아니라 〈사례 4-②〉와 유사한, 제자에 대한 이해를 깊게 해 주게 되는 표시들도 받게 된다. 제자들의 기호나 습관을 표시 받게 되면, 이것이 제자에 대한 스승의 이해와 더불어, 스승에 대한 제자의 신뢰를 강고하게 해주는 요인으로 작용할 수 있음을 알 수 있다.

2) 단골 및 일반인들의 '표시 체험'

단골들은 수시로 신당을 찾고, '할아버지' 혹은 '할머니'라고 신을 부르며 스스로 정성을 올리고 기도를 하기도 한다. 우리는 사례를 통해 이러한 단골과 제가집(일반인)도 표시를 받는 다는 것을 알 수 있다. 이들은 '꿈'이나 '기분'(느낌) 등으로 자신의 가족이나, 자신의 조상, 자신이 신뢰하는 무당에 대한 표시를 받고 서로 소통하며 걱정해주는 사이가 되어 가는 것이다. 아래 전주 이 씨 제가집이 A만신을 통해 태백산에서 굿을 할 때의 사례를 보자.

---

24 만신들은 주로 제자들이 자신들에게는 숨기는 습관이나 행위 등에 대해 표시를 받는다고 한다. 가령 술버릇과 관련된 제자를 표시 받으면, 제자와 함께 술을 마시면서 술버릇을 고쳐주기도 하고 돈에 대한 습관과 관련해서는 제자에게 장보기를 맡겨서 씀씀이를 알아보고 가르침을 주기도 하는 것이다.

〈사례 5-①〉 제가집이 받은 조상 표시(정씨부인, 여, 1974년생, 주부, 2021. 01.24. 서울시 불광동 ○○사)

굿을 준비하는 과정에서 A만신은 조상 복을 준비하는 데 아주 곤욕을 치르게 된다. 왜냐하면 계속해서 조선 시대 왕실의 예복들이 눈에 들어왔고 그 옷들은 가격이 아주 비쌌기 때문이다. A만신은 결국 이 씨의 부인에게 전화를 하게 된다. 이때 이 씨의 부인은 "이상하게도 갑자기 계속해서 조선 왕실의 예복, 특히 왕비의 대례복이 자꾸 눈앞에 아른거리고 생각이 나서 컴퓨터로 검색까지 하는 중이었다"고 말했다고 한다. 이 씨 부인은 이 후로 "A만신에 대한 신뢰가 더욱 깊어졌다."고 한다.

위의 사례를 통해 무당에게 굿을 의뢰한 제가집도 '표시'를 받는 일이 나타나고 있음을 알 수 있다. 즉, 굿을 매개로 무당과 제가집의 가족 구성원이 동일한 표시를 받을 수도 있는 것이다. 이 씨의 부인은 A만신으로부터 이것이 조상들이 왕족이다 보니 이러한 표시가 들어오는 것 같다는 설명을 듣고서야 자신의 상태가 이해되고 A만신을 더욱 신뢰하게 되었다고 한다.[25] 제가집의 한 구성원이 표시를 받을 수도 있지만 표시의 의미에 대한 해석은 무당과의 소통을 통해 가능하다는 것을 알 수 있다.

사례들에서 무당은 손님이나 주변 지인들과의 상곤성 속에서 '표시 체험'을 하고 있음이 드러난다. '표시 체험'의 내용은 손님들의 당면한 문제와 관련되어 해당 문제에 대한 암시적 성격을 띠며 손님들의 문제를 이해하는 데 단서가 된다는 것을 알 수 있다. 나아가 손님을 만나기 전에 표시를 체험하기도 하지만, 표시의 해석은 손님과의 대면 속에서 이뤄진다는 점 또

---

[25] 이 일이 있은 후 이 씨의 부인은 꽤 오랜 동안 A무당에게 좋은 옷과 신발, '공진단', '홍삼' 등의 귀한 차와 약들과, 아름다운 꽃 등의 선물하기도 했다고 한다. 그 이유에 대해 이 씨의 부인에게 물어보니, "무당이…죽은 조상들의 흔적을 온 몸으로 다 표시를 받는다는 게, 마치 대신 아파주는 거 같다. 너무 고맙고, 믿음이 가고 또 한편 미안하기까지 했다 …"(여, 1974년생, 주부, 2021.01.24. 서울시 불광동 ○○사)는 말을 했다.

한 알 수 있다.

제가집이나 일반인의 경우 죽은 조상(가족)의 상태들을 표시 받는 것을 알 수 있다. A만신의 설명에 따르면 일반인들이 조상들의 아픈 증세를 몸으로 그대로 겪기도 하며, 더러 타인의 표시를 받게 되는 경우도 있다고 한다. 그러나 결국, 이들이 받은 표시들은 무당을 통해 해석되고 굿 등의 문제 해결 방법을 통해서 해소되는 것이다.

3. 표시 체험의 해석 과정

우리는 2장에서 제시된 사례들을 통해 무당의 '표시 체험'이 상대방과의 상관성 속에서 발생할 뿐 아니라, 타인(손님)과 직접 만나는 과정에서 개별적으로 확인 되고 해석되는 과정을 거쳐, 상담이나 의례의 실천으로 이어지는 것을 보았다.

신비 체험의 해석에 대해, "신비 체험에 대한 설명은 체험으로부터 분리할 수 없다"고 주장한 로버트 엘우드의 논의에 따르면,[26] 신비 체험은 체험자의 존재가 달라지는, 체험의 결과가 지속적으로 이어지는 체험이라고 할 수 있다.[27] 즉, 신비 체험자는 체험 이후 새로운 세계관이 형성되며 자신이 변화 되고, 삶이 달라진다고 할 수 있다. 이에 반해 '표시 체험'은 무당의 존재 변화와는 거리가 먼 체험으로, 체험의 결과가 무당의 존재 변화로 이어지는 것보다는, 해석 과정을 통해 손님의 문제 해결, 혹은 표시의 소멸을 통해 일상의 자신으로 돌아오게 되는 체험이라고 할 수 있다. 이러한 무당의 '표시 체험' 해석 과정은 "잔광단계"에서 시작하여[28] 체험자가 "초월적인

---

26 로버트 엘우드 지음, 서창원 옮김, 『신비주의와 종교』, 이화여자대학교 출판부, 1994, 47쪽.
27 위의 책, 57~67쪽 참조.
28 위의 책, 111쪽.

것과 보편 적을 것을 통합시키는 보편화되고 합리화된 세계관을 형성시키거나 발견할 때까지"[29] 지속되는 것으로 보이는 신비 체험의 해석 과정과는 분명한 차이가 있다고 할 수 있다. 그러나 '표시 체험'이 무당의 소명 의식을 지속적으로 강화한다는 측면에서는 무당으로의 존재변화를 추동하는 성격의 체험으로 해석될 수도 있을 것이다.

무당의 '표시 체험' 해석 과정은 신비 체험자가 해석의 단계(잔광(저녁놀))에서 "체험과 동일한 종류의 독서"나 종교적 그룹 안팎으로 사회적인 의미가 있는 "지위 강화를 추구하는"것과는 다르다고 할 수 있다.[30] 무당의 '표시 체험'에 대한 해석과정을 "사회적으로 의미 있는 지위 강화"라는 측면에서 본다면, 신비 체험과 동일한 성격으로 볼 수도 있으나, 해석의 실천 과정 및 결과에서는 차이가 있는 것으로 보인다.

요컨대 무당의 표시 해석 과정은 타인(손님) 즉, '표시'와 관련된 문제를 가진 사람과의 직접적 만남 속에서 '표시'의 내용을 정확하게 해석하고 해석의 결과를 타인들의 문제 해결을 위한 실천에 직접적으로 적용하여 타인의 문제를 해결해 나가는 과정이라고 할 수 있을 것이다. 그러나 무당 자신의 소명 강화에 기능하고 무당으로서 존재론적 특성을 인식하는 계기가 된다는 점에서는 타인만의 문제를 해결한다고 단정 짓기는 어렵다고 볼 수도 있겠다.

앞 장의 사례들을 통해 무당의 '표시 체험'은 무속이라는 종교적 맥락에서 수동적으로 발생하지만, 그것의 해석과 실천 과정에서는 매우 능동적인 성격이 나타나는 복합적이며 관계적 맥락의 체험임을 알 수 있다. 무당은 표시를 통해 손님이 당면한 문제의 원인과 해결 방안에 대한 앎을 가지게 되고, 이 앎은 손님과의 대면을 통한 표시의 해석 과정을 거치면서 정확해지고 문제 해결을 위한 실천으로 이어진다.

---

29 위의 책, 126쪽.
30 위의 책, 57~67쪽 참조.

사례들에 나타난 '표시 체험'의 과정을 대략적으로 살펴보면, "무당의 일상적인 삶 → 표시(문제) 발생(일상의 균열) → '표시'로 인식 → 표시(문제)해결의 노력(표시 해석, 해결과정 모색) → 의례의 실천 → 일상의 삶(표시(문제)소멸)"의 흐름이 나타난다. 표시를 중심으로 무당의 삶을 보면 "일상의 삶 → 표시(발생 → 인식 → 해결의 노력(해석 및 해결 방안 모색) → 의례의 실천) → 일상의 삶"의 과정이 순환됨을 알 수 있다. 무당이 겪는 이러한 순환 과정은 문제에 봉착한 손님이 겪게 되는 과정 : 일상의 삶 → 문제(발생 → 문제 인식 → 의례 실천) → 일상의 삶 : 과 유사한 과정이라고 볼 수 있다.

〈표 1〉 '표시 체험' 해석 과정과 무당(손님)의 삶

구분	표시(문제) 해결 과정					
무당	일상의 삶	표시 발생	표시 인식	표시 해석	의례 실천	표시 소멸
성격	수동적		능동적			
손님	일상의 삶	문제 발생	문제 인식	문제 해석	의례 실천	문제 소멸

표시를 받은 무당은, '표시 체험'임을 인식하기 전까지는 일상이 흐트러지는 경험을 하는 수동적 존재로 보이나, 그것을 '표시'로 인식한 이후에는 적극적인 표시 해석을 통해 '표시'의 정체성을 확인하고 의례를 실천 하는 능동적 존재가 된다. 예컨대 '문득' 혹은 '갑자기' 겪게 되는 무당의 '표시 체험'은 무당의 일상의 균형을 깬다고 할 수 있으나,[31] 무당 자신이 '표시' 받고 있음을 인식하는 순간 본래의 일상으로 돌아와 사제로서 마땅히 자신이 해야 하는 일을 하는 것이다. 즉, 표시를 정확하게 해석하기 위해 숙고할 뿐 아니라 손님에게 물어서 직접 확인하거나 기도 등의 방법으로 신에게서 답을 찾기도 하며, 의례 실천 등의 다양한 방법을 실행하는 것이다. 요컨대 '표시 체험'의 발생이 무당에게 일상의 균형이 깨지는 흐트러짐을

---

31 몸이 아픈 증세는 인간이면 누구나 겪는 일이기에 무당들은 실제로 자신의 병증을 의심해서 병원에서 검사를 받는 등의 확인 과정을 거치기도 한다.

경험 하게 하는 것이라면, '표시 체험' 해석 과정을 통한 표시의 소멸은 균형이 깨진 무당의 일상적 삶의 회복으로 볼 수 있을 것이다.

손님 역시 발생한 문제 해결을 위한 한 방법으로 무당을 찾게 되고, 무당이 제시하는 방법을 적극적으로 수용한 결과 문제를 해결하게 되는 것이다. 무당은 표시를 받고, 표시를 인식하고(손님과 대면) 해석의 과정을 거친 후 손님의 문제를 해결하기 위한 방안을 제시하고 실천하는 것이다. 요컨대, 무당의 표시 해결 노력은 결국 종교 사제로서 타자들의 문제 해결을 위한 노력이라고 할 수 있겠다.

무당은 표시를 받는 중에도 여전히 자의식을 유지한다고 할 수 있다. 이러한 무당의 자의식은 일상적인 경험과 '표시'에서 기인한 경험의 구분을 가능하게 한다. 이러한 구분(인식)이 있은 후 무당은 종교 전문가의 관점에서 '표시'를 해석해 나가는데, 적확한 해석은 표시에서 자유로워지는 중요한 계기가 된다. 무당과 손님 모두 표시를 해석하기만 해도 병증이 소멸되는 경우도 있지만, 손님의 경우 병증과 같은 표시는 의례와 같은 직접적 실천을 통해서 비로소 증세가 호전되거나 소멸되는 것이다.

그렇다면 손님의 문제와 관련된 표시를 받은 무당과 해당 손님의 만남은 어떠할까? 무당을 만난 손님은 당연히 무당이 그저 자신과 똑 같은 병증이나 상황을 겪고 있다고 여길 것이다. 물론 무당의 앎과 손님의 앎이 차이가 있더라도, 그것을 설명하고 말고는 무당의 자유라고 할 수 있다. 무당은 표시임을 인식하게 되면, 손님과는 별개로 바로 기도나 의례 등 자신의 표시를 해결하기 위한 실천 행위를 하고, 표시와 연관된 정보를 제가집이나 손님과 공유한다. 즉, 무당 자신이 '표시 체험'의 해석 과정에서 얻은 방안, 상대방의 당면 문제를 해결하기 위한 방법을 손님에게 알려주는 것이다. 손님이 직접 표시를 받는 경우, 그들은 그것이 표시인 줄도 모르고 있다가 무당을 통해서 답을 듣게 되지만, 당면한 문제에 대한 답을 듣는다고 해서 표시가 사라지거나 문제가 해결되는 것이 아니다. 이는 무당이 '표시'에 대한 해석을 통해 얻은 정보를 기반으로 제시하는 금기나[32] 의례 등을 손님이 적극적으로 실천 해야만 가능한 것이다.

요컨대 무당의 '표시 체험'은 단기적 완결성을 가진, 손님에 따라 개별적 내용이 무당의 몸을 통해 경험되는 체험이라고 할 수 있겠다. 사제로서 무당의 삶은 이러한 개별적인 '표시 체험'의 해석 과정이 반복되는 형태로 펼쳐진다고 할 수 있다. 무당들은 표시를 해석하고 손님의 문제를 해결해 나가는 이러한 과정을, 자신들의 의지와 무관하게 반복해서 경험하게 된다고 말한다. 그들은 한국 무속의 사제로서 이러한 표시를 중심으로 순환되는 삶에 능숙해지기 위해서는 표시를 잘 풀어야 함을 강조하고, 나아가 표시들을 꽤 잘 풀어내기까지는 오랜 시간이 걸리는데, 이 때 무엇보다 많은 경험을 가진 신선생·신부모의 역할이 중요하다고 말한다.

4. 표시 체험의 의미와 역할

무당은 입무入巫 과정을 통해 종교 사제로 태어나게 되는데, 이는 신분의 변화이자 존재방식의 변화라고 할 수 있다. 그는 더 이상 자신의 고통을 해결하기 위해 타자에게 의지해야 하는 존재가 아니라, 오히려 타자의 다양한 고통을 함께 해결하는 존재가 되는 것이다. 요컨대 무당은, 우리 눈에 보이지 않는 신적 세계와 소통하며 의례나 상담을 통해 얽히고 얽힌 인생의 여러 문제를 해석하고 풀어 가는 한 존재라고 할 수 있다.

우리는 무당의 '표시 체험' 사례들을 통해 이것이 무업과 깊이 연관된 체

---

32 가령 2007년 4월 26일(음력 3월 10일) 진행된 이 씨 집안의 '불사맞이'에서 A만신은 제가집에 "비리고 누린 음식을 먹지 말고, 적어도 굿하기 3일 전부터는 부부 간 잠자리를 하지 말며, 싸우지 마라."등의 금기가 주어졌으며, 만 원권, 새 지폐 7장과 찹쌀 2kg을 따로 준비해 달라는 요구를 따로 했다. : 이 씨의 부인(정○규, 여, 1974년생, 주부, 2021.01.24.서울시 불광동 ○○사).

험이라는 것을 알 수 있다. 또한 표시의 내용이 주로 보이지 않는 세계의 존재들과 관련된다는 것을 통해, '표시 체험'은 무속 사제의 존재 방식과 관련된 체험으로, 사제로서 획득하게 되는 '무당과 보이지 않는 세계와의 소통방식'의 하나라고 볼 수도 있을 것이다.

무당의 표시 체험은 '표시가 들어온다, 표시를 받는다.' 등의 발화에서 알 수 있듯 무엇인가로부터 주어지는 수동적 성격이 보이며, 손님이나 주변인, 조상 등 다른 존재가 전제된 체험이라고 할 수 있다. '표시 체험'은 신이나, 죽은 조상과의 관계 속에서 발생하기도 하지만, 그러한 존재들의 직접 출현 사례는 거의 보이지 않는다. 또한 무당은 일상의 삶, 무속 신앙과는 거리가 먼 일반인과의 상관관계 속에서 '표시 체험'을 경험하기도 하며, 그 내용은 주로 상대방의 당면 문제와 관련된 것임을 알 수 있다. 이러한 '표시 체험'의 양상들은 종교적 합일이나 변성의식상태ASC를 특징으로 하는 신비적 종교 체험과는 구분되는 지점으로 보인다.

무당의 '표시 체험' 내용은 문제해결을 위한 암시와 관련된 것이 많이 나타나고 있다. 우리는 무당의 표시 체험이 일거리와 높은 관련성을 지니며 주로 자신의 혈족과는 무관한 제 3자(제자, 지인, 제가 집과 손님, 단골)와 관련된다는 점에서 그것이 타인의 문제 해결을 위한 무당의 사제적 체험이라고 할 수 있을 것이다.

1) 사제로서 운명적 체험

무당이 경험하는 '표시 체험'은 사제라는 조건 아래에서 겪게 되는 '운명적 체험'이라고 할 수 있다.[33] 무당들은 "표시 받지 않게 해 주세요"라고 기도하고, "표시 좀 안 받고 살았으면 좋겠다."고 말한다.[34] 즉 무당은 표시

---

33 A만신은 표시 체험을 두고 "어쩔 수 없이 받아들이고 겪을 수밖에 없는 무당의 운명이지"라고 한다.

체험에 대해 자발성 보다는 오히려 강한 거부감을 보이기도 하는 것이다. 그러나 표시 체험에 대한 무당의 태도는, 반복적인 체험의 과정을 통해 거부감에서 점차 능동적이고 긍정적인 형태로 받아들여가는 모습을 보이는데, 이는 곧 무당의 성숙 과정이라고 볼 수 있다.

무당의 영적능력은 사제로서 성숙해 가는 과정을 통해 적응되고 능숙해질 뿐만 아니라 확장된다고 할 수 있다. 이러한 무당의 영적 능력은 예지력으로 드러나며, 종교 사제로서 사람들의 문제를 다양한 방법으로 풀어나가게 된다. 그러한 의미에서 '표시 체험'은 사제로서 무당의 예지력을 보여주는 좋은 사례라고 할 수 있다. 무당은 '종교 사제'로서 '표시 체험'을 매우 직접적이고 다양하게 경험하며, 이 경험의 결과는 다양한 양상으로 문제해결을 위한 여러 방식들에 적용 된다. 이는 한국무속이 '바로, 지금, 이곳에' 살아 존재하는 모습으로 볼 수 있으며, 무속의 생명력과 연관 되는 것이라고 할 수 있다.

우리는 다음에 제시 되는 무당의 '표시 체험'에 대한 A·B만신의 설명을 통해, 표시 체험이 무당이 사제로서 겪게 되는 운명적 체험이라는 것은 알 수 있다.

〈표시 체험에 대한 A만신의 설명〉(여, 1967년생, 무업, 2020.10.31. 전화 제보).
① "무당은 평생을 표시로 인해 움직이게 되지. 표시가 바로 우리들 숙제야. 이 숙제를 잘 풀어야 굿을 해도 제가집이 성불을 보지. 본인한테 온 표시·표적을 못 풀어서 다른 무당들한테 물으러 다니는 무당들도 참 많아."
② "굿은 사람들한테 보여 줄라고 하는 거고, 사실은 이 표시를 잘 풀어내야

---

34 "아무리 표시 좀 받지 않게 해달라고 할머니에게 빌어 봐도 여전히 표시는 들어오더라."고 했다. A만신(여, 1967년생, 무업, 서울시 불광동 ○○사, 2020.09.10. 전화 면담), 이에 대해서는 B만신이나 C법사 모두 동일한 표현을 한다. 가령 B만신은 "표시 때문에 정말 미치겠다. 도망도 못가고, 어디 말도 못하고, 업이야 업!", C법사는 "손님들이 믿게 되니까 좋긴 한데, 쪼매 힘들긴 하지"라고 했다.

되는 거야. 굿하기 전에 이미 답을 다 받고 하거든. 답을 찾아야 거기 맞게 장도 보고 굿도 하지. 근데 어디를 봐도 이런 이야기는 없지. 무당들은 이런 이야기 안하지."

③ "이 표시가 나이가 들고 햇수가 가면 요령도 생기긴 하는데, 희안하게 **'굿' 한다고 법당에 쌀 올리는 순간부터는 표시에서 도망갈 수가 없어.** 그런데 또 희안하게도 굿이 잘 끝나면, 표시도 다 사라지는 거야. 재가집도 성불보고. 그러니까 우리가 살지. 맨 날 표시만 받으면 못 살지. 희안하게 굿 할 때만 들어오는 표시는 도망도 못가."

④ "표시는 자신의 표시, 객귀표시, 조상표시, 부군표시 도당표시 등 다양하다. 표시에 따라 대처방법 갈라진다. 마구측신이나 동법곤련 … 만약 객귀. 천상수비. 지하 수비. 조상. 표시가 들어오면 객귀를 풀어내야 한다. 주로 안 좋은 표시가 많기에 표시 내용에 따라 다르게 풀어내야 한다. 메조 밥, 날고기, 오방신 장기, 입으로, 경문으로, …굿이든 치성이든, 뒷전(뒷풀이)하고 연결된다. 표시가 그 내용에 영향을 끼친다고 할 수 있다."

〈표시 체험에 대한 B 무당의 설명〉(여, 1962년생, 무업, 2020.10.30. 안동시 ○○굿당)

⑦ "**신을 받고부터는** 일을 한다고, 몫을 지어두면, 이런 저런 영가가 다 와서 표시가 들어와. 한꺼번에 다 오면 정말 힘들어. 이 표시를 풀려고 산에 기도도 가고 하는 거야."

⑧ "…모르는 사람도, 신 받고 얼마 안 되서, 일주일 뒤에 올 사람 표시로 아파서, 속이 답답해서 상문이 걸린 줄 알았어. 그 사람이 벌써 여기 '온다고' 마음 먹는 순간 조상. 영가가 다 왕래를 시작 하면서 표시를 받아."

⑨ "애동 때는 표시가 길게 많아. 좀 오래되면 짧게, 상담에 따라 달라."

⑩ "그 가정의 어른이 ○ 도당에 가서 물으라고 합의하면 **일을 하던 안하던 우리는 표시를 많이 받아.**"

⑪ "상담할 때 오는 표시는, 손님 표시는 적지. 그래도. 요즘은 심하진 않고 나름 요령이 생겼어. **'꼼짝 마라' 할 때는 '굿' 날짜를 받아 두면**, 일이 끝날 때까지 표적이 막 들어와. 영가들이 먼저 알고 계속 요구를 해 좋아하는 거, 음식. 막 요구 하는 거야. 먹기 싫은 음식, 담배, 술 다 하지, …"

위의 구술을 통해 '표시 체험'의 사제적 특성과 중요성을 비롯해 그 의미와 역할, 양상 등을 짐작할 수 있다. 전체 구술에서 그러한 내용들이 이어지고 있으며, 특히나 ③, ④, ⑦, ⑪의 발화를 통해, 무당의 '표시 체험' 해석이 무속의례에 직접적 영향을 끼칠 수 있음을 알 수 있다. 요컨대 '표시 체험'에 대한 무당의 해석에 따라 의례의 종류는 물론이거니와 굿 음식, 의례 방식에도 영향을 줄 수 있는 것이다.

B만신의 구술들을 통해 '표시 체험'의 내용은 각각의 상담과 관련된 내용임을 짐작할 수 있다. ③, ⑧, ⑨, ⑪의 구술은 무당의 '표시 체험'이 경험이 쌓이면서 그것을 다루는 요령이 생겨나는 체험이라는 것을 말해 준다. 이는 무당이 성무 과정에서 사제로서 능숙해지는 과정이라고도 볼 수 있을 것이다. 그러나 아무리 요령이 생겨서 능숙해지더라도 굿과 관련해서는 '도망갈 수 없는' 사제로서 무당의 '운명적'인 체험인 것이다.

위의 구술들 중 : "무당은 평생을 표시로 인해 움직이게 되지. … 숙제야", "…'굿' 한다고 법당에 쌀 올리는 순간부터는 표시에서 도망갈 수가 없어.", "신을 받고부터", "… 일을 하던 안하던 우리는 표시를 많이 받아.", "…'꼼짝 마라' 할 때는 '굿' 날짜를 받아 두면, 일이 끝날 때까지 표적이 막 들어와. … ": 은 이 표시 체험이 무당에게 어떤 의미인지를 직접적으로 드러내주는 표현이라고 하겠다. 요컨대 무당에게 '표시 체험'은 '신을 받고' 체험하게 되는 피할 수 없는 '평생의 숙제'로, 특히 굿과 깊은 연관성을 가진 운명적인 사제적 체험이라고 할 수 있는 것이다.

손님은 주로 자신의 병증이나 문제 등 일반적 방법으로 해결 되지 않을 때 '무당'을 찾게 된다. 손님이 특정한 무당에 대해 알아보거나 떠올리게 되는 즈음, 즉 무당이 손님을 만나거나 소개 받기도 전에 바로 그 특정한 무당은 손님과 관련된 표시를 받게 되는 것이다. 표시 체험의 이러한 측면은 사제로서의 특이성이라고 할 수 있을 것이다. 그러나 이러한 체험이 가능한 바탕에 대한 고민이 필요해 보인다. 즉, '보이지 않는 세계 – 일반인', '보이지 않는 세계 – 무당', '일반인 – 무당'의 연결성에 대해 숙고해 봐야 할 것이다.

우리는 무당의 '표시 체험'에 대해 다음과 같이 생각해 볼 수 있다. 즉 아주 단순하게 보면, 원과 한을 지닌 존재(조상)가 자신의 원과 한을 풀어달라는 소망을 '표시'라는 메커니즘을 통해 자손에게 전달한다. 그러나 자손은 이것이 조상의 '표시'인 줄 알 수 없기에 무당을 통해 자신의 죽은 조상을 만나게 되는 것이다. 어쩌면 자손을 아끼는 죽은 조상이, 자손이 당면한 문제를 해결해 주기 위해 무당을 만날 수 있는 방법인 '표시'라는 방법을 동원하는 것인지도 모를 일이다.

좀 다르게 보면 눈에 보이지 않는 세계에서 위기, 문제(원과 한)에 봉착한 존재가 자신의 문제 해결을 위해서는 신들의 세계와 연결이 되어야 하나 그러질 못하니, 지상의 존재인 자손이나 신계와 바로 연결된 무당에게 도움을 요청하기 위해 보내는 신호 중 하나가 '표시'라고 볼 수도 있을 것이다.[35]

A・B만신과 C법사 모두가 신과 신이 된 조상, 죽은 조상을 구분하고 있고, 일반인과 신이 되지 못한 죽은 조상은 신을 만나는 것은 매우 어렵다고 말한다. 일반인과 마찬가지로 죽은 조상들 역시 굿 현장에서 무당을 통해 신을 만난다는 것이다. 그런 점에서 죽은 조상과 일반인은 많이 닮아 있으며, 무당은 문제를 가진 일반인과 죽은 조상을 위한 종교 사제라고도 할 수

---

[35] 물론 '접신'을 통해서도 그러할 것이다. 그러나 공부가 덜 된, 혹은 원과 한이 많은 조상이 무당의 몸에 접신되기 위해서는 무당이 모시는 '몸주신'의 허락이 있어야 한다고 한다.

있겠다. 그런 의미에서 굿은 인간과 신, 죽은 조상이 만나는 현장이라고 할 수 있을 것이다. 그렇다면 무당의 '표시 체험'은 무당이 굿을 선택하고 기획하고 실천하는 과정에서 어떠한 결정적 암시를 내포한 사제적 체험이라고 볼 수도 있겠다.

2) 제 3의 소통방식

'표시 체험'은 보이지 않는 세계와 보이는 세계의 소통방식의 하나로 보인다. 특히 무당의 표시 체험은 주로 타인의 문제와 관련하여, 본인과는 전혀 무관한 제 3자의 문제 해결을 위한 소통으로 볼 수 있다. 즉, 문제를 가진 일반인·죽은 존재와 무당, 신과 무당 사이에 나타나는 소통의 한 방식이라고 할 수 있을 것이다.

무당은 입무 과정과 성무 과정에서 매우 다양한 체험을 하는데, 접신이나 꿈(현몽. 선몽), 공수, 신과의 대화, 직감, 자신도 모르게 내뱉게 되는 직언, 헛것(귀신)을 보는 것과 신을 모시지 않아서 받게 되는 신병(신벌)을 들수 있다. 또한, 점을 보거나 굿판에서 공수를 내릴 때 현상이 마치 영화 스크린을 보는 듯, 눈으로 보이는 현상이 있다.[36] 이러한 체험은 위에 설명된 표시 체험과는 '상대방의 문제를 해결하기 위해서'라는 발생 계기 혹은 그 목적을 제외하고는 확연히 다르다고 할 수 있다.

무당의 '표시 체험'은 한국 무속의 세계에서 주로 '신·죽은 조상 – 무당 – 인간' 사이에 나타나는 현상이라고 할 수 있다. 왜냐하면, 무당을 찾는 손님들이 겪게 되는 문제는 손님들과 연결된 죽은 조상과 관련한 것이 대부분으로 보이기 때문이다. 그러나 조금 더 나아가 생각하면, 문제를 가진 조상이 자신의 문제를 해결하기 위해 무당에게 표시를 준다고도 볼 수 있

---

[36] 장순범, 앞의 글, 24쪽. "예를 들면 조상은 어떻게 생겼고 죽을 때 어떻게 죽었는지, 또는 어떤 사람이 지금 뭘 하고 있는지를 엿보듯이 보이는 현상"

을 것이다. 왜냐하면 사례들에서 무당은 손님을 만나기 이전, 그 손님을 알기도 전에 미리 표시를 받는 것으로 나타나고 있기 때문이다.

그렇다면 표시 체험을 어떤 목적성을 띤 체험이라고 할 수 있을까? '표시 체험'은 그 사례들과 '표시 체험'에 관한 A·B만신의 설명에서, 마치 당면한 문제의 해결을 위해 나타나는 것처럼 보이기도 한다. 그러한 까닭에 죽은 조상들이 후손과 만나기 위해서 무당에게 표시를 준다고도 볼 수도 있을 것이다. 혹, 손님의 죽은 조상이 자신을 알아볼 만 한 표시를 무당에게 주는 것은 아닐까? 이 지점은 표시가 가지는 개별성을 통해 확인할 수 있다. 즉 죽은 조상의 표시는 바로 그 손님의 특정 조상임을 나타내는 특별한 징표인 것이다.

실제로 무당들은 '조상 표시 받는다.'고 발화한다. 굿을 하는 도중에도 무당은 개별 조상이 주는 표시를 몸으로 받는다는 것이다. 그러한 의미에서 원과 한을 가진 조상이 자신이 누구임을 밝히는 소통방식이 표시라고 할 수 있을 것이다. 이러한 부분은 위 **〈표시 체험에 관한 B만신의 구술〉** ⑦을 통해 명확히 드러난다. 이 구술에 따른다면 손님의 대면과 상관없이 일거리와 관련된 "이런 저런 영가들"이나 "조상, 영가"들의 표시를 받게 됨을 알 수 있다. 더러는 "한꺼번에 다" 표시가 들어오기도 하는데, 무당은 이것을 '풀려고' 산에 기도도 간다는 것이다. 즉, 무당은 여러 영가들이 주는 표시를 하나하나 분류해서 해석하기 위해 기도를 간다고 예측할 수 있다. B만신은 이것을 "표시를 풀려고"라고 발화하고 있다. 결국, B만신에게 표시를 푼다는 것의 의미는, 표시의 내용, 즉 표시를 주는 영가나 조상을 개별적으로 정확하게 분별해 내는 일이기도 한 것이다.

그렇다면 무당의 '표시 체험'은 인간과 인간 사이의 현상이기 이전에, 조상이나 신이라는 다른 세계의 존재들, 문제를 가진 죽은 조상이나 영가들과 무당 사이의 소통 현상으로도 볼 수 있을 것이다. 요컨대 무당은 '표시 체험'이라는 소통 메커니즘을 통해 신을 비롯한 문제를 가진 죽은 존재들과 연결되기도 하는 것이다.

무속의례의 현장에서는 '신들림'이나 '접신'으로 설명되지 않는 현상이 나타나고 있다. 표시 체험은 기존에 논의 되지 않은 제 3의 소통방식으로 볼 수 있다. 다음의 사례를 통해 살펴보자.

〈굿 도중 무당의 '표시 체험' 사례〉

① "허공에서 물이 쏟아져 푹 빠뜨린 것 같다."(서원말)
"장군할아버지가 더벅더벅 걸어오데"(반포만신)
"여기저기서 풍악이 들리면서 도포를 곱게 입으신 분이 오셨다"(최보살)

② "속이 뒤집어져서 토하고 싶은데 아무것도 나오지 않고 구역질만 했다." (황보살)[37]

③ "아유 욕을 안할래두 안할 수가 없네. 이 안에 귀신만 해도 잔뜩이구 진뜩이구 인젠 많이 받아서. <u>아 뭐이 기어 들어와. 이거 너희 처갓집에 뭐이 기들어와 사람 죽인다.</u> 아유 무당 죽갔네 정말. (먹을라고 왔으니깨 다 해 드릴테니까,…) 얘 마누라 처갓집이 처제 말고 들어온 거 보고 뭐이라 그러냐, 얘네 마누라에 동생에 처제 뭐이냐(올케, 처남댁) <u>아유 허리 아파 죽갔어.</u> 뭐 이렇게 기어 들어 오면서. 야 옷 거식허니깨 아무캐도 뭐 한 벌 줘야 견디갔어. 이게 다 얘네 조상. 그래서 얘를 이렇게 허라 그랬구나."[38]

무당들은 굿 현장에서 신이나 조상이 실리는 것과 표시를 받는 것을 동시에 체험한다.[39] A만신의 설명에 따르면, 굿을 하는 도중 표시를 받게 되

---

37 위의 글, 49쪽.
38 김헌선, 『인천 영종도 쑥개 재수굿 무가집』, 보고사, 2009, 188쪽.
39 A만신은 굿 현장에서는 "조상이나 신이 실리는 것과 표시가 들어오는 것이 병존 한다"고 표현했다. B만신 역시 이에 대해 "모든 표시가 다 미리 들어오는 건 아니야. 굿할 때 들어오는 표시도 있지. 진짜 중요한 고는 굿을 해봐야 알아지기도 해. 굿하기 전엔 우리도 다 몰라. 우리 용천도사(B만신의 제자)는 그 전날 까지 멀쩡하다가 굿 할 때 총에 맞아 죽은 조상표시를 몸으로 그대로 다 받아서 얼마나 힘들었는데……"이라고 한다(여, 1962년생, 무업, 2021.10.25. 전

면 무당은 공수를 통해 제가집에 표시에 대한 설명을 해준다고 한다. 즉 "기주님, 어느 날 어느 시에 느그 집에 죽은 망재가 이렇게 표시를 주고 가셨는데, 그런 양반이 두부를 좋아하지 않았냐.⋯오늘 이 굿을 통해서 그 양반이 원도 풀고 한도 풀게 되어⋯"라고 말하고 나면, 표시가 사라지게 된다는 것이다.[40] 또는 위의 ③과 같은 형태의 발화를 통해 자신이 받은 표시의 개별적 주인공을 밝히고, 그에 합당한 대우를 통해 몸의 표시를 해결하기 위한 노력을 하게 되는 경우도 있다. "⋯이게 다 얘네 조상. 그래서 얘를 이렇게 허라 그랬구나."라는 발화에서 무당은 굿 현장에서 발생한 표시를 해석하고 있으며 굿을 준비하는 과정에서 미리 어떠한 표시를 받고 그에 대한 준비를 했음을 짐작할 수 있다.

위 사례 중, ①, ②의 발화와 ③의 "너희 처갓집에 뭐이 기들어와 사람 죽인다. ⋯뭐이 기어들어와⋯허리 아파 죽갔어"라는 발화는 '표시 체험'과 그 내용이 매우 유사함을 알 수 있다. 특히 ③에서 무당은 표시를 주는 개별적인 바로 그 '조상'에게 옷이라도 한 벌 주려고 한다. 제가집의 문제 해결을 위한 개인 굿이라는 점에서 체험의 발생 혹은 계기 역시 표시 체험과 동일하며 무당은 본인의 상태를 완전히 지각하고, 일상과는 다른 느낌으로 인식하고 있음을 알 수 있다. 위의 사례들과 "⋯할머니나 영가들 통신하는 거는 그냥 우리 일이니까. 그런데, 표시는 좀 달라. 그래서 더 기도하고, 할머니한테 더 매달리게 되는 거야."라는[41] A만신의 설명을 통해, 우리는 표시 체험이 일반적인 신과의 소통과는 구별되는 소통방식이라는 것을 알 수 있다.

무당의 입무 과정에서 나타나는 '신 내림・접신' 체험은 말 그대로 입무

화 제보).
[40] A만신은 굿 현장에서 들어오는 표시는 바로 그 자리에서 말로 풀어서 설명된다고 한다. 즉 굿을 하면서 공수로 풀어서 설명된다는 것이다. 당연히 표시도 굿을 하면서 사라진다고 할 수 있다(여, 1967년생, 무업, 2021.11.17. 전화 제보).
[41] A만신(여, 1967년생, 무업, 2021.11.17. 전화 제보).

를 목적으로 하는 체험이라고 할 수 있을 것이다. 이에 반해 표시 체험은 입무 이후, 무당이 사제로서 무업의 과정에서 경험하게 되는 체험이라고 할 수 있겠다. 입무 과정에 대한 장순범의 연구에 따르면, 무당은 신들림에 대해 "황당함, 기분 나쁨이다. 거역할 수 있다면, 떨쳐낼 수 있다면, 거역하고 떨쳐내고 싶어서 몸서리쳐지는 것"으로 표현하고,[42] 허주 굿에서 신 '내림'에 이르는 과정은 '사로잡힘의 과정'으로 "상황에 대한 몰입과 망아, 나와 존재를 확인 할 수 없는 '나'가 혼재하는 상태로 설명된다.[43] 또한 삼산돌기에서 '신 모으기'는 주로 '울음과 아우성' 등을 특징으로 한다고 한다.[44]

입무 과정의 '신 내림·접신' 체험에 대해, 한 경험자는 "너무 놀라고, 뭐라고 말로 표현할 수도 없었던 경험"으로 발화한다.[45] 그녀는, 본인이 미처 이해하지도 못하는 사이 유사한 현상을 반복적으로 경험하였다고 한다. 신내림 체험의 반복 경험은 그녀를 그저 "신이 이렇게 오시는 구나"하고 알게 하였으며, 어느 때 부터인가 "…점점 약해지고 몸이 격하게 반응 하지 않아도 신이 오신 줄 알게 되었다."고 한다.[46]

이러한 지점들을 통해 입무 과정에서 무당 후보자가 겪게 되는 제 체험들이 '표시 체험'과는 다른 체험임을 알 수 있다. 요컨대 입무 과정의 접신 관련 체험의 발생뿐 아니라 그 양상도 '표시 체험'과는 전혀 다른 특징을

---

42 장순범, 앞의 글, 23쪽.
43 "…방향성 없이 들어오는 환청과 같은 '신의 소리'와 현존하지 않으나 눈에 선한 '환영(幻影)'들이 중첩되는 상태"로 설명되며…" 위의 글, 29쪽.
44 위의 글, 49~50쪽에서 "…쓰러짐, 토함이나 구역질, 화냄 또는 성냄,…"으로 표현되고 있다.
45 "2004년 동짓달 신당에서 스승과 기도를 하던 중 그대로, 너무 강하게 신이 내려서 두 손은 딱 붙은 채로 위 아래로 강하게 반복해서 움직였다, 좌선을 한 채로 그대로 높이 뛰어오르게 되었다."(김○은, 여, 1975년생, 전업 주부, 2021.11.28. 안동시 ○○굿당)
46 향을 켜고 합장하려고 손을 모으기만 해도 신이 내리고, 기도처에서 배배를 하다가도 신이 내렸다고 한다. 너무 심하게 자주 내려서 그녀는 "이러시면 제가 밥도 못 먹도 일상생활을 제대로 못해서 이 길도 제대로 갈 수가 없습니다. 부디 화경으로 말문으로 내려 주십시오."라고 빌었다고 한다. 그런 이후 차츰차츰 나아져서 어느 날 부터인가 그저 손끝의 떨림으로만 오더니 화경으로 보고, 신과 대화를 하고, 신의 말을 듣게 되었다고 한다. 공수는 기도 첫 날부터 내렸다고 한다. 그 내용은 자신의 이 길을 오게 된 까닭과 자신이 앞으로의 기도갈 산, 주의 할 점과 미래에 관련된다고 한다(김○은, 여, 1975년생, 전업 주부, 2021.11.28. 안동시 ○○굿당).

가지는 것으로 보인다. 특히 "사로잡힘", "몰입"이나 "망아", '기억이 없어지는' 것으로 표현되는 특징들과 '울음과 아우성'의 모습은 '표시 체험'과 관련된 사례에서 거의 나타나지 않는다. 차라리 신들림에 대한 무당의 "황당함, 기분 나쁨"이라는 감정이 '표시 체험'에서 겪게 되는 무당의 개인적 감정과 닮은 점이 있는 것 같다.

요컨대 무당의 '표시 체험'은 널리 알려진 접신이나 공수, 혹은 대화와는 구별되는 무당의 소통방식으로, 특히 문제를 가진 죽은 존재들(신이 되지 못한 조상?)이 소통하는 한 방식으로, 그러한 존재들이 자손, 혹은 감정적으로 연결된 사람이나 무당에게 도움을 요청하는 소통의 한 방식이라고 할 수 있겠다.

3) 소통의 촉매

'표시 체험'은 무당과 손님(내담자)이 소통하게 되는 중요한 매개이자 촉매로 작용하여 무당에 대한 손님의 신뢰를 형성·강화 시키는 것으로 보인다. 즉 무당은 '표시 체험'을 통해 자신과 마주한 상대방의 문제를 공유하고 함께 해결해 나간다고 할 수 있는 것이다. 무당은 '표시 체험'을 통해 상대방의 문제에 잘 공감하게 된다고 할 수 있다. 그렇다면, 무속의 문제 해결과정에서 '표시 체험'의 발화는 공감을 바탕으로 한 신뢰의 획득으로 이어지게 되고, 이는 단골을 확보하는 심리적·사회적 영향력의 발현으로 나타난다고 할 수 있을 것이다.

'표시 체험'은 무당이 상대방의 상태를 몸으로 경험하여, 손님이나 조상의 죽음과 관련된 정보를 파악하는 사제로서의 체험이라고 할 수 있다. 무당들은 어떠한 병증을 표시 받을 때, 오는 손님마다 자신이 받은 표시를 손님에게 물어서 확인한다. 무당들은 자신들의 제자에게도 '표시는 반드시 물어서 정확하게 확인해야' 한다고 누누이 가르친다.[47] 즉, 무당은 '표시 체험'

을 손님과 직접적 연관이 있는 것으로 인식하고 그러한 인식을 바탕으로, 손님에게 직접 묻는 과정을 통해 그것의 정체를 정확하게 확인하고 해석한다고 할 수 있는 것이다. 그러나 아무리 무당이 표시 해석의 과정을 거쳐 문제 해결을 위한 실천 방법을 모색하고 선택하더라도 문제를 가진 손님이 무당의 의견을 받아들이지 않는다면 무속의례는 실현되기 어렵다. 즉 그만큼 무속의 문제 해결 과정에서의 무당의 신뢰 획득은 중요한 관건이라고 할 수 있는 것이다.

김영재의 연구에 따르면 사람들은 주로 생로병사나 애정문제, 직업상 위기감과 불안한 미래에 대한 염려 등을 겪을 때 점복을 하게 된다.[48] 이 연구에 따르면, 점복에서의 신뢰 획득에는 "초기에 경험할 수 있었던 경이로운 체험"이 중요하게 작용하며,[49] 사람들은 자신들의 비밀스럽고 은밀한 속사정에 대해 일일이 설명하지 않아도 미리 알아 차려 준다는 점을 신뢰형성의 중요 기반으로 여기고 있다.[50]

위의 연구를 통해 우리는 상담의 현장에서 자신의 문제를 말하지 않아도 미리 알아차리는 것이 내담자와 상담자의 신뢰에 매우 중요한 영향을 미친다는 것을 알 수 있다. 그렇다면, 그저 미리 아는 것만으로도 신뢰가 형성되는데, 만일 내 앞에 앉은 낯선 어떤 이가 나와 같은 경험(고통, 슬픔, 문제)을 하고, 그 경험을 내게 호소한다면 우리는 어떤 마음이 들까?

무당이 자신이 받은 표시를 내담자에게 발화하는 것은 상담의 현장이 역전되는 계기가 된다고 할 수 있다. 즉 무당이 손님에게 자신의 상황(표시의

---

47 그러나 많은 경험이 쌓이고 나면 손님이 오면 직감적으로 알게 되지만, 경험이 쌓이더라도 한꺼번에 여러 명의 손님이 올 경우는 난감한 처지에 이른다고 한다. 예를 들어 서울의 A만신은 "한꺼번에 4명이 온 거야, 소개한 사람 포함해서. 그런데 술도 먹고 싶지, 머리도 아프지, 갑자기 빨간 핏덩어리도 보이지. 어쩌겠어. 대놓고 손들어"했 라고 한다. 즉, 증세를 하나하나 읊으면서 누구네 표시인지를 확인했다는 것이다.
48 김영재, 「점복문화 배경의 여성 내담자를 위한 상담전략의 모색-근거 이론적 접근-」, 숙명여자대학교 박사학위논문, 2003, 52쪽 참조.
49 위의 글, 74쪽.
50 위의 글, 77~78쪽.

내용)에 대해 질문하게 되는 상황이 연출되는 것이다.[51] 우리는 다음에 제시되는 b씨와 c씨의 사례에서 '표시 체험'을 통해 무당과 손님이 역전되는 상황과 공감을 바탕으로 신뢰가 형성되는 과정에 대해 접근해 볼 수 있다. 다음은 b씨가 서울의 A만신과 처음 만난 기억이다.

〈b씨가 A만신을 처음 만난 기억〉(여, 1974년생, 주부, 2021.11.28. 전화 제보)

…내가 자리에 앉기도 전에 ①그녀는 신당 한쪽에 놓인 작은 상 앞에 앉더니 아무 말도 없이, 밑도 끝도 없이 엉엉 울기 시작했다. ②도대체 왜 울지? 나는 그저 멀뚱히 그녀를 바라보고 있었다. 그녀의 울음이 잦아들고 나서야 왜 우시냐고 물었다. 그랬더니 ③자신도 모르게 나를 보니 자꾸자꾸 서럽고 눈물만 난다는 것이다. ④그러면서 나에게 그동안 얼마나 힘들었냐고 손을 잡고 위로를 하는데, 나도 모르게 눈물이 막 쏟아졌다. 엄마와 친구에게조차 말할 수 없었던 내 처지를 언니(지금 그녀는 A만신을 언니라고 부른다)에게 위로 받은 것이다.

위 사례의 b씨는 당시 자신은 세례를 받은 기독교인으로서 교회를 열심히 다녔기에 스스로는 절대 무당을 찾지 않았을 거라고 한다. 비록 친구의 소개로 그 시누이인 A만신을 만나게 되지만 매우 어색한 상황이었다고 한다. 그러나 사례에서 나타나듯, 아무런 말도 없이 자신을 보면서 눈물을 흘리며 위로하는 A만신을 깊게 신뢰하게 되었음을 알 수 있다. 특히 ①,②,③의 서술을 통해 우리는 '표시 체험'이 어떻게 무당과 손님 사이의 소통의 매개로 작용하며, 손님과 무당의 관계가 역전되는지를 알 수 있다. 뿐만 아니라 어떻게 공감이 형성되는지도 알게 된다. ①의 서술은 무당이 자신이

---

51 A만신은 자신의 제자인 a무당이 어제가 초하루라고, 늦게라도 찾아 왔기에(2021.12.04일은 음력 동짓달 초하루) 자신이 받은 손님들의 표시에 대해 "처음에는 좀 쟁피하더래도 자꾸 손님에게 물어서 확인해야 한다."고 가르쳤다고 한다. B만신 역시 "애동 때" 처음에는 일일이 손님마다 다 물어봤다고 한다. 적어도 죽은 자의 표시인지 산 자의 표시인지라도 알아야 했기에 (여, 1967년생, 무업 2021.12.05. 전화 제보).

받은 표시를 그대로 드러내 보이고, ②의 서술에서는 손님과 무당의 위치가 역전되어 손님인 b씨가 울기만 하는 A만신을 걱정한다. ③에 다다르면 무당은 비로소 자신이 손님 때문에 운다는 것을 알려주고 ④번에 이르러서 b씨는 위로를 받고 함께 우는 상황이 벌어진다.

A만신은 b씨를 처음 만났던 날을 기억하고 있었다. 당시 그녀는 새까만 단발머리에 아이 엄마 같지 않은, 아주 착해 보이는 아가씨로 보였단다. 올케의 소개로 만나 신당에 들어가니 자기도 모르게 눈물이 나고, b씨가 너무 안쓰러워서 그저 안아주고 위로해 주고 싶었다고 한다. 첫 만남 이후 b씨는 A만신의 권유에 따라 북한산에서 굿을 하게 된다. 굿을 한 덕분인지 주변의 일들이 잘 마무리되었으며 그 인연은 지금까지 이어지고 있다고 한다.

다음은 2장에 소개된 사례 중 〈사례 4-b〉[52]의 c씨가 B만신을 만난 기억이다.

〈c씨가 B만신을 만난 기억〉(여, 1975년생, 주부, 2021.11.24. 안동 ○○굿당)

"①…나가봤더니 세상에 내가 좋아하는 음식들이 … "원래 우유를 먹으면 설사를 해서 입에도 안 대는데, 오늘은 왠지 자꾸 땡기고…" 사올 수밖에 없었다는 거예요."도대체 왜 이런지 모르겠다. "고… ②그래서 "제가 다 좋아하는 거예요. … ③"아이고 내가 표시를 받았네." 라며 막 웃으시더라구요.…④그래서 제가 그때 여쭤 봤어요. 도대체 그게 뭐냐고, 그 표시가…⑤갑자기 배추 전 냄새가 …배추 전을 한참 먹는데 막걸리도 생각나신다며 곁들여서 먹는데, 또 콩가루를 무쳐서 찐 시레기 무침이 땡긴다고 …그러시면서 자꾸 "내가 오늘 진짜 이상하다. 이상하다' 도대체 왜 이런지를 모르겠다."고 몇 번을 말씀 하시는 거예요? "이건 또 도대체 누구 표신지"라고 하시길래 ⑥나도 모르게, "우리 할머니가 다

---

[52] B만신(여, 1962년생, 무업, 2020.08.09. 안동 ○○굿당).

좋아하시는 거예요. 살아겨 실 때 진짜 많이 해 주셨어요.'라고 …⑦그래서 "한참을 같이 웃었어요."

위 사례를 통해, 낯선 이들과 낯선 곳, 자신의 처지로 매우 힘들어 하던 c씨가 마음을 열게 되는 과정에서 무당의 '표시 체험'이 얼마나 중요한 매개로 작용하는지 알 수 있다. 뿐만 아니라 표시 체험이 어떻게 소통의 촉매로 작용하는지도 드러난다고 할 수 있다.

먼저 ①의 발화에서 무당은 자신의 상태에 대한 질문을 하게 된다. ②의 발화는 질문에 대한 손님의 답이라고 할 수 있다. 이 두 발화는 무당과 손님의 관계가 역전된 것임을 알 수 있다. ③에 이르러 무당은 그것이 '표시'라고 설명하고 이어지는 ④와 ⑤의 발화에서는 무당과 손님의 관계가 본래의 자리로 돌아감을 알 수 있다.

①~③까지의 대화가 무당이 받은 손님의 표시를 중심으로 이루어졌다면, ⑤,⑥,⑦의 대화는 무당이 받은 손님의 죽은 조상 표시와 관련된 내용이라고 할 수 있다. 역시 표시에 대한 무당의 질문과 그에 대한 손님의 답이 이어지는 무당과 손님의 역전되는 양상이 나타난 후, 즉 표시에 대한 무당의 인식이 있은 후 무당과 손님, 양자의 위치는 제자리로 돌아가게 되는 것이다. 다만 이번에는 앞선 대화에서 표시에 대한 설명을 들은 양자가 서로 공감하면서 웃는 상황으로 이어진다.

c씨는 이렇게 B만신이 자신이 좋아하는 음식들과 할머니가 즐겨해 주시던 음식들을 만들어 주고, 마치 자신의 친할머니가 대해 주듯 해서 마음이 아주 편해졌고 B만신에 대한 믿음도 깊어지게 되었다고 한다. 뿐만 아니라 B만신의 가족들과도[53] 친해질 수 있었다고 한다. c씨와 B만신 가족과의 인연 역시 지금까지 꾸준히 이어져 오고 있다.

---

53 당시 B만신은 굿당이 아니라 조다란 주택에 개인 신당을 운영하고 있었고, 그녀의 남편과 두 아들, 제자가 함께 기거하고 있었다고 한다.

비록 한정된 사례지만 우리는 위의 두 사례를 통해 '표시 체험'을 매개로 손님과 무당의 위치가 역전되고, 공감을 바탕으로 신뢰가 형성되는 과정에 대한 이해를 시도해 볼 수 있다. 요컨대 무당과 손님은 동일한 상황이나 사건, 병증의 경험에서 비롯된 공감대가 형성되고, 무당이 손님에게 표시를 표출하거나 그에 관한 질문을 하는 것은 무당과 손님 사이의 역할이 역전되는 계기가 된다고 볼 수 있는 것이다. 대개의 사람들은 낯선 이에게 자신의 과거나 문제에 대해 설명하는 것을 부담스럽게 여긴다. 만약 손님 자신이 직접 표현하기 힘든 문제나 상황을 내 앞에 앉은 낯선 무당이 그대로 겪고 있다면, 손님의 입장에서 보면 그 무당은 손님에게 '드디어 그 비밀을 나눌 이, 내가 얼마나 아픈지 그대로 말하지 않아도 아는' 특별한 존재가 될 것이다. 만약, 이러한 상황이 연출된다면, 신뢰감이 형성되는 것은 너무도 당연해 보인다. 비록 타의에 의해서긴 하지만 아마도 위에 제시된 A만신을 만난 b씨의 사례가 이에 해당된다고 하겠다.

사례들을 통해, 우리는 표시 체험이 무속의 상담과정에서 무당과 손님의 공통 경험을 기반으로 하는, 공감대와 신뢰감 형성의 중요한 촉매로 작용할 수 있음을 알 수 있다. 아울러 표시의 적확한 해석을 통해 문제가 완전히 해결되기까지의 과정에서, 손님과 무당 사이에 그들의 첫 만남과는 다른 성격의 관계가 형성 될 것이라는 것 또한 짐작할 수 있다.

5. 요약과 전망

이상으로 거칠게나마 한국 무속의 종교 체험 중, '표시 체험'의 사례들과 해석 과정을 살핀 후 의미와 역할에 접근해 보았다. 표시를 받는 체험자에 따라 무당과 단골 및 일반인으로 분류가 가능했으며 무당의 표시 체험은, 손님의 문제와 주변인들과 관련된 표시로 분류될 수 있었다.

'표시 체험'에 대한 해석 과정을 살펴봄으로써, '표시 체험'은 무업과 연결되는 무당의 체험으로, 무당과 손님의 일상적 삶의 순환에서 중요한 요소로 작용하고 있음을 알 수 있었다. 또한 '표시 체험'의 성격은 수동적이면서도 능동적인, 복합적 성격이라는 것이 드러났다. 무당에게 '표시 체험'이 비록 사제로서 받아들일 수밖에 없는, '운명적 체험'으로 수동적 성격의 체험일 수 있지만, 무당은 이를 문제 해결에 대한 암시로 적극적으로 받아들여, '표시 체험'을 개별적으로 해석해 나간다.

무당의 '표시 체험' 해석에 따른 의례의 실천 과정은 주체적이고 능동적으로 나타난다고 할 수 있다. 우리는 사례들과 '표시 체험'에 대한 A·B만신의 발화를 통해, 무당은 당면 문제에 대한 '표시'를 적극적으로 해석하고 이를 바탕으로 의례의 종류를 선택하고 있음을 알 수 있었다. 뿐만 아니라 의례의 실현 단계에서, '표시 체험'의 해석에 따라 선택한 의례의 방식과 그 내용 까지도 변화를 줄 수 있음을 알 수 있다. 이러한 부분과 더불어 무당의 '표시 체험'이 무당과 손님 사이에서 소통의 촉매로 작용하여, 그 관계를 역전시키고 공감과 신뢰를 획득하는 기반이 되는 부분은 한국 무속의 현재적 생명성을 보여준다고 할 수 있다. 그러한 현재적 실천을 통해 무당의 능동적이며 적극적인 면모를 엿볼 수 있을 것이다. 요컨대 무당이 '표시 체험'을 다루는 과정은 한국 무속 사제의 적극적이고 능동적인 성격이 드러나는 장이라고 할 수 있을 것이다.

이 연구는, 제시된 '표시 체험' 사례들이 단기간의 면담이나 전화, 혹은 문헌 자료들을 바탕으로 하는 까닭에, 체험의 생생함과 총체적 모습을 그려 내지 못한 한계를 지닌다. 또한 '표시 체험'이 실제 굿에서 어떻게 적용되고, 어떤 영향을 끼칠 수 있는지 자세히 살펴보지 못한 점 또한 아쉬움으로 남는다. 그럼에도 불구하고, 사례들을 통해 무당이 겪는 '표시 체험'은 서울에서 안동, 대구, 그리고 제주도의 심방에게 까지 두루 나타나고 있는 현상은 아닐까? 하고 조심스럽게 생각해 본다.

무속의 굿은 무속공동체 성원들의 상호작용을 보여주는 좋은 사례라고 할 수 있다. 굿의 실천 과정에서는 다양한 종교 체험이 나타나는데, 게 중 굿에서의 '표시 체험'은 개인 간 연대를 넘어 무속공동체의 공동 경험을 가능하게 하는 경로로 작용하고 있다. 만신들과 설경법사 등의 제보를 통해 당주무당을 중심으로 굿을 위해 모인 사람들 - 무속의례 공동체 : 신제자, 청배무당, 악사, 설경법사, 독경승, 시봉자 등 - 은 굿을 의뢰한 제가집과 관련한 다양한 표시들을 받고 있음을 알 수 있었다. '굿'에 참여함으로써 경험하게 되는 무속의례 공동체 성원들의 '표시 체험'에 대한 접근을 통해, 무속공동체 내부의 상호작용과 문화적 정체성 구축 양상에 대한 접근이 가능할 것으로 여겨진다.

제7장

한국전쟁 이후 옹기공방에서 여성의 역할 변화*

이한승

1. 옹기공방에서 여성의 역할에 대한 주목

한국 옹기공방에서 여성은 옹기 생산에 참여해 왔지만, 지금까지 옹기 생산문화 연구에서 여성은 존재하지 않는 것처럼 여겨져 왔다. 기존 연구에서는 옹기 생산이 남성의 노동과 기술을 중심으로 이루어진다는 점에서 의도적이지는 않았을지라도 결과적으로 여성의 존재나 그 역할을 크게 주목하지 않았다. 따라서 이 글은 지금까지 옹기 생산문화 연구에서 소외되었던 여성에 대해 주목하고, 옹기 생산문화와 연관된 여성의 삶에 대한 이해와 사회변동에 따른 여성의 역할 변화를 살펴봄으로써 그 문화적 함의를

---

* 이 글은 「한국전쟁 이후 옹기공방에서 여성의 역할 변화」, 『실천민속학연구』 제40호, 실천민속학회, 2022, 155~191쪽에 게재된 논문을 수정·보완한 것임.

고찰하는 것을 목적으로 한다.

지금까지 여성과 옹기의 상관성은 생산문화보다는 소비문화와 연관지어져 왔다. 주로 음식을 저장·발효·운반·조리하는 데 사용되었던 옹기의 쓰임새는 전통사회에서 식생활을 전담했던 여성의 가정 내 주부主婦로서의 역할과 연관지어졌던 것이다.[1] 그런데 소비문화의 측면에서 여성과 옹기의 상관성을 연구한 것도 많지는 않다. 옹기의 소비문화는 전통사회에서 집안의 살림살이를 전담했던 여성의 삶이나 성차에 따른 역할 구분과 관련된 사회적 통념으로 존재하며, 그에 대한 것이 언론이나 각종 매체를 통해서 가끔씩 환기되었을 뿐이다.

민속학 분야에서는 옹기 생산문화와 관련하여 제작기술, 판매방식, 전승지식, 사회변동에 따른 변화 양상, 무형문화재적 가치 등에 대한 연구가 이루어졌다. 배영동은 안동의 한 옹기공방을 조사하여 옹기 제작기술과 판매방식의 특성을 분석하였고, 울산 외고산옹기마을이 어떠한 방식으로 사회변동에 대응하여 변화되었는지 살펴보았다.[2] 김재호는 경북 북부지역에서 '꺼매기'라고 불린 질그릇의 생산과 소비에 대해 분석하고, 옹기 제작기술에 내재된 전승지식에 대해 고찰하였다.[3] 민경은은 옹기공방의 입지조건, 인력구성, 운영방식, 임금체계, 가마고사, 천주교와 관계성 등에 대해 살펴보았다.[4] 이한승은 옹기 제작에 나타나는 전승지식을 고찰하고, 재창조된

---

[1] 이토 아비토(伊藤亞人), 「옹기와 주부」, 『한국문화인류학』 17, 한국문화인류학회, 1985; 안혜경, 「옹기의 사용과 여성의 가사활동에 관한 연구—예천 금당실 사례를 중심으로」, 서울대학교 인류학과 석사학위논문, 2003.
[2] 배영동, 「옹기의 제작기술과 판매방식」, 『역사민속학』 6, 역사민속학회, 1997; 배영동, 「수제(手製) 전통의 산업적 성격 전환 과정 : 울산 외고산마을 옹기의 사례」, 『한국민속학』 59, 한국민속학회, 2014.
[3] 김재호, 「'꺼매기'옹기의 생산·소비방식과 문화사적 의의」, 『민족문화논총』 39, 영남대학교 민족문화연구소, 2008; 김재호, 「옹기 장인들의 불에 대한 민속지식과 민속분류」, 『민속연구』 31, 안동대학교 민속학연구소, 2015; 김재호, 「옹기장인의 옹기제작기술과 전통지식」, 『문화재』 48(2), 국립문화재연구소, 2015.
[4] 민경은, 「옹기점 운영의 생산·분배적 조건과 신앙풍속」, 『민속학연구』 23, 국립민속박물관, 2008.

옹기의 무형문화재적 가치에 대해 논의하였다.[5] 이러한 연구는 민속학에서 상대적으로 관심이 부족한 장인의 생산문화를 다루고 있다는 점에서 의의를 찾을 수 있다.

그렇다면 옹기 생산문화 연구에서 여성이 배제된 이유는 단순히 옹기 생산이 남성의 기술과 노동력을 중심으로 이루어졌기 때문일까? 전국적으로 여성 또한 옹기 생산에 참여한 경우가 조사된다는 점에서 단순히 옹기 생산이 남성 중심적으로 이루어졌다는 것만으로는 설명이 부족하다. 남성 중심의 옹기 생산구조와 더불어 옹기 생산문화 연구의 관점에서도 그 요인을 찾을 수 있다.

기존의 옹기 생산문화 연구는 옹기 생산에 종사하고 있는 사람들의 삶에 대한 포괄적인 이해보다는 옹기의 제작기술과 옹기공방 운영방식을 중심으로 이루어졌다. 이러한 연구 경향은 옹기를 성형하고 가마 불때기를 할 수 있는 전문적인 기술을 가진 '옹기대장'과 옹기흙을 정제하거나 잿물을 입히는 등의 보조적인 기술을 가진 '건아꾼'과 같은 옹기 생산에서 전문적인 기술을 보유하고 주요한 역할을 맡은 남성만을 주목하도록 만들었다. 그 결과 옹기 생산의 기술적인 측면에서 상대적으로 주요한 역할을 맡지 않았던 여성은 옹기 생산문화 연구에서 소외되는 결과로 이어졌다.

여성 주체의 문제를 간과하는 현상은 옹기 생산문화 연구뿐만 아니라 민속학 분야의 전체적인 흐름에서도 발견되며, 그에 대한 비판적 검토가 이루어지기도 했다. 천혜숙은 민속학에서 남성을 표방하지는 않았더라도 성차와 그 차이에 대한 인식 없이 범박하게 민속을 논의해 오면서 결과적으로 여성이 남성에 비해서 소외되는 현상이 나타난 점에 대해 지적하였다.[6]

---

[5] 이한승, 「옹기 제작에 나타나는 전승지식의 양상 : 경기도 '오부자옹기'를 중심으로」, 『민속연구』 31, 안동대학교 민속학연구소, 2015; 이한승, 「옹기 제작 전통의 재창조와 무형문화재 가치 논의 : 경기지역 한 옹기공방의 사례를 중심으로」, 『실천민속학연구』 36, 실천민속학회, 2020.

[6] 천혜숙, 「여속지 기술의 관점과 체계」, 마을 민속보고 어떻게 할 것인가, 『민속연구』 12, 안동대학교 민속학연구소, 2003, 10~쪽 참고.

또한 임재해는 민속학이 민중해방과 연관하여 발전된 학문이라는 점에서 여성주의적 문제의식을 가질 필요가 있다는 점을 주장하며, 민속학에서 여성 문제에 대한 논의가 활발하게 이루어지지 못한 이유는 민속 현상과 그 가치에만 몰입하여 민속을 전승하는 주체인 사람이 매몰되고 망각되어 버리는 민속학의 연구 경향에 있다며 비판하였다.[7] 이를 참고하여 본다면 민속학에서는 남성 중심의 가부장제 전통사회에서 비롯된 전승문화를 다루는 경우가 많았고, 따라서 성차 문제에 대한 인식 없이 민속 현상을 연구할 경우에는 남성보다 여성이 상대적으로 민속 현상 속에 매몰될 가능성이 컸던 것으로 이해된다.

여성 중심의 민속을 다루는 것에 대해서는 '여성 민속'과 '여성주의 민속'으로 크게 구분하여 보기도 한다. 여성 민속은 여성 주체의 민속에 주목하여 민속의 제 영역에서 여성의 경험과 역할 등을 조명하는 것이며, 여성주의 민속은 여성 중심적인 시각을 견지하는 가운데 성차 구분에 의한 남성 중심의 사회구조를 모순과 불평등으로 보며 여성의 위치와 위상 등을 재조명하는 것이다.[8] 여성 중심적인 시각은 여성종속과 억압을 분석하고 파헤치며, 그것을 변화시키기 위한 방법의 모색을 추구하는 페미니즘의 사상적 입장과 연관성을 갖고 있다.[9] 그러나 민속학에서 여성주의 민속은 일부 페미니즘에서 지향하는 극단적인 여성해방 사상을 표방하기보다는 일반적으로 실존적 삶의 현실에 대한 여성의 대응적 삶의 실천이나 대안적 담론을 찾는 경향이 있다.[10] 여기에서도 여성의 대응적 삶의 실천을 주목하며, 옹기공방에서 여성의 역할 변화와 그 의미를 조명해 볼 것이다.

---

7 임재해, 「민속문화의 여성성과 민속학의 여성주의적 문제의식」, 『비교민속학』 45, 비교민속학회, 2011, 13~18쪽 참고.
8 임재해, 위의 글, 13~18쪽; 이중구, 「마을사회 여성 리더의 성장과 정치적 의미 - 연지3리 여성이장의 사례 - 」, 『민속연구』 40・41, 안동대학교 민속학연구소, 2020, 119~120쪽 참고.
9 천혜숙, 앞의 글, 107쪽 참고.
10 천혜숙, 위의 글, 107쪽; 천혜숙, 「전통사회의 여성과 남성 - 가부장 담론과 여성 억압의 현실」, 『실천민속학연구』 7, 실천민속학회, 2005, 35쪽 참고.

이 글에서는 옹기공방에서 여성의 역할 변화에 대해서 한국전쟁 이후부터 1980년대까지와 1990년대 이후로 구분하여 그 변화를 고찰해 보고자 한다. 1980년대까지는 남성 중심의 옹기 생산체제와 가부장제 사회체제 아래에서 여성이 옹기공방에서 어떠한 방식으로 참여하고, 어떠한 역할을 했는지 살펴볼 것이다. 그리고 1990년대 이후에는 무형문화재 전승체계에 포함된 여성을 중심으로 옹기 생산에서 여성의 참여 방식과 역할 변화를 주목하여 보고자 한다. 무형문화재 제도는 옹기 생산의 전승자와 전승집단에게 새로운 전승환경 변화를 조성하는 요인 가운데 하나이며, 무형문화재 전승체계에 포함된 여성에게는 옹기 생산과 관련하여 기존과 다른 참여와 활동형태가 나타나기 때문이다. 옹기장 종목은 1990년에 최초로 국가무형문화재로 지정되었고, 이 무렵부터 옹기공방에서 여성의 참여 방식과 역할에 변화가 나타난다는 점에서 1990년대를 기점으로 삼았다.

2. 1980년대까지 옹기공방에서 여성의 역할

여기에서는 한국전쟁 이후부터 1980년대까지 남성 중심의 옹기 생산체제와 가부장제 사회체제 아래 여성이 옹기 생산에서 어떠한 역할을 담당하였는지 고찰해 볼 것이다. 우선 옹기 생산에서 남성과 여성의 역할이 어떻게 구분되었는지 살펴보고자 한다. 그리고 옹기장인 부인이 옹기공방의 상황에 따라서 어떻게 역할을 조정하며 유동적으로 대응했는지 볼 것이다. 또한 옹기장인 가족 내에서 남성 옹기장인이 옹기 생산을 담당하고, 여성이 주로 판매를 담당하는 역할분담에 대해서도 다루고자 한다.

1) 옹기 생산에서 여성 역할과 성별 구분

　기존 연구에서는 옹기 생산과 관련된 인적조직이나 역할분담을 남성 중심으로 살펴보았고, 옹기 생산과정에서 여성의 역할을 구체적으로 정리하거나 고찰한 연구는 없다. 따라서 우선 옹기 생산과정에서 여성은 어떠한 역할을 담당했으며, 그러한 역할을 맡았던 이유나 기준은 무엇인지 살펴보고자 한다. 옹기 생산과정에서 여성의 역할은 남성의 역할과 비교했을 때 성차에 따른 역할 차이를 파악할 수 있으므로 여성과 남성의 역할을 구분하여 비교의 관점에서 파악하고자 한다.

　여성과 남성의 역할분담은 지역의 옹기공방마다 그 상황에 따라서 차이가 있는데, 여성의 옹기 생산 참여가 가장 활발한 지역에 속하는 강진군 봉황리의 사례를 중심으로 여성의 역할을 살펴보고자 한다. 봉황리의 사례는 수작업으로 옹기를 생산하던 시기에 여성이 옹기 생산에서 담당할 수 있는 최대한의 역할이 무엇인지를 보여준다. 또한 이를 통해서 그 당시 옹기 생산에서 여성에게 허용되지 않은 남성만의 영역은 무엇인지도 파악할 수 있다. 추가적으로 여성의 옹기 생산 참여의 지역적 차이를 알 수 있도록 봉황리와 반대로 여성의 옹기 생산 참여가 적었던 영덕군 오천리의 사례를 간단히 살펴보고자 한다.

　전남 강진군 칠량면 봉황리는 여성의 옹기 생산 참여가 다른 지역과 비교했을 때 많이 이루어진 지역이다.[11] 바닷가에 있는 봉황리에서는 옹기공방에서 생산한 옹기를 마을의 남성들이 배로 운반하여 판매하였다. 따라서 봉황마을에는 남성의 노동력이 다른 마을보다 상대적으로 부족하였고, 그러한 부분을 여성의 노동력을 적극적으로 활용하여 충당한 것으로 보인다.

11　봉황리의 옹기 생산에 대해서는 이 마을 출신의 옹기장인 가운데 유일하게 지금까지 옹기공방을 운영하고 있는 정윤석(남, 1942년생, 국가무형문화재 옹기장 기능 보유자) 씨를 2009년, 2010년, 2022년에 조사한 내용을 바탕으로 정리하였다.

봉황리의 사례는 수작업으로만 옹기를 만들던 시기에 여성이 옹기 생산에 참여할 수 있는 한정 범위와 그 범위의 기준이 무엇인지를 보여준다. 옹기 생산과정은 옹기흙의 채취와 정제, 옹기 성형, 시유와 건조, 가마재임, 가마 불때기로 이루어지는데, 봉황리에서는 옹기 생산과정에서 〈표 1〉 같이 성별 역할분담이 이루어졌다.

〈표 1〉 봉황리 옹기 생산의 성별 역할분담

생산과정			역할분담	역할분담 구분 기준
옹기흙 채취			남성	많은 근력을 필요로 함
옹기흙 정제			여성	기본적인 근력을 필요로 하며, 기초 근력이 있는 젊은 여성이 주로 맡음
옹기 성형	대형옹기		남성	높은 기술력과 많은 근력을 필요로 함
	소형옹기		남성	기본적인 기술력을 필요로 함
옹기 시유	잿물 만들기		남성	기본적인 기술력을 필요로 함
	잿물 입히기	대형옹기	주로 남성	많은 근력을 필요로 함
		소형옹기	여성	적은 근력을 필요로 함
옹기 건조	대형옹기		주로 남성	많은 근력을 필요로 함
	소형옹기		여성	적은 근력을 필요로 함
가마재임	가마로 옹기 운반	대형옹기	주로 남성	많은 근력을 필요로 함
		소형옹기	여성	적은 근력을 필요로 함
	가마 내부에 옹기 쌓기		남성	기본적인 기술력을 필요로 함
가마 불때기			남성	높은 기술력을 필요로 함

기존의 여성을 고려하지 않은 남성 중심의 옹기 생산 역할분담에 대한 연구나 보고서에서는 기술력의 차이만을 기준으로 구분이 이루어졌다. 옹기 생산은 주로 남성이 담당한다는 전제 하에 옹기를 성형과 가마 불때기 등의 높은 기술력을 가진 '옹기대장', 시유나 건조 등의 어느 정도 요령을 필요로 하는 보조적인 역할의 '건아꾼', 그리고 기술보다는 단순 노동력을 필요로 하는 일을 담당하는 '뒷일꾼'으로만 구분하였다. 그러나 여성의 옹기 생산 참여는 기술력과 더불어 신체적인 근력도 역할분담의 기준으로 고

려해야 파악이 가능하다.

　봉황리에서는 2km 정도 떨어진 곳에서 옹기흙을 채취했으며, 생땅에서 인력만으로 옹기흙을 채취하는 것은 많은 근력을 필요로 했기에 남성이 담당했다. 채취한 옹기흙은 옹기공방으로 운반해서 한 곳에 쌓아두었다. 옹기공방에 쌓아둔 옹기흙은 옹기를 만들 수 있도록 속에 있는 돌이나 모래 등의 불순물을 제거하고 적당한 점력을 가지도록 정제했다. 옹기흙 정제 작업은 높은 기술력을 필요로 하지는 않지만, 한 가마를 채울 정도의 옹기흙을 메로 쳐서 다진 후 깨끼로 흙을 깎으며 불순물을 제거하는 과정을 3차례 정도 반복하기에 어느 정도 근력을 갖추고 있어야 할 수 있었다. 내륙 지역에 위치한 옹기공방에서는 옹기흙 정제를 주로 남성이 담당했지만, 봉황리에서는 힘 있는 젊은 여성이 주로 담당했다.

　옹기 성형은 높은 기술력과 숙련도를 필요로 하며 봉황리를 비롯해서 전국의 모든 옹기공방에서 남성이 전담했다. 옹기대장 사이에는 기본적인 옹기 성형 기술을 익히려면 3년 정도의 기간이 필요하다는 뜻의 "3년 공밥"을 먹어야 옹기대장이 된다는 말이 통용되었다. 그 정도로 옹기 성형은 옹기 생산 과정에서도 높은 기술력을 필요로 하는 일에 속했다. 또한 옹기의 크기가 클수록 높은 기술력과 더불어 많은 근력을 필요로 했으며, 남성 가운데서도 옹기의 크기에 따라서 만드는 기술력에 차이가 있었다.

　봉황리에서는 옹기에 유약인 잿물을 입히는 시유를 옹기의 크기에 따라서 남성과 여성이 나누어서 담당했다. 여성은 가벼워서 다루기 쉬운 소형 옹기에 잿물을 입혔고, 남성은 무겁고 다루기 어려운 대형 옹기에 잿물을 입혔다. 잿물은 가마 불때기 과정에서 적절하게 녹아서 옹기 표면에 잘 안착되어야 하며 발색에도 영향을 미치는 등 옹기의 품질에 영향을 주었다. 이러한 잿물을 만드는 것은 옹기 성형처럼 높은 기술력이나 많은 근력을 필요로 하지는 않았지만, 기초적인 기술과 전승지식을 필요로 한다는 점에서 남성이 잿물을 만들었다. 잿물을 입히기 전후로 옹기를 건조할 때도 옹기의 크기에 따라서 남성과 여성의 역할분담이 이루어졌다.

　가마 불때기를 할 수 있을 정도로 적절하게 건조된 옹기는 크기별로 남성과 여성이 분담해서 함께 가마 근처까지 운반했다. 가마 내부에 옹기를 쌓는 것은 남성 옹기장인 가운데서도 그에 대한 경험이 있는 사람들이 맡았다. 가마 내부에 옹기를 쌓을 때는 수평을 잘 맞춰서 가마 불때기를 할 때 옹기가 수분 증발로 수축되는 과정에서 기울어져 쓰러지지 않도록 하는 기술이 필요했다. 옹기를 다 쌓은 후에는 낮은 온도로 가마와 옹기 속에 습기를 제거한 후에 며칠간에 걸쳐서 서서히 온도를 올려서 1,200℃ 이상의 고온으로 옹기를 구워내는 가마 불때기를 하였다. 가마 불때기는 옹기 생산 과정에서 옹기 성형과 더불어 단계별로 온도를 적절하게 조절하는 가장 전문적인 기술과 전승지식을 필요로 하는 과정이었고, 따라서 봉황리에서 가마 불때기 경험이 많은 남성 옹기장인이 맡았다.[12]

　한편 봉황리와 달리 여성들의 옹기 생산 참여가 적은 지역도 있었다. 1960~70년대까지 경북 영덕군 지품면 오천리의 옹기공방에서는 옹기를 굽기 위해서 가마로 운반할 때만 여성들이 참여하였다.[13] 옹기를 가마에 쌓는 것은 봉황리와 같은 이유로 경험 있는 남성 옹기장인이 담당하였고, 가마까지 옹기를 운반하는 것 이외에 모든 과정은 남성 옹기장인이 맡았다. 그리고 옹기 운반에 참여한 여성은 옹기장인 남성과 혼인한 여성보다도 오천리와 그 인근에 거주하며 부업으로 날품을 파는 방식으로 참여하는 농가의 여성이 더 많았다.

12　이 글에서는 여성의 옹기 생산 참여를 살펴보기 위한 목적을 가지기에 옹기 제작의 기술이나 전승지식에 대해서 상세하게 다루지는 않았다. 옹기 제작의 기술이나 전승지식에 대해서는 다음의 글을 참고하길 바란다. 김재호, 「옹기장인의 옹기제작기술과 전통지식」, 『문화재』 48(2), 국립문화재연구소, 2015; 이한승, 「옹기 제작에 나타나는 전승지식의 양상 - 경기도 '오부자옹기'를 중심으로 - 」, 『민속연구』 31, 안동대학교 민속학연구소, 2015.

13　오천리의 옹기 생산에 대해서는 이 마을 출신의 옹기장인 가운데 유일하게 지금까지 옹기공방을 운영하고 있는 백광훈(남, 1950년생, 경상북도 무형문화재 옹기장 기능 보유자) 씨를 2022년에 조사한 내용을 바탕으로 정리하였다.

그리고 오천리에는 가마 불때기를 할 때 여성이 가마 근처에 오지 못하도록 하는 금기도 있었다.[14] 이러한 금기는 오천리 이외의 다른 지역의 옹기공방에서도 나타난다.[15] 오천리의 옹기공방에서는 대부분 가마재임 후에 옹기가 잘 구워지도록 고사를 지냈고, 때로는 무당을 불러서 굿을 하는 옹기공방도 있었다. 고온에서 화목으로 옹기를 구워내는 것은 옹기와 가마의 상태, 기후 등의 영향을 받아서 기술적으로 어려웠고, 가마 불때기는 실패하면 금전적 손실이 커서 옹기공방의 존속과 직결되는 중요한 과정이었다. 이 당시 남성 중심의 옹기공방에서는 기술력이나 근력과 같은 실제적인 능력과는 상관없이 여성을 옹기 생산에 부정적인 영향을 미칠 수 있는 존재로 인식하여 배제하는 경우도 있었던 것이다.

이처럼 지역의 옹기공방 상황에 따라서 차이는 있지만, 여성은 각자 나름의 방식으로 옹기 생산과정에 참여하였다. 봉황리의 사례는 남성 인력이 부족한 지역의 옹기공방에서 여성의 참여가 더 활발했을 가능성이 크다는 점을 말해준다. 한편으로는 여성의 옹기 생산 참여가 기술력이나 근력을 기준으로 제한적으로 이루어졌다는 사실도 확인할 수 있다.

2) 옹기장인 부인 역할의 가변성

옹기 생산에 참여한 여성의 범주는 옹기장인과 혼인한 여성, 옹기를 생업으로 하는 집안에서 태어난 여성, 옹기공방이 있는 마을이나 그 인근에 살면서 부업으로 옹기 생산에 참여한 농가의 여성 등으로 나눌 수 있다. 옹기를 생업으로 하는 집안에서 태어난 여성은 혼인 전에 옹기 생산에 참여할 수는 있지만, 옹기 생산과 관련 없는 남성과 혼인하여 옹기공방이 없는 곳으로 가게 되면 옹기 생산 참여는 지속적으로 이루어지기 어려웠다. 그

---

14 봉황리에는 가마 불때기를 할 때 여성의 접근을 막는 금기는 없었다.
15 민경은, 앞의 글, 156쪽.

리고 부업으로 옹기 생산에 참여하는 농가의 여성은 옹기 생산 참여가 제한적으로 이루어졌다. 따라서 옹기 생산에 지속적으로 여러 과정에 참여하는 것은 옹기장인과 혼인한 여성이었다.[16] 그 가운데서도 옹기공방을 운영하는 점주와 혼인한 여성이 옹기 생산과 관련하여 가장 다양한 형태의 참여와 활동을 보여준다. 여기에서는 점주와 혼인한 여성을 중심으로 옹기 생산과 관련하여 여성이 어떠한 역할을 했는지 살펴보고자 한다.

점주와 혼인한 여성에게는 옹기공방에서 일하고 있는 여러 옹기장인의 식사를 준비하는 것이 주요한 일과 가운데 하나였다. 여러 옹기장인을 고용하여 운영했던 옹기공방의 점주 부인에게는 옹기장인의 식사를 준비하느라 분주했던 일상에 대해서 쉽게 들을 수 있다. 식사 준비는 옹기 생산과정에 직접적으로 참여하지는 않고, 옹기를 생산할 수 있도록 뒷받침하는 그림자 노동이라 할 수 있다.[17] 이러한 그림자 노동은 생산과 직접적인 관련성이 적어 보인다는 점에서 간과될 가능성이 높은데, 옹기 생산에서 여성의 역할을 이해하기 위해서는 이러한 부분도 고려해서 살펴보아야 한다. 이에 대해서는 경북 지역에서 옹기공방을 운영하는 점주와 혼인한 박○○ 씨의 A사례를 통해서 살펴보고자 한다.

A. 고생을 또 안 할 수가 있나요. 남편이 일을 하면은 그 **요새는 기술자들 별로 안 데리고 일을 하는데 옛날에는 엄청 많았어요.** 한 달에 쌀 한 가마씩 삶아낼 정도로. 옛날에 큰 가마 있죠. 그런 가마로 그랬으니까. **여자들이 고생을**

---

16 옹기장인과 혼인한 여성이라고 해서 모두 옹기 생산과정에 참여했다는 뜻은 아니다. 옹기대장이나 건아꾼 가운데는 가족을 다른 곳에 두고, 혼자 일하며 여러 지역의 옹기공방을 옮겨 다니는 경우도 많았기 때문이다. 여기에서는 옹기장인과 혼인한 여성이 옹기 생산에 참여하는 경우가 상대적으로 많았다는 뜻으로 쓰였다.
17 '그림자 노동'은 오스트리아 철학자 이반 일리치(Ivan Illich)가 인류의 노동 형태를 자급자족 노동, 임금 노동, 그림자 노동의 세 가지로 구분한 데서 나온 개념이다. 그림자 노동은 임금 노동을 뒷받침하기 위해 그림자처럼 존재하는 노동으로, 이반 일리치가 고안한 용어이다. 이반 일리치, 『그림자 노동』, 사월의책, 2015.

안 하고 어떻게 해. 아기 너이(4명) 낳은 거 그거 해 업고 그때 어째 내가 오토바이를 배웠겠노. 오토바이 넣고 배 속에 하나 너가(넣어서) 하나는 업고 ○○시장에 가가지고 배추하고 콩나물하고 이렇게 가져와가지고는 집에 와서 다듬어서 무쳐가지고 반찬 내놓고. 그때 뭐 별 반찬이 없으니까. …(중략)… 아침 먹고 설거지 금방 대충대충 해놓고 막 쫓아내려가서 또 장봐서 와. 사람이 적으면 김치 같은 것도 한 번 담가 놓으면 내일 담고 모레 담아도 되는데, 아니야. 끼니때마다 해야 되고 그래서 여자들 그래 힘들어. 또 옹기 하는 사람들 요새는 안 그러는데 옛날에는 새벽 참 먹어. **새벽에 참 4시나 5시 돼서 참 먹고 아침 먹고, 아침 먹고 나서 참 먹고, 점심 먹고, 점심 먹고 참 먹고. 또 저녁에 한 10시나 11시 되면 그때까지도 일하더라고요.** 또 국수 삶아주고. 진짜 그 말이 (맞아). 손끝에 물마를 날이 없었어. 금방 (식사준비) 하고 또 하고. 그때 이제 불때가 (밥) 했다. …(중략)… 우리 어머니하고 같이 나는 장 보러 가면 우리 어머님은, 옛날에 보리쌀 삶아야 되거든. 그러니까 보리쌀 삶아 먹는다 그러면 내가 빨리 와가지고 쌀 씻어가지고 그 안쳐가 나물 무치고 이래가지고. 또 갖다 주지도 못하지. 그냥 밥에다가 이렇게 차려 놓고 밥 잡수소 하고 쫓아가서 소리 지르고 또 (다음 식사를 준비하기 위해서) 막 쫓아온다.[18]

A사례의 내용은 1970~80년대 옹기공방에서 일하는 10여 명의 옹기장인의 식사와 참을 준비했던 상황에 대한 것이다. 이곳의 옹기대장은 그 당시 성형한 옹기의 수량에 비례해서 품삯을 받았다. 하루에 성형할 수 있는 옹기 생산량을 증가시켜서 더 많은 품삯을 받으려고 하는 옹기대장은 일하는 시간을 늘리기 위해서 새벽부터 늦은 밤까지 일했다. 이러한 옹기대장의 일과에 맞추어 박○○ 씨는 새벽 참, 아침, 오전 참, 점심, 오후 참, 저녁, 밤참을 준비하느라 쉴 틈이 없었다. 박○○ 씨는 식사와 참 준비에 필요한

---

18 박○○(여, 1954년생, 경북 지역 옹기공방 점주 부인)의 제보(2022년 5월 18일).

재료를 구입하기 위해서 시장에도 가야 했는데, 시장에 가는 시간을 단축하기 위해서 위험하다고 만류하는 시어머니의 반대에도 불구하고 오토바이 타는 법도 배웠다. 육아도 여성의 몫이었기에 시장에는 오토바이에 어린 자녀들을 태워서 가기도 했다. 그나마 시어머니가 식사 준비나 시장을 보는 것을 도와주었고, 이후 음식 장만의 부담을 줄이기 위해서 참은 라면을 준비해서 옹기장인 스스로 먹도록 바꾸었다.

경기도에서 옹기공방을 운영했던 점주의 부인 신○○ 씨도 1980년대 중반에 옹기대장 10명, 건아꾼 6명의 식사를 준비하는 것이 하루의 주요한 일과였다.19 신○○ 씨는 다소 과묵한 성격의 점주인 남편을 대신해서 옹기공방에서 일하는 옹기장인과 소통하는 역할도 하였다. 남편이 옹기 상인과 거래하기 위해서 옹기공방을 비우면 신○○ 씨는 남편이 알지 못하게 돼지고기와 술 등을 마련해서 옹기장인의 기분을 풀어주고, 옹기장인이 옹기를 더 많이 만들도록 부탁도 했다고 한다. 당시 점주는 제대로 옹기를 만들도록 관리하는 역할을 하다 보니 때때로 옹기공방에서 일하는 옹기장인과 마찰을 빚는 일이 발생하였다. 따라서 점주에게는 옹기장인이 게으름을 피우지 않고 성실하게 옹기를 만들도록 관리도 하고, 적절하게 기분도 풀어주는 인원 관리의 요령이 필요했다. 신○○ 씨는 옹기 제작기술 측면에서는 뛰어나지만 소통 측면에서 조금 부족한 남편을 대신해서 점주와 옹기장인 사이의 관계를 완충하는 역할을 했던 것이다. 40여 년을 점주의 부인으로 살아온 신○○ 씨는 자신의 경험을 바탕으로 "점쟁이 되는 것도 여자가 말 잘하고 수단이 있어야" 되며, "사람을 좋아하고 그래야 한다."고 하였다. 이처럼 옹기 생산에 직접 참여하는 것 이외에도 표면적으로 잘 드러나지는 않더라도 세부적으로 살펴보면, 여성이 옹기 생산이나 옹기공방 운영과 관련하여 일조했다는 사실을 알 수 있다.

---

19 신○○(여, 1944년생, 경기도 지역 옹기공방 점주 부인) 씨에 대한 내용은 2022년에 조사한 내용을 바탕으로 정리하였다.

한편 옹기 소비의 감소에 대응하여 옹기공방의 인력을 감축하고, 가족 중심의 운영체제로 전환하는 옹기공방에서는 옹기 생산과정에서 점주와 혼인한 여성의 역할이 확대되는 현상도 나타났다. 한국전쟁으로 인한 전란의 피해를 복구하는 과정에서 당시 필수적인 세간이었던 옹기의 소비는 급증하였고, 1950~60년대 옹기공방은 옹기장인의 표현에 따르면 "옹기를 만들기만 하면 돈이 되는" 활황기를 맞이하였다. 이 시기에는 옹기 생산의 수익성으로 인해서 옹기를 만들지는 못하지만 자본을 가진 지역 유지들이 설립한 옹기공방이 늘어났다. 그리고 당시에는 뛰어난 실력의 옹기대장을 데려오기 위해서 옹기공방이 서로 경쟁하였고, 자본의 여유가 된다면 옹기공방의 인원을 늘려서 옹기 생산량을 증가시키려고 하였다.

그러나 1970년대에 한국의 옹기공방은 플라스틱이나 금속 재질로 된 대체용기 보급으로 인한 옹기 소비 감소의 영향을 받기 시작하였고, 옹기 유약에 섞어서 사용하던 광명단의 납 성분이 유해하다고 세간에 알려지면서 쇠퇴기에 접어들기 시작하였다.[20] 1970~80년대에 다수의 옹기공방이 폐점하였고, 많은 옹기장인이 다른 일거리를 찾아서 옹기공방을 떠나갔다. 많은 자본을 투자하여 현대적인 대량생산체제를 갖춘 일부 옹기공방을 제외하고, 자본이 영세한 많은 옹기공방이 가족 이외의 옹기장인을 모두 내보내거나 최소화하여 가족 중심의 운영체제로 전환하여 옹기 소비 감소에 대응하였다. 이러한 대응은 옹기 성형기술을 익힌 옹기대장인 동시에 옹기공방을 운영했던 점주나 가능했고, 옹기 제작기술을 익히지 않고 자본만 투자한 점주는 이 시기에 대부분 폐점했다.[21]

가족 중심의 옹기공방에서는 옹기 생산에서 점주와 혼인한 여성의 역할

---

20 이한승, 「1970년대 광명단 옹기에 대한 논란과 그 문화적 파장」, 『실천민속학연구』 29, 실천민속학회, 2017.
21 경기도에서는 옹기 제작기술을 보유한 점주를 '원대장', 옹기를 만들 수 없으면서 자본으로 운영한 점주를 '건대장'으로 구분했다. 민경은, 앞의 글, 147쪽.

이 확대되었다. 특히 남성 점주와 그와 혼인한 여성 2인 체제로 운영되는 옹기공방에서는 숙련된 기술을 필요로 하는 옹기 성형과 가마 불때기를 제외한 대부분의 제작과정에 여성이 참여하는 형태로 전환되었다. 앞서 예로 들었던 박○○ 씨도 옹기 소비 감소로 인해서 다른 옹기장인을 보내고 1990년대에 가족 중심의 옹기공방으로 전환한 후에 점주인 남편을 도와서 옹기 생산과정에 본격적으로 참여하기 시작하였다. 이러한 가족을 중심으로 한 옹기공방에서는 남성이 옹기대장의 역할을 맡고, 여성이 건아꾼의 역할을 맡아서 옹기를 생산하였다.

이러한 점주 부인의 역할은 직접 노동과 그림자 노동을 아울러 볼 때 옹기 생산에서 여성의 역할을 이해할 수 있다는 점을 보여준다. 남성은 옹기 생산에 직접적으로 참여하는 직접 노동만을 주로 담당했다면, 여성은 그러한 직접 노동과 옹기 생산이 이루어질 수 있도록 뒷받침하는 그림자 노동을 넘나들며 유동적으로 수행해 왔기 때문이다. 직접 노동과 그림자 노동을 포괄적으로 볼 때 옹기 생산에서 여성의 역할이 남성의 역할과 좀 더 대등한 위치에서 파악될 수 있다.

3) 옹기 판매에서 여성의 역할

옹기공방에서 생산된 옹기의 판매는 상인에게 모개로 판매하는 것을 제외하면 옹기 생산에 참여한 사람들이 소비자에게 직접 판매하였다. 따라서 옹기공방에서는 생산자와 판매자가 완전히 분리되어 있는 것이 아니라 생산과 판매를 동시에 겸하는 경우가 많았다. 여기에서는 옹기공방에서 생산된 옹기 판매에서 나타나는 여성의 역할에 대해서 살펴보고자 한다.

여성의 옹기 판매는 옹기공방의 품삯지불 방식과 연관되어 있다. 월급제 도입 이전 시기의 옹기공방의 품삯체계는 크게 두 가지로 나누어진다. 첫 번째는 한 가마를 구워서 나온 옹기를 점주, 옹기대장, 건아꾼이 역할별로 규정된 몫을 나누어 분배하는 방식이다. 이러한 방식은 '자리금제'나 '와릿제', '대짝제' 등으로 부르며, 옹기 생산의 결과에 따라서 옹기대장과 건아꾼의 몫도 달라진다.[22] 두 번째는 옹기 종류마다 만들었을 때의 품삯을 정해두고 옹기대장과 건아꾼이 생산한 옹기의 양에 따라 점주가 규정된 품삯을 지불하는 방식이다. 이는 주로 '객공제'라고 부르며, 옹기대장과 건아꾼은 가마에서 구웠을 때의 옹기 상태에 상관없이 그 전 단계에서 만든 옹기의 양에 따라서 품삯을 받았다.

자리금제에서는 옹기대장과 건아꾼이 자신의 몫으로 받은 옹기를 모개로 상인에게 팔거나 직접 소비자에게 판매할 수 있었다. 경기도 지역의 옹기공방에서 옹기대장으로 일했던 황○○ 씨는 옹기 성형을 해서 자리금제로 받은 옹기를 어머니가 판매하였고, 혼인 후에는 그의 부인이 판매하였다.[23] 초창기에는 그의 어머니가 경기도 일대를 다니며 판매하였지만, 서울 강북구 수유동에 가게를 차린 후에는 그곳에서 옹기를 판매하였다. 황○○ 씨는 상인에게 판매하는 것보다 직접 소비자에게 판매하는 것이 몇 배의 수익을 올릴 수 있기에 자신처럼 남성이 만들고, 여성이 판매하는 옹기장인 집안이 많았다고 한다.

위와 같은 이유로 옹기 생산에 참여했던 여성이나 옹기장인 부인에게서는 옹기 판매에 대한 경험담을 쉽게 들을 수 있다. 가족 생계에 보탬을 주기 위해서 여성들은 옹기 생산에 참여할 뿐만 아니라 생산된 옹기를 직접 판매하였던 것이다. 여성의 옹기 판매에 대해서는 옹기장인과 혼인한 여성의 경험담을 통해서 살펴보고자 한다.

---

22 필자가 여러 옹기장인에게 조사한 것에 따르면, 한 가마를 구워서 나온 전체 옹기를 점주 60%, 옹기대장 30%, 건아꾼이 10%로 각자의 몫을 나누었던 것이 가장 일반적인 자리금제의 분배 방식이었다. 점주는 자신의 몫으로 옹기흙이나 나무 등의 재료비와 날품을 파는 사람들의 품삯 등을 부담했고, 옹기대장과 건아꾼은 옹기를 만드는 기술과 노동력만 제공하였다.

23 황○○(남, 1941년생, 경기도 지역 옹기공방 점주) 씨에 대한 내용은 2016년에 조사한 내용을 바탕으로 정리하였다.

B. 맨 처음에는 장에 가는데, 항아리 가지고 장에 가서 했다. 처음에는 수원 거기로 이사 갔어. 안성으로 가기 전에 거기 가서는 **아줌마들이 항아리 가지고 장에 가자 그랬는데 창피하고, 부끄럽고, 차 탔는데도 얼굴을 들 수가 없는 거야. 부끄럽고.** 갖다 놓고도 막 부끄럽고 그랬었어요. 처음에 장사했지. 그랬어. **근데 재(차녀)를 낳는 날까지 장에 갔었어. 진통이 와서 집에 와서 한 3시 넘어서 낳고.** …(중략)… 사람들이 다니니까 같이 다닌 거예요. 이렇게 거기 수원 시내에 이렇게 버스에다 싣고 (가서) 쭉 놓고 팔았어. …(중략)… 저기 우리 바깥양반이 만들면 거기에 이제 비급이라는 게 나와, 항아리가. 이제 그거 또 **우리 바깥양반이 이렇게 노나셔(나눠서) 돌아온 것도 팔고, 또 비급으로 나온 거를 이렇게 또 받아서 팔기도 하고 그랬지.** 그때만 해도 장사 할만 했어 …(중략)… **우리 큰딸은 이제 할머니가 계시니까 맡겨 놓고** 재(차녀)는 어렸으니까 업고 댕겼어. …(중략)… 그래도 **애 업고 그래도 힘든 줄을 모르고 살았으니까. 그리고 돈 생기잖아. 돈이 얼마나 재밌어.** 그거 사흘 만에 그 많은 걸 다 팔으니까 뭐 돈이 버걱버걱하게 모이지. 그리고 또 나는 지독해서 그렇게 팔면 이렇게 이제 삼등분해서 돈을 노나(나눠). 본전 치 해 놓고 하나도 안 쓰고 모았어.[24]

C. 장날 되면 이제 어머니가 집에서 밥 하셔. 내가 딱 준비해 놓고 가면은, 원래는 어머님이 미리 했어 (어머님이) 옹기 장(시장에 가서 판매하는 일)을 했는데, 힘이 들어서. 그게 무겁잖아요. 들어 얹었다가 내렸다가 누가 사서 가면은 또 들어다 주고 이러면 힘이 들어서. 어머니요. 바꿉시다. 이래가지고, 이제 바꿨어. **점심때는 이제 어머니가 하고, 장날에는 내가 쫓아내려 가가지고 옹기 팔고.** …(중략)… 옹기 만들어 가지고 이제 전부 상인들이 다 가져가고 조금 남는 것만 (팔고). 그래도 **상인들 주는 것보다는 내 파는 게 2배 3배 번다.** 어차피 내 장보러 가야 되잖아. 장에서 반찬도 사고 오면은 해야 되고. …(중략)… 원래 시어머

---

24 안○○(여, 1945년생, 충남 지역 옹기공방 점주 부인)의 제보(2022년 4월 22일).

니가 하셨는데 이제 연세가 많이 있으니 힘에 부치시더라고 보니까. 힘들어. 옛날에 (나는) 힘도 셌어요. 단지 저거보다 조금 작은 거, 저것도 있잖아요. 딱 양쪽에 이 밑에 잡고 위에 잡고 배에 탁 얹어 가지고 그래 이고 간다.[25]

B, C사례는 1980년대 이전 그 당시 옹기대장이던 남편이 옹기공방에서 일하고 품삯으로 받은 옹기나 상품성이 떨어지는 '비급' 옹기 등을 받아서 여성들이 판매했던 내용을 담고 있다. B사례에서 안○○ 씨는 옹기대장이었던 남편이 자리금제 품삯으로 받은 옹기를 경기도 수원에 있는 시장에서 판매했던 상황에 대해 설명하고 있다. 안○○ 씨는 부친이 경기도 지역에서 활동하는 옹기대장이었는데, 부친이 같은 옹기공방에서 일했던 남편을 소개하여 혼인하게 되었다. 옹기 생산을 생업으로 하는 집안에서 태어났지만, 혼인 전 안○○ 씨는 옹기 생산과 관련된 일이나 옹기 판매를 한 경험이 없었다. 따라서 수원에서 다른 옹기장인 부인들과 함께 옹기 판매를 처음 했을 때는 익숙하지 않은 상황에 적응하는 시간이 필요했다. 적응한 후에는 차녀를 출산하는 날에도 옹기를 팔기 위해서 시장에 갈 정도로 옹기 판매에 매진했다.

이처럼 옹기장인 부인이 옹기를 직접 판매하는 이유는 앞서 언급했듯이 상인에게 판매하는 것보다 직접 소비자에게 판매하면 몇 배의 수익을 올릴 수 있기 때문이다. 옹기 판매상인은 많은 양의 옹기를 한 번에 구입하는 대신에 시장가격보다 낮게 구입하여 수익을 창출하므로 소비자에게 직접 판매하는 것이 이득이었다. 앞서 예로 들었던 영덕 오천리에서는 가마까지 옹기를 운반하는 데 참여했던 여성이 품삯을 비급 옹기로 받아서 직접 시장에 옹기를 판매했다. 이 또한 품삯을 돈으로 받는 것보다 옹기로 받아서 직접 소비자에게 판매하는 것이 이득이 되는 데 따른 선택이었다.

---

25 박○○(여, 1954년생, 경북 지역 옹기공방 점주 부인)의 제보(2022년 5월 18일).

C사례에서는 황○○ 씨 사례처럼 옹기 판매의 역할이 시어머니에서 며느리로 이어지는 모습을 확인할 수 있다. 시어머니가 고령이 되면서 무거운 옹기를 운반하여 판매하는 데 어려움을 겪자 박○○ 씨가 그 역할을 대신한 것이다. 이는 남성 옹기장인이 직접 옹기를 판매하면 그 기간 동안 옹기 생산에 참여할 수 없는 공백이 발생하기에 그 집안의 여성이 주로 옹기를 판매한 데 따른 것이다. 이들에게는 남성 옹기장인은 옹기 생산에 집중하고, 여성은 옹기를 판매하는 방식이 가정경제의 측면에서는 더 이득이 되는 합리적인 선택이었던 것이다.

이처럼 옹기 생산과 관련하여 여성의 역할은 사회·경제 공동체의 가장 기본 단위인 가족을 중심으로 남성과 역할분담이 이루어지기도 하였다. 이는 생산과 더불어 생산물의 분배와 판매 등을 포괄적으로 보아야 포착할 수 있다. 또한 여성은 육아나 집안일과 같은 가사활동 영역과 옹기 생산이나 판매와 같은 생업활동 영역의 경계를 넘나들며, 상황에 따라 대응했다는 점도 눈여겨보아야 한다.

3. 1990년대 이후 옹기공방에서 여성의 참여와 역할 변화

이 장에서는 1990년대 이후에 옹기 생산과 관련된 사회·문화 변동을 고려하여 여성의 참여 방식과 역할 변화를 살펴보고자 한다. 여성 참여의 변화된 부분을 중점적으로 보기 위해서 여기에서는 무형문화자 전승체계에 속한 여성의 사례를 중심으로 다룰 것이다. 우선 무형문화재 전승 현황을 통해 여성 참여의 변화를 파악하고, 그 가운데 옹기공방 가업을 계승한 여성과 전문적인 옹기 제작기술을 배운 새로운 여성 옹기장인의 사례를 고찰할 것이다. 한편 이러한 사례는 옹기 생산에서 여성 역할의 점진적인 변화를 보여주는 것이며, 전국 옹기공방의 일반적인 변화를 담보하지는 않는다는 점을 밝힌다.

1) 무형문화재 전승 현황을 통해 본 여성 참여의 변화

무형문화재 제도는 전통문화의 전승과 보존을 목적으로 기존의 형태와 방식 등을 고수하도록 만드는 힘으로 작용하여 왔다. 한편 무형문화재 제도는 전승자와 전승집단에게 새로운 지위와 의미를 부여하고, 기존과 다른 전승체계를 형성하여 새로운 제도적 장 속으로 이끌었다는 점에서 전통문화 전승의 가장 큰 사회적 환경 변화 요인 가운데 하나이기도 하다. 이러한 무형문화재 전승체계에 포함된 옹기장 종목의 여성 전승자에게서는 옹기 생산과 관련하여 참여의 계기와 방식, 역할, 기술 전승 등에서 이전과 다른 모습이 발견된다. 따라서 무형문화재로 지정된 옹기장 종목의 전승 현황은 옹기 생산과 관련하여 여성 참여의 변화를 가늠할 수 있는 하나의 지표가 될 수 있다.

여기에서는 현재 국가무형문화재와 시도무형문화재로 지정된 옹기장 종목의 보유자, 전승교육사(전수교육조교), 이수자 현황을 성별과 보유자와의 가족관계를 고려하여 파악하고, 옹기 생산과 관련하여 예전과 달라진 여성의 참여에 대해 살펴보고자 한다. 현재 국가·시도 무형문화재 옹기장 종목 전승 현황은 〈표 2〉와 같다.[26]

---

26 〈표 2〉에서 여성은 밑줄과 진하게 표시하였고, 보유자와 가족 관계에 있는 사람은 괄호 안에 어떠한 관계인지 적어두었다. 이 자료는 필자가 지자체의 무형문화재 담당자와 보유자에게 조사한 자료를 바탕으로 정리하였다.

〈표 2〉 국가·시도 무형문화재 옹기장 지정 종목 전승 현황(2022년 7월 기준)

지정 구분	지역	보유자/보유단체	보유자/보유단체 인정일	전승교육사	이수자
국가 무형문화재	경기 여주시	김일만	2010.02.11.	-	김성호(아들), 김창호(아들), 김용호(아들), 김명진(손자), 김명훈(손자), **정영락(며느리)**
	전남 강진군	정윤석	2010.02.11.	-	정영균(아들)
서울특별시 무형문화재	서울특별시	배요섭	2002.09.25. (2017.04. 명예보유자 전환)	-	**배은경(손녀)** 배연식(아들)
충청북도 무형문화재	청주시	박재환	2003.10.24.	-	박성일(아들) 박대순(아들)
충청남도 무형문화재	홍성군	방춘웅	2008.02.29.	-	**방유정(딸)** 방유준(아들)
	아산시	이지수	2008.02.29.	-	신형묵, 이주용(아들), 이재황, 이정식, **손미화**
경상북도 무형문화재	영덕군	백광훈	2003.12.15.	-	백민규(아들)
	상주시	정대혁	2021.12.27.	-	정창준(아들)
	청송군	이무남(작고)	1997.03.17.	이호섭(아들)	
울산광역시 무형문화재	울주군	울주외고산옹기협회 (배영화, 서종태, 신일성, 장성우, 조희만, 진삼용, 허진규)	2009.02.05.	-	-
전라북도 무형문화재	김제시	안시성	2015.12.28.	-	-
	진안군	이현배	2017.01.06.	-	-
전라남도 무형문화재	보성군	이학수	2013.12.19.	-	**이화영(부인)**
제주특별자치도 무형문화재	제주특별자치도	이윤옥(질대장) 부창래(도공장) 김정근(굴대장)	2011.09.17. 2014.06.11. 2017.01.12.	**허은숙**(도공장) 김서진(굴대장)	-
성별 분포	남성	21명		2명	16명
	여성	0명		1명	5명

옹기장 종목은 1990년 5월 8일 이종각, 이옥동, 이내원 3명의 남성 옹기장인의 국가무형문화재 기능 보유자 인정을 시작으로 시도무형문화재 지정

도 이루어지기 시작하였다. 최초 지정된 보유자 3명의 작고 후 2010년에 국가무형문화재 옹기장 기능 보유자 2명이 새롭게 인정되었으며, 현재 12개 시군에서 옹기장 종목을 시도무형문화재로 지정하여 관리하고 있다. 〈표 2〉를 통해 옹기 생산과 관련하여 여성 참여의 실태와 그 변화에 대한 파악이 일정 부분 가능하다.

첫째, 과거 옹기 제작의 전문적인 지식과 기술은 전국적으로 남성을 중심으로 전승되었다는 점이 무형문화재 전승 현황에서도 확인된다. 현재 국가무형문화재 옹기장 기능보유자 2명과 시도무형문화재 옹기장 기능 보유자 19명은 모두 남성이며, 최초로 국가무형문화재 옹기장 기능 보유자로 인정되었던 3명도 남성이었다. 앞서 살펴보았듯이 옹기를 성형하거나 가마에서 구워내는 전문적인 기술과 전승지식을 필요로 하는 일은 남성이 전담하였고, 그 결과 무형문화재 옹기장 기능 보유자는 모두 남성이 인정되었던 것이다.

둘째, 남성 중심적으로 이루어진 무형문화재 옹기장 전승체계 내에서 여성의 참여가 조금씩 확대되고 있다. 전승교육사는 3명 가운데 1명이 여성이며, 이수자는 16명 가운데 5명이 여성이다. 전체적으로 여성의 수는 여전히 남성에 비해서 적지만, 그 수가 점차 늘어나고 있다.

셋째, 옹기 생산과 관련된 여성의 참여 방식과 역할이 기존과 달라지고 있다. 여성 참여의 양적 증가보다도 중요한 것은 여성의 옹기 생산과 관련된 참여 방식의 변화이다. 대표적으로는 제주특별자치도 무형문화재 전승 교육사 허은숙 씨를 예로 들 수 있다. 제주도에서는 다른 지역과 달리 옹기 생산과정에서 담당하는 역할별로 전승자를 인정한다. 질대장은 옹기흙을 가공하는 역할, 도공장은 옹기를 성형하는 역할, 굴대장은 가마를 축조하는 역할이다. 도공장 분야에서 전승교육사로 허은숙 씨가 인정되었다는 것은 여성으로서 옹기 성형 기술을 익혔다는 것을 의미한다. 이는 옹기 성형 기술이 남성을 중심으로 전승되었던 이전과 달라졌다는 점에서 옹기 제작기술 전승의 성별 구분의 벽이 허물어지기 시작했다는 것을 보여준다.

넷째, 가업을 계승하는 옹기공방에서 여성의 활동이 주목된다. 현재 국가무형문화재와 시도무형문화재로 지정된 옹기장 기능 보유자가 운영하는 옹기공방은 다수가 가족 중심으로 운영되고 있다. 그 결과 옹기 제작기술도 가족을 중심으로 전승이 이루어지는 상태이다. 전승교육사와 이수자 총 24명 가운데 보유자와 가족관계에 있는 사람은 18명으로 전체 인원의 75%를 차지한다. 그리고 여성 이수자 5명 가운데 4명이 보유자와 가족 관계이며, 그 가운데 2명이 옹기공방 가업을 계승하여 활동하고 있다.

이러한 여성 참여의 변화를 볼 때 두 가지가 주목된다. 첫 번째는 옹기공방 가업을 계승한 여성의 역할 변화이다. 기존의 옹기공방은 남성을 중심으로 가업 계승이 이루어져 왔으며, 이러한 경향은 지금도 지속되고 있다. 그러나 일부 옹기공방에서는 여성이 가업을 계승하며, 기존 여성과 다른 역할과 활동을 보여준다. 두 번째는 옹기 생산과 관련성이 없던 여성들이 어떠한 계기에 의해서 옹기문화에 관심을 갖고, 옹기 생산과 관련하여 새로운 활동을 이어나가고 있다는 점이다. 이 두 유형에 대해서는 다음 절에서 무형문화재 전승체계에 속한 여성의 실제 사례를 통해 다루고자 한다.

2) 옹기공방 가업을 계승한 여성의 역할 변화

가부장제를 바탕으로 한 남성 중심의 사회체계는 한국사회를 역사적으로 오랜 시간 동안 생업활동 영역에 속한 대부분의 가업이 남성을 중심으로 계승되도록 사회를 구조화하고, 남성의 가업 계승이 당연한 것으로 인식되도록 만들었다. 이는 옹기 생산 분야에서도 동일하게 나타났다. 예전에는 옹기 생산을 생업으로 하는 집안에서 태어난 여성이 혼인 전 옹기 생산과 관련된 일에 참여했더라도 혼인 후 시가에 편입되어 친가와 관련 없는 삶을 사는 경우가 대부분이었다.

그러나 성차 구분에 따른 차별을 비판하는 양성평등의 관점이 대두되고, 여성의 사회적 진출이 활발해지면서 가업 계승에서도 변화가 나타나고 있다. 성별 역할 구분의 경계가 허물어지는 현상이 사회 곳곳에서 나타나는 가운데 남성 중심으로 이루어지던 가업 계승의 영역에서도 여성의 참여와 활동이 발견된다. 이러한 변화는 옹기공방에서도 찾아볼 수 있다. 여기에서는 가업을 계승하여 운영되는 옹기공방에서 여성의 역할 변화에 대해 살펴보고자 한다. 옹기공방 가업을 계승하고 있는 여성의 역할 변화는 점주와 부녀父女 관계에 있는 충청북도 무형문화재 옹기장 기능 이수자 방유정 씨의 사례를 통해 살펴보고자 한다.

방유정 씨는 충남 홍성군 동성리에 있는 갈산토기의 점주이자 충청남도 무형문화재 옹기장 기능 보유자 방춘웅 씨의 차녀이며, 갈산토기 운영과 관련된 전반적인 일을 맡고 있다.[27] 어린 시절부터 집안에서 옹기 생산과 판매의 어려움을 보며 자란 방유정 씨는 가업을 계승할 생각이 없어서 대학교에서 회계학을 전공한 후 건축 관련 사무실을 다녔다. 그러나 친가에 들릴 때마다 부친이 판로를 확보하지 못해서 어려움을 겪는 모습을 보고, 1997년에 회사 생활을 정리한 후 갈산토기를 활성화시키기 위한 노력을 시작하였다.

우선적으로 방유정 씨는 판로 개척을 위해서 여러 지역의 지자체 행사나 백화점 등을 직접 다니며, 갈산토기의 옹기를 홍보하는 데 주력하였다. 30대 초에는 마산의 백화점에서 오후 8시까지 옹기를 판매한 후 새벽 2시에 갈산토기로 돌아와서 다음날 옹기를 싣고 다시 마산으로 간 적도 있다. 2001년에는 갈산토기에 체험장을 지었는데, 체험장 건립은 체험객을 통해서 수익을 창출하기보다는 체험을 하려고 찾아오는 사람들에게 갈산토기를 알리기 위한 홍보 목적이 더 컸다고 한다. 한편 이러한 노력으로 갈산토기

---

27 방유정(여, 1969년생) 씨에 대한 내용은 2009, 2022년에 조사한 내용을 바탕으로 정리하였다.

가 활성화 될 무렵 2005년에 화재로 인해서 작업장이 전소되어 폐점의 위기를 겪었다. 그러나 방춘웅 씨가 옹기공방을 계속 운영할 뜻을 가졌고, 부친의 의견을 따라서 방유정 씨는 최대한 저렴한 가격에 작업장을 다시 지을 수 있도록 노력하였다. 2008년부터는 방춘웅 씨가 충청남도 옹기장 기능 보유자로 인정되면서 갈산토기의 상황이 이전보다 조금씩 나아지기 시작하였다.

현재 갈산토기는 옹기를 생산해서 판매하는 일반적인 옹기공방의 기능뿐만 아니라 체험장, 숙박, 카페 시설을 갖춘 문화공간으로 변화되었다. 옹기의 생산은 전국적인 옹기 경기의 침체로 인해서 2010년대 초부터 외부인을 모두 내보내고 가족 구성원으로 이루어지고 있다. 부친 방춘웅 씨와 남동생 방유준 씨가 옹기 생산을 중심적으로 맡고, 방유정 씨는 옹기 생산과정에서 성형한 옹기를 매끄럽게 다듬는 것과 같은 간단한 일을 같는다. 방유정 씨는 갈산토기의 홈페이지(http://www.galsantogi.com/)를 관리하며, 옹기 생산보다는 옹기의 판매, 체험교육, 숙박시설 관리 등을 중심적으로 맡고 있다. 홈페이지에는 생활옹기, 선물용 옹기, 주문제작 옹기로 나누어서 온라인 주문과 체험교육과 숙박을 예약할 수 있도록 해두었다. 체험교육은 크게 옹기 만들기, 음식 만들기, 그리고 기타 체험으로 나누어지며, 방유정 씨가 주도한다.[28] 또한 방유정 씨는 체험교육을 원활하게 진행하기 위해서 홍성군농업기술센터에서 농촌교육농장 교사양성 기초과정 및 심화과정을 수료하고, 장아찌제조사・전통장류제조사(4대장류) 자격증과 떡저조기능사 국가기술자격증 자격증 등을 취득하였다. 체험교육 진행 인원이 필요할 때는 남동생 방유준 씨와 그의 부인이 돕고 있다.

이처럼 갈산토기는 현재 가족 중심의 옹기공방으로 운영되고 있으며, 방

---

28 옹기 만들기 체험은 작업장을 견학한 후에 옹기흙 밟기, 잿물치기, 물레 성형, 가마재임 등으로 이루어진다. 음식 만들기 체험은 된장, 고추장, 김치, 가양주 등을 만드는 것으로 구성되어 있다. 기타 체험은 캔들 만들기, 족욕, 고구마 캐기 등이다.

유정 씨는 갈산토기의 운영에서 중심적인 역할을 맡고 있다.[29] 현재 갈산토기의 운영 방식에 대해서 방유정 씨는 "완전히 바꾸는 건 아니고 그게(갈산토기가) 유지되기 위한 하나의 시대적으로 그게 필요하기 때문에 그렇게 가는 거죠. 안 그러면 옹기만 있으면 사람들이 오지도 않아."라고 말한다. 2010년대 초 무렵부터 옹기 소비 침체가 장기화 되면서 많은 옹기공방이 어려움을 겪고 있다. 따라서 방유정 씨는 옹기만을 생산해서 판매하기보다는 옹기공방을 다양한 문화를 향유할 수 있는 문화공간으로 만들어서 갈산토기의 활로를 모색하고 있는 것이다.

이러한 사례를 볼 때 옹기공방 가업을 계승한 여성의 역할 변화는 여성과 남성의 역할 구분 경계의 약화로 단순화하는 것보다는 옹기 생산문화의 변화와 해당 옹기공방의 상황을 아울러 보아야 한다. 생업으로 옹기를 생산한다는 점은 예전과 동일하지만, 옹기장인은 전통문화에 대한 재해석과 자원화 등을 배경으로 이전과 다른 문화적 맥락에서 옹기를 생산하거나 옹기공방을 문화공간으로 활용하고 있다. 이러한 변화는 옹기공방에서 기존과 다른 역할을 추가적으로 요구한다는 점에서 옹기 생산문화의 변화를 고려하며 여성의 역할 변화를 파악해야 한다.

3) 새로운 여성 옹기장인의 출현과 활동

1990년대 이후에는 옹기문화에 대한 개인적인 관심에서 시작하여 옹기 제작기술을 익히고, 그와 관련된 새로운 길을 개척하는 여성들이 등장하기 시작한다. 이는 옹기를 단순히 판매하여 생계를 유지하는 수단으로 생각하

---

29 갈산토기의 운영에서 방유정 씨의 역할에 대해서는 다른 지역의 옹기장인에게도 전해져 있을 정도이다. 경기도에서 방춘웅 씨와 일한 경험이 있는 한 옹기장인은 "그 전에 방춘웅이 나하고도 같이 일하고 했는데, 방춘웅이 일 욕심 엄청 많은 사람이여. 그런데 딸내미한테 꼼짝 못해. 딸 주장이여. 운영은 딸이 다 하는 거여."라고 하였다.

는 것이 아니라, 한국의 전통적인 문화유산으로 인식한 데서 비롯된다. 여기에서는 제주특별자치도 무형문화재 옹기장 전승교육사인 허은숙 씨와 국가무형문화재 옹기장 이수자인 정영락 씨의 사례를 통해서 옹기 생산문화와 관련된 여성의 새로운 활동에 대해서 살펴보고자 한다.

과거에는 여성과 남성 모두 옹기 생산을 생업의 수단으로 생각하였고, 옹기 생산 종사의 계기와 활동은 모두 생업과 연관되었다. 그러나 허은숙 씨의 옹기 생산 입문은 지역사회의 전통문화 재현 활동과 연관되어 있다.[30] 허은숙 씨는 제주대학교 산업디자인학과 1회 졸업생으로 제품디자인을 전공했고, 환경디자인 분야에 관심을 가지고 있었다. 그러다가 1997년 무렵에 제주지역의 전통문화를 조사하는 사업에 참여하게 되었고, 이를 계기로 제주옹기에 대해서도 알고 관심을 가지게 되었다.

1990년대에는 제주지역에서 제주옹기에 관심을 가진 사람들을 중심으로 제주옹기문화 연구와 전통적인 제주옹기 제작기술을 재현하려는 움직임이 일어나던 시기였다.[31] 제주옹기의 생산은 1970년대를 전후하여 옹기 소비의 감소와 제주 지역에 밀감농사와 같은 환금작물 재배가 일반화되면서 옹기장인들이 다른 분야로 전업하여 전승이 거의 단절된 상태였다.[32] 제주도예원에서는 과거 제주옹기 제작 경험이 있는 옹기장인을 초청하여 제주옹기 재현 작업을 하고 있었는데, 1999년부터 허은숙 씨는 제주도여원에서 제주옹기 제작기술을 익히기 시작하였다. 그 후에는 내부적인 문제와 제주옹기 제작기술 전승에 대한 의견 차이로 제주도예원과 갈라서고, 제주옹기 제작기술 전승에서 핵심적인 역할을 맡게 된다.

---

30 허은숙(여, 1968년생) 씨에 대한 내용은 2022년에 조사한 내용을 바탕으로 정리하였다.
31 제주옹기문화연구회는 제주옹기문화에 대한 연구 및 창작 활동을 목적으로 1999년 창립되었고, 2013년에 제주옹기디자인협회로 단체 명칭을 변경하여 전시를 중심으로 한 창작활동에 중심을 둔 활동을 이어가고 있다. 오창윤, 「제주 옹기문화연구회의 변천과 발전 방안」, 『한국도자학연구』 13(2), 한국도자학회, 2016 참고.
32 염미경, 「무형문화재의 전승원리와 전통방식 해석에 따른 전승구도 변화와 대응 : 제주도 옹기장 사례를 중심으로」, 『한국사회학』 52(1), 한국사회학회, 2018, 220쪽.

현재 허은숙 씨는 껌은돌 작업장 대표, 사단법인 제주전통옹기전승보존회의 대표, 제주옹기박물관의 관장을 맡고 있다. 껌은돌은 제주도예원에서 독립한 후 2007년에 서귀포시 대정읍 신평리에 전통적인 제주옹기 제작을 위해 만든 옹기공방이다. 제주전통옹기전승보존회는 2008년에 전통적인 제주옹기 제작기술의 전승과 보존을 위해서 제주도예원에서 독립한 허은숙 씨와 김정근 씨(현 굴대장 기능 보유자)를 중심으로 옹기장인과 젊은 전수생들이 모여서 만든 단체이며, 현재 무형문화재 제주도 옹기장 기능 전승을 주도적으로 담당하고 있다.[33] 제주옹기박물관은 과거 제주옹기의 집산지였던 대정읍 구억리 마을주민들이 소장한 제주옹기 관련 유물과 채록 결과물을 모아 2010년에 구억리에 건립되었고, 2012년에는 대정읍 무릉리로 이전되었다.[34] 이처럼 허은숙 씨는 현재 전통적인 제주옹기 제작기술 기능 전승에서 중심적인 역할을 맡고 있다.

이러한 역할을 맡게 된 이유는 전통적인 제주옹기 제작기술의 기능 전승을 위해서 초기에 뜻을 같이 했던 젊은 사람들이 대부분 중도에 현실적인 어려움으로 그만두었기 때문이라고 한다. 전통적인 제주옹기 제작기술의 재현은 과거 제주옹기 제작의 경험이 있는 고령의 옹기장인과 이에 뜻을 함께 하는 젊은 세대가 함께 했다. 그러나 젊은 세대가 대부분 이탈하면서 허은숙 씨가 전통적인 제주옹기 제작기술의 재현과 기능 전승 활동의 구심점이 되었다는 것이다.

정영락 씨의 입문 계기도 생업의 문제보다는 옹기문화와 옹기 제작기술에 대한 관심으로부터 시작되었다.[35] 이화여자대학교 도예과에 다녔던 정영락 씨는 그 당시 옹기에 대해 관심을 가지고 있던 은사의 영향을 받아서 옹기 제작기술에 흥미를 가지게 되었다고 한다. 대학교 시절에는 견문을

---

33 오창윤, 앞의 글, 49쪽 참고.
34 염미경, 앞의 글, 238~239쪽 참고.
35 정영락(여, 1972년생) 씨에 대한 내용은 2022년에 조사한 내용을 바탕으로 정리하였다.

넓히며 옹기 제작기술을 익히기 위해서 여러 지역에 있는 옹기공방을 탐방하였다. 이러한 목적으로 현재 국가무형문화재 옹기장 기능 보유자인 김일만 씨의 옹기공방을 찾았고, 그 계기로 김일만 씨의 삼남 김창호 씨와 혼인하였다.

현재 정영락 씨는 대외적으로 옹기 작품을 만드는 도예가로 활동하는 동시에 국가무형문화재 옹기장 기능 이수자이기도 하다. 시아버지인 김일만 씨는 전통방식으로 전형적인 경기도 지역의 옹기 제작을 고수하고 있는데, 상대적으로 정영락 씨는 전통적인 옹기 제작에 기반을 두면서도 창의적인 작품 활동을 하고 있다. 이러한 부분에 대해서 정영락 씨는 자신의 정체성에 대해서 다음과 같은 고민도 있었다고 한다.

> 저 자체로도 좀 왔다 갔다 하는 것 같아요. 이렇게 내가 작가인지 장인인지. 근데 저는 장인이 좋긴 하죠. 이렇게 장인은 어떤 꾸준함. 그 다음에 이걸로 밥 벌어먹고 사는 사람 그런 의미이기도 하고 그러니까. …(중략)… 한동안은 그걸 정의 내리기가 참 힘들더라고요. 그리고 솔직히 작가에 대한 욕심도, 또 작가라는 건 어떤 철학적인 기반을 필요로 하는 거니까. 또 거기에 대해서도 어떤 놓치고 싶지 않은 부분이 있고. 그러니까 한동안은 참 고민이 많았던 것 같아요. 내가 작가가 되고 싶은 건지. 아니면 장인인지. 솔직히 말하면 지금도 정확히는 모르겠지만, 지금은 좀 편안해진 것 같고요.[36]

한때 정영락 씨는 옹기를 만드는 장인과 작가 사이에서 본인의 정체성에 대한 고민이 깊었다고 한다. 지금은 그 두 가지 가운데 자신의 정체성을 하나로 정의내리기보다는 자신만의 길을 개척해 가는 것에 집중하고 있다.

한편 허은숙 씨와 정영락 씨는 공통적으로 여성과 남성의 신체적인 힘의

---

36 정영락(여, 1972년생)의 제보(2022년 5월 6일).

차이가 옹기를 만드는 것에 영향을 미친다고 하였다. 옹기는 사기그릇과 비교했을 때 크게 만드는 것이 많고, 옹기 제작에는 대형 옹기를 성형하는 기술이 특징적이라는 점에서 신체적으로 기본적인 근력을 필요로 하기 때문이다. 정영락 씨는 대형 옹기를 만들어 보려고 했으나, 여성으로서 신체적인 한계를 느꼈으며 경험적으로 3~4말 용량의 단지보다 큰 옹기를 만들기는 힘들다고 하였다. 제주옹기는 큰 종류도 있지만 상대적으로 다른 지역의 옹기보다 소형인 편이다. 그러나 제주옹기도 사기그릇과 비교했을 때는 크기 때문에 여성이 성형하는 것이 쉽지 않다. 허은숙 씨는 제주 지역에서 옹기 제작기술을 익히는 데 관심을 가진 여성들이 있는데, 여성이 옹기 제작에 입문할 때 신체적으로 힘든 일이라는 점을 고려할 필요가 있다고 하였다. 옹기 제작은 성형만 하면 되는 것이 아니라 운반하여 건조하고 가마에 쌓아서 구워 내야 하는 일련의 과정에서 지속적으로 신체적인 힘을 필요로 하기 때문이다.

이처럼 현대에는 여성의 옹기 생산 입문 계기와 그 역할에서 예전과 다른 양상을 보인다. 옹기와 관련성이 없던 여성이 옹기문화에 대한 관심을 계기로 옹기 제작기술을 익힌 후 활동하고 있는 것이다. 이는 성차로 역할을 구분하던 기존 사회체제의 변화가 옹기 생산문화에서도 나타나고 있음을 보여준다. 그러나 허은숙 씨와 정영락 씨의 사례는 여성과 남성의 성별 역할 구분의 간극이 좁혀졌다는 점을 말해주면서도 모든 면에서 성차를 무시할 수는 없다는 점도 알려주고 있다. 특히 생산문화에서 신체적인 힘을 필요로 하는 기술이나 과정에서는 성차가 여전히 역할 구분에 영향을 미치는 요인이 될 수 있다는 점을 간과해서는 안 될 것이다.

4. 옹기공방에서 여성 역할의 유형과 의미

여기에서는 지금까지 살펴본 것을 바탕으로 옹기공방에서 여성의 역할을 유형화하고, 그 의미에 대해서 고찰하고자 한다. 옹기공방에서 여성의 역할은 크게 보조적 유형과 주도적 유형으로 구분할 수 있다. 이러한 유형 구분에는 참여의 계기와 목적, 옹기 제작기술 숙련도, 옹기공방 운영의 주도적 측면 등이 고려된다.

1980년대까지 옹기공방에서 여성의 역할은 남성 옹기장인의 보조자로서 보조적 유형에 한정된다. 이 시기의 옹기 생산에서 전문적인 기술은 남성에 의해서만 전승되는 남성 고유의 영역으로 여겨졌다. 이는 신체적인 힘을 많이 필요로 하는 옹기 생산의 기술적 특성에 남성이 더 적합했던 것으로 볼 수도 있다. 그러나 옹기 생산의 기술적 측면에서 성별 역할 구분은 오늘날 전문적인 옹기 제작기술을 가진 새로운 여성 옹기장인이 나타나고 있다는 점에서 남성과 여성의 신체 능력의 차이에 기인하는 것으로만 해석하기는 어렵다.

남성의 기술지배 현상은 옹기 생산에만 한정되지는 않으며, 남성 중심의 가부장제 사회체제에서 다른 영역에서도 발견된다. 배영동은 "과거에 기술은 남성들의 전유물이다시피 하여 남성은 기술을 지배하였고, 그래서 기술을 가진 남성이 권력을 장악하였다는 맥켄지와 와젝맨D. Mackenzie & Wajcman의 지적처럼, 농업기술을 교육하고 실천하는 남성은 여성을 지배하여 왔다."고 하였다.[37] 이러한 남성의 기술지배는 가족의 영역에 해당하는 사적 영역 private spheres을 여성이 담당하고, 사회화된 노동이나, 정치활동 영역인 공적 영역public spheres을 남성이 주로 담당했던 사회체제에 기인하는 것으로

---

37 배영동, 「문화전승으로서 농업기술 교육의 전통과 변화」, 『비교민속학』 25, 비교민속학회, 2003, 445쪽.

보인다.38 이는 옹기공방에서 일했던 여성이 가사활동을 담당하면서 옹기 생산 활동에 참여하는 모습에서도 확인된다. 가사활동을 담당하는 여성이 장기간의 기술 숙련을 필요로 하는 옹기 생산의 전문적인 기술을 익히기에는 어려움이 있었다.

전문적인 옹기 제작기술을 익히지 못했던 여성은 옹기 생산에서 남성을 보조하는 단순한 일에 한정된 역할을 맡을 수밖에 없었다. 여성은 능동적으로 옹기공방에서 선택할 수 있는 역할이 제한되었고, 주로 옹기장인 남편이나 소속된 가족의 상황에 따라서 가사활동 영역과 생업활동 영역을 유동적으로 오가며 자신의 역할을 조정하는 방식으로 대응하였다. 이러한 여성의 역할은 가사활동 영역과 생업활동 영역에서 담당하는 일을 포괄하여 그 가치가 판단되어야 할 것이다. 이 시기의 여성은 옹기공방 운영이나 옹기 제작의 기술적인 측면에서 주요한 역할을 담당하지는 못했지만, 여성의 가사활동과 생업활동은 남성 옹기장인이 옹기공방에서 옹기 생산에 집중할 수 있는 토대로 작용하였기 때문이다.

1990년대 이후 옹기공방에서는 공방 운영과 옹기 제작기술 숙련의 측면에서 여성이 주된 역할을 하는 주도적 유형이 나타나기 시작한다. 이러한 주도적 유형에는 앞의 3장에서 소개한 가업 계승형 옹기장인과 기술 숙련형 옹기장인을 들 수 있다. 여기에서 소개한 여성의 공통점은 자발적 선택에 의해서 능동적으로 가업을 계승하거나 옹기 제작기술을 익혔다는 것이다. 이는 과거의 여성이 주로 옹기장인 남편과 혼인함으로써 옹기 생산과 관련된 일에 수동적 입장에서 참여하게 되었던 것과 대비된다.

---

38 사적 영역과 공적 영역은 가족의 영역과 사회화된 노동이나, 정치활동 영역 사이의 분리를 가정하는 이분법적인 사회관계의 모델을 말한다. 문옥표는 한국 도시중산층 여성에 대한 연구를 통해 서구와 다른 한국의 사회적 특성을 고려한 여성문화 연구와 사적 영역과 공적 영역의 개념 재고의 필요성을 지적하였다. 고영복, 『사회학사전』, 사회문화연구소 출판부, 2000, 176쪽; 문옥표, 「도시중산층의 가족생활과 주부의 역할」, 『도시중산층의 생활문화』, 한국정신문화연구원, 1992.

가업 계승형 옹기장인에 대해서는 여성이 가업을 계승하게 된 계기와 그 역할을 주목해야 한다. 여기에서 소개한 방유정 씨는 부친의 옹기공방을 부흥시키려고 가업 계승을 선택하였는데, 자녀가 딸만 있기에 여성이 가업을 계승하게 된 옹기공방도 있다.[39] 앞서 살펴본 가업 계승형 옹기장인으로서 방유정 씨는 옹기 생산에도 참여하지만, 주로 옹기공방 운영에서 많은 역할을 하였다. 부친 방춘웅 씨는 숙련된 옹기 제작기술을 보유하고 있지만, 딸인 방유정 씨는 옹기의 판로나 옹기문화의 변화에 대해서는 부친보다 더 많은 지식을 갖추고 있기에 공방 운영에서 의사 결정권이 확대되었다. 이는 옹기 제작의 기술적인 측면에서는 여전히 위 세대에서 아래 세대로 전승되고 있지만, 옹기공방 운영의 측면에서는 아래 세대가 위 세대를 이끄는 '세대 역전' 현상이 나타나는 것으로 볼 수 있다.[40]

기술 숙련형 여성 옹기장인의 출현은 옹기 제작의 전문적인 기술의 영역이 본질적으로 남성의 영역이었던 것이 아니라, 과거에 사회적으로 남성의 영역으로 구성된 것임을 의미한다. 기술 숙련형 여성 옹기장인의 사례로 소개한 허은숙 씨와 정영탁 씨는 옹기공방과 관련 없는 삶을 살았지만, 대학교를 졸업하고 옹기문화에 관심을 가지고 전문적인 옹기 제작기술을 익혀서 옹기장인이 되었다. 여기에는 여성이 남성과 차별 없이 고등 교육을 받아서 전통문화로서 옹기문화를 인식하고, 자신의 진로를 스스로 선택할 수 있게 된 사회적 변화가 반영되어 있다. 한편 기술 숙련형 여성 옹기장인이 나타났다고 해서 옹기공방에서 성별 역할 구분이 완전히 사라졌다고 볼 수는 없다. 다만 옹기 제작의 전문적인 기술의 영역에서 여성이 완전히 배

39　서울시 무형문화재 이수자이며 한미요 배씨토가를 운영하고 있는 배연식 씨는 배은경과 배새롬 두 딸만을 자녀로 두었고, 두 딸이 옹기공방 가업을 계승하고 있다.

40　이러한 세대 역전 현상은 급속한 사회 변화에 따라서 여러 영역에서 나타날 수 있다. 배영동은 농업기술 교육의 전통과 변화를 다루며 "문화는 세대에서 세대로 전승된다"는 명제에서, 위 세대에서 아래 세대로 전승된다는 당연한 전제는 더 이상 합당하지 않다고 주장하였다. 농촌의 신기술 보급에 따라서 오히려 아래 세대가 위 세대를 가르치는 '문화전승의 세대 역전' 현상이 급부상하고 있다는 것이다. 배영동, 앞의 글, 2003, 446~447쪽 참고.

제되었던 과거와 달리 오늘날에는 여성도 전문적인 옹기장인의 길을 스스로 선택할 수 있게 되었다는 점이 예전과 달라진 점이다.

5. 요약과 제언

 이 글은 한국전쟁 이후 옹기 생산에서 여성의 참여와 역할 변화에 대해서 다룬 것이다. 지금까지 옹기 생산에 대해서는 남성만을 중심으로 다루어 왔고, 여성의 참여와 활동에 대해서는 관심을 두지 않았다. 여기에서는 옹기 생산문화에 대한 폭넓은 이해를 위해서 옹기 생산과 관련하여 여성이 직간접적으로 어떠한 참여와 활동을 했는지에 대해서 고찰하였다.

 한국전쟁 이후부터 1980년대까지는 옹기 생산에서 여성의 역할을 알아보기 위해서 옹기 생산에 직접적인 참여뿐만 아니라 그와 관련된 포괄적인 여성의 역할을 아울러 살펴보았다. 이 시기에 옹기 생산과정에서 여성의 역할은 지역별 옹기공방의 상황에 따라서 차이는 있지만, 전문적인 기술이나 많은 근력을 필요로 하는 일을 제외한 보조적인 역할을 맡았다는 점은 동일하다. 전통적으로 옹기 생산과 관련하여 남성을 중심으로 옹기공방의 운영과 핵심적인 제작기술 전승이 이루어져 왔던 것이다.

 옹기 생산에서 여성의 역할은 사회·경제 공동체의 기본 단위인 가족을 중심으로 가족구성원 내부에서 이루어지는 역할분담을 주목해 보았다. 옹기장인과 혼인한 여성은 옹기 판매를 하면서 육아를 병행하였고, 점주와 혼인한 여성은 옹기공방의 인적 규모가 클 때는 옹기장인의 식사 준비에 집중하다가 가족 중심의 소규모 옹기공방으로 전환하면 옹기 생산에서 자신의 역할을 확대하는 모습을 보이기도 하였다. 이처럼 가부장제 사회체제 아래에서 여성은 육아나 집안일과 같은 가사활동 영역과 옹기 생산이나 판매와 같은 생업활동 영역의 경계를 넘나들며, 상황에 따라서 유동적으로 대응했다.

　1990년대 이후에는 옹기 생산 관련하여 여성의 참여 방식과 역할에 변화가 나타났다. 생업의 영역으로만 여겨지던 옹기 생산은 전통성을 내포한 문화유산으로 인식되었다. 1990년에는 옹기장 종목이 국가무형문화재로 지정되었고, 그 이후에는 지역에서도 시도무형문화재로 지정하여 보존·전승하려는 움직임이 나타났다. 이러한 배경 아래에서 옹기 생산과 관련하여 여성의 참여와 활동은 새로운 양상을 띠게 된다. 예전에 옹기공방의 가업 계승이나 운영은 남성을 중심으로 이루어졌지만, 근래에는 가업을 계승하면서 옹기공방 운영의 중심적인 역할을 하며, 시대 변화에 대응하여 옹기공방을 문화공간으로 탈바꿈시킴으로써 활로를 모색하는 여성이 나타났다. 또한 이 시기에는 옹기 생산과 직접적인 관련이 없던 여성이 옹기문화에 대한 관심을 계기로 전문적인 옹기 제작기술을 익히거나 지역 옹기문화의 재현의 중심적인 역할을 담당하는 등의 다양한 참여와 활동이 포착된다.

　현재 양성평등을 내세우는 시대에서 여성과 남성의 성차에 따른 구별이 점차 약화되고, 남성의 고유한 영역으로 여겨졌던 분야에 여성이 진출하는 현상이 사회 곳곳에서 나타나고 있다. 이러한 사회적 변화가 옹기 생산문화에도 영향을 주고 있는 것이다. 그러나 여기에서 다룬 1990년대 이후 사례는 옹기 생산에서 여성의 참여와 활동에서 기존과 대비되는 것을 중심으로 다룬 것이다. 지금도 개별 옹기공방의 상황에 따라서는 남성이 옹기 생산의 생업활동 영역에서 주도적인 역할을 담당하고, 여성이 가사활동 영역과 생업활동 영역을 오가며 보조적인 위치에서 옹기 생산에 참여하는 곳이 많다. 다만 현재 시점에서 중요한 것은 기존과 달리 옹기 생산에서 여성과 남성의 역할 구분의 경계는 더 이상 공고하지 않다는 사실이다.

　이 연구에서는 지금까지 옹기 생산문화 연구에서 다루지 않았던 여성의 참여와 역할 변화를 살펴보았다. 남성의 역할만이 조명되었던 옹기 생산문화에서는 옹기장인 가족을 중심으로 보거나 좀 더 폭넓게 확장해서 볼 때 여성의 참여와 역할이 포착될 수 있음을 확인하였다. 이러한 여성 역할에 대한 조명은 옹기 생산뿐만 아니라 남성 중심의 생산문화로 여겨졌던 다른 전통공예 분야에도 해당될 수 있다. 전통공예 분야는 생산이나 기술적인 측면만이 아니라 장인의 생활문화를 아울러 보며, 그와 관련된 생산문화의 다양한 측면을 고찰할 필요가 있다고 생각된다.

제3부
지역 문화의 활용 가능성과 전망

제8장 밀양농악의 전승과 의의 ∥ 한양명
제9장 '80년대' 저항 문화와 민속의 지역사회 귀환 ∥ 이진교
제10장 고향영화Heimatfilm에 대한
　　　　독일 Tübingen대학 민속학연구소의 연구 배경과 방법 ∥ 이상현
제11장 20세기 후반 문경도자기의 기종과 정체성 변화 ∥ 서　별

제8장

밀양농악의 전승과 의의*

한양명

1. 농악의 무대화와 밀양농악

전근대사회에서 농악은, 대개 농민이 삶의 맥락 속에서 전승하던 마을농악과 유랑예인을 비롯한 전문적 연행자가 생계를 위해 전승하던 연희농악의 형태로 전승되었다. 전근대사회가 서서히 해체되고 생산양식에 변화가 일어나면서 이 같은 농악의 존재양상도 바뀌게 되었다.

일제강점기에 이르러 자본주의적 생산양식의 확산과 농민층의 분해, 그리고 일제의 법제적 금압 등으로 농촌공동체의 민속은 점차 전승력을 잃어갔고, 마을농악 역시 크게 다르지 않았다. 전통적 마을농악은 주로 모심기

---

* 이 글은 「밀양농악의 전승과 의의」, 『실천민속학연구』 37호, 실천민속학회, 2021, 257~291쪽에 게재된 논문을 수정·보완한 것임.

와 논매기 등 농업노동과 잡역노동의 맥락 속에서 연행된 노동농악, 공동체제의와 대동놀이 등을 배경으로 연행된 축원농악, 다양한 잔치판과 놀이판에서 연행된 유희농악 등 여러 모습으로 전승되었다.[1] 하지만 농악의 조직적 기반인 두레와 그 유사 조직이 해체의 길로 접어드는 등 급격한 사회변동으로 말미암아 마을농악의 전승력은 대체로 약화되었다. 이런 사정은 연희농악 역시 다르지 않았다. 20세기 초까지만 해도 솟대쟁이패, 굿중패, 초라니패, 대광대패, 중걸립패, 남사당패 등 다수의 유랑예인집단이 존재했다. 하지만 곡마단과 같은 외래 기예집단의 활동과 영화와 연극, 대중가요 등의 확산으로 경쟁력이 떨어짐에 따라 점차 해체되어 남사당패만 겨우 명맥을 유지하는 지경에 이르렀다.[2]

이처럼 농악의 전승 여건이 나빠진 상황에서 일제강점기에 시작된 '경연대회'는[3] 농악의 존재양상을 바꾸는 또 하나의 계기를 마련했다. 한정된 시공간에서 인상적인 내용을 집약적으로 연행해야만 좋은 성과를 거둘 수 있

---

1 정병호는 우리 농악을 축원농악, 노작농악, 걸립농악, 연희농악으로 나누었고(정병호, 『농악』, 열화당, 1986, 18쪽) 김헌선은 축원농악, 노작농악, 걸립농악, 연예농악으로 나누다(김헌선, 「농악」, 『한국민속예술사전』 농악, 국립민속박물관, 2016, 425~427쪽). 정상박은 앞선 논의를 검토한 뒤 농악을 형성시기에 따라 전통농악/현대농악, 전승의 주체에 따라 농민농악/전문농악, 전승공간에 따라 마을농악/도시농악으로 나누었다(정상박, 「영남농악의 민낯과 현대농악의 형성」, 『영남춤학회誌』 8, 영남춤학회, 2020, 11~13쪽). 농악의 형성시기와 주체, 전승공간 등 다양한 기준을 적용한 정상박의 분류는 최근의 변화까지 고려한 것으로서 상당히 유용하다. 그런데 시선을 농악의 전통이 유지되던 때로 돌려보면, 우리 농악은 주민들의 마을농악과 유랑예인을 비롯해 전문적 기량을 가진 이들의 연희농악으로 나눌 수 있다. 그리고 마을농악은 다시 공동체제의와 대동놀이, 지신밟기 등 축제의 맥락에서 연행된 축원농악, 농업노동을 비롯한 노동의 현장에서 연행된 노동농악, 일상적 잔치판과 놀이판에서 유희성을 추구하며 연행된 유희농악으로 나눌 수 있다. 한편 정병호는 연희농악이란 말을 "마을사람들의 친목과 단합을 위해 예술적인 연기를 보여주는 농악"이라는 뜻으로 썼지만(정병호, 같은 책, 같은 쪽), 이런 사례는 거의 없기 때문에 이글에서는 공연을 전제한 전문적 농악이라는 의미로 이 용어를 썼다. 또한 기존의 용어인 노작농악의 '노작'이 노동작업을 뜻하지만 그 사전적 의미가 많이 달라서 대신 노동농악이란 용어를 쓰고, 혼인과 회갑 등 경사스러운 일이 있어 놀이판을 벌일 때 농악이 함께하는 경우가 많았으므로 유희농악을 마을농악의 범주에 포함시켰다.
2 남성진, 「진주·삼천포풍물의 전통 형성과 전승주체의 현실 대응」, 안동대학교 민속학과 석사학위논문, 2002, 16~18쪽; 한양명, 「솟대놀음의 변화와 놀음의 미학」, 『비교민속학』 55, 비교민속학회, 2014, 201쪽 참조.
3 이에 관해서는 '남근우, 『한국민속학 재고』, 민속원, 2014, 215쪽'을 참조하기 바란다.

는 경연대회의 특성상, 기존의 연행방식을 개변하는 건 불가피했다.

마을농악은 대개 여유로운 시공간의 운용을 바탕으로 연행자와 수용자가 함께 판을 만들어가며 신명을 풀어내는 것을 추구했다. 따라서 치배가 일정한 판제에 따라 농악을 연행하고 주민은 관객의 입장에서 이를 수용하는 일방적 소통은 존재할 수 없었다. 연희농악도 다르지 않았다. 연행자인 전문적 치배들은 그들의 농악을 소비하는 주민들의 요구와 취향을 감안해서 연행해야 했으므로, 미리 시공간을 한정하고 정해둔 판제만을 보여주는 게 아니라 상황에 따라 가변적으로 시공간과 판을 운용하면서 연행하게 마련이었다.

이처럼 상황에 따라 유연하게 연행되던 농악 가운데 상당수는, 시공간적 제약이 분명한 경연에 참가하게 되면서, 경연의 조건에 부합하고 심사자로부터 좋은 평가를 받기 위해 인상적인 내용을 중심으로 재구성될 수밖에 없었다. 이 과정에서 전문적 기량을 가진 치배의 참여가 요구됨에 따라 기량이 뛰어난 치배를 끌어들이고, 필요할 경우 새로운 가락과 진법 등을 수용해 전과 다른 판을 만들어내기에 이르렀다. 이런 경향은 해방 이후 각종 농악경연대회가 활발하게 개최되고 1958년부터 국가에 의해 전국민속예술경연대회가 시작되는 한편, 1962년에 제정된 문화재보호법에 따라 무형문화재 지정이 이루어지면서 심화되었다.

이와 같은 일련의 과정 속에서 농악의 무대화는 불가피한 것이었다. 이미 공동체적 삶에 밀착한 연행민속으로서 의미를 거의 잃어버린 농악이, 그나마 명맥을 유지하려면 기존의 전승맥락에서 벗어나 경연대회와 지역축제 등 공연을 전제로 한 새로운 전승의 맥락 속에 편입되어야 했다. 고을농악의[4] 창출은 이런 흐름 속에서 이루어진 것이었다. 전근대사회에서 한 고

---

4   고을농악은 마을을 배경으로 전승되는 농악이 아니라 고을 즉 오늘날의 시·군에 해당하는 행정단위에서 전승되는 농악을 뜻한다. 정상박의 분류에 따르면 고을농악은 '현대농악'으로서 '도시농악'에 속하는데, "현대 도시에서 새로이 농악단체가 형성될 때는 걸출한 전문치배가 주

을을 대표하는 농악은 존재하기 어려웠다. 주민들의 삶이 마을을 근거로 이루어졌기 때문에 고을 전체를 염두에 두고 농악을 전승해야 할 까닭이 없었다. 고을 단위의 축제나 놀이가 이루어질 경우, 고을의 중심지인 읍치와 읍외 마을의 농악대, 그리고 관에 예속된 무당패 등이 연대하여 소임을 다하게 마련이었다.[5]

이와 같은 상황에서 고을농악의 창출은 경연대회와 문화재 지정을 염두에 두고 이루어진 것이었다. 1966년 진주삼천포12차농악을 시작으로 평택농악, 이리농악, 강릉농악 등이 국가무형문화재로 지정되었는데, 이들 고을농악은 "20세기 중반 이후 도시에서 전문농악꾼 혹은 마을농악의 우수한 치배들이 모여 새로 만든" 것으로서 "전국민속예술경연대회 출전 혹은 무형문화재 지정을 위하여 급조된 것도 없지 않았다."[6]

앞으로 살펴볼 밀양농악[7] 역시 이와 같은 맥락에서 창출되고 전승되어온 고을농악 가운데 하나이다. 아래에서는 밀양농악이 창출된 1971년부터 현재에 이르기까지 어떻게 전승되었고 이 과정에서 어떠한 변화가 일어났는지 판제를 중심으로 살펴보고, 그 의의를 밝혀보려고 한다.

2. 밀양농악의 창출과 활동 : 1971년~1981년

밀양을 대표하는 농악을 표방하며 밀양농악이 창출된 것은 1971년이고

동이 되지만, 그들만으로 도시농악이 형성되는 것이 아니고 일반 지역민도 참여하기 때문에" 과거의 전문농악과 도시농악은 다른 부분이 많다(정상박, 앞의 글, 11~13쪽 참조).

5 고을 내 마을농악대가 연대한 사례는 함안군 칠원지역의 큰줄다리기에서 확인할 수 있고(한양명, 『칠원 줄다리기 조사연구』, 함안군·안동대 산학협력단, 2020, 37~39쪽 참조), 무당들이 연대한 사례는 제주입춘굿을 통해 확인할 수 있다(한양명, 「제주입춘굿의 성격과 축제사적 의의」, 『민속연구』 38, 안동대 민속학연구소, 2019, 278~281쪽 참조).

6 정상박, 앞의 글, 133~134쪽.

7 이 글에서 밀양농악은 1971년에 창출된 고을농악으로서 밀양농악을 말한다. 이 밖의 농악은 '밀양지역의 농악'으로 표기해 양자를 구별할 것이다.

그 전승조직으로서 밀양농악단가 공식적으로 출범한 것은 1972년 3월 25일이다.[8]

그 전에 밀양지역의 농악이 어떤 양상으로 전승되었는지 살펴볼 만한 자료는 많지 않다. 기록상 밀양지역의 농악이 처음으로 나타나는 것은 1930년 4월 16일자 조선일보 기사이다.

> 성황(盛況)으로 열린 경남기자대회(慶南記者大會)
> 지난십이일에 밀양읍(密陽邑)에서 개최(開催)
>
> 제오회 경남기자대회(慶南記者大會)를 경남의 명승인 밀양령남루(密陽嶺南樓)에서 개최한다함은 기보함과 갓거니와 예정과가티 지난 십이일부터 밀양성내 조일극장(朝日劇場) 회장에서 열게되어 제일일인 십이일 오후세시가 되자 밀양 악대의 청아한 주악으로 개회한 후 … 오후 다섯시반이 되어 제일일회의를 마친후 밀양기자동맹(密陽記者同盟) 밀양청년동맹(密陽靑年同盟)과 밋 근우회지회(槿友會支會) 신간회지회(新幹會支會) 등 각 단체의 초대로 성대한 연회가 잇섯스며 연회가 마친후 오후 일곱시부터 밀양 각단체의 인사와 함께 농악(農樂)을 울리면서 밀양성내를 일주하엿더라(밀양)[9]

---

8 이하 밀양농악의 창출과 1990년대까지의 전승에 관한 논의 중 별도로 전거를 밝히지 않은 것은 주로 권태목(1938~2013)의 자료와 추현태(1964년생)의 제보에 근거한 것이다. 두 사람은 밀양농악의 창출과 전승에 결정적 역할을 한 연행자이다. 권태목은 밀양농악의 전승에 관한 각종 정보를 꼼꼼하게 정리해서 소장하다가 추현태에게 제공했다. 추현태는 1998년부터 밀양지역의 농악을 조사하고 특히 권태목의 적극적인 도움 아래 밀양농악을 재현하는 과정에서, 그로부터 밀양농악의 창출과 전승, 판제 등에 관해 소상히 듣고 그 내용을 파악했다. 또한 밀양농악의 전승에 관여한 전 밀양문화원장 김등선과 밀양농악대 출신의 연행자 등을 만나 권태목의 제보 내용을 확인한 바 있다. 따라서 밀양농악의 초창기 전승에 참여한 연행자들이 모두 타계한 현재, 추현태는 창출 이후 밀양농악의 전승과정을 자세히 알고 있는 거의 유일한 인물이라고 할 수 있다.

9 『조선일보』, 1930.04.16, 3면.

기사에 따르면 4월 12일 영남루에서 경남기자대회를 열고 연회를 마친 뒤, 참석자들은 밀양기자동맹과 밀양청년동맹 등의 단체와 함께 농악대를 앞세우고 시가행진을 했다. 그 뒤 1941년에 간행된 무라야마 지준의 책에 밀양지역의 농악이 여름과 추석의 행사로 잠깐 언급되지만 그 실체를 알 수 없다.[10]

일제강점기, 특히 태평양전쟁 시기에 "지도자들이 뿔뿔이 흩어"진 데다 "생활고로" "명절 때 여흥 정도로만 즐기는 것으로 명맥을 유지"하던 밀양지역의 농악은, 해방 후 '밀양향로회' 주최로 전국농악대회를 개최함으로써 전기를 맞게 된다. 이 대회의 영향으로 퇴로, 팔풍, 법산, 평촌, 수산, 세터, 무안 등지에서 농악에 대한 열기가 고조됐다.[11] 한편 1950년대에는 한국전쟁과 사라호태풍 등으로 농악 전승의 여건이 나빠진 가운데서도 무안의 한인시, 정성룡, 강일석, 정영철, 장옥덕, 김영호, 밀양의 하보경, 정한목, 김상용, 이강석, 권태목, 정상중, 강춘생, 김출이, 팔풍의 신성율, 신의근, 법산의 김삼출, 손광호, 수산의 최경택 등이 지역의 농악을 전승했다.[12]

1960년대에는 밀양 여러 지역의 농악이 경연에 참여하게 되는데, 이 사실은 밀양아랑제(이하 아랑제) 관련 자료를 통해서 확인할 수 있다.[13] 자료에 따르면 1962년 제6회 축제에서 "흥겨운 각 읍면의 농악대"가 참여하는 '각 읍면대항농악대회'가 개최되었고[14] 1966년 제10회 축제 때는 반공연맹밀양

---

10 村山智順(무라야마 지준), 박전렬 역, 『조선의 향토오락』, 집문당, 1992, 290쪽.
11 권태목, 「국악」, 40년사편찬위원회, 『밀양아랑제40년사 : 별책부록』, 밀양아랑제집전위원회, 1999, 26쪽.
12 위의 글, 같은 쪽.
13 아랑제 관련 내용을 집대성한 자료는 40년사편찬위원회, 『밀양아랑제40년사』(밀양아랑제제전위원회, 1999)이다. 앞으로 논의에서, 아랑제의 농악 및 민속 관련 연행에 대한 기술 중 별도로 전거를 밝히지 않은 것은 모두 이 자료에 근거한 것이다. 한편 1957년 밀양종합문화제라는 이름으로 시작된 아랑제는 밀양문화제/문화제(1958~1966), 밀양아랑제(1968~1999), 밀양문화제(2000~2003), 밀양아리랑대축제(2004~현재) 등으로 명칭이 여러 번 바뀌었다. 이 글에서는 혼란스러움을 피하기 위해, 1999년까지 열린 축제는 가장 오랫동안 사용된 이름인 아랑제로 통일해 쓰고 그 뒤에 열린 축제는 변경된 이름을 쓰기로 한다.
14 이승수, 「민속원형의 창출과 제도화 : 밀양백중놀이를 중심으로」, 『한국민속학』 46, 한국민속학

지부에서 주관하는 전국농악경연대회가 사흘 동안 개최되었다. 또한 1970년 제13회 축제 때는 향토예비군밀양대대와 경남방송의 주최/주관 아래 영남농악대회와 읍면민속놀이경연대회가 열리는 한편, 무안용호놀이가 시연되었다.

1962년부터 시작된 농악경연대회에 참가하면서 밀양지역의 농악은 무대화, 판굿화되기 시작했다. 관내 읍면을 대표하는 농악대는 경연에 참가하기 위해 20분 내외의 짧은 시간 동안 자신들의 기량을 드러낼 수 있도록 공연을 위한 판을 새롭게 짜야 했고, 이는 곧 농악의 판굿화로 이어질 수밖에 없었다. 1970년에 조사된 무안농악의 판제는 이를 잘 보여준다. 한인시가[15] 이끄는 무안농악대의 연행은 "문굿, 관중에게 인사, 태극기만들기, 씨뿌리기, 모뽑기, 모심기, 김매기, 거두기, 타작, 법고놀이, 장고놀이, 북놀이, 기타의 장기" 등으로 이루어졌다.[16] 진풀이와 모의농사, 악기별 연주 등 모두 11개의 마당으로 이루어진 이 농악은 '관중에게 인사'라는 인사굿 마당에서 드러나듯 경연용 판굿의 전형적 면모를 보여준다.

이렇듯 경연대회를 계기로 농악의 무대화가 진행되는 가운데, 1966년부터 시작된 전국농악경연대회와 1970년에 열린 영남농악대회는, 밀양지역의 연행민속에 관심을 기울이던 이들에게 밀양지역을 대표하는 농악의 필요성을 절감케 하는 계기가 되었을 것으로 보인다. 이런 상황에서 지역의 무형유산에 주목한 국가의 정책은 농악뿐만 아니라 연행민속 전반에 대한 관심을 촉발하게 되었다.

문화공보부는 1970년 3월 25일자 공문(1740-134호)을 통해 "문화재로서 가치가 높은 민속예능을 발굴, 보존, 전승하기 위하여 그 지역의 대표적 축제, 민속놀이 등을 각종 단체 및 학교마다 경연시키라."는 지시를 하달했다.[17]

회, 2007, 311쪽.
15 한인시(1910~1978)는 경남 무형문화재 제2호 무안용호놀이 보유자로 활동한 인물이다.
16 강용권, 「민속예술」, 『한국민속종합조사보고서』 경남편, 문화공보부 문화재관리국, 1977, 559쪽.

이에 따라 당시 밀양문화원장이던 김동선은[18] 관내 중고등학교에 "이번 축제의 목적은 이 지역에서 사라져가는 우리 민족 고유의 것, 예를 들면 민요, 민속놀이 등을 발굴, 보존함에 있다."라는 내용의 공문을[19] 보내고 민속자료 및 기능보유자를 찾아 보고하도록 했다. 무안면의 용호놀이, 상남면의 쾌지나칭칭나네, 부북면과 삼랑진읍의 성주풀이 등이 참여해 벌인 '향토민속놀이경연대회'는 이 같은 작업의 결과였다.[20]

이처럼 지역의 무형유산에 대한 국가의 관심이 고양되는 상황에서 김동선을 비롯한 지역의 문화예술인들은 보다 적극적으로 국가의 정책을 수용, 해석해 지역 전통문화자원의 위상을 제고하고 널리 알리는 작업에 착수했다. 이런 양상은 향토민속놀이경연대회의 요강을 통해 확인된다. 이 문서에는, "경연대회에 참가한 팀 가운데 민속적 가치가 높다고 인정되는 종목에 대해서는 국가의 중요무형문화재로 지정될 수 있도록 정부에 추거하여, 보존·육성함과 동시에 모든 종목을 방송 및 신문 등의 매스미디어를 통해 특별히 소개한다."고 기술되어 있다.[21]

사실 밀양에서 지역의 문화유산을 무대화하고 이를 경연대회에 참가시킴으로써 무형문화재로 만들려는 작업은 그 전부터 시작되었고 그 중심에는 한국국악협회 밀양지부(이하 국악협회지부)가 있었다. 기존 '오삼친목회'를[22] 바탕으로 하여 결성된 이 조직은 1968년 3월 1일, 김동선과 하보경,[23] 김상

17　이승수, 앞의 글, 311쪽 참조.
18　김동선은(1918~2008)은 밀양문화원 설립 당시인 1954년부터 문화원장을 맡아 1977년까지 재임한 인물로서 밀양지역 민속의 재현과 전승에 지대한 영향을 미친 인물이다(추현태, 「밀양백중놀이의 전통창출과 사회문화적 의미」, 안동대 민속학과 석사학위논문, 2005, 60~61쪽 참조).
19　1970년 4월 28일자 밀양문화제집전위원회 민속발굴조사 의뢰공문(이승수, 앞의 글, 311쪽에서 재인용).
20　위의 글, 312쪽.
21　위의 글, 312~313쪽.
22　오삼친목회는 1960년대에 민속예술에 관심을 가진 53명의 지역민이 결성했다. 정한목을 대표로 하보경, 김타업, 김상용, 권재업, 정상중, 김출이, 김재원, 김덕중, 김달수, 김기호, 변종기, 정일선, 김사용, 심선택, 김국선, 정명옥 등의 회원으로 구성되었으며 주로 밀양의 민속예술을 재현, 전승하는 데 관심을 기울였다(추현태, 앞의 글, 25쪽).

용,[24] 권태목 등이 참여해 발족했고, 1969년 3월 15일 사단법인 한국국악협회 밀양지부로 정식 인가되었다.[25] 당시 지부장은 손진해, 부지부장은 김덕조, 총무는 권태목이 맡았는데, 첫 번째 사업으로 추진한 것이, 나중에 밀양백중놀이로 이름을 바꿔 국가무형문화재가 되는 '병신굿놀이'의 '조사발굴' 작업이었다.[26] 이 작업이 주목되는 것은, 하보경, 김타업,[27] 김상용, 권재업, 정상중, 권태목 등이 1967년에 국가무형문화재로 지정된 동래야류의 연희자였기 때문이다. 이들은 1960년대 초반부터 약 5년 동안 동래의 각종 민속행사에 전속악사로 여겨질 정도로 빈번히 참여했지만,[28] 외지인이었기 때문에 문화재지정에 따른 혜택을 볼 수 없었다. 이어 본거지인 밀양에서 활동하는 것이 중요하다는 것을 깨닫고 돌아와, 처음으로 함께 한 작업이 병신굿놀이의 '조사, 발굴'이었다.[29]

이런 흐름 속에서 밀양농악이 창출되었다. 밀양농악이 첫선을 보인 장은 1971년의 아랑제에서 열린 향토민속놀이경연대회이다.[30] 밀양농악대라는

23 하보경(1909~1997)은 국가무형문화재 제68호 밀양백중놀이의 예능보유자로 활동한 인물이다.
24 김상용(1916~2004)은 국가무형문화재 제68호 밀양백중놀이의 예능보유자로 활동한 인물이다.
25 1969년 10월 현재 국악협회밀양지부의 회원명단은 다음과 같다.
 지부장 : 손진해, 부지부장 : 김덕조, 총무 : 권태목
 춤담당 : 하보경(삼문동), 권재억(부북), 김쾌암, 황명선(상남), 권경도(내이), 길인출, 하동수(상남), 이재원(상남)
 악사담당 : 한인시(무안), 김상용(부북), 이강석(내이), 김국선, 김동식(교동), 경한목(내이), 정일선, 정명옥, 김사용(권태목 작성, 추현태 제공).
 이 단체의 구성원 다수는 나중에 결성되는 밀양농악대와 병신굿놀이, 보본저놀이, 들놀이 등 다양한 이름으로 연행된 밀양백중놀이의 연행자로 활동하게 된다.
26 당시 병신굿놀이의 '조사, 발굴'과 재현에 참가한 사람은 다음과 같다.
 지부장 : 손진해, 부지부장 : 김덕조, 사무국장 : 권태목
 춤담당 : 하보경(째보양반), 김쾌암(뻣대기), 황맹선(휘줄래기), 권경도(꼽추), 길인출(안밖꼽추)
 악사담당 : 정한목(메구), 정일선(징), 정명옥(장구), 김상용(북), 김사용(날라리), 김국선(장구), 이재원(병신양반), 하동수(병산양반), 한인시(매구), 권태목(매구), 김동식(북) 등(권태목 작성, 추현태 제공).
27 김타업(1913~1990)은 국가무형문화재 제68호 밀양백중놀이의 예능보유자로 활동한 인물이다. 1980년부터 밀양백중놀이의 상쇠를 맡았으며 그 뒤 추현태에게 농악을 전수했다.
28 추현태, 앞의 글, 63~64쪽 참조.
29 위의 글, 32쪽 참조.
30 1971년의 아랑제에서 향토민속놀이경연대회를 주관한 것은 '밀양민속보존회'로서, 아랑제집행

이름으로 참가한 이 대회에서 밀양농악은 우수상(도지사상)을 수상했지만, 농악대가 정식으로 결성된 것은 아니었다. 이에 국악협회지부 총무였던 권태목이 실무를 맡아 1972년 3월 25일 밀양농악대설립준비위원회를 열었다. 참가자는 모두 21명이었는데, 김동선을 비롯해서 김타업, 김상용, 권태목, 한인시 등 밀양문화원과 국악협회지부의 구성원이 주류를 이루었다.[31] 당시의 취지문을 보면, 밀양농악대의 설립 목적이 "향토민속예술의 발굴과 보존을 위해서 밀양군을 대표하는 농악대를 만드는 것, 우수한 기능을 보유하고 있음에도 불구하고 사회적으로 인정 못 받은 기능보유자를 모아 농악 12차를 전승할 수 있게끔 하는 것, 한 사람 한 사람이 가지는 기능을 단련하고 발표하여 사회에 인정받을 수 있게끔 하는 것, 후손을 양성하자는 높은 의지를 가지고 개개인의 명예를 중시하면서 행사에 참석하는 것"에[32] 있음을 알 수 있다. 설립을 위한 회의 이후 동년 4월에 창립총회를 열었는데, 회의에는 밀양읍에서 하보경 외 22명, 무안면에서 9명이 참가했다.[33]

이런 과정을 거쳐 새롭게 탄생한 밀양농악의 판제 구성을 주도한 이는 권태목이었다. 그는 20대부터 민속예술에 관심을 두고 부산의 동래 등 인근 지역을 왕래하면서 민속예술인과 교분을 쌓고 식견을 넓혀온 사람이었다. 권태목은 1966년에 열린 전국농악경연대회에 관여하면서부터 지역 내 민속 관련 행사와 전승의 실무자로서 중심적 역할을 수행하게 되었다. 1968년에 지역의 민속예술 관련 예능인들이 모여 국악협회를 발족할 당시부터 총무를 맡은 것도 이런 맥락 속에서 이루어진 것이었다.

그는 1971년에 향토민속놀이경연대회에 나가 우수상을 받고 다음 해 밀양농악대가 정식으로 발족하는 과정에서, 김타업과 김상용 등 뛰어난 치배

위원회가 행사를 운영하기 위해 만든 것이다.
31 위의 글, 65쪽.
32 이승수, 앞의 글, 313쪽.
33 위의 글, 313~314쪽.

들의 의견을 수렴해 밀양농악의 판제를 구성하고 상쇠를 맡았다.[34]

그가 주도해 만든 판제는 모둠굿, 길굿, 인사굿, 마당굿, 멍석말이, 호호굿, 삼채굿, 진굿, 장기자랑, 12발상모 등 열 마당으로 구성되었다.[35][36] 이 판제를 만드는 과정에서 권태목은 한인시가 상쇠로 있던 무안농악의 모의농사굿을 수용해 밀양농악의 '진굿'을 구성했고, 부북면 출신인 권재업과 김상용으로부터 서낭대

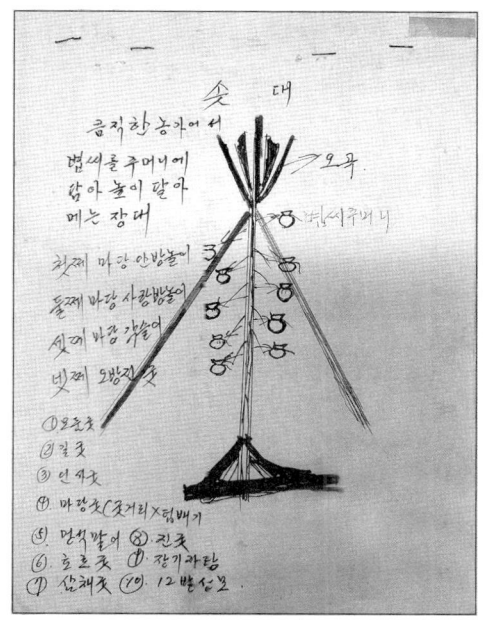

〈자료 1〉 권태목의 1971년 판제 권태목 작성, 추현태 제공

를 마당 가운데 세우고 트이는 연행을 받아들여 '멍석말이'를 구성했다.[37] 이 밖의 마당은 대개 밀양지역의 마을농악에 포함된 것으로서 영남지역의

---

34 추현태에 따르면 권태목과 면담 당시 이 판제를 1970~1972년 사이에 만든 것이라고 했지만, 정확한 연도는 기억하지 못했다고 한다. 그러나 1971년에 밀양농악대라는 이름으로 아랑제의 향토민속놀이경연대회에 참가했고 이를 바탕으로 1972년에 밀양농악대가 정식으로 출범했기 때문에 늦어도 1971년에는 판제가 구성되었을 것으로 보인다. 이에 앞으로 이 판제를 '권태목의 1971년 판제'라 부르기로 한다.

35 〈자료 1〉에 나오는 "첫째마당 안방놀이, 둘째마당 사랑방놀이, 셋째마당 각슬이, 넷째마당, 오방진굿"은, 권태목이 경연대회 참가를 염두에 두고 구상한 '밀양전승놀이(일명 윷놀이)'의 얼개를 적어둔 것으로서 농악은 넷째 마당인 '오방진굿'에 속한다.

36 이 판제가 어떻게 지속되었는지 확인하기 어렵다. 1977년의 아랑제에서 밀양농악은 '밀양12차농악'이란 이름으로 시연되는데, 마당 수를 기존의 10개에서 12개로 바꾸었을 테지만 구체적인 내용은 알 수 없다.

37 권태목은 이 장대를 '솟대'라 칭하고 오곡과 볍씨주머니를 다는 등 '농신대'의 형상을 갖춰 밀양농악의 연행도구로 사용했는데, 밀양백중놀이의 전 형태인 병신굿놀이와 보본계놀이, 들놀이 등에도 빠짐없이 등장한다. 1980년 이후 밀양백중놀이의 농신대는 이것을 변화시킨 형태라고 할 수 있다.

농악 판제에서 일반적인 것이지만, 일부는 영남농악에서 보기 어려운 것이었다. 부연하자면, 인사굿과 장기자랑(구정놀이 또는 개인놀이), 12발상모놀이 등은 대부분의 농악에서 나타나는 것이고, 모듬굿과 길굿, 멍석말이와 호호굿 등은 영남지역 농악에서 일반적으로 연행되는 것이다. 이에 비해 삼채굿은 호남지역 농악에서 볼 수 있는 좌우치기와 유사한데, 이 연행이 밀양농악의 판제에 수용된 것은, 권태목이 1966년에 시작된 전국농악경연대회에 관여한 경험과 무관하지 않은 것으로 보인다.

이후 밀양농악대는 권태목을 중심으로 활동을 전개하는데, 그 내용은 주로 아랑제에서 밀양농악 시연과 병신굿놀이, 들놀이, 보본계놀이 등 다양한 이름으로 연행된 밀양백중놀이와 큰줄다리기, 게줄당기기, 지신밟기 연행 등이었다. 밀양농악의 시연은 매년 이루어지지 않았는데, 이는 밀양농악대의 대원들이 앞에서 거론한 민속놀이의 전승과 국악협회가 주관하는 행사에 참여했기 때문이다.[38] 권태목의 연출 및 지도 아래 다수의 농악대원이 연행자로 참가한 밀양백중놀이[참가 당시의 이름은 밀양병신굿놀이]가, 1980년에 열린 경남민속경연대회에 나가 최우수상을 수상하고[39] 같은 해에 제주에서 열린 전국민속예술경연대회에 경남대표로 참가할 수 있는 자격을 얻은 것

---

[38] 아랑제를 중심으로 좀 더 자세히 살펴보면, 1972년 – 경남민속예술경연대회에 병신굿놀이 참가, 1973년 – 밀양농악 발표와 게줄당기기 시연, 1974년 – 밀양농악과 밀양들놀이 시연, 1975년 – 큰줄다리기, 1976년 – 전국농악경연대회 개최와 병신굿놀이 시연, 1977년 – 전국농악경연대회 개최 및 밀양들놀이 참가, 밀양12차농악 시연, 1978년 – 경남민속예술경연대회에 지신밟기 참가, 1979년 – 보본계놀이 시연, 1980년 – 밀양농악과 병신굿놀이 시연, 경남민속예술경연대회에 병신굿놀이 참가, 1981년 – 밀양농악 시연 등의 활동을 벌였다. 이 가운데 1979년까지의 행사는 국악협회지부가 주최하고 1980년부터는 밀양민속보존협회가 주최하는 것으로 바뀌는데, 이는 다음 장에서 살펴볼 권태목의 위상 변화와 관계된다. 한편 1972년에 밀양농악대가 결성되었음에도 아랑제 팸플릿에 농악의 시연 주체가 국악협회지부로 표기된 것은, 당시의 전승주체들이 비록 공식적인 것은 아니지만 농악대를 국악협회지부의 산하단체로 인식하고 있었음을 보여준다. 권태목은 1968년 국악협회지부 창립 이후 1986년까지 이 단체의 총무로 활동했고 그 뒤 부지부장과 지부장으로 활동을 이어갔다(추헌태, 앞의 글, 45쪽 및 추헌태의 제보). 이 사실은 권태목이 국악협회지부 대신 밀양민속보존협회가 전면에 나서는 1980년까지, 밀양농악뿐만 아니라 국악협회지부가 주도한 각종 연행민속의 전승에 실무자로서 핵심적 역할을 했다는 것을 보여주는 근거 가운데 하나라고 할 수 있다.

[39] 위의 글, 40~41쪽 및 61쪽 참조.

은 이런 사실을 보여주는 예 가운데 하나이다. 이후 밀양농악은 1981년의 아랑제 시연을 마지막으로 공식적 영역에서 한동안 자취를 감추게 된다.

3. 밀양농악의 잠복과 일시적 재현 : 1982년~1990년대 중반

1981년 이후 밀양농악의 전승이 중단된 것은, 우선 지역 민속놀이의 연이은 무대화 및 경연대회 출연 그리고 문화재지정과 연관된다. 이미 살펴본 대로 1970년 이후 지역 민속의 문화재화를 위한 작업이 본격적으로 전개되었고 마침내 1977년 무안용호놀이가 경남무형문화재 제2호로 지정되었다. 그 뒤 1980년에는 길양백중놀이가 국가무형문화재 제68호로 지정되었으며, 1983년에는 감내게줄당기기가 경남무형문화재 제7호로 지정되었다. 이밖에도 법흥상원놀이와 발레농요, 공상타작놀이 등의 무대화와 경연대회 출연이 계속되는 상황에서, 이들 민속의 재현에 앞장선 권태목과 밀양농악대의 구성원들이 밀양농악에 지속적인 관심을 기울이는 것은 쉬운 일이 아니었다.

이런 가운데 밀양의 문화지형에서 권태목의 차지했던 위상의 변화는 밀양농악의 전승에 또 다른 영향을 미쳤다. 권태목은 1980년의 경남민속예술경연대회에서 밀양병신굿놀이가 최우수상을 받고 경남대표로 선발되기까지 중요한 역할을 담당한 사람이었다. 그는 놀이의 연출과 지도를 맡았을 뿐만 아니라 상쇠로도 활약했다. 하지만 전국민속예술경연대회 참가를 준비하는 과정에서 놀이의 이름을 밀양백중놀이로, 상쇠를 김타업으로 바꾸는 한편 일부 연행을 개변하는 데 반대함으로써 이에 찬성하는 쪽과 갈등을 빚었고, 급기야 전국민속예술경연대회 참가팀에서 배제되기에 이르렀다.[40]

---

40 위의 글, 39~40쪽 참조.

밀양백중놀이에 관여한 연행자 다수가 밀양농악대의 구성원이었고 지역 문화계에서도 이들을 지지했으므로, 권태목이 밀양백중놀이에서 손을 떼게 된 것은 결국 그가 밀양농악을 비롯한 지역민속 관련 문화권력의 주류에서 밀려났음을 의미하는 것이었다.

이처럼 밀양농악의 창출과 전승을 주도한 권태목이 물러남에 따라 밀양농악의 전승주체도 바뀌게 되었다. 1980년과 1981년에 열린 아랑제에서 밀양농악이 시연되었지만, 이는 권태목이 속한 국악협회지부가 아니라, 밀양백중놀이가 경남대표로 선발된 뒤에 만들어진 밀양민속보존협회가 주도한 것이었다.[41]

1981년의 시연을 끝으로 밀양농악이 아랑제로 대표되는 밀양의 공식적 문화영역에서 자취를 감춘 동안, 권태목은 국악협회지부의 행사에 집중하는 한편 1973년부터 아랑제의 서막 행사로 지속되어온 밀성초등학교의 어린이농악시연을 지도하고, 무안용호놀이의 전승에 적극적으로 참여해 1991년 무안용호놀이의 예능보유자로 인정받기에 이른다. 이처럼 주류에서 밀려나 암중모색을 하고 있던 권태목에게 1989년에 다시 밀양농악을 전승할 수 있는 기회가 찾아온다.

당시 밀양문화원은 아랑제 행사의 하나인 군민농악경연대회를 주관하면서 각 읍면동의 치배를 모아 밀양을 대표할 수 있는 농악대를 만들기로 결정하고, 권태목에게 자문과 지도를 요청했다. 권태목은 이 제안을 수락하고 농악대를 구성해서 그가 만든 판제를 바탕으로 대원들을 지도했다.[42] 농악대의 첫 모임은 1989년 3월 5일에 있었고, 3월 12일부터 매주 일요일에 아

---

[41] 경남민속예술경연대회 출연 당시 '밀양병신굿놀이'의 전승단체는 '국악협회밀양지부'였다. 그러나 이 대회에서 최우수상을 받고 전국대회 출전자격을 획득한 뒤인 1980년 4월 19일, 관계자들이 첫 모임을 가지면서 전승단체를 '밀양민속보존협회'로 바꾸어 창립총회를 개최했으며, 동년 7월 1일에 사회단체등록법에 따라 정식으로 등록했다(위의 글, 44쪽 참조).

[42] 박문호(남, 1937년 생)의 제보. 박문호는 17살 때부터 무안농악의 전승에 참여했고, 1989년 이후 밀양문화원이 만든 농악대에 속해 권태목이 지도한 밀양농악의 상모잽이로 활동한 연행자이다.

〈자료 2〉 밀양문화원농악대 출석부(부분)
권태목 작성, 추현태 제공

〈자료 3〉 권태목의 1989년 판제
권태목 작성, 추현태 제공

홉 차례에 걸쳐 연습을 진행했다. 당시 사용한 출석부인 〈자료 2〉를 보면, 첫 회 연습에는 34명이 참가했지만 회를 거듭할수록 인원이 늘어 마지막 연습에는 53명이 참가했다. 참가자를 지역별로 나누면 밀양시내(동지역) 9명, 상남면 12명, 산내면 15명, 부북면 8명, 단장면 4명, 무안면 4명, 미확인 1명 등으로, 농악대원의 거주지가 밀양지역에 골고루 분포하였음을 알 수 있다.

문화원에서 기획, 운영한 밀양농악대를 가르칠 당시 권태목의 판제는 농악대의 출석부와 함께 남아 있는데, 집합굿(모둠굿), 입장굿(길굿), 인사굿(문전굿), 풍류굿(마당놀이), 세마치양산도굿, 방울진되풀이굿(멍석말이), 삼채굿, 연풍대굿(부정굿), 호호굿, 갈어치기굿, 미지기굿, 개인놀이 등 열두 마당으로 구성되었다. 이 판제를 수용한 농악은 1991년과 1992년 아랑제의 서막 행사에서 '농악시연'이라는 이름으로 공연되지만, 내부의 문제로 농악대가 해체됨에 따라 더 이상 전승되지 못했다.[43]

그 뒤 1990년대 중반에 권태목은 또다시 밀양농악의 판제를 구상하고 그 내용을 기록으로 남겨두었다. 그가 이 판제를 만든 것은 용호놀이의 예능 보유자로 활동하던 무안 지역을 근거지로 삼아 밀양농악을 전승하기 위해 서였다. 당시 무안농악은 상쇠였던 한인시의 사망 이후 전승이 제대로 이루어지지 않은 상태였다. 이에 권태목은 기존의 밀양농악을 기반으로 판제를 구성해 전승하려고 했지만, 용호놀이에 주력하느라 독립적 연행으로 만들지는 못했다.

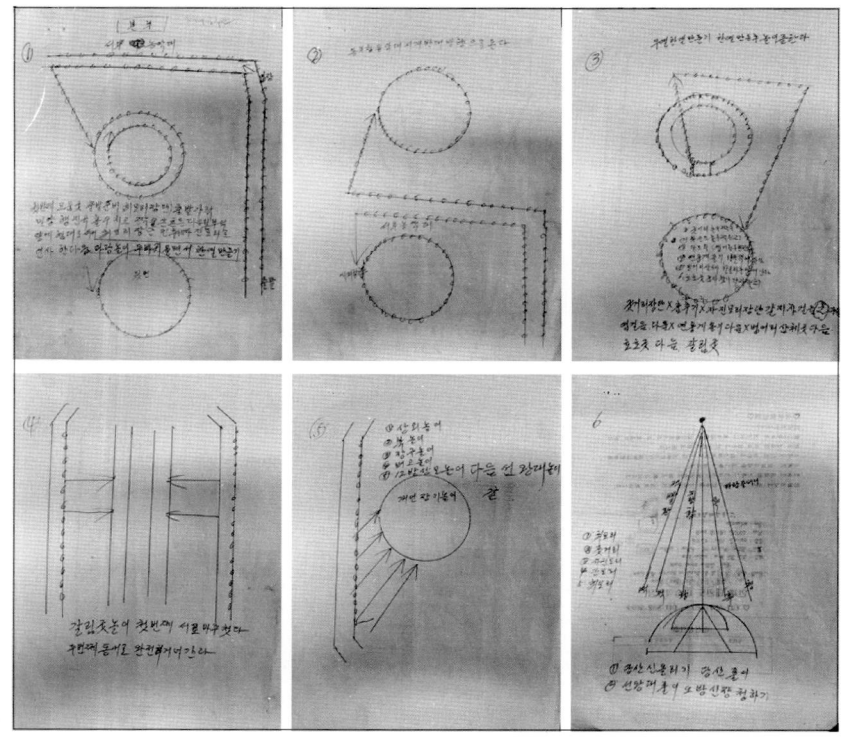

〈자료 4〉 권태목의 1990년대 중반 판제(부분) 권태목 작성, 추현태 제공

43 박문호(남, 1937년 생)의 제보.

이 시기 그의 판제는 도둠굿, 입장굿, 인사굿, 굿거리, 자진몰이, 단모리, 연풍대돌기,[44] 벙어리삼채굿, 호호굿, 갈림굿, 개인놀이로 구성되어 있다. 이전의 것과 크게 바뀐 부분이 없지만, 연행의 초반에 농악대를 동서로 나누어서 놀이하는 부분을 강조한 점이 특이하다. 농악판에서 치배를 동서 또는 좌우로 나누어서 놀이를 진행하는 경우는 드문 게 아니지만, 각기 '서부농악대'와 '동부농악대'를 표방하는 경우는 찾아보기 어렵다. 이와 같은 편 구성방식은 아무래도 무안용호놀이의 예능보유자였던 권태목이 편싸움 형식으로 진행되는 용호놀이의 연행방식에 착안해서 도입한 것으로 보인다. 한편 개인놀이에서 12발상모놀이 다음에 선왕대(서낭대)놀이가 나타난 점과 입장할 때 가락이 길굿에서 밀양행진악으로[45] 바뀐 점도 눈에 띈다.

이처럼 권태목은 1990년대 중반에 이르기까지 밀양농악의 재현을 위해 애를 썼지만, 1994년을 끝으로 아랑제에서 농악경연대회가 없어지고 지역 내에서 밀양농악이 별다른 관심을 얻지 못하게 되자, 신선바위학춤 같은 민속의 조사와 무대화에 관심을 기울이게 된다.

4. 밀양농악의 재구성과 전승 : 1998년~현재

1990년대 중반 이후 밀양농악의 전승과 관련해 주목되는 단체는 미리미이다. 1991년에 농악 동호인들이 결성한 미리미는 1998년부터 밀양농악의 재현작업에 착수해서 2001년에 '밀양12차농악시연회'를 열게 되는데, 그 중심에 추현태가 있었다.[46]

44　권태목이 작성한 〈자료 4〉에는 '연풍게돌기'로 표기되어 있지만 이해를 돕기 위해 '연풍대돌기'라고 고쳐 쓴다.
45　느린길굿가락 대신 사용한 것으로서 호남농악의 동살풀이와 유사하다. 권태목은 이 가락을 밀양진곡 또는 밀양행진악(길군악)으로 불렀는데, 이 글에서는 밀양행진악으로 통일한다. 이 가락은 현재 청도 차산, 대구 고산, 영천 명주 등 영남 여러 지역의 농악에서 사용되고 있다.

추현태는 1985년부터 밀양백중놀이를 배우는 가운데, 1980년대 후반에 미리미의 전신인 밀알회와 관계를 맺기 시작했다. 밀양성당의 젊은이들이 이끌어가는 사목단체의 하나인 밀알회의 구성원들은 농악을 배우고 있었으며, 이 단체가 일반인에게까지 문호를 개방하면서 미리미라는 연행조직이 만들어지게 되었다.

설립 초창기에 오북놀이와 사물놀이 등 무대화된 농악에 관심을 기울이던 미리미는 회원 수가 많아지고 규모도 커지면서 점차 농악 전반에 관심을 기울이게 되었으며, 이 과정에서 그동안 자신들을 가르쳐온 추현태를 지도위원으로 위촉, 영입했다. 추현태는 이 인연으로 1996년 경북 경주에서 밀양으로 이주한 뒤 미리미패에게 자신이 배운 밀양백중놀이와 청도차산농악을 전수하게 되었다. 그러던 중 지역의 농악 관계자들을 통해 밀양농악의 존재를 알게 됨에 따라 1998년 10월, 밀양농악복원추진위원회를 구성한 뒤 밀양농악의 재현에 노력을 기울이게 되었다.

이 과정에서 그는 밀양지역 민속의 재현과 전승에 앞장선 전 문화원장 김동선, 그리고 밀양농악의 창출과 전승을 주도한 권태목과 향토사학자 임인수를 만나 밀양농악의 전승에 관해 많은 제보를 받았다. 이 밖에 밀양시내의 정상중, 무안면의 강일석과 박문호, 오봉수 등에게 자문을 받았고, 인근 지역의 농악 명인인 함안의 박동욱과 청도의 김오동에게도 도움을 받았다.

이러한 재현작업의 결과는 2001년 4월에 열린 밀양12차농악시연회를[47] 통해 드러났다. 당시의 판제는 입장(길군악), 1차 얼림굿, 2차 질굿, 3차 문굿, 4차 돌림질굿(마당굿), 5차 마당밟기, 6차 농신제, 7차 액맥이굿, 8차 호호굿, 9차 소고놀이, 10차 살풀이, 11차 구정놀이, 12차 반달굿 등으로 구성

---

46 이하 1998년 이후 밀양농악의 재현 및 전승과 관련된 내용은 추현태의 제보와 그가 소장하고 있는 관련 자료를 바탕으로 정리한 것이다.
47 권태목은 밀양농악을 달리 밀양12차농악이라고 하면서 1989년의 판제와 2001년의 판제를 12차로 구성했는데, 추현태는 이를 수용해 그가 재현한 밀양농악을 밀양12차농악이라고 명명했다.

되었다.[48] 추현태의 이 판제는 앞서 살펴본 권태목의 판제와 비슷하지만 다른 점도 없지 않았다.

추현태는 권태목의 판제 중 삼채굿과 품앗이굿 등이 호남농악이나 웃다리농악에 있는 것이기 때문에 제외하는 등 변화를 주었는데, 이 때문에 권태목은 추현태의 판제에 대해 의문을 제기하게 되었다. 이에 추현태는 2001년 9월에 권태목과 여러 차례 만나 의견을 나눈 뒤, 그로 하여금 직접 미리미를 2개월 동안 지도하게 하면서 이견을 해소해 판제를 다듬었다. 다음의 〈자료 5〉는 권태목이 미리미를 지도하기 위해 기존 판제를 정리한 것으로서 모듬굿, 길굿, 문전굿, 마당굿, 갈림굿, 품앗이굿, 멍석말이굿, 호호굿, 삼채굿, 법구놀이, 12발상모놀이, 반달굿 등 12차로 구성되어 있다.

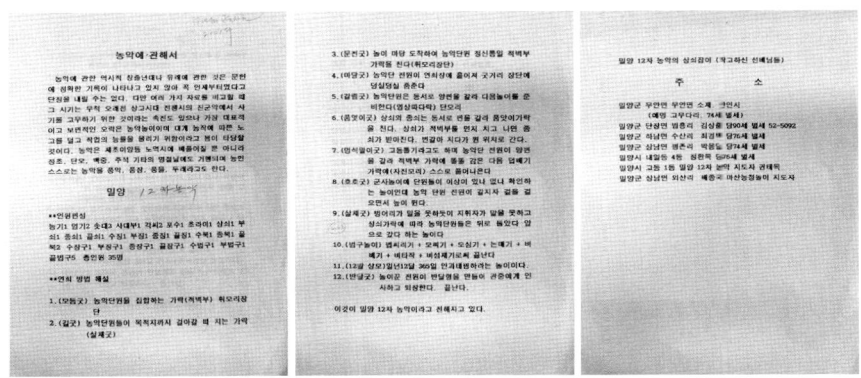

〈자료 5〉 미리미패 지도를 위해 만든 권태목의 2001년 판제 권태목 작성, 추현태 제공

이후 미리미는 밀양12차농악보존회(현 밀양농악보존회의 전신)를 설립해, 2002년부터 밀양의 무형문화재를 한 자리에 모아 펼치는 '무형문화재 한마당축제'에 참여하고, 매년 가을 정기발표회를 개최하는 등 다양한 활동을 벌이며 밀양농악을 전승해오고 있다.

---

48 미리미패, 『밀양12차농악시연회』 팸플릿, 2001.04.29.

5. 밀양농악의 지속과 변화

1971년, 전에 없던 고을농악의 형태로 창출된 뒤 밀양농악은 1990년대 중반까지 권태목의 주도하에 전승되었고, 2001년부터 현재까지 추현태의 주도하에 전승되고 있다. 지난 50년의 기간 동안 밀양농악이 어떤 양상으로 지속, 변화되었는지 두 사람이 만든 판제를 중심으로 살펴보려고 한다.

먼저 권태목의 판제이다. 그의 판제는 대체로 10~12차수로 구성되어 있다. 1971년에는 10차, 1989년에는 12차, 1990년대 중반에는 11차, 2001년에는 12차로 판제마다 마당의 수와 내용이 조금씩 다르게 나타난다.

〈표 1〉 권태목 판제의 변화 양상

1	2	3	4
1971년 권태목판	1989년 권태목판	1990년대 중반 권태목판	2001년 권태목판
1차 모둠굿	1차 집합굿(모둠굿)	1차 모듬굿	1차 모둠굿
2차 길굿	2차 입장굿(길굿)	2차 행진굿	2차 길굿
3차 인사굿	3차 인사굿(문전굿)	3차 문굿(인사굿)	3차 문전굿
4차 마당굿	4차 풍류굿	4차 마당밟기	4차 마당굿
	5차 세마치양산도굿	5차 오방굿	5차 갈림굿
			6차 품앗이굿
5차 멍석말이	6차 방울진 되풀이굿(멍석말이)	6차 연풍대돌기	7차 멍석말이굿
×	7차 삼채굿	7차 삼채굿	×
6차 호호굿	8차 연풍대굿(부정굿)		8차 호호굿
		8차 호호굿	
7차 삼채굿	9차 호호굿		9차 삼채굿
8차 진굿	10차 달어치기굿	9차 갈림굿	10차 법구놀이
	11차 미지기굿		
9차 장기자랑 10차 12발상모	12차 개인놀이	10차 개인놀이	11차 12발상모놀이
×	×	11차 반달굿	12차 반달굿

먼저 모둠굿은 연행공간인 마당 밖에서 놀이꾼들이 모여 자진모리와 휘모리를 치면서 치배와 기물을 점검하고 입장을 준비하는 과정이다. 길굿은 놀이마당으로 들어오는 과정으로서 1~2번 판제의 경우 2소박과 3소박이 혼합된 10박의 길굿가락을 연주하지만, 3~4번 판제의 경우 길굿가락을 연주하지 않고 밀양행진악을 연주하며 입장한다. 다음으로 문굿과 인사굿은 연행이 단순하고 짧기 때문에 인사굿에 문굿을 포함시키거나 문굿에 인사굿을 포함시키기도 한다. 문굿을 할 때는 휘모리, 인사굿을 할 때는 인사굿가락을 친다.

마당굿은 관중에게 인사를 한 뒤 본격적으로 판을 시작하는 마당으로서 다른 치배들이 큰 원을 만들어 좌회전하면서 놀면 쇠잽이들은 원진의 가운데로 가서 논다. 치배들은 굿거리장단에 맞춰 한동안 춤을 추다가 자진모리장단으로 바뀌면 2~3명씩 짝을 이루어 미지기진, 태극진 등 여러 가지 진풀이를 하면서 논다. 이 마당의 장단은 2번 판제에서 바뀌는데, 풍류굿이라 하여 굿거리와 자진모리를 친 다음 세마치양산도굿으로 넘어가 세마치가락을 친다. 3번 판제에서 명칭이 마당밟기로 바뀐 것은 이 과정이 잡귀잡신을 물리치는 지신밟기와 같은 의미를 지닌다는 점을 부각시키기 위해서였다. 이 판제에서 마당밟기와 오방굿의 장단은 굿거리와 자진모리, 단모리이다. 한편 4번 판제에서는 굿거리를 치면서 춤을 추다가 장단을 자진모리로 바꾸면서 오방으로 돈을 나누는 갈림굿을 연행한 후, 휘모리로 바꾸어 상쇠와 부쇠가 주고받는 품앗이굿을 연행한다.

다음으로 명석말이는 치배들이 오방에 작은 원을 만들어 돌아다니다가 서낭기를 중앙에 두고 명석말이를 하여 모인 뒤 서낭제를 지내고 공동체의 무사안녕을 비는 마당으로서 이후에도 변화 없이 전승되었다. 한편 호호굿과 삼채굿은 그 순서가 판제에 따라 바뀐다. 삼채굿은 호남농악의 좌우치기와 비슷한 것으로서 벙어리삼채가락을 치며, 호호굿은 '호호'와 '딱딱'을 번갈아 치는 형태로서 '호호' 대목에 구음이 따른다. 2번 판제의 연풍대굿

〈부정굿〉은 원진을 만들어 좌우로 도는 것을 반복하는 형태로서 2소박과 3소박이 결합된 5박의 가락을 연주한다. 4번 판제의 호호굿에도 연풍대굿 가락이 포함되어 있다.

진굿 계열의 마당은 법고 또는 소고를 든 상모잽이들이 한 해의 농사과정을 흉내 내는 것으로서 볍씨뿌리기, 모찌기, 모심기, 김매기, 나락베기, 타작 등으로 짜여졌다. 1번 판제의 진굿이란 명칭은 모의농사과정이 일자진, 이자진, 갈지之자진, 원진 등 다양한 진풀이를 하면서 연행되어 붙여진 것이다. 2번 판제의 달어치기굿은, 모의농사에 앞서 쇠잽이들이 마당 가운데 모여 돌면서 상쇠와 부쇠가 휘모리장단을 주고받는 것이다. 달어치기가 끝나면 상모잽이들이 마당 가운데로 나와 두 줄을 만든 뒤 마주 보고 농사를 모의하는데, 마주한 두 줄이 서로 밀고 당기는 형태로 진행되어 미지기굿이라 했다. 한편 3번 판제의 갈림굿은 4번 판제의 갈림굿과 다른 것으로서 상모잽이들이 두 줄로 나누어져 서로 자리를 바꾸어 가며 논을 써는 흉내를 낸다. 이 판제에서 본격적인 모의농사 과정은 이어지는 개인놀이마당으로 옮겨져 상모놀이에 포함되었다. 한편 4번 판제의 법구놀이란 이름은 모의농사 과정을 상모잽이들이 연행한 데서 비롯된 것이다.

개인놀이의 경우, 주로 12발상모놀이와 장구놀이, 북놀이가 연행되는데, 3번 판제에서는 이미 밝힌 대로 상모놀이에 모의농사과정이 포함되었다. 마지막으로 반달굿은 좌우로 나누어진 놀이패들이 반달 모양의 진을 이루었다가 하나로 합쳐 대동화합을 표상하는 데서 비롯된 이름이다.

전체적으로 볼 때, 권태목의 판제는 1번 판제를 바탕으로 일부 과정에 변화를 주면서 전승되었다. 변화의 양상을 보면 마당의 명칭과 순서를 변경한 점, 삼채굿과 품앗이굿, 달어치기굿 등 비영남적인 내용을 추가하거나 제외한 점, 길굿의 가락을 옛길굿가락에서 밀양행진악으로 바꾼 점, 그가 연행을 주도한 무안용호놀이의 편싸움적 요소를 추가한 점 등이 눈에 띤다. 이런 면모는 고을농악의 판제가 연행을 주도하는 이의 의지에 따라 상당히 가변적으로 구성될 수 있음을 보여주는 것이라고 할 수 있다.

다음으로 추현태의 판제이다. 추현태는 밀양농악을 재현하는 과정에서 권태목의 뜻을 수용해 2017년까지 '밀양12차농악'이라는 명칭을 쓰다가, 이후 마당 수에 집착하지 않고 연행에만 집중하겠다는 취지로 밀양농악이라는 이름을 쓰고 있다. 추현태의 판제에서 눈여겨 볼 것은 2001년의 수정판제이다. 추현태는 2001년 밀양12차농악시연회를 마친 뒤, 권태목을 초빙해서 연행을 지도하게 하고 이 과정에서 수정판제를 만들었다. 이 판제는 그 뒤 일부 마당의 명칭만 바뀌고 지금까지 지속되고 있다.

〈표 2〉 추현태 판제의 변화양상 및 권태목 판제와 비교

1	2	3	4
2001년 추현태판	2001년 권태목판	2001년 추현태수정판	2017년 추현태판
×	×	×	입장
1차 얼림굿	1차 도듬굿	1차 얼림굿	1차 얼림굿
2차 질굿	2차 길굿	2차 질굿	2차 질굿
3차 문굿	3차 은전굿	3차 인사굿	3차 인사굿
4차 돌림질굿	4차 다당굿	4차 돌림질굿	4차 빠른질굿
5차 마당밟기	5차 갈림굿	5차 오방터밟기	5차 오방굿
×	6차 품앗이굿	×	×
6차 농신제	7차 멍쓰갈이굿	6차 풍년농사기원굿	6차 농사기원굿
7차 액맥이굿	×	7차 액맥이굿	7차 액맥이굿
8차 호호굿	8차 호호굿	8차 호호굿	8차 호호굿
×	9차 삼채굿	×	×

9차 소고놀이	10차 법구놀이	9차 농사굿	9차 농사굿
10차 살풀이	×	10차 춤굿	10차 마당굿
11차 구정놀이	11차 12발상모놀이	11차 구정놀이	11차 구정놀이
12차 반달굿	12차 반달굿	12차 똘똘말이	12차 반달굿

권태목 판제와 추현태 판제의 같고 다름은 2001년의 권태목 판제와 추현태 수정판제의 비교를 통해 확인할 수 있다.

추현태의 판제에서는, 놀이가 본격적으로 시작되기 전에 놀이마당 밖에서 전체 치배를 모아 휘모리를 치면서 복색과 악기, 소품 등을 점검한다. 권태목 판제의 1차인 모듬굿과 같은데, 추현태는 이 과정을 본놀이에 포함시키지 않았다. 권태목의 경우 모듬굿을 마치면 4열을 지어 밀양행진악을 치면서 놀이판으로 입장하는데, 이를 길굿이라 했다. 이에 비해 추현태의 판제에서는 4열을 지어 밀양행진악을 치면서 입장한 뒤 마당 가운데서 자진모리와 휘모리를 치면서 잠시 흥을 돋우는데, 연행을 시작하기 위해 놀이판을 어르는 판이라서 얼림굿이라 했다. 추현태의 질굿은[49] 얼림굿을 마친 뒤에 원진을 만들어 왼쪽으로 돌면서 진행된다. 가락은 2소박과 3소박의 혼소박인 10박의 옛 길굿가락이다. 권태목은 1980년대까지 길굿을 쳤지만 1990년대부터는 길굿 대신에 밀양행진악을 쳤다. 이에 비해 추현태는 입장할 때는 밀양행진악을 치지만 질굿을 벌일 때는 밀양행진악 대신 옛길굿가락을 친다.

다음으로 문전굿(인사굿)이다.[50] 권태목의 경우 마당에 입장한 뒤 본부석 앞에 멈추어 잠시 휘모리를 치고 관객들에게 인사를 한다. 추현태의 경우

---

49 추현태는 길굿 대신 사투리인 질굿이라는 용어를 쓰고 있다.
50 괄호 안의 것은 추현태가 2001년 수정판제에서 쓴 해당 마당의 명칭이다.

길굿을 친 다음에 원진을 유지한 채 바깥쪽의 관객들을 보면서 휘모리를 치며 인사를 한다. 이어서 마당굿(돌림질굿)이 시작된다. 권태목의 경우, 인사를 마친 후 자진모리를 치면서 4열에서 1명씩 빠져나가며 큰 원을 만든 뒤 장단을 굿거리로 바꾸어 마당을 돌면서 자유롭게 논다. 추현태의 경우, 빠른 자진모리장단을 치면서 마당을 힘있게 밟으며 돌아다닌다. 권태목이 굿거리를 치고 이어서 자진모리로 넘기는데 비해 추현태는 자진모리만을 연행한다. 추현태가 마당굿 대신 돌림질굿이라 명명한 것은 이 과정 역시 길굿의 하나로 인식했기 때문이다.

다음으로 갈림굿(오방터밟기)이다. 권태목은 자진모리장단에 맞춰 치배들을 두 편으로 나누고 서로 마주 보거나 엇갈리면서 연행한다. 추현태의 경우, 계속 자진모리장단을 치면서 치배를 오방으로 나누어 마당을 밟아나가는데, 오방터밟기라는 이름은 여기서 비롯된 것이다. 권태목의 경우, 갈림굿이 일단락되면 대형을 유지한 가운데 쇠잽이들이 가운데에 모인 뒤, 상쇠 쪽과 부쇠 쪽으로 나누어 품앗이하듯 휘모리장단을 주고받는다. 이 마당은 진주삼천포12차농악에서 가져온 듯한데, 명칭과 놀이형태는 비슷하지만 장단은 굿거리 계통을 쓰는 진주삼천포와 달리 휘모리여서, 장단만 보면 웃다리농악의 짝쇠놀음과 같다. 이 때문에 추현태는 품앗이마당을 그의 판제에서 제외했다.

다음으로 멍석말이굿(풍년농사기원굿)이다. 권태목의 경우, 동서남북에 사방기를 세워두고 각 방위별로 멍석말이를 한 뒤, 중앙에 서낭기와 중앙황제기를 모시고 다시 멍석말이를 한다. 이어서 서낭계를 지내며 한해의 무사안녕과 풍년을 기원한다. 추현태의 경우, 원진을 만들어 놓고 나서 오방진을 만들어 논 뒤, 다시 원진을 만들어 가운데 농기를 세우고 멍석말이를 한다.

이어서 액맥이굿이다. 권태목은 이 마당을 별도로 두지 않고 액맥이굿과 같이 5박 계열의 가락을 쓰는 호호굿과 통합해서 연행한다. 큰 원진을 만들어 왼쪽으로 돌며 액맥이굿가락을 10여 가락 치다가 다시 호호굿으로 넘어가 호호굿가락을 5~6번 치는데, 이 과정을 2~3번 반복하기 때문에 구분이 애매하여 호호굿으로 통칭했다. 추현태의 경우, 액맥이굿이 시작되면 치배들이 각기 액맥이굿가락에 맞춰 잡귀잡신을 물리치는 동작을 하다가 두 명이 짝을 지어 같은 동작을 반복한다. 이 과정이 끝나면 호호굿을 연행한다. 한편 권태목은 호호굿이 치배들을 점호하는 의미를 갖고 있다고 한 데 비해, 추현태는 앞의 액맥이굿에서 액을 막았으므로 '호호'를 외치면서 기뻐하는 것이라고 의미를 부여했다.

삼채굿은 권태목의 판제에만 등장한다. 호남농악의 좌우치기와 같은 형태로서, 벙어리삼채가락을 치며 좌우로 움직이기도 하고 원을 중심으로 들고 나기도 하는데, 추현태는 비지역적인 것이라 하여 그의 판제에서 제외했다. 이어서 법구놀이(농사굿)이다. 이 마당은 상모잽이들이 논농사의 과정을 모의하는 것으로서, 권태목의 경우 상황에 따라 씨뿌리기, 모찌기, 모심기, 김매기, 나락베기, 나락거두기, 타작하기 등의 절차 가운데 5~7개를 연행한다. 이에 비해 추현태의 경우, 연행자의 수고를 줄이고 공연시간을 단축하기 위해 씨뿌리기, 모심기, 김매기, 나락베기, 타작하기 등 5개만 연행한다.

다음으로 춤굿은 추현태의 판제에만 있다. 추현태는 권태목의 판제 가운데 4차에 해당하는 마당굿에서 굿거리 부분을 가져와 독립된 마당으로 배치한 뒤, 한해 농사를 풍년으로 마치고 그 기쁨을 신명나는 춤으로 표현한다는 의미를 부여했다. 마당의 이름은 흔히 굿거리를 춤가락 또는 살풀이가락이라고 부르는 데서 따온 것이다. 이어서 12발상모놀이(구정놀이)이다. 권태목의 경우, 법구놀이 뒤에 개인놀이를 하는데, 반드시 북놀이를 하고 마지막에 12발상모놀이를 한다. 이에 비해 추현태의 경우, 잡색, 북, 채상, 장구, 12발상모 순서로 놀이를 진행한다. 마지막 반달굿(똘똘말이)은 권태목과 추현태의 판제에서 동일하다. 날당산가락(휘모리)을 치면서 놀이가 끝났음을 서낭신에게 고하고 관객에게 인사를 한 뒤, 각기 반달 모양을 하고 있던 양편의 치배들이 모여 보름달 형상을 지으면서 대동화합하는 것으로 끝을 맺는다.

전체적으로 보면, 추현태는 가급적 권태목의 판제를 수용하려고 했지만, 그가 전승해온 영남농악의 전통을 벗어난 것으로 판단될 경우, 권태목을 설득해 그의 뜻을 관철했다. 그 결과 권태목의 판제에서 품앗이굿과 삼채굿 등이 배제되었고, 여러 마당의 명칭도 달리했다. 또한 권태목의 판제에서 호호굿과 마당밟기에 포함되어 있던 액맥이와 살풀이적 요소를 액맥이굿과 춤굿으로 독립시켰고, 각 마당에 사용하는 가락과 진법의 운용 등도 상당히 달리했다.51 이처럼 추현태가 권태목의 판제에 변화를 준 것은, 우선 그가 권태목뿐만 아니라 김타업, 김오동, 박동욱 등 밀양과 인근지역 농악 명인들로부터 가락과 판제를 배우고 자문을 받은 데다, 오랜 학습을 통해 한국농악의 판도 속에서 영남농악을 이해하고 있었기 때문에 가능한 일이었다. 또 다른 이유로 들 수 있는 것은 농악의 연행자이자 연출자로서 그의 예술가의식이다. 그는 권태목의 판제를 수용하면서도 그가 아는 농악과 공연 관련 지식의 범주 속에서 판을 새롭게 짜는 것을 망설이지 않았다. 이처럼 새로움을 추구하며 자신의 농악을 만들어가는 것을 당연시하는 태도는,

---

51 판제와 가락 외에도 복식과 소품, 치배 구성에도 변화가 일어났다. 복식의 경우 권태목과 추현태의 것이 거의 유사하지만 조끼의 착용에서 차이가 드러난다. 권태목의 경우, 초기에는 조끼를 착용하지 않다가 1970년대 후반부터 흑색, 붉은색, 푸른색 조끼 등을 착용했다. 추현태의 경우, 2000년대 초반에는 푸른색 조끼를 착용했으나 2000년대 중반 이후 조끼를 착용하지 않고 있다. 깃발의 경우, 권태목의 판제에서는 서낭기 1, 농기 1, 오방기 5(동방청제기, 서방백제기, 남방적제기, 북방흑제기, 중앙황제기), 영기 2개 등을 사용했다. 이에 비해 추현태는 서낭기와 농기는 그대로 사용하고 오황기와 영기는 통합해서 오방 영기 5개를 사용했지만, 현재는 영기를 사용하지 않고 있다. 한편 악기의 경우 권태목과 추현태 모두 북의 비중이 높은 편성 방식을 지속하고 있지만, 권태목이 나발을 사용한 데 비해 추현태는 고동을 사용하다가 지금은 쓰지 않고 있다. 마지막으로 잡색의 경우, 권태목은 더감, 할미, 색시, 포수, 중 등을 배치했다. 이에 비해 추현태는 2010년까지 권태목과 같은 잡색을 배치했지만, 그 뒤 제한된 공연시간 때문에 앞치배 중심으로 판을 운용해야 해서 할미와 중을 제외하고 영감과 색시, 포수만 두어 잡색의 비중을 줄였다.

농악을 하나의 예술행위로 보는 인식에서 비롯된 것이라고 할 수 있다.[52]

6. 밀양농악 전승의 함의

1960년대 이후 민족문화 담론을 바탕으로 무형유산의 중요성을 강조해 온 국가의 전통문화정책, 그리고 이에 대한 지역 문화예술인 및 연행자의 대응 결과로 탄생한 밀양농악의 전승은, 이른바 현대농악으로서 고을농악의 실상과 의미를 되새겨보게 한다.

이미 밝혔듯이 고을농악은 전통적 마을농악이나 연희농악과 다른 새로운 농악으로서, 경연과 공연 그리고 문화재지정을 염두에 두고 창출된 것이다. 이 과정에서 고을농악은 공동체적 전승을 기반으로 한 공동체성과 생활 곳곳에 스며든 삶의 예술로서 현실성을 포기했다. 그 대신 고을농악은 변화된 전승환경에 맞도록 무대화된 소집단적 공연물로서 예술성과 여가적 유용성을[53] 확보했다.

이런 흐름 속에서 전승된 밀양농악은 현대의 농악으로서 고을농악이 갖는 탈공동체성과 뛰어난 치배에 의존한 전승의 실체를 잘 보여준다.[54] 앞서 살펴본 대로 밀양농악은 권태목과 추현태의 주도로 전승되었다. 권태목은 밀양을 망라하는 치배들의 도움과 전국 규모 농악경연대회를 비롯한 각급

52　추현태는 자신의 농악 연행을 예술행위로 인식한다. 이 때문에 그는 농악을 고정불변의 것으로 보지 않고, 전승주체의 의지와 전승상황 그리고 농악 및 공연 관련 지식과 연행의 조건 등에 따라 변화시킬 수 있는 것으로 보고 있다.
53　농악의 여가적 유용성은 농악을 여가행위로 인식하고 전승하는 동호회 활동이나 각종 농악 강습 등을 통해서 확인된다.
54　정상박은 이리농악의 사례를 거론하면서, 국가무형문화재 제11-3호로 지정된 이리농악이 '토박이에 의해 전승된 농악이 아니라, 외지의 농악 명인이 들어와서 기량이 우수한 치배를 모아 만든 것이고, 명칭은 이리농악이지만 이 지역의 문화 또는 마을공동체문화와 관계가 없으며, 오로지 관객을 위해 상연하는 것을 목적으로 하는 공연물'이라고 규정한 바 있다(정상박, 앞의 글, 15쪽).

경연대회를 통해 얻은 경험을 바탕으로 판제를 만들었고, 이 판제에 근거한 농악을 밀양농악으로 자리매김하며 전승했다.

권태목은 1960년대부터 부산의 동래를 출입하면서 동래야루 등 각종 민속을 경험한 연행자였고, 지역 내에서는 국악을 비롯한 민속예술의 전승에 관여하면서, 민속의 재현과 무대화에 관심을 기울여온 기획자이자 연출자, 연행자였다. 그가 밀양농악을 창출하고 전승하는데 앞장선 것도 이와 같은 맥락에서 이루어진 것이었다.

한편 추현태가 밀양농악에 관심을 기울이게 된 배경은 권태목과 달랐다. 그는 1983년 선배의 권유로 가입한 영남대학교의 풍물동아리를 통해 청도 차산농악의 상쇠인 김오동으로부터 쇠가락을 배우면서 농악에 입문했으며, 기량을 인정받아 부쇠로도 활동했다. 이후 여러 경연대회와 초청공연에 참가하면서 기량을 쌓아가던 중 김오동의 소개로 1985년 5월에 열린 아랑제에서 밀양백중놀이의 상쇠였던 김타업을 만나게 되었다. 이를 계기로 추현태는 그해 7월에 동아리 후배들과 밀양백중놀이를 배우기 위해 밀양으로 가 1주일 동안 합숙하면서 김타업으로부터 농악을 전수받았다. 전수 과정에서 김타업의 눈에 든 추현태는 밀양백중놀이의 회원이 아닌 학생 신분이었지만 김타업의 배려로 백중놀이보존회의 여러 공연행사에 따라다녔으며, 방학 중에는 보존회관에 상주하면서 김타업의 가락을 배우기도 하고 때로는 그 가락을 일반 대학생들에게 전해주기도 했다.

그 뒤 추현태는 2년여의 군 생활을 마치고 1988년 여름부터 1990년 김타업이 사망할 때까지 본격적으로 김타업의 쇠가락을 배웠다. 그 결과 1989년 8월에 열린 제2회 전국대학생마당놀이경연대회에 밀양오북놀이의 상쇠로 참가해 최우수상을 받았다. 또한 같은 해 마산에서 열린 제30회 전국민속예술경연대회에 밀양감내게줄당기기가 경남대표로 참가해 문화공보부장관상을 수상할 때, 하용부, 박영달 등과 함께 쇠잽이로 참가하기도 했다.

이처럼 청도차산농악의 김오동과 밀양백중놀이의 김타업으로부터 농악을 배운 추현태가 밀양농악에 관심을 기울인 것은 밀양의 풍물패 미리미와 관계를 맺고부터였다. 그는 밀양백중놀이와 청도차산농악을 전수하는 과정에서, 밀양을 대표하는 농악이 전승되지 않고 있다는 점을 안타깝게 여기고 밀양지역의 농악 관계자들을 찾아다니던 중, 권태목을 만나 1970년대 초부터 밀양농악이 전승되다가 중단되었음을 알게 되었다.

이후 밀양농악을 재현하기 위해 노력하면서 추현태가 지향한 것은 그가 김오동과 김타업 등으로부터 배운 영남농악의 전통 위에서 권태목이 주도한 밀양농악을 수용하는 것이었다. 그리하여 2001년 '밀양12차농악'이라는 이름으로 재현한 농악을 선보였는데, 판제는 영남농악의 보편성을 의식하며 권태목의 것을 취하되 가락은 주로 김타업의 것을 계승하는 것이었다. 따라서 2001년 이후 추현태에 의해 재현, 전승된 밀양농악은, 그가 학습해 온 영남농악을 기반으로 권태목의 판제와 김타업의 가락을 선별적으로 수용해 종합한 것이라고 할 수 있다.

지금까지 살펴본 내용을 통해서 다음과 같은 사실을 확인할 수 있다.

첫째, 밀양농악의 창출은 지역민 다수의 필요에 따라 이루어진 게 아니라, 국가 정책에 호응하고 자신들의 지역 내 위상을 제고하려는 소수 문화예술인과 연행자에 의해 이루어졌다.

둘째, 밀양농악의 연행 텍스트는 지역 내에서 전승된 특정 농악에 근거하지 않고 지역은 물론 지역 외의 농악 자원도 일부 인용해서 만들어졌기 때문에, 다양한 요소의 결합으로 인한 혼성성을 지녔다.

셋째, 밀양농악의 판제는 공연을 위해 만들어졌으므로 무대화에 필수적인 시공간의 압축, 구성요소의 선별과 초점화, 플롯의 재구성 등의 작업이 수반되었다.[55] 이에 따라 해월과 포월의 미학에 근거한 전통적 연행방식[56]

---

[55] 민속의 무대화와 변용양상에 관해서는 '한양명, 「지역축제의 전승과 민속의 변용」, 『비교민속학』 35, 비교민속학회, 2008, 159~168쪽'을 참조하기 바란다.

대신 각 마당이 여백 없이 접합된 봉합적 구성과 단선적 진행방식을 취하게 되었다.

넷째, 밀양농악의 전승은 지연공동체가 아니라, 특정 개인에 의존하는 소집단에 의해 이루어졌기 대문에 텍스트의 개변이 비교적 자유로웠고, 전승력도 전승주체의 의지와 전승상황에 의해 결정되었다.

다섯째, 이런 성격을 지닌 밀양농악은 주민들의 삶에 리듬을 부여하는 시간의 마디인 전통적 세시, 그리고 공동체의 구속으로부터 자유로웠기 때문에 전승주체의 판단과 결정이 전승의 중요한 요소로 작용했다.

여섯째, 이에 다라 밀양농악은 공동체의 신명풀이보다 연행집단의 신명풀이, 공동체성보다 예술성과 여가행위로서 유용성을 더 중시하게 되었다.

이와 같은 면모는 비단 밀양농악에서만 나타나는 게 아니라, 정도의 차이는 있지만 각급 수준에서 '무대화/재현'의 과정을 거쳐 텍스트를 구성하고 '경연/공연'을 통해 그들의 존재를 드러내는 현대의 농악에서 적지 않게 나타난다. 그리고 이런 양상은 특히 아직 문화재로 지정되지 않아, '전형의 유지'를 요구하는 무형문화재법의 통제로부터 자유로운 농악에서 더 많이 확인된다.

모든 문화는 끊임없이 만들어지고 변화한다. 변화는 곧 문화의 속성 가운데 하나라고 할 수 있다. 우리는 그동안 전통을 '순수한 것'으로 규정하고 변화를 외면한 채 몰역사적, 본질주의적 관점에서 전통의 의미를 되새

---

56 '해월적(解越的) 구성'은 우리의 전통축제와 축제적 연행에 나타나는 것으로서 연행의 텍스트를 이루는 구성요소들이 간단없이 결합된 게 아니라 독립성을 지닌 채 신명풀이의 과정을 매개로 접속되어 있음을 드러내기 위해 고안한 개념이며, 한편 '도월적(匍越的) 진행'은 우리 축제와 축제적 연행이 일정 지결을 향해 단선적으로 진행되는 게 아니라 현장의 상황에 밀착해 전후좌우로 유동하고 멈췄다가 나아가길 반복하면서 마치 기어가듯 넘어가는 것을 드러내기 위해 고안된 개념이다. 이에 관해 보다 상세한 것은 한양명, 「전통축제와 축제적 연행의 구성과 진행방식에 관한 시론: 초월과 포월의 미학적 가능성 탐색」, 『비교민속학』 43, 비교민속학회, 2010; 한양명, 앞의 글, 2004, 234~235쪽'을 참고하기 바란다.

김질하는 경향이 없지 않았다. 그렇기에 존재하지도 않는 '원형'에 집착하고, 이른바 '원형'이란 게 사실은 발명된 것인 걸 알면서도 그것을 적잖게 외면해왔다. 이런 점에서 '원형'에 집착하지 않고 판제를 구성해 원심적 전승을 해온 밀양농악은, 현대의 민속 가운데 하나인 고을농악의 실상을 살필 수 있는 좋은 사례 가운데 하나라고 할 수 있을 것이다.

제9장

'80년대' 저항 문화와
민속의 지역사회 귀환*

이진교

1. 80년대 민속의 재발견과 한국문화의 역동성

  2017년 4월 29일, 대규모 풍력발전단지 조성 예정지인 주산主山 인근에 사는 경북 영양군 H 마을 주민들은 '주산 산신제'를 지냈다. 당시 주민들은 며칠 동안 왼새끼로 꼰 수백 미터의 금줄을 주산 둥우리에 둘렀는데, 이는 대규모 풍력발전단지가 조성되면 파괴될 위기에 처한 주산을 지킨다는 자신들의 강력한 저항 의지를 보여주기 위함이었다.[1] 또한, 인근 Y 마을에서는 또 다른 풍력발전단지 저지 활동이 진행 중인데, 이때에도 '산신 기원

---

*   이 글은 「'80년대' 저항 문화와 민속의 지역사회 귀환」, 『한국민속학』 73집, 비교민속학회, 2021, 193~237쪽에 게재된 논문을 수정·보완한 것임.
[1]   이진교, 「마을사회의 위기와 의례적 대응 – 풍력발전 반대 '산신제'에 대한 민속지적 연구 –」, 『민속연구』 35, 안동대학교 민속학연구소, 2017, 209~244쪽 참조.

제'를 출정식의 의미로 개최했다. 주목할 만한 사실은 이러한 의례가 해당 지역 주민에 의해 실행되었지만, 그것을 제안한 것은 바로 영양다목적댐(이하 '영양댐') 건설 저지 활동을 주도했던 귀농·귀촌인이었다는 점이다.[2]

영양댐 저지 활동이 한창이었던 2012년, 이들 귀농·귀촌인들은 토착 주민과 함께 자신들의 정당성을 지역 내외에 알리고자 '장파천 문화제'를 기획·실천하게 된다. 영양댐 완전 백지화가 발표된 2016년까지 연례적으로 치러진 이 문화제에서 '장승'과 관련된 행사는 중심 연행이었으며, 이 외에도 '(솟대에) 오색실꼬기', '풍물 공연' 등 다양한 민속 관련 프로그램이 실행되었다. 이 문화제를 주도했던 귀농·귀촌인은 80년대 학번이 중심을 이뤘는데, 그들의 대학 재학 시절은 저항의 상징으로 민속이 활발하게 재발견·재구성된 시기였다.[3] '80년대'[4] 대학을 중심으로 활발하게 연행되었던 민속이 귀농·귀촌인을 매개로 다시 지역이나 마을로 전파·수용되는 모습은, 현대 한국사회 문화적 역동성의 일면을 이해하는 데에 중요한 실마리가 될 수 있다.

주지하다시피, 한국사회에서 1980년대는 대학을 중심으로 권위주의적 군사정부에 대항한 반체제 운동이 광범위하게 실천되었으며, 그 과정에서 민중 문화의 상징으로서 무속의례를 비롯한 '민속'이나 '전통'의 재발견·재구성이 활발하게 이뤄진 시기이다.[5] 이러한 모습을 김광억은 다음과 정리

---

2   이들 귀농·귀촌인의 성격은 이진교, 「투쟁 공동체에서 풀뿌리 공동체로 - 경북 영양군 귀농·귀촌인 한 모임에 대한 민속지적 연구 - 」, 『비교민속학』 70, 비교민속학회, 2019, 241~269쪽을 참조할 것.
3   1980년대 한국사회의 문화지형에 대해서는 김창남, 「80년대의 문화와 문화운동」, 『문학과사회』 2(4), 문학과지성사, 1989, 1330~1345쪽; 김성일, 「문화운동에 있어 '실천'의 재구성」, 『실천문학』 104, 실천문학사, 2011, 179~195쪽 등의 논의를 참조할 것.
4   이 글에서 '80년대'는 엄밀하게 한정된 물리적 시간을 의미하지 않으며, 1980년대를 중심으로 한 사회·문화적인 지향의 의미로 사용할 것이다. 예를 들면 김성일의 '80년대' 정의는 그러한 성격을 잘 보여준다. "'80년대'라는 용어는 단순히 1980년대라는 시간을 의미하지 않는다. 그것은 무참한 학살로 정권을 탈취한 부도덕한 국가권력과 그에 맞선 민중들의 헌신적 투쟁이 빚어낸 역사적 긴장의 최정점을 의미한다. 따라서 당시 문화운동은 폭압적 정치권력의 억압에 맞선 사회운동의 연장선 위에 있다"(김성일, 위의 글, 181쪽).

한다.

70년대에서 두드러지기 시작하여 80년대에 걸쳐서 한국사회에서 나타난 가장 특징적인 문화현상의 하나는 서속의례의 분야에서의 전통의 재생산운동이라고 할 수 있다. 민중문화운동의 기치아래 전통적으로 주변적인 것으로 존재해 왔던 민간 종교와 의례들이 특히 젊은 지식인층들 사이에서 유행하게 된 것이다. 그 중에서도 무속의례는 전통문화의 핵심적인 위치를 부여받고 대학축제에서 탈춤 및 농악과 더불어 단골 프로그램으로 정착하게 되었다.[6]

이 시기 각 대학에서는 탈춤동아리가 결성되어 활발하게 활동했으며,[7] 특히 80년대 대학축제인 '대동제'의 프로그램과 행사 내용은 체계에 대한 저항의 상징으로서, 또한 민중 문화의 재발견이라는 측면에서 민속이나 전통을 강조·부각하는 모습이 확연하게 나타난다.[8] 결과적으로 80년대 이후 풍물 등으로 대표되는 민속은 원래의 전승 현장이었던 농촌보다는 오히려 대학이나 도시, 그리고 노조를 중심으로 한 공장 등에서 활발히 전승되는 양상마저 나타날 정도였다.[9] 그래서 80년대 후반에 이르면 개별 학과 단위에서도 풍물패가 결성될 정도로, 민속이나 전통은 대학에서 익숙한 문화로 자리잡게 된다.[10]

5 김광억, 「저항문화와 무속의례 : 현대 한국의 정치적 맥락」, 『한국문화인류학』 23(1), 한국문화인류학회, 1991, 131~172쪽; 조현범 「한국사회의 민속담론과 민속종교에 대한 연구 : 산업화 이후 전개과정을 중심으로」, 서울대학교 석사학위논문, 1994, 33~45쪽; 김성례 「무속전통론의 창출과 유용」, 『아시아문화』 22, 한림대학교 아시아문화연구소, 2006, 274~273쪽 등 참조.
6 김광억, 위의 글, 131쪽.
7 박흥주, 「1980년대 풍물운동에 발현된 굿성 연구」, 『비교민속학』 50, 비교민속학회, 2013a, 369쪽 참조.
8 한양명, 「축제 정치의 두 풍경 국풍81과 대학대동제」, 『비교민속학』 26, 비교민속학회, 2004, 481~491쪽 참조; 김달현, 「1980년대 대학 대동제의 창출과정과 연행민속의 의미」, 안동대학교 석사학위논문, 2005 등 참조.
9 박흥주, 앞의 「풍물굿의 새로운 전망설정에 필요한 논의」, 『실천민속학연구』 22, 실천민속학회, 2013b, 8쪽.

이렇게 재발견·재구성된 '민속'의 특성 중 하나가 바로 지연 공동체 특히 마을을 중심으로 한 공동체 또는 공동체성과 관련된 것이었는데, 특히 '마을굿' 형식과 내용을 채택한 의례나 놀이의 연행은 당시 대학에서의 대표적인 민속 재현방식이었다.[11] 예를 들면 80년대 대학을 중심으로 광범위하게 세워졌던 이른바 '저항장승'[12]은 그러한 모습을 잘 보여준다.

> …1980년대 대학가와 저항운동의 현장에서 세워진 장승은 중요한 의미를 지닌다. 장승이 애초부터 가지고 있던 수호신적인 기능이, 한국사회 모순의 근원이 미제국주의와 그 하수인인 군부독재로부터 파생되었다고 인식한 대학생들이 그들로부터 학교공동체를 지키고, 나아가 그들을 타도하자는 대학가의 주장과 잘 맞아 떨어져서 학생들이 장승을 수용하고 그들의 목적에 맞게 적극 활용하였던 것이다. 그로 인해 전국의 대학마다 장승이 세워지기 시작했고…[13]

유념해야 할 부분은 지역이나 마을을 배경으로 전승된 공동체 민속이 자연스럽게 대학 등으로 전파된 것은 아니었다는 점이다. 70, 80년대 대학의 지식인이나 반체제 문화예술인들이 이른바 민중주의적 민속담론에 입각해 재발견·재구성한 민속은 '민중 신학', '민중문화운동', '리얼리즘' 등과의 관련성 속에서 이뤄졌기 때문이다.[14] 따라서, 양자는 그 형식적 유사성을 지니며 때로는 동일한 것처럼 보이지만, 그 상징적 의미나 내용은 연속성과 차별성을 동시에 지닌다.

---

10 박홍주, 앞의 글, 2013a, 370쪽.
11 김달현, 앞의 글, 81쪽.
12 김진식, 「1970년대 이후 장승의 전승과 변화양상」, 안동대학교 석사학위논문, 2013, 34쪽. "1980년대 세워지기 시작한 대학가의 시국장승과, 그 후 변혁적인 성격을 띠며 다양한 문제를 해결하고자 하는 목적에서 세워지고 있는 장승에 주목하고, 이런 장승을 저항장승으로 정의하려고 한다…대학가의 장승은 주술종교적 성격이나 관광상품으로서의 장승이 아니라 장승을 이용해 정치적 상황에 저항하고 학생들의 주장을 장승을 이용해서 표현하려던 것이다".
13 김진식, 위의 글, 34쪽.
14 조현범, 앞의 글, 33~45쪽.

한편, 민속담론에 대한 조현범의 이분법적 구분, 즉 지배이데올로기로서의 '국가주의적 민속담론'과 그에 대한 대항이데올로기로서 '민중주의적 민속담론'은, 해방 이후 산업화 과정에서 한국사회 민속의 재구성 과정과 경로의 해명에 매우 중요한 논의임이 분명하다.[15] 하지만, 현실 세계에서 민속의 재구성은 양자의 복잡다단한 상호작용 속에서 전개되었다고 보는 편이 타당하다.[16] 예를 들면 국가주의적 민속담론에 입각한 대표적인 관제 축제인 '국풍81'의 기획에서 반체제적인 문화예술인 그리고 대학 동아리 등의 참여를 적극적으로 타진했던 사실에서도, 그러한 점을 확인할 수 있을 것이다.[17] 이러한 현상은 6월 항쟁과 1987년 체제의 성립으로 인한 이념적 지향의 약화, 1990년대 지방자치제도의 실시, 세계화와 신자유주의의 본격화, 그리고 관광 등 소비 자본주의 영향 등으로 인해 더욱 심화되었던 것으로 보인다.[18]

80년대 대학이나 집회의 현장 등에서 활발하게 연행되었던 '민속'은 현재 현저히 약화된 모습이며, 어떤 경우에는 그 명맥조차 찾기 힘들 정도이다. 그럼에도 불구하고, 80년대 저항의 맥락에서 재발견·재구성된 민속이 시대적 소명을 다하고, 완전히 단절·소멸한 것은 아니라고 생각한다. 예를 들면 풍물은 연행자를 매개로 대학에서 지역사회로 전파되는 양상이 나타나며,[19] 대중적인 공연예술이나 지역축제, 그리고 미디어나 문화콘텐츠 등 다양한 시공간에서 활용되는 모습을 관찰할 수 있기 때문이다. 비록 산재散

---

15 조현범, 위의 글, 33~45쪽.
16 김창남, 앞의 글, 1330~1345쪽; 권혁희, 「민속문화의 근대적 변동과 현대적 창출 - 20세기 풍물의 역사적 전개와 현대적 창출 과정 - 」, 『현대화와 민속문화』, 서울대학교 비교문화연구소, 2020, 182~201쪽 참조.
17 한양명, 앞의 글, 481~491쪽 참조.
18 1980년대 이후 문화 운동의 궤형변화에 대한 상세한 논의는 강내희, 「신자유주의 시대 문화지형의 변동과 문화운동」, 『마르크스주의 연구』 4(1), 경상대학교 사회과학연구원, 2007, 278-303쪽; 김성일, 앞의 글, 179~195쪽 등을 참조할 것.
19 조정현, 「풍물이 다시 민중의 품으로 돌아온다」, 『실천민속학 새책』 3, 실천민속학회, 2001, 301~316쪽; 권혁희, 앞의 글, 192~198쪽 참조.

在된 형태이지만 이렇게 축적된 문화적 역량과 잠재력은, 특정한 맥락과 조우해 다시 저항의 문화로 발현될 수 있는 조건이 될 수 있다.

이 연구에서는 먼저 '80년대 저항 문화-장파천 문화제-주산 산신제'로 이어지는 일련의 과정을 통해 현대 한국사회 민속의 역동성 일면에 관한 윤곽을 그려 볼 것이다. 주요 연구 대상인 장파천 문화제나 주산 산신제 등은 비교적 최근에 창출되었지만, 그것의 구성과정과 경로를 포착·설명하는 것은 그리 간단한 문제가 아니다. 세계화와 고등 교육의 일반화, 미디어의 광범위한 영향 등이 보편화된 현대 사회에서, 민속은 복잡다단한 역동성과 혼종성을 지닌 문화 현상이기 때문이다.[20] 또한, 현대인 자체가 이미 이전 시기와는 비교할 수 없을 정도로 복잡한 다중적 정체성을 지닌 존재라는 점 역시 고려될 필요가 있다. 특히, 초점을 맞추는 문제는 장파천 문화제의 실현 주체와 실천 방식 그리고 상호작용, 나아가 그러한 결과가 낳는 사회·문화적 효과와 전망이다.

2. 영양댐 건설 저지 활동과 장파천 문화제

2013년 4월 10일 방영된 KBS의 〈추적 60분-영양댐이 이상하다〉[21]는 영양댐 건설을 둘러싼 지역사회의 논란과 문제점을 잘 정리하고 있다. 이 프로그램에 따르면 2008년 영양군의 요청으로 영양댐 건설이 시작되었는데, 지자체가 먼저 댐 건설을 추진한 것은 매우 이례적인 일이라고 한다.[22] 나

---

20 현대 사회에서 축제의 역동성을 파악하는 것은 그리 단순한 문제가 아니다. 그래서 리메디는 현대 사회 축제에 관한 연구전략으로 "초국적, 미디어의 광범위한 영향, 해방 프로젝트의 실패 인정, 공공 영역에 대한 침식" 등을 염두에 두고 설정해야 한다고 주장하는데, 나는 그의 문제의식에 동의한다(Gustavo, Remedi, *Carnival Theater : Uruguay's Popular Performers and National Culture*, University of Minnesota Press, 2004, pp.ix~xi).
21 「영양댐이 이상하다」, 『추적 60분』, KBS, 2013.04.10.
22 "군민들의 생활용수라든지, 관광 자원화라든지, 또 청정지역 이미지에 걸맞는, 청정지역이라고

아가 댐 건설의 적극적 추진을 위한 지역사회의 여론조작 의혹 그리고 군수가 대표로 재직했던 건설회사와의 유착 가능성 등을 구체적으로 제시하고 있었다.

영양댐 반대대책위의 제보와 협력으로 제작된 이 프로그램에서 무엇보다 중요한 문제 제기는 '과연 영양댐 건설이 필요한가?'라는 부분이었다. 이 사업의 정당성과 실효성에 관한 근본적인 의문을 영양댐 예비타당성 조사 결과 및 전문가의 의견을 바탕으로 심층 보도했기 때문이다. 실제로 반대대책위에서는 해당 지역 주민의 격렬한 반대에도 불구하고, 영양댐 건설의 강행 이유가 건설회사 사장 출신 군수 및 지역의 토건세력, 국토부나 수자원공사 등의 이해관계가 맞아떨어졌기 때문이라고 판단했다.[23]

물론, 〈추적 60분〉이 방영된 이후 영양군을 비롯한 이해당사자의 반발이 있었고, 언론중재위에 의해 일부 사실관계에 대한 시정명령이 내려지는 등의 논란 역시 존재한다.[24] 하지만, 전국 및 지방의 타 방송사에서도 '영양댐 건설 과정'의 문제점에 대한 지속적인 보도가 이어졌다는 사실은,[25] 그것의 건설 계획이 그만큼 졸속으로 이뤄졌으며 타당성이나 정당성에 문제가 있었음을 여실히 보여준다.

하면 푸른 산과 푸른 물 아닙니까? 그래서 푸른 산은 있는데, 푸른 물을 확보할 수 있는 최적의 적지다 이렇게 생각을 해서…"(당시 영양군수 권영택의 발언, 「영양댐이 이상하다」, 『추적 60분』, KBS, 2013.04.10).

23 "그때 인제 그 건설업자 출신 군수의 이해와 그때 정부였던 이명박 정부의 토건 중심기조가 맞아 떨어지면서, 댐 규모가 인제 많이 커졌어요. 그래야 인제 공사비도 늘어나고, 수자원공사가 인제 댐을 관리하거든요. 그러다 보니까 거기에 배치해야 할 인원들도 많아지면서, 그렇게 둘 이해관계가 맞아떨어지면서, 댐 계획이 본격적으로 추진되었던 거죠."(S, 2019년 4월 30일). 한편, 토건세력은 한국사회의 전 영역을 아우르며 다양한 사회문제를 야기하는 핵심적인 부분으로 지적되는데, 이는 비정상적으로 진행되어 온 한국의 근대화 과정에서의 사회적 모순을 함축적으로 보여준다. 여기에 대해서는 홍성태, 『토건국가를 개혁하라: 개발주의를 넘어 생태복지국가로』, 한울아카데미, 2011; 홍성태, 『생태복지국가를 향하여』, 전인진, 2019의 논의를 참조할 것.

24 「KBS 2TV 추적 60분 '영양댐 이상하다'…언론중재위 반론보도 결정」, 『경북신문』, (http://www.kbsm.net/default/area_index_view_page.php?part_idx=30&idx=90618, 2013.05.22).

25 예를 들면 「위기의 장파천」, 『물은 생명이다』 545회, SBS, 2013.04.19; 「영양댐 건설 추진 그 갈등과 논란」, 『PD저널 팩트』, TBC, 2012.12.06 등.

ㄱ. …안개가 많이 들어옵니다. 고치 농사에 첫째가 뭐가 피해가 많냐면, 진딧물이 많이 껴요…댐을 막으면 안개로 인해 가지고 농사가 안 돼여. 그런데 만약에 여기에 댐이 들어오게 되면, 농사도 못 짓고 딴 데 이사를 가야되지…인제 내가 뭘 하겠어요? 이제, 노가다를 하겠어요? 그럼 끝이 납니다. 내 인생이…[26]

ㄴ. …밭 여기저기, 논까지 사고, 이렇게 살기 좋은, 집까지 잘 지어 놓고, 다 여기 이렇게 공기 좋은 곳에, 농사 잘되고, 전부 잘 되는 곳에, 댐은 뭐 하는데 댐을 들여요. 절대 댐은 안 됩니다. 내가 어디 뭐 여기 좋은 집을 사주고, 좋은 밭을 여 우리 애같이 해 줘도, 나는 안 가고, (지금) 사는 곳에 공기도 좋고, 농사도 잘 되고, 다 잘 되는데…나는 댐 싫어요. 나는 진짜 반대해요.[27]

ㄷ. A : …아저씨 장비를 여기 왜 내려요? 하니까 타당성 조사를 한다고 하더라고. 그럼 '여기 막아요?' 하니까, 막는다 그래. 거서 고만 막 울었어. 고만 발버둥치면서… B : 장비를 싣고 이틀 밤인가, 사흘 밤인가 있었어… C : 여기서 나 가지고 팔십이 되도록 살았어. 그럼 얼마예요? 팔십 년이지. 팔십 년 진짜로 글코. 우리 시어머니도 계셨지. 그 우에 시조모님 계셨지. 그러고 또 제가 여 있잖아요. 팔십 먹도록 여 있었잖아요.[28]

위의 ㄱ~ㄷ은 영양댐 건설 저지 활동 당시의 자료에서 발견되는 고령의 토착 주민 진술의 일부를 정리한 것이다. ㄱ, ㄴ의 진술은 2012년 당시 반대대책위에서 주민들을 인터뷰해 자체적으로 제작한 동영상에 수록된 내용에서 발췌한 것이며, ㄷ은 SBS에서 방영한 〈물은 생명이다〉에서 송하마을

---

[26] 당시 68세의 남성 주민의 발언, 『영양댐 반대대책위 동영상』, 영양댐 반대대책위, 2012.
[27] 당시 수비면에 거주하는 한 여성 주민의 발언, 『영양댐 반대대책위 동영상』, 영양댐 반대대책위, 2012. 이 동영상은 댐 건설 저지 활동의 정당성을 알리기 위해, 반대대책위가 자체적으로 제작한 동영상이다.
[28] 「위기의 장파천」, 『물은 생명이다』 545회, SBS, 2013.04.19.

할머니들이 리포터 역할을 한 생태사진작가 박용훈과 나눈 대화의 일부이다. 주민들은 "공기도 좋고, 농사도 잘되고, 다 잘 되는"이곳에 댐이 들어서면, "끝이 납니다. 내 인생이"와 같은 말로 당시의 절박한 상황과 위기감을 표현하고 있었다. 무엇보다도, 댐 건설의 강행은 이곳에서 평생을 살아온 그들의 실존적 정체성 자체가 부정당하는 것이기도 했다.

사실, 영양댐 건설은 정부 부처 내에서도 이견이 극명하게 엇갈리는 사업이었다. 국토건설부가 찬성의견을 가지고 적극적으로 추진한 입장이었다면, 환경부는 '환경파괴 우려'와 '지역 공동체 붕괴 우려'를 이유로 반대의견을 내고 있었다.[29] 실제로 댐이 들어서 수몰 위기에 처한 송하마을과 인근 지역 사람들 사이에서도 찬반은 극명하게 나뉘었다. 찬성 측 입장은 대체로 댐이 들어서면 토지보상 등으로 상당한 경제적 이익을 취할 수 있는 경우가 많았다고 한다. 반대로 댐 건설을 반대하는 경우는, 위의 진술처럼 경제적 보상이 주는 이익보다 평생을 살아오며 일궈왔던 생활의 터전을 송두리째 잃는다는 것에 대한 두려움과 반감이 큰 경우였다.

주민들의 영양댐 저지 활동이 시작된 것은 2010년 무렵이며, 2011년 3월 29일 '영양댐건설추진 반대비상대책위원회'(이하 '반대대책위')가 발족해 본격적인 활동을 해 나간다.

〈표 1〉 '영양댐 반대대책위원회' 2012년 활동 내역

* 01/05	영양 송하마을 전체회의 - 이후의 대책협의(100명 참석)
* 01/09	강석호 국회의원 의증보고회 참석 - 2012년도 영양댐 계획 없음
* 01/10	강석호 군기술센타에서 다시 추진의사 발언
* 01/14	영양댐 반대 동영상 제작 착수회의

[29] "…댐이 만들어지면 환경적으로 많은 부정적인 영향이 있고, 특히 지역공동체가 붕괴되는 위험이 있기 때문에, 댐을 건설하지 않고도 댐 건설 목적을 달성할 수 있다면 그런 방법을 찾아가야 한다고 생각하고요. 그런 대안에 대해서 많은 고민을 했고, 영양댐은 그런 대안들이 충분히 있다고 판단했기 때문에, 건설하지 않았으면 좋겠다는 그런 의견을 제시했습니다."(정종순 환경부 국토정책과장의 인터뷰, 「위기의 장파천」, 『물은 생명이다』 545회, SBS, 2013.04.19).

★ 01/18		영주댐 반대 대책위원장 CK와의 만남(영주시)
★ 01/26		길안댐 반대 대책위원장 KS씨와의 만남(안동시)
★ 01/29		군수의 [영양발전위원회]가동 관련 연석회의(17명)
★ 02/08		읍, 면장을 방문하여 (서명운동) 자제를 촉구 - [임명권자의 지시]라고 변명
★ 02/09		서명용도 : 2013년도 정부예산에 넣기 위한 절차(5월중에 도예산위에 도착)
★ 02/10		기자단에 보도자료 배포
★ 02/14		한겨레 신문보도 및 이장에게 편지보내기(112통), 대책회의
★ 02/15		안동MBC 9시뉴스 보도, 안동KBS 9시뉴스 - 공무원과 학생을 동원한 찬성서명
★ 02/20		대구 KBS뉴스 - 공무원과 학생을 동원한 찬성서명
★ 02/22		군의회방문 및 군수항의 방문, 경향신문보도
★ 02/25		**다들바위 소원빌기 행사(80명참석)**
★ 02/27		서울 국토해양부, 국무총리실, 기획재정부, 국회 등 방문예정
★ 03/24		**장파천 문화행사(12명참석) - 장파천 따라걷기, 김성현교수 초청강좌, 장승세우기**
★ 03/27		군위댐 방문 및 동영상 만들기 결정
★ 04/11		장날 고추가면 영양댐 반대이유 프랭카드 선전활동
★ 05/18~20		군청앞, 군민운동장 영양댐 반대 전단지 배포
★ 05/31		군위댐 동영상 시사회
★ 06/21~22		STOP 지리산댐 영주댐 영양댐 - 생명캠프 참석
★ 08/11		천도교 신자들 성지순례(다들바위; 제2대교주인 최시형신사의 기도처)
★ 09/05		국회토론회 "4대강 사업으로 되살아난 대형댐"
		하천 및 수자원 정책진단과 대안 모색 토론회에 참석 및 발제
★ 09/17		군의원들을 항의 방문
★ 09/18		영양군의회 의장실 - 영양댐 건설추진 관련 간담회
		군의회 : 댐건설에 대한 지식과 의견수렴 부족을 인정
		[영양댐건설 재검토를 위한 민관합동 조사위원회]에 대한 논의
★ 10/10		영양댐의 실상 PPT를 새누리당, 통합민주당 국회의원들에게 송부(97부)
★ 10/12		영양군민 체육대회시 전단지 배포 및 강석호의원 보좌관 면담
★ 10/14		영양댐 소식지 제1호 [강은 흘러야 한다] 배포(1,000부)
★ 10/18		영양댐 추진상황 설명회(새마을지회장 주관)
		무산시도 실패 후 25분 배정받아 공동대책위 제작 동영상 방영함
★ 10/28		강석호 국회의원 새누리당 연락사무소 앞 집회 및 면담
★ 10/30		영양댐 유보의 약속 불이행에 대한 항의 방문
★ 11/02		새누리당 영양출신 안효대 국회의원 방문
★ 11/14		민주통합당 서울당사 및 민주캠프 항의 방문, 국회의원사무실 방문
★ 11/24		예산 결산 계수조정위원들에게 공문발송
★ 12/06		대구TBC 피디저널팩트 영양댐 건설 추진 그 갈등과 논란 방송

〈표 1〉은 '영양댐 반대 공동 대책위원회'가 2010년 10월부터 2013년 7월 까지의 활동 내역을 일지 형식으로 정리한 자료의 일부이다. 2011년 9월 예비타당성 조사 결과가 발표되자, 영양댐 반대대책위의 대응 활동 역시 두드러지기 시작했다. 장파천 문화제가 처음 기획된 2012년 초는 '영양군

지역발전협의회'라는 단체가 〈영양댐 건설을 위한 영양군민 서명서〉와 관련된 작업을 본격화하는 등, 지역 내에서 영양댐을 둘러싼 찬반논란이 본격화되는 시기이다.

당시 여론조사에서는 영양댐 건설에 대한 찬성여론이 무려 83%에 달할 정도였는데, 앞의 〈추적 60분〉에서 언급하고 있듯이 공무원 및 관제기구를 통한 여론조작 가능성이 강하게 제기되는 상황이었다.[30] 이러한 서명서가 지역민의 찬성의견을 얼마나 반영하는지는 의문이지만, 반대 측 사람들은 지역 내 힘의 역학관계에서 절대적 열세에 있다는 사실을 실감하게 된다. 이에 반대대책위는 주민들을 상대로 한 집회나 유인물 배포와 같은 여론전과 지역 내외 주요 언론사를 대상으로 한 보도자료 배포, 국회의원이나 지방 의원 등 정치인에 대한 접촉, 종교나 환경단체 등과의 연대를 적극적으로 추진하였다. 영양댐 반대 활동의 정당성을 알리기 위한 행사인 장파천 문화제는 이러한 과정에서 기획되었는데, 다음의 진술은 이 문화제의 기획 의도와 목적을 잘 보여준다.

> ㄹ. 그러면서 <u>우리가 장파천 문화제를 저희가 고민하게 된 건데</u>…우리가 마<u>을을 지켜야 되는데, 이 마을이 얼마나 소중하고, 중요한 가치가 있는지, 그걸 좀 사람들한테 알려야겠다.</u> 그래야 이제 이게 우리가 가진 활동이 힘을 얻게 되고, <u>사람들에게 호소력이 호소할 수 있겠다</u> 판단을 한 거예요. 그런데 그렇게 판단을 한 이유가, 영양댐이라고 해서 영양 안에서만 이 활동이 이뤄지면, 절대 승산이 없거든요. 왜냐하면 벌써 영양에서는, 뭐 한 80 프로가 찬성한다고 할 정도로, 공무원들 동원해서 다 찬성 서명받고 이랬기 때문에 우리가 <u>영양 안에서만</u>

---

30 「영양댐이 이상하다」, 『추적 60분』, KBS, 2013.04.10. 당시 영양군 인구는 주민등록상 1만 8천 정도였는데, 반대대책위가 주도한 '영양댐 반대 서명자'가 이미 5천 명이 넘어가는 상황에서 83%의 찬성은 사실상 불가능한 수치이다. 이 프로그램에서는 공무원이나 관변 단체의 동원 의혹 외에도, 당시 영양군수가 이사장이었던 학교에서 교사 주도의 학생 서명, 동일한 필적의 서명 다수 발견, 영양 지역 외 주소지 서명자 등과 관련한 의혹을 보도하고 있었다.

어떤 활동을 한정 짓고 이러면, 도저히 댐 건설을 막아낼 수 없는 상황이어서…
이건 영양만의 문제가 아니라, 이제 좀 같이 고민해야 하는 중요한 문제다 라는
그런 방식으로, 우리는 활동을 해 나가야 했거든요. 그래서 그것을 알려나가야
했던 고민이, 그게 바로 문화제였어요…[31]

ㅁ. 그러니깐 이제 저희 기억으로 ○○ 형네 집에서 뭐 정식회의는 아니고,
사람들이 모여서…그때 이제 장소익 씨라고 하는 분을 이제 처음 만나서 얘기를
나누다가, 어쨌든 이 상황이나 이런 것들을 좀 알려 나가고, 그다음에 그 일을
하는 사람들끼리 결속력도 다지고, 이런 것들을 하려면 어떤 형태의 그런 행사나
이런 게 좋을까 하고 고민하다가, 장소익 씨가 문화 쪽 일을 했으니깐…한 번
만나서 얘기를 하다가, 그러면 이제 문화제 같은 거를 하면 어떠냐 했는데, 이제
때마침 여기가 장파천…. 그 하천 이름이 장파천이어서 장파천 문화제로 하
고…[32]

'장파천 문화제'는 댐이 건설될 경우 수몰될 위기에 처한 장파천의 이름
을 내세운 행사이다. 이 문화제는 지역 내외의 영양댐 건설반대 여론 환기,
종교나 환경단체 등과 연대 그리고 내부 결집 등을 목적으로 기획되었다.
제1회 장파천 문화제는 2013년 3월 24일 개최되었는데, 바로 한 달 전인 2
월 25일 '다들바위 소원빌기 행사'가 열렸다는 점 역시 주의 깊게 살펴볼
필요가 있다. 매봉산에 위치한 다들바위[33]는 해월 최시형의 기도터로 알려

---

31 S, 2019.04.30.
32 J, 2020.08.02.
33 "송하자연미륵불은 매봉산 칠부능선에 위치하며 천도교 2대 교조인 해월 최시형 신사가 꿈에
    서 계시를 받은 후 이 부처바위를 발견하여 49일간 기도를 드렸다는 이야기가 전해 내려오고
    있다. 마을 주민들은 그 영험함으로 인해 소원을 다 들어주는 바위라 해서 '다들바위' 또는 신
    이 빚은 듯이 정교하다고 해서 '시니비즌 석불'이라고 불리워 왔다…또한 석불이 위치한 매봉
    산을 중심으로 노적봉과 투구봉, 문필봉이 송하리 마을 전체를 감싸안고 있는 지세를 갖춰 풍
    수지리상으로 부자와 장수, 문필가 등 많은 인재가 태어날 형세이어서 다른 지역에 비해 이곳
    송하리 출신의 성공한 인물들이 유독 많은 것도 그 영험함에서 비롯되었다고 전해진다.

진 천도교 성지이며, 송하마을에서는 풍수적 중요성을 지닌 곳이다. 이 행사의 프로그램은 비교적 간단한데 '불필요한 영양댐 반대를 위한 동영상 상영 및 자유발언', '다들바위 소원빌기 및 리본달기 행사', '점심 식사 및 다과, 자유토론 및 향후 일정 논의' 등이었다.

다들바위 소원빌기 행사의 중요한 목적 중 하나가 바로 영양군 내의 마을 이장을 초청해, 댐 건설반대에 대한 지역 여론을 환기하는 것이었다.[34] 이 행사에는 송하마을 주민과 지역 귀농·귀촌인이 중심이 된 반대대책위의 구성원, 19대 총선에 이 지역에서 녹색당 후보로 출마한 곽혜령[35] 후보 등 약 80명 정도의 인원이 참석했다. 하지만, 이 행사의 주요 초청 대상이었던 영양 지역 이장들의 참여는 저조했다고 한다. 이를 계기로 영양댐 반대 활동을 외부에 널리 알리려는 행사를 본격적으로 기획하는데, 그것이 바로 '장파천 문화제'였던 것이다.

장파천 문화제의 기획과정에서 반대대책위의 귀농·귀촌인들은 행사 프로그램과 내용을 고민하던 중, 인근 지역인 청송에 귀촌하여 영양원놀음의 연출에 관여하던 장소익의 존재를 알게 된다. 당시 장소익은 반대대책위의 댐 저지 활동과는 별개로, 그것을 주제로 한 즉흥극을 영양원놀음에 담아내려 했지만, 군의 영향력이 강한 보존회의 성격상 결국 실현하지 못한 상황이었다.[36] 자연스럽게 반대대책위의 귀농·귀촌인들은 장소익에게 협력

2012. 10. 18. "(송하마을 입구 '다들바위'에 대한 소개 입간판).

34 다음은 영양댐 건설추진 반대공동대책위원회가 영양 군내 이장들에게 보낸 초대 편지의 일부이다. "저희는 영양댐 건설추진반대 공동 대책위입니다…몇 사람에게만 이익이 되고 영양군민 모두에게 심각한 피해를 주는 영양댐의 건설계획의 진실을 알려드리기 위해 이렇게 편지를 드리게 되었습니다…다시는 영양댐이라는 어리석은 불장난을 못하게 하는데는 마을의 대표이신 이장님의 역할이 중요합니다. 크고 작은 마을 모임들에서 영양댐에 관한 진실을 알려주십시오, 2월 25일에 아름다운 영양을 지키기 위한 다들바위 소원빌기 및 점심식사 및 다과모임에 놀러오십시오…"(「영양군 이장에게 보내는 편지」, 영양댐 건설추진 반대공동대책위원회, 2012).

35 당시, 영덕의 달산댐 반대대책위원회, 영덕핵발전소 유치반대 투쟁위원회 집행위원장이기도 했다.

36 "제가 영양원놀음을 연출을 했어요…그 즈음에 이제 댐 투쟁이 있었고. 댐을 가지고 즉흥극을 해보자고 한 거죠, 제가 연출이니까, 올해 주제는 댐을 가지고 해 보자고 했죠. 박제화된 놀이가 아니라 지역민의 문화가 되려면, 지역의 현황들을 가지고 비판적인 사고들도 하고, 그런 게

을 요청하였으며, 그가 제안을 받아들이면서 장파천 문화제의 기획과 연출은 더욱 구체화되기 시작한다.[37]

3. 문화제의 실천과 민속의 재현

장파천 문화제는 영양댐 저지 활동이라는 맥락 속에서 그 구체적인 의미가 이해될 수 있다. 7년여에 걸친 영양댐 저지 활동은 주민들에게 있어 처절한 싸움이었고, 고난과 두려움을 극복하는 과정이기도 했다. 특히, 2013년 2월부터 약 1년간, 주민들은 송정마을 입구의 송정교 옆에 컨테이너로 초소를 지어 놓고 중장비의 반입을 막는 등 물리적인 대치가 본격화되었다. 당시, 대치의 현장에서는 경찰에 의해 주민이 연행되는 일도 발생했으며, 각종 고소·고발 역시 난무했다. 그 과정에서 지친 주민 중 일부는 반대 대열에서 이탈하는 모습도 나타났다.[38]

하지만, 주민들은 이러한 과정을 모두 견뎌냈으며, 결국 2016년 영양댐 백지화를 공식적으로 이뤄낼 수 있었다. 영양댐 저지 활동과정에서 장파천 문화제의 사회·문화적 중요성과 의미는 바로 이 지점에 존재한다.

원래 뜻이다. 이렇게 말했는데, 결국 안 했죠. 다른 걸 했어요…영양원놀음이랑은 댐 문제로 그러면서 쫓겨났죠. 댐 문제를 좋아하는 친구들도 있고, 거기는 이제 돈을 받다 보니까 정치적인 발언을 꺼려하기도 하죠."(장소익, 2020.08.06).

37 S, 2020.08.02.
38 "그 사람들이 그렇게 한번 들어왔다 나가고 나서, 소장들이 엄청 많이 날아와요. 사람들한테, 주민들한테 뭐 통지서. 뭐 경찰서 며칠까지 출석해라. 뭐 업무방해다, 공부집행방해로 고소가 그렇게 많이 들어와요. 대부분 그게 인제 겁나는 일이죠. 시골에서 전혀 그런 경험을 한 번도 못하신 분들이. 그런 통지서를 받는다는데, 그게 이제 얼마나 겁나고, 피하고 싶은 경우겠어요…그래서 저쪽이 저쪽에서 법으로 압박할 때에는, 우리는 그걸 견뎌낼 수밖에 없거든요. 우리가. 그 방법 외에는 없는데. 그걸 견뎌내는 유일한 방법이, 같이 견뎌내는 거예요. 그런데 누구는 가서 '쟤가 시켜서 그랬어요.' 그러면 끝나는 거죠. 그런데 이제 저희 같은 경우는 그거를 같이 견뎌냈어요."(S, 2019.04.30).

ㄱ. …장파천을 걷기도 하고, 장승을 이제 같이 나르고, 세우고 하는 과정들이 어떻게 보면 좀 즐거우면서도, 어떤 뭐라 그럴까 결의를 다지는, 그러면서 제를 지내는 형식이 약간 정화의 의미가 있잖아요? 기원의 의미도 있고…우리의 결의나 의지가 모아지는 듯한, 그런 형식으로서는 가장 적절하지 않았나…참여자 입장에서는 아 주민들이 이렇게 직접 해서, 만들어가는 과정을 참여하는 거를 옆에서 직접 보면서, 주민들에 대한 신뢰라고 해야 하나, 활동에 대한 정당성. 직접 깎고, 정화를 하는 모습에서 주민들에 대한 정당성을 많이 쉽게 받아들이는 그런 게 되는 것 같고…마지막에 같이 대동놀이, 실꼬기 하면서, 끝나고 세우고, 같이 술 먹고, 저희가 볼 때에는. 참여한 어린 학생들도 참 신기하고, 재미있고, 참여도 같이 하고, 마지막에 같이 다 먹고, 헤어지고 하는 과정들이…댐 반대라는 핵심에 중심이 맞춰져 있으면서, 뭐 이렇게 그 중간중간 어설픈 것 그런 게 재미있었을 정도로, 나름 상당히, 큰 역할들을 많이 했죠.[39]

ㄴ. 장파천 문화제는 음식부터 시작해서, 어떻게 준비할 것인지? 사람들이 모아서 이렇게 하는 과정이 있었잖아요…아까 ○○씨가 말한 것처럼, 절박감이 사라져서 문화제가 사라졌는게, 저는 딱 맞는 표현이라고 생각해요. 기독교 안 믿는 사람도 죽을 ■면 기도하고, 자식이 아프거나 부모가 아프면, 그냥 손 모아서 기도하고 하거든요. 그러니까 장파천 문화제를 하게 된 것은, 뭔가 난 여기서 쫓겨나고 싶지 않고, 이거 댐 진짜 되면 안 되는데, 내가 할 수 있는 게 없는 거야. 아 뭐라도 할 수 있는 거, 아 근데 우리가 같이 할 수 있는 거가 있는거지. 나 혼자 할 수 있는 것은 없는데, 우리가 같이 할 수 있는 거가 뭐가 있는 거야. 나는 혼자 할 수 있는 거는 없는데, 우리가 같이 해서 사람들한테 알릴 수 있는 거. 우리가 해서 자연이든, 뭐든지. 뭐든지에 다 빌어야 되는거야. 평상시 자기가 믿던 사람이든, 안 믿는 사람이든 상관이 없어[40]

---

39 S, 2020.08.02.
40 J, 2020.08.02.

영양댐 백지화가 공식화된 2016년 제5회를 마지막으로 중단된 장파천 문화제이지만, 현재에도 참여자들은 종종 이 문화제의 중요성과 즐거움을 이야기한다. 장파천 문화제는 대치의 현장에서 댐 저지 활동에 직접 참여한 반대대책위 구성원뿐만 아니라 외부의 연대단체나 개인 역시 다양한 방법으로 참가한 행사이다. 이 문화제의 기획과 실천을 주도한 사람들은 분명 귀농·귀촌인과 토착 주민이었지만, 녹색당과 같은 정당인, 천도교를 비롯한 종교인, 환경운동연합 등과 같은 사회단체의 참여와 그에 따른 상호작용 속에서 실천된 행사임을 염두에 둘 필요가 있다.

또한, 지역 내외의 예술인들 역시 장파천 문화제에 적극적으로 참여했다.[41] 앞에서 이미 언급한 연출가 장소익 부부, 사진작가 박용훈, 시인 최진 등이 그러한 사례인데, 그들은 자신들의 연극, 사진, 시와 같은 작품을 장파천 문화제를 통해 발표했다. 참가 인원은 매년 차이가 있지만, 가장 큰 규모로 개최되었던 2013년 제2회의 경우 300명을 상회할 정도였다.[42] 그리고 이때는 현장에서의 물리적 대치가 가장 심한 시기이기도 했다.

장파천 문화제는 댐이 건설되면 수몰될 장소인 영양군 수비면 송하리 장파천 계곡을 중심으로 행해졌다. 폐교된 송하초등학교를 중심으로 공연이나 전시회가 열렸으며, 북수교를 중심으로 장승제가 치러졌다. 2012년 3월 24일 행해진 1회를 제외하고는 6월 초중순에 행해졌는데,[43] 바쁜 농사철을 피하며 야외에서 활동하기 좋은 시간을 택한 것이다.[44] 아래의 그림은 제1

---

41 "저희가 댐을 하는데, 여러 사람들이, 다양한 사람들이 모였어요. 시인도 있고요. 이분이 택배를 하는 분인데…택배 하는 중간중간에 시를 쓰고, 그런 분이거든요. 그런 분도 있고, 야생화 사진도 찍으시는 분, 장승 깎으신 분. 이렇게 다양한 사람들이 모여서 반대 활동을 했던 거예요."(S, 2019.04.30).

42 "여기 마을 해봐야 얼마 안 되잖아요. 그걸로 사람들한테 많이 알리고, 서울에서도 오고, 환경운동연합, 뭐 다 연락해서, 영양댐 페이스북이나 그런 데서 보고, 애들하고 같이 해서 환경 생각해서 오신 분들도 계시고…"(J, 2017.07.17).

43 장파천 문화제는 제2회 2013년 6월 8일, 제3회 2014년 6월 14일, 제4회 2015년 6월 13일, 제5회 2016년 6월 9일에 개최되었다.

44 "처음에 장파천 문화제 그때(3월에) 했더니 너무 추운 거예요. 갑자기 눈도 내리고…내 기억에

회 장파천 문화제 초청장과 제3회의 홍보 포스터이다.

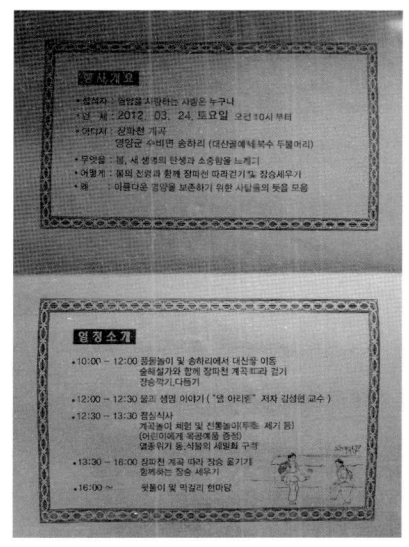 

① 제1회 장파천 문화제 초청장   ② 제3회 장파천 문화제 홍보 포스터

〈사진 1〉 장파천 문화제 초청장과 행사 포스터

〈사진 1-①〉은 주민이 직접 제작한 초청장으로, 특별한 편집 도구 없이 자택의 컴퓨터를 활용해 만들었다. 〈사진 1-②〉는 연대단체인 녹색당에서 제작·제공한 홍보 포스터이다. 위의 초청장이나 포스터에서 일부 확인되듯이, 매년 세부적인 행사의 차이는 있지만 '장승 세우기'와 '오색실 꼬기(솟대)' 등은 장파천 문화제의 중심 연행으로 자리잡고 있다. 또한, '장파천 계곡 따라 걷기', '사진전', '동영상시청', '강연', '시낭송', 풍물을 비롯한 각종 공연 그리고 술과 음식을 함께 먹으며 노는 뒷풀이 등도 중요한 프로그램이었다.[45]

는 2월 말이었던 같애. 그때쯤 했는데, 너무 춥고 그래서 그다음에 2회 때 할 때는 시기를 언제를 할 거냐. 근데 5월 달에 4, 5월에는 막 모종 키우고 심으려고 바쁘니깐, 좀 한가할 때, 고추 따기 전에 좀 한가할 때, 그때가 6월 그때라서 그때로 잡은 거예요."(J, 2020.08.02).

이같이 다양한 프로그램이 배치되었지만, 축제의 핵심적인 의도는 장파천의 생태적 가치를 알리고, 댐 건설로부터 삶의 터전인 마을과 지역 그리고 환경을 지키는 것이다. 예를 들면 '숲해설가와 함께하는 장파천 걷기'는 그러한 모습을 잘 보여준다.

> ㄷ. 왼쪽의 물은 검마산에서 흘러 내려오는 길입니다. 그런데, 이 댐, 이 댐이 어느 스님이 하시는 말씀이, 영양에 댐을 만들면, 검마산이 노한답니다. 검마산의 뜻은 검을 연마한다, 검을 간다 이런 뜻이에요. 그래서 댐을 만드는 자, 칼을 맞아 죽는다고 하셨어요. 여러분 맞습니까? 그리고 아까 우리가 갔던 배산골은요. 백암산, 백암산에서 흘러들어온 물입니다.[46]

문화제 참여자들은 수몰 위기에 처한 장파천 계곡 일대를 숲해설사 L과 함께 걸으며, 위와 같은 설명을 들었다. 주민들 역시 이러한 행사를 준비·실행하는 과정에서 자신들이 살아가는 지역의 생태적 가치와 문화적 의미를 재발견·재인식하는 계기가 되었음이 확인된다. 또한, 생태사진작가 박용훈이 주민에게 무상으로 제공한 장파천의 사진을 활용해 '멸종위기 동식물 세밀화 구경', '야생화 사진 관람' 등과 같은 전시행사를 열었다. 그리고 '물과 생명 이야기', '댐 관련 동영상 관람', '흐르는 강 만화 관람' 등과 같은 프로그램을 통해 댐 건설로 인한 폐해를 참여자에게 알리기도 했다.

장파천 문화제의 대표적인 행사로는 '장승제'와 '(솟대에) 오색실꼬기'를

---

45 "그래서 고민 속에서 뭐가 좋을까 하다 보니깐, 저기 그 제 지내는 형식이 좋겠다. 그럼 이제 여기가 장파천이니까 장파천 문화제로 하자. 그럼 이제 장승만 하지 말고, 사람들도 볼 것이 있어야 되니깐 야생화 사진전도 하고, 그거는 이제 우리가 덧붙인 거죠. 야생화 사진전하고, 그리고 그림 전시회 했지, 만화로 그림 전시 뭐 그것도 하고…그런 식으로 한 거죠. 첫 회 댐 반대 활동하게 된 그 과정 그런 걸 대자보처럼 안내판 해가지고 그거를 이제 사람들 읽게 하고, 그 다음에 염색, 그 천연 염색한 손수건 그걸 판매해서 그 비용을 만들려고 판매를 했는데…"(J, 2020.08.02).
46 숲해설사 L의 발언, 『제2회 장파천 문화제 동영상』, 영양댐 반대대책위원회, 2013.

들 수 있다. 이러한 프로그램은 고향을 지킨다는 장파천 문화제의 핵심적인 의도를 상징적으로 표현하며, 참가자의 연대와 협력을 목적으로 한다. 이는 위의 초청장이나 홍보 포스터의 문구에서도 잘 드러난다. 예를 들면 1회 초청장에는 "온 가족이 함께하는 **장파천 문화행사 및 장승세우기**"라고 행사명을 표시했는데, 이는 장파천 문화제에서 장승 관련 행사가 갖는 중요성과 위상을 잘 보여준다.

매년 제작한 홍보 포스터에도 역시 "고향을 지켜줄 장승을 세웁니다"(제2회), "소중한 것들을 지키기 위해 장승을 직접 깎고 몸으로 옮기고 다 같이 세웁시다"(제3회) 등의 문구가 보인다. 장승 몸통에 쓴 명문은 매년 반대대책위에서 회의를 통해 결정했는데, 제1회 장파천 문화제에서는 '생명의 강', '평화의 땅', 제2회는 '흙에 살리라', '장파천을 지키리라', 제3회는 '고향지킴대장군', '자연보호여장군', 제4회는 '매봉산지킴대장군', '장파천지킴여장군' 등이 채택되었다. 이러한 명문은 자신들의 염원과 정당성을 표현하는 것으로, 80년대 대학을 중심으로 세워졌던 이른바 '저항장승'의 방식과 유사한 모습이다.[47] 다음은 장승제 연출에 중요한 역할을 했던 장소익의 진술이다.

> ㄹ. 장승제에서, 제가 완전히 장승을 하자고 한 건 아니구요, 상호 제안이 있었던 것 같아요. 그걸 깎는 사람이 있었어요. 그 마을에. 그래서 이 마을에 그걸 깎는 사람도 있고, 그걸 업으로 하는 건 아닌데, 그걸 잘 하는 분이 있으니까 그걸 세우자. 이렇게 하게 된 거구요. 그런데 문제는 장승을 세우는 과정은 모르는 거에요. 어떻게 세워야 하는지. 그래서 장승을 깎고 나서 1톤 트럭에다가 실어서 쭉 가려고 하더라고요. 그래서 절대로 안 된다고…그래서 짊어지게 했어요…이제 장승을 이제 짊어지고 가는 과정. 중간에 쉬었다가 이제 막걸리도 마시고, 장

---

47 김두하, 『장승과 벅수』, 집문당, 1990, 576~583쪽; 김진식, 앞의 글, 62~69쪽 참조.

승을 가는 과정에서 풍물패를 앞세우고 이런 것들을 하게 되고, 장승을 심을 곳을 어디로 할 것이냐 하는 논의들이 준비과정에서 있었던 거고. 실제로 그렇게 했죠.[48]

사실 송하마을에는 동신 신앙으로서 장승과 관련된 문화가 전승된 것은 아니었다. 하지만 2005년 영양군농업기술센터로부터 예산을 지원받아 '농촌전통테마마을' 사업을 진행했는데, 당시 중요한 프로그램 중 하나가 바로 '장승깎기'였다.[49] 지역의 전통과는 무관하게 창출된 이른바 '관광장승'이지만,[50] 이러한 경험 역시 장파천 문화제에서 장승제를 기획한 또 하나의 배경이 된다. 정리하면, 장파천 문화제의 장승제는 귀농·귀촌인이 익숙했던 80년대 '저항장승'과 토착 주민이 창출했던 '관광장승'이 댐 저지 활동이라는 맥락에서 결합해 새롭게 탄생한 문화라 할 수 있다. 이러한 모습 역시 현대 한국사회의 문화적 역동성 그리고 민속 재구성 방식의 일면을 보여준다.

〈사진 2-①〉은 자신들이 손수 제작한 장승을, 그것을 세울 장소까지 운반하는 모습이다. 참여자들은 단순히 장승을 세우고 심는 것에 초점을 맞추지 않았으며, 장소익의 의견에 따라 흥겨운 풍물과 함께 길놀이를 진행했다. 또한, 길놀이 과정에서 장승의 몸통에 참석한 어린이들을 태웠는데,

---

48 장소익, 2020.08.06.
49 "…경북도 영양군 수비면 송하리 '두메송하마을' 주테마를 '산촌문화'로 하고 보조테마는 송하계곡에서부터 장승깎기, 영양고추 등으로 하여 2005~2006년까지 영양군농업기술센터로부터 사업비 2억을 지원받아 농촌전통테마마을 기반정비를 마치고 프로그램개발, 통합 CI개발, 민박환경 조성을 위한 친환경주거모델 사업 등 9500만원의 사업을 투입, 도농교류 체험프로그램을 운영하고 있는 마을이다."(「농촌전통테마마을, 두메송하마을이 '최고'」, 『경북도민일보』, http://www.hidomin.com/news/articleView.html?idxno=43522&replyAll=&reply_sc_order_by=I#reply, 2007.12.10).
50 1990년대 이후 한국사회에서는 장승이 전통과 관련한 관광이나 지역축제 또는 창작 예술의 맥락에서 재창조되는 모습이 광범위하게 나타났다. 여기에 대해서는 천미전, 「장승의 현대적 변용과 활용양상」, 『남도민속연구』 21, 남도민속학회, 2010, 243~272쪽을 참조할 것.

① 장승 옮기기(2012.06.08) ② 장승제(2014.06.14)

③ (솟대에) 오색실 꼬기(2012.06.08) ④ 제2회 장파천 문화제 장승과 솟대

〈사진 2〉 장파천 문화제의 장승과 솟대(영양댐 반대대책위 제공)

이는 그것이 지닌 '신성성'보다는 오히려 온 가족이 함께 즐기는 행사의 취지와 관련된다.

　장승제는 〈사진 2-②〉와 같이 돼지머리에 떡과 삼실과를 차린 고사 형식으로 진행되었다. 반대대책위에서 제공한 동영상의 정확한 채록은 어려웠지만, '유세차'로 시작되는 유교식 축문의 핵심 내용은 '주민협력'과 '주민무사', 그리고 '영양댐의 영영 소멸'을 기원하는 내용이었다. 이 영상 속 장승제에서 축문 낭독이나 고사 절차의 진행 같은 의례의 주관은 귀농·귀촌인보다 오히려 토착 주민이 주도하는 모습이 두드러진다. 비록 장승제가 송하마을에 존재하지 않았던 문화였지만, 고사와 같은 의례의 실천 등은 농민문화의 전통 속에서 수용성이 높은 문화적 형식이었음이 확인된다.

　〈사진 2-③〉은 장파천 문화제 참여자들이 오방색 줄을 꼬아 솟대를 감싸는 장면이다. 대동놀이 형태의 '오색실 꼬기'는 문화제 참여자의 협동을 염

두에 두고, 장소익에 의해 제안·연출된 것이다.[51] 특히, 그는 솟대의 오리가 물과 관련되었다는 점에 착안해, 장파천 문화제의 상징적 행사로 연출했다고 증언했다. 정리하면, 장파천 문화제에서 장승과 솟대는 댐 건설을 반대하며, 마을과 지역을 지킨다는 의미의 행사로 기획된 것이다.

ㅁ. 장승하고 어떤 게 좋냐, 그게 나중에까지 남아있는 게 큰 의미라고 했잖아요. 세우는 과정도 중요한 거지만, 장승이 계속 서 있게 되잖아요. <u>장승을 세운 위치가 맨 처음에 세운 위치가 찬성하는 사람, 댐 찬성하는 사람 밭 옆이에요.</u> 북수교, 그니깐 조○○ 씨 집에 가는 죽파하고 기산 갈라지는 북수거든요. 거기가 의미가 있는 게, 두 갈래 길이 만나서 있는데, <u>거기가 댐 위치였어요. 그래서 이제 그 위치에다 세웠는데, 그 옆에가 찬성하는 사람 밭인 거예요.</u> 바로 옆에가. 그리고 그 동네가 송하에서 윗동네인데, <u>그 동네가 찬성하는 사람들이 좀 많이 살아요.</u>[52]

ㅂ. <u>장승을 한 장소에 죽 계속 세워놔 봤어요.</u> 저희 상징적인 것도 있고, 어떤 사람들이 왔을 때, 아 이 마을은 장승이 지켜주겠구나 그런 판단이 그런 느낌이 있어요. <u>그래서 반대하는 입장에서는 장승이 굉장히 고마운데, 댐이 빨리 건설돼서 보상금 받고 나가고자 하는 사람은 굉장히 거북한 거예요. 그래서 그 사람들이 장승 좀 뽑아 줘라. 장승 때문에 막 사람도 아프고 그렇다. 그렇게 요구를 해 가지고 상당히 갈등이 많은 적이 있었어요.</u> 그러니까 이제 우리 입장에서는 굉장히 고마운, 수호적인 의미인데, 그 사람들 쪽에서는 이게 굉장히 불편하고,

---

51 "일단 이게 물과 관련된 거고, 마을 지킴이 중에 이제 제가 알기로는 솟대가 물과 연관된 걸로 알고 있거든요. 그런 건 이제 제 생각이고, 거기에 이제 (오색) 줄꼬기를 해서 오시는 분들, 외부에서 오시는 분들과 함께하는 마지막 씬을 만들려고 한 거죠. 함께 노는 것, 놀아서 꼰 줄을 가지고, 장승 옆에 솟대를 심는 것까지 생각을 해서 한 거죠. 그런데 그 작업은 제가 다른 데서 많이 했었어요. 기왕에 하고 있었던 일이었어요."(장소익, 2020.08.06).

52 J, 2020.08.02.

뭐랄까 거북한 상황인거죠[53]

　장승의 공간적 배치 역시 주목할 만하다. 이는 수몰되면 사라질 땅을 지킨다는 상징적인 의미와 더불어, 위의 진술처럼 댐 건설에 찬성하는 사람들을 심리적으로 압박하는 의도가 일정하게 게재되었기 때문이다. 실제로 댐 건설 찬성 주민은 장승제에 강하게 반발했는데, 2014년 제3회 문화제 준비 과정에서 열린 긴급회의는 그러한 도습을 잘 보여준다.[54] 당시 찬성 측 주민들은 장승이 보기 흉하며 그것을 세운 다음 자꾸만 아픈 사람이 생긴다는 이유를 내세워, 장승제의 중단을 강력히 요구했다고 한다.

　하지만 그것은 장승제 반대의 명분이었을 뿐, 그들이 실제로 장승을 신앙의 대상으로 인식한 것은 아니었던 것으로 보인다. 왜냐하면, 댐 건설을 찬성하는 주민 중 일부가 솟대를 훼손한 일도 있었으며, 심지어는 트랙터로 장승을 뽑아버리는 사건이 발생했기 때문이다. 이는 댐 건설에 찬성하는 주민이 장승을 종교적 상징물로 인식한 것이 아니며, 오히려 댐 저지 활동의 핵심적인 상징으로 이해했음을 암시한다. 이러한 수준에서 장승과 장승제는 댐 건설을 둘러싼 찬성과 반대 측의 상징적 투쟁 영역으로 존재하며, 반대 측 참여자들이 더욱 적극적으로 장승제를 고수하려는 이유가 된다.[55]

53　S, 2019.04.30.
54　다음은 2014년 6월 14일, 제3회 장파천 문화제 준비 과정에서 '장승제'를 반대하는 사람들 때문에 소집된 긴급회의 중 나온 발언들이다. "C : 찬성하는 몇 명이 물론 그런 말 하겠지. 그렇지만, 우리가 하는 걸 갑자기 옮긴다고 한다면, 그 사람들한테 우리가 밀린다는 그런…개코도 아니구나 그런 생각을 할 수도 있고. A : 그건 아니지. D : 반대 과정이 아니라면, 마을 저거라면 이걸 못 세우게 하겠어요. 반대 사람이 하니까, 그걸 이제 트집 잡는 거지. 실제로 이게 동네 일이라면 그걸 트집 잡겠어요. 마을 일이라고 하면 서로 세울라 그러지. 마을 일이라면 그렇게 반대를 하겠어요."(『장파천 문화제 동영상』, 영양댐 공동대책위원회, 2014.06.14.)
55　"우리가 댐 반대하는 것에 대한 반감이지, 장승이 선다는 것에 대한 반감이 아니에요. 장승은 그 앞에도 숱하게 서 있고, 거기 국장님 집 앞에도 서 있고, 그 외에 절 앞에도 서 있었고, 그래도 장승, 아무런 문제가 없어요. 그런데 우리가 세우니까 싫은 거예요. 그러니까 중요한 거는 장승이 아니고, 우리는 댐을 반대를 하고, 그 사람들은 댐 찬성을 한다는 거예요…거기

4. 저항 문화의 지역사회 전파와 수용

3장에서는 장파천 문화제에서 재현된 민속의 형식과 특성에 대해서 살펴보았다. 영양댐 저지 활동 과정에서 주민들은 자신들과 연대 집단의 결집을 도모하고, 지역 내외의 관심을 환기한다는 의미로 장파천 문화제를 기획·실천했다. 이미 언급했듯이 이 문화제를 주최한 주요 구성원은 지역의 귀농·귀촌인과 송하마을 주민이다. 특히, 귀농·귀촌인들은 영양댐 건설 반대 투쟁이 진행되는 내내 집회의 기획과 실천, 정치권과 언론에 대한 대응을 비롯한 다양한 활동을 주도해왔는데, 이는 장파천 문화제에서도 마찬가지였다. 이들 귀농·귀촌인이나 이 문화제 연출에 중요한 역할을 했던 장소익은 모두 80년대 대학을 중심으로 한 저항 문화에 익숙한 세대였다는 점을 주목할 필요가 있다.

> ㄱ. (대학 때) 마당극도 하고, 저는 이제 독일극, 민속놀이, 민속 풍물패, 이걸 같이 했었어요. 서구 연극과 우리 것을 학교 다닐 때 함께 했었죠…학교 다닐 때 마당극 두 편 정도 했고. 그 때 제가 처음 한 게 전태일이에요. 85년에 제 역할이 전태일이었어요. 86년에는 광부 이야기 가지고 했고. 주로 <u>사회 현실과 어떤 마당극 하면, 여하튼 탈춤부흥운동 가운데, 우리 연극 형식으로 온 거잖아요. 그런 사회 현실과 전통 내지는 민속적인 양식을 결합한 작업</u>. 저는 외국 작품을 주로 독일 작품을 해서, 서구 연극의 영향이 제 작업의 엑기스가 된 거죠.[56]

> ㄴ. 합천에 칠 년. 처음 귀농은 98년도 29살 때 했었지. 있다가, 여기 ○○라

장승 세워서 그 사람들이 외면하는 것 같죠? 안 그래요. 싫어하기 때문에, 댐 반대하는 사람 싫기 때문에, 안 쳐다 보는거예요. 장승 때문에 안 보는 거예요, 어데"(『장파천 문화제 동영상』, 영양댐 공동대책위원회, 2014.06.14).

[56] 장소익, 2020.08.06.

고 박○○라고 여기 계동에 있었어. 근데 문경에 있었는데, 아무튼 대안 공동체를 하고 있었는데, <u>그때 풍물 강사로 잠깐 갔다가 인연이 돼가지고, 영양으로 가는데 같이 가자 꼬셔서 왔지.</u> 풍물은 예전부터 쪼매씩 하다가, 본격적으로 한 것은 <u>합천에서 전통음악연구회라고 있는데, 그건 전교조 선생님들이 만든 거야. 만들어서 지역민에게 이렇게 보급도 하고, 강습도 하고 그러는데…그래서 거 드가갖고, 제대로 했지. 그때 이후로 합천에서부터 애들 가르치고, 상쇠하고, 여기와서도 계속 풍물 강사도 하고, 그랬지</u>…[57]

ㄱ은 장소익의 진술로, 홍익대 82학번인 그는 독문학을 전공했다. 대학 재학 중 풍물패 활동과 마당극에 참여했으며, 자연스럽게 탈춤부흥운동 등에도 관심이 많았다. 또한, 독일 희곡의 번역이나 브레히트 등과 같은 독일 극이론가의 논문을 진지하게 학습한 경험을 지녔다. 그는 민속학이나 민속학자, 민속학 논저에 대한 식견 역시 일정하게 갖췄으며, 자신이 연출하는 축제나 공연 등에서 그러한 지식을 적극적으로 활용해 왔다.[58] ㄴ은 영양댐 건설 저지 활동에 적극적으로 참여했으며, 장파천 문화제나 각종 집회 등에서 풍물 공연을 주도한 P의 진술이다.[59] 그 역시 대학 시절 풍물을 처음 접한 이후, 지역에서 공동체운동과 문화운동을 한 이력을 지녔다. 영양에 귀촌한 이유도 공동체운동을 한 박○○의 권유였으며, 지역사회에서 풍물

---

57 P, 2019.09.03.
58 "(민속학을) 공부하고 싶어요. 아주 단편적인 것만 알죠. 제가 여기 와서 작품을 계획했던 것 중에 하나가 상여소리예요…청송에 상여소리가 있더라고요. 청송에 음원이라고 하는 것은 그 상여소리 하나 있는 거예요…이렇게 시작해서 그럼 상여는 어떻게 하지? 이러다가 그 <u>임재해 선생님의 빈상여놀이, 그걸 봤어요. 제가 그걸 활용해서 작품을 했는데, 제가 너무 이 논문은 정말 제대로 된 논문이다 라고 생각한 게 그대로 되더라고요.</u> 그래서 그걸 가지고 강정까지 갔었어요. 탈춤페스티벌도 해 보고, 제주도도 가서 해 보고. 그래서 그 원 소스 중에 하나가 빈상여놀이예요."(장소익, 2020.08.26).
59 "(영양댐 관련) 집회에서는 그냥 길놀이하고,…그 때는 풍물패가 조직되어 있던 것은 아니고, 두들길 줄 아는 사람은 다 나와서 같이 두들기고. 경주에 ○○○라고 상쇠하는 친구가 있는데, 거도 인제 연락이 돼가지고, 같이 하고, (장파천) 문화제 할 때 같이 뚜드리고"(P, 2019.09.03).

강습과 보급을 한 경험이 있다.

 이같이 영양댐 저지 활동에서 적극적으로 참여한 귀농·귀촌인의 경우, 예외적인 경우도 있지만 대체로 80년대~90년대 초반 대학을 다녔다는 공통점을 지닌다. 그리고 당시의 시대정신을 일정하게 공유하며, 저항 문화에 익숙한 경우가 대부분이었다.[60] 영양댐 투쟁과정에서 귀농·귀촌인과 연출가 장소익의 결합은 장파천 문화제의 성격을 이해하는 데에 있어 매우 중요하다. 80년대 저항 문화로서 대학을 중심으로 재발견·재구성된 민속이 그들을 매개로 지역사회에 수용·실천되는 계기가 되었기 때문이다.

> ㄷ. …<u>80년대 대학문화 그거하고 그게 맞는 게</u>…이제 처음에 저희가 마을에서 영양댐 할 때, 마을 사람들이 많이 모여서, 뭔가 문화적인 것도 할 수 있고, 그리고 마을 이외에도 뭔가 알릴 수 있는, 알릴 수 있는…그런 뭔가 있을까? 고민하던 차에. <u>청송에 장소익씨 알죠?…민중예술이라고 해야 하나? 서울에서 이렇게 민주열사 추모제 할 때도 가고, 다른 외국의 예술, 그 뭐 여러 가지 하는 사람들이 와서 같이 공연도 하고…문화예술제 하면서.</u> 그분이 제의 형식에 관심이 많아요…그때 제안을 해 준 게, 그냥 그냥 모여서 같이 노는 거나. 그냥 같이 모여서 하지 말고, 뭔가 마을 기원을 하는, 그런 걸 하는 게 어떻느냐? 그런 제안을 <u>소익씨가 했었어요.</u>[61]

> ㄹ. <u>80년대의 그런 어떠한 것들이 장파천 같은 경우는 자연스럽게 된 거예요.</u> 여기 자체가 한마음으로 싸우는 마음이 있었고, <u>뭐라도 부여잡아야 하는 상황이</u>

---

60 "대학 다닐 때는 세미나 하고, 집회하고, 학생회 활동 하고 했었죠. 제가 대학 87학번이니까, 가장 뜨거웠던 시기였기 때문에, 어쨌든 대학에 가자마자부터 시작해서, 한 삼 년 정도는 거의 뭐 이제 학생회 활동하고, 투쟁하고, 그런 시기를 보냈죠…그 다음에 대학 3, 4학년 올라가면서, 아 인제 취업도 해야 되고, 여러 가지…그렇게 해서 이십 대 중후반과 삼십 대는 그냥 그렇게 보내는데…정치적인 활동이나 정당 활동은 하지 않는, 그냥 소시민으로 살았어요."(KS, 2019.09.25).

61 J, 2017.07.17.

었고, 그러한 문화적인 것 제들이 들어왔을 때. 그런 어떤 종교적인 관점이나 다른 관점으로 보는 건 제가 보았을 땐 없었어요. 굉장히 자연스럽게 녹아 들어갔고, 자연스러운 거였어요. 우리한테 익숙한 거였어요…저는 이제 연극하는 사람이고, 이제 작품의 주제의 한 꼭지가 공동체에 있거든요. 근대화로 인해서 해체된 공동체, 이런 것들을 회복하는 탈근대적인 어떤 것들과 연관되어 있는 고민을 하고, 그러다보니까 마을을 중심으로, 예를 들면 지킴이들이 있고, 그게 뭐 장승이고 솟대고 성황, 당산나무… 이런 종류들이 있더라고요.[62]

위의 진술에서 확인되듯이 그들은 '대동놀이', '장승제', '풍굴' 등과 같이 민속이 저항의 문화로서 재조명받던 시기에 대학을 다녔다. 그리고 80년대 저항 문화와 장파천 문화제의 관련성에 대하여 제보자들 역시 망설임 없이 동의하고 있었다. 물론, 80년대 대학을 중심으로 활발하게 실천되었던 저항 문화로서의 민속이 시공간을 건너뛰어, 곧바로 2012년 처음 개최된 장파천 문화제로 이어진 것은 아니다. 비록, 그들의 정서와 문화적 취향이 80년대 대학을 중심으로 활발하게 실천되었던 민속이나 전통문화에 익숙하기는 했지만, 장파천 문화제의 시공간과는 그 간극이 적지 않기 때문이다. 그럼에도 불구하고, 그들의 문화적 잠재력과 역량은 영양댐 저지 활동과 같은 특정한 상황 속에서 자연스럽게 발현될 수 있었던 것으로 보인다.

이와 관련해서 참여자 개개인의 이력과 다양한 경험 역시 장파천 문화제의 기획과 실천에 일정한 영향을 미치고 있음을 유념할 필요가 있다. 예를 들면, 장소익의 경우 대학 졸업 후 대학로에서 민속이나 전통의 현대적 적용을 모색하는 공연을 연출했었다. 또한, 귀촌한 이후에는 '영양원놀음'이나 청송에서 매년 봄 열리는 '주왕산 수달래축제'와 같은 지역축제에서 민속 관련 프로그램을 연출한 적이 있다. 장파천 문화제의 중요 행사 중 하나

---

[62] 장소익, 2020.08.06.

인 '(솟대에) 오색 실꼬기' 역시, 이미 청송의 수달래축제에서 '꽃줄엮기'라는 프로그램으로 그가 연출한 경험을 바탕으로 한 것이다.[63] 이와 유사하게 앞의 P 역시 대학에서 풍물을 처음 익혔지만, 졸업 후 지역사회에서 풍물강습이나 보급 활동 등을 통해 자신의 기량을 유지·발전시킬 수 있었다. 따라서, 80년대 저항 문화로서 민속의 지역사회 수용 문제를 이해하기 위해서는, 이와 같은 개개인의 경험이나 문화적 잠재력 등을 함께 고려해야 할 것이다.

한편, '장파천 문화제'에서 재현된 '민속'이나 '전통'을 이해하는 데에 있어, 토착 주민의 문화적 수용성 역시 중요한 부분이다. 주지하다시피, 장승제는 80년대 대학을 중심으로 한 소위 '저항장승'의 형식과 상징적 의미를 장파천 문화제의 맥락에서 채택한 것이라 할 수 있다. 하지만 그것의 중요한 실현 주체 중 한 축은 분명 토착 주민이었으며, 장승제의 사례에서 확인되듯이 그들의 문화적 전통이나 역량 역시 자연스럽게 결합될 수 있었다.

ㅁ. 장소익씨도 우리도 얘기를 하면서, 그런 이제 장승 세우는 게 가지는 의미, 그런 얘기를 했고. <u>우리도 회의 때 이런 이런 의미가 있다에 대해서, 마을 분들도 전혀 거부감 없이 다 동의를 했던 것 같아요.</u> 그게 이제 어떤 그 마음을 모으는, 다 그런 거에 대해서 쉽게 그랬던 것 같아요.[64]

ㅂ. 이제 뭐 당장 들어가서 <u>새끼줄 꼬는 거나, 그런 건 주민들이 더 잘하죠.</u>[65]

---

63 "청송군에서 주왕산 있는 곳에 수달래제가 있었는데, 2010년이죠. 그때 수달래제가 거의 망가지고 있을 때 계장님이, 그분 민속학과 출신이에요. 여하튼 그 수달래제가 다 죽어가는데 방안이 있는지 물어보러 오신 거예요. 그래서 수달래 꽃줄엮기라고 하는 프로그램을 만들었죠"(장소익, 2020.08.02).
64 S, 2020.08.09.
65 장소익, 2020.08.06.

위의 진술이 보여주듯이, 지역 주민 특히 고령의 토착 주민에게 민속은 친숙한 문화였으며, 정서적으로도 수용성 높은 문화 형식이었다.[66] 실제로, 이 문화제에서 장승 깎기, 축문 작성과 고사 절차, 그리고 듬줄 꼬는 작업 등은 모두 고령의 토착 주민이 주도해왔다. 이처럼 장승제와 같은 민속 관련 행사는 귀농·귀촌인과 토착 주민 그리고 문화제에 참여한 다양한 집단과 사람들을 자연스럽게 하나로 묶어줄 수 있는 문화적 기제였던 것으로 보인다.

나는 장파천 문화제의 성공적 개최 이유 중 하나가 바로 장승제나 풍물과 같은 민속의 적절한 채택과 관련된다고 생각한다. 이러한 모습은 비단 장파천 문화제뿐만 아니라, 이후 풍력발전 저지 활동 과정에서 등장한 'H 마을 산신제'나 '영양제2풍력 저지를 위한 산신 기원제'에서도 유사하게 나타난다. 송하마을이나 H 마을 모두에서 장승제나 산신제의 전통이 존재하지 않았음에도 불구하고, 지역 주민이 그것을 무리 없이 실행할 수 있었던 것은, 농민문화의 전통 속에서 실천되어온 민속의 특성과 관계된 것으로 보인다.[67]

한편, 2016년 12월 1일, 댐사전검토협의회의 권고를 받은 국토교통부는 결국 영양댐 건설 백지화를 발표했는데, 이에 따라 장파천 문화제 역시 2016년 5회를 마지막으로 중단하게 되었다. 하지만, 현재에도 참여자 사이에서는 장파천 문화제의 중단을 아쉬워하는 목소리가 빈번하게 나타난다. 또한, 장소익 역시 이 문화제 연출에 처음 관여했을 당시부터, 댐 투쟁이 종료되어도 마을의 문화로서 장파천 문화제의 지속을 바랐다고 한다.

---

66 지난 몇 년간 나는 영양 풍력 저지 활동과 관련한 다양한 집회에 참여한 경험이 있다. 이러한 현장에서 고령의 농민들은 이미 여러 차례의 집회 경험이 있었음에도 '임을 위한 행진곡' 등과 같은 민중가요 형식에 쉽게 익숙해지지 않았으며, 그것을 합창할 때 어색해하는 모습을 관찰할 수 있었다. 반면, 산신제나 장승제에서의 의례의 실천이나 금줄과 같은 의례적 장치의 제작 등의 문제에 있어서, 토착 주민들은 매우 적극적이며 익숙한 모습을 보였다.

67 이진교, 앞의 글, 2017, 220~229쪽 참조.

ㅅ. 이제 장파천 문화제는 5회까지만 하고, 더 못했던 이유는, 이제 이것도 백지화되고 나서는 더 이어지지는 않았어요…마을을 지켜서 내가 쫓겨 나지 않아야겠구나, 이런 절박감이 있을 때에는, 웬만한 차이들이 이렇게 상쇄되거든요…이제 댐이 백지화되니까, 이제 더 아니잖아요. 그런 절박감이 없어지잖아요…그러니까 그걸 어떻게 책임을 지거나, 마음을 모을 수 있는 사람들이 없으면서, 그리고 그 역할들이 안 되면서, 장파천 문화제는 아쉽지만 더 이상 이어지지는 못했죠.[68]

ㅇ. …저는 그분들과 얘기를 할 때, 영양 댐 싸움이 끝나더라도 지속되는 것을 목표로 하자, 그래서 이게 마을 문화로 지속되는, 그런 생각. 그리고 사실 계속 얘기를 했는데, 그렇게 되지는 않았는데…저는 이제 그런 것들을 다시 회복해서, 재창작을 해서, 어떤 마을 문화, 축제 문화, 뭔가 새로운 것들을 만들어내는 것에 저는 관심이 있기 때문에, 장파천도 이왕 시작을 했으면, 그렇게 되었으면 좋겠다는 바램이었죠. 그런데 그건 나름대로 역할은, 영양 댐이라고 하는 그것을 좀 승리하기 위한, 지키기 위한, 막아내기 위한 역할인 거잖아요. 시기적으로. 그건 충분히 나름대로 역할을 한 거라고 보고…[69]

이 문화제의 중단에는 여러 요인이 있겠지만, 가장 핵심적인 이유는 영양댐 저지 활동의 일단락을 꼽을 수 있다. 다시 말해, 그것을 실행해야만 하는 실질적인 필요성의 감소, 제보자들이 공통으로 사용하는 용어를 빌리자면 참여자의 '절박함'이 사라진 탓이 크다. 실제로 몇몇 주민은 장파천 문화제의 지속에 대해 논의했으나, 그것을 실질적으로 주도할 만한 인적 조건이나 물적(경제적) 토대가 갖춰지지 않았기 때문에 쉽지 않은 일이었다고 진술했다. 이같이 2016년 제5회를 끝으로 중단되었지만, 장파천 문화제는 현재 진행형으로 지역사회에 다양한 영향을 미치고 있으며, 어떤 의미

---

68 S, 2019.04.30.
69 장소익, 2020.08.06.

에서는 지속 가능성을 보인다.

먼저, 주목할 만한 사례로 2017년 4월 29일 행해진 'H 마을 산신제'와 2018년 10월 9일 치러진 '영양제2풍력 저지를 위한 칠성봉 산신기원제'를 들 수 있다. H 마을 산신제는 주민들이 신성시했던 주산主山에, 대규모 풍력단지 건설을 막기 위해 실행된 일종의 창출된 의례이다.[70] 당시 H 마을 주민에게 산신제 지낼 것과 외부의 침입을 막는다는 상징적인 의미로 수백 미터에 달하는 '금줄'을 주산 봉우리를 둘러쌀 것을 제안한 사람은, 다름 아닌 장파천 문화제를 주도했던 귀농·귀촌인들이었다.

> ㅈ. …여기 모인 어떤, 풍력을 반대하는 어떤, 마을을 지키려고 하는 사람들의 그 마음을 모아서, 저 주산에 가서 고사를 한번 지내든가, 산신제를 지내서. 다 모아다 놓고 한번. 주산 같은 경우는 우리가 꼭 지켜야 될 산이잖아요. 그죠?… 이참에 H 마을에서 잔치도 한번 벌이고 해 갖고. 그쪽으로 힘을 좀 모으고 그렇게…또 우리 힘을 또 결집시키고, 확산시켜 내보자. 또 그런 걸 제 안건으로 저는 제의하고 싶습니다…여러 가지 방법이 있어요. 금줄을 달 수도 있고, 송하에는 (장파천 문화제 때) 장승 세웠잖아요. 그날 사람들 모인다 하면. 뭐 그런 것들을 해서, 우리의 의지를 강력하게 지킨다는 의지를 보이는 거죠"[71]

이렇게 '장파천 문화제' 특히 장승제의 전례에 따라 제안된 주산 산신제는, H 마을 주민의 적극적인 동의 아래 범 동민의 준비와 참여 속에서 실행되었다. 댐 투쟁을 배경으로 한 장파천 문화제에서 마을과 지역을 지키는 핵심적 상징이 바로 '장승'과 '솟대'였다면, 산 정상에 세워지는 풍력발전단지 저지 활동의 맥락에서는 '산신(령)'과 '금줄'이 핵심적 저항의 상징으로 부각된 것이다. 두 의례 모두 외부의 거대자본 또는 국가권력 등에 의한

70　이진교, 앞의 글, 2017 참조.
71　KG, 2017.04.11. 연석회의.

대규모 개발 사업에 대항한다는 의미를 지닌다. 하지만, 장파천 문화제와 H 마을 산신제 사이에는 일정한 차이점 역시 존재한다.

예를 들면, 장파천 문화제의 장승제에서는 토착 주민의 참여가 눈에 띄지만, 그것을 주도적으로 기획·연출한 것은 귀농·귀촌인이었다. 80년대 대학을 중심으로 지배 권력에 대한 저항의 상징으로서 활발하게 세웠던 장승이나 솟대가 장파천 문화제의 맥락에서 채택된 것은 이와 무관치 않아 보인다. 물론, 송하에서는 농촌테마파크 사업의 일환으로 이른바 '관광장승'을 세운 경험이 있지만, 그것이 '동신 신앙'과 같은 마을의 문화적 전통과는 무관한 것이었다. 다시 말해 장파천 문화제에서의 장승제는, 마을의 문화적 기반보다는 오히려 80년대 문화와의 관련성이 보다 뚜렷하게 부각된 의례라 할 수 있다. 반면, H마을 산신제는 귀농·귀촌인의 제안에 의해 시작되었지만, 그것을 주도적으로 준비·실천한 것은 어디까지나 H 마을 주민의 몫이었다.

① H 마을 산신제
(2017.04.29)

② 영양제2풍력 저지를 위한 칠성봉 산신기원제
(2018.10.09)

③ 주산 정상에 세운 "주산이여! 편히 쉬소서" 비석
(2018.11.06)

④ H 마을회관 앞 공사중지 1주년 기념비
(2018.11.07)

〈사진 3〉 H 마을 산신제와 그 영향들

당시 H 마을 역시 명시적 형태의 동신 신앙이나 공동체 의례로서 산신제가 존재한 것은 아니었다. 하지만, 주산과 관련한 '도장금지盜葬禁制', '기우제', 풍수적 믿음 등의 긴속이 비교적 최근까지도 전승된 상황이었다. 따라서, 주산 산신제는 마을의 문화적 전통과 일정하게 관계 맺고 실천될 수 있었으며, 투쟁 기간 내내 주민들은 주산의 영험함과 수호신으로서 산신을 강조하기도 했다.[72] 약 1년간의 투쟁 끝에 H 마을에서는 멸종위기종인 수리부엉이의 발견 등을 이유로 환경청의 '공사중지명령'이라는 성과를 거두었으며, 결국 주산에 풍력발전기가 들어서는 것을 저지할 수 있었다.[73] 이러한 결과를 두고 주민들은 "산신이 보내준 수리부엉이" 덕분이라고 말하는 등, 주산 산신의 가호와 영험 덕분이라는 해석과 믿음이 강화되는 모습이 관찰됨을 주목할 필요가 있다.[74]

2018년 11월 7일, H 마을에서는 공사중지 1주년을 맞이해 연대했던 단체와 사람들을 초청해 기념식을 열었는데, 이날 행사에서 그러한 모습은 더욱 부각되고 있었다. 예를 들면, 주민들이 "산신이 보내주었다"고 이야기하는 수리부엉이는, 이날 '마을수호새'로 지정되었다. 또한, 사진 ③처럼 공사중지 1주년 행사 전날, H 마을 주민들은 주산에 올라 "주산이여! 편히 쉬소서"라고 새긴 비석을 세우고, 산신에게 감사의 고사를 지내기도 했다. 사진 ④는 수리부엉이의 모습과 사연이 담긴 마을회관 앞 '공사중지 기념비'이다.

ㅊ. 풍력단지로 부터 마을을 지킨새 수리부엉이 천연기념물 324-2호 풍력단지

---

[72] 이진교, 앞의 글, 2017; 이진교, 「농민들의 저항과 마을 지식의 재구성 - 경북 영양군 H마을 풍력발전 반대운동의 민속지적 연구 - 」, 『민속연구』 37, 안동대학교 민속학연구소, 2018 참조.
[73] 여기에 대해서는 이진교, 위의 글, 2018, 179~184쪽 참조.
[74] 공사중지 명령이 내려진 직후, 그 마을에 방문한 나를 본 주민들은 목소리를 낮추며 엄숙한 표정으로 "정말, 주산에 뭔가 있긴 있나 봐. 주산을 건들고 나서, 계속 저쪽에 불리한 일들이 생기잖아"와 같은 말을 건네기도 했다. 주민들은 이러한 경험을 통해 주산과 관련한 믿음이나 민속적 상상력이 강화된 것으로 보인다.

환경평가 때는 없다든 새가 주산을 훼손할려고 할때부터 공사중지 명령이 내려지든 2017년 11월 7일까지 새끼를 데리고 마을에 내려와서 울다가 공사중지 명령이 내려지고 중장비가 철수하고 부터는 다시 자기의 보금자리로 돌아간 수리부엉이를 2018년 11월 7일부터 홍계리 마을주민이 마을수호새로 지정한다[75]

ㅍ. 그게 우리가 공사 시작되고, 두 달 동안, 나도 그 마을에 육십 년 동안 살았는데, 그냥 부엉이 소리만 들었지, 부엉이를 보지를 못했어. 그런데 그 부엉이가 두 달 전에 계속 마을에 내려왔어. 새끼 데리고. 계속 내려 와가지고, 계속 울고. 그냥 길거리에 그냥 앉아 있어. 진짜로, 진짜로 거기 있어. 거 부엉이가 천연기념물 324-2호…[76]

여러 어려움 속에서도 풍력발전 저지 활동의 성공적 수행은, 연대를 통한 적절한 상황 판단과 대응, 언론과 정치인을 통한 국면 전환, 무엇보다 현장에서 포기하지 않고 주산을 지키려 했던 주민들의 의지와 실천 등과 같은 요인으로 설명될 수 있을 것이다.[77] 실제로, 위의 수리부엉이 비석 측면과 후면에는 그동안 주산을 지키기 위해 투쟁했던 H 마을 대책위원회원, 연대한 단체와 개인, 그리고 후원자 등이 기재되어 감사의 마음을 표현하고 있었다. 하지만 비석 정면에 새겨진 ㅊ의 글귀와 ㅍ의 진술은, 풍력 저지라는 성공적 결과에 대한 또 다른 '주민 스스로의 설명과 해석 방식'을 보여준다는 점에서 주의 깊게 들여다볼 필요가 있다.[78] H 마을 주민들은 스

---

[75] 공사중지 기념비의 정면에는 "주산이여! 편이 쉬소서"라는 제목 아래, 위와 같은 사연이 새겨졌다.
[76] PC, H마을 주민, 2018.10.05.
[77] 이진교, 「지역사회의 연대와 저항 – 영양 풍력발전 저지 활동의 민속지적 연구 – 」, 『실천민속학연구』 35, 실천민속학회, 2020, 347~385쪽 참조.
[78] Geertz, Clifford, "Notes on the Balinese Cockfight", *The Interpretation of Cultures*, Basic Books, 1973, pp.448~453(기어츠, 클리퍼드, 문옥표 옮김, 「심층놀이 : 발리의 닭싸움에 대한 기록들」, 『문화의 해석』, 까치, 1998).

스로 인정하듯이 불가능해 보였던 이 싸움에서 승리할 수 있었던 원인에 대해서, "산신이 보내주신 수리부엉이 덕분"과 같이 민속적 상상력과 세계관에 입각한 설명·해석 방식을 채택하고 있기 때문이다.

이처럼 투쟁의 과정에서 산신과 관련한 민속적 상상력과 세계관이 강화되는 측면은 그 자체로 주목할 만한 문화적 현상이다. 또한, '장파천 문화제'로부터 자극받아 새롭게 생성된 문화가 지역사회에 예측할 수 없는 방식의 영향을 미칠 수 있음을 보여준다. 한편, 위의 공사중지 1주년 행사에서 H 마을 주민 한 명은 연대하는 영덕의 풍력발전단지 조성 반대 활동 관계자에게 "산신제를 반드시 지내라"고 거듭 당부하는 모습이 목격되었는데, 이는 또 다른 저항의례의 탄생과 전파 가능성을 암시하기도 한다. 실제로 2018년 10월 9일 행해진 '영양제2풍력 저지를 위한 칠성봉 산신기원제'는 '장파천 문화제'와 'H 마을 산신제'의 영향을 동시에 받은 의례라 할 수 있다.

정리하면, 영양댐 저지 활동이라는 절박한 상황과 실질적 필요성 속에서 80년대 대학의 저항 문화 특히 장승제와 같은 민속이 호명되었으며, 그것이 주민들 사이에서 자연스럽게 수용되는 모습이 확인된다. 특히, 의례 형태를 지닌 민속의 상징적 의미는 토착 주민의 문화적 전통 속에서 쉽게 이해될 수 있었으며, 그것이 지닌 놀이적 형식은 귀농·귀촌인과 토착 주민이 함께 자연스럽게 어울릴 수 있는 계기가 되었다. 이후 장파천 문화제는 지역사회에서 하나의 저항 모델로 제시되며, 현재 진행형으로 지역사회에 다양한 영향을 미치고 있다. 이러한 모습은 현대 사회에서 민속의 복잡다단한 역동성을 보여줌과 동시에, 그것이 지닌 사회·문화적 가능성을 전망할 수 있게 만든다는 점에서 유의미하게 지켜봐야 할 부분이다.

5. 문화적 함의와 전망

　최근 영양군에서는 20여 년만에 '지리와 역사', '인물과 자랑', '민속과 문예', 그리고 '별권' 등 총 4권으로 구성된 『영양군지英陽郡誌』를 새롭게 출판했다.[79] 방대한 분량의 영양군지 내용 중에서 영양댐을 추진했던 사실은 간략하게나마 언급되었으나, 이 글의 주제인 '영양댐 저지 활동'과 관련한 기사나 글은 단 한 줄도 기록되어 있지 않았다. 무려 7년여간 진행되었고 해당 지역 주민에게 긍정적이든 부정적이든 많은 영향을 주었을 사건임에도 불구하고, 관의 시선에서는 배제·소외된 것이 바로 영양댐 저지 활동과 장파천 문화제였던 것이다. 물론, 영양군이 편찬을 주도한 사업에서, 영양군 등을 상대로 한 주민의 투쟁 기록을 남긴다는 것은 결코 쉬운 일이 아니라고 생각한다. 이 글은 이같이 관의 시선에서 배제되고 소외된 지역 사람들의 역사와 문화를, 그들의 시선과 목소리를 통한 복원을 시도하고 있다는 점에서 일정한 의의를 찾을 수 있을 것이다.

　이 연구에서는 국가권력이 추진한 대규모 개발사업에 대한 저지 활동의 맥락에서 등장한 '장파천 문화제'를 필두로, 이후의 '주산 산신제'나 '영양 제2풍력 저지를 위한 산신기원제' 등으로 이어지는 일련의 영양 지역 저항 문화에 대해서 주목한다. 특히, 이 글에서는 앞에서 언급한 문화 현상들이 80년대 학번이 중심이었던 귀농·귀촌인을 매개로 전파·생성되었다는 점에 착안해, 그 과정과 경로의 파악을 시도하고 있다. 이를 통해 현대 한국 사회에서 민속의 역동성을 해명함과 동시에, 지역사회 수용의 맥락에서 대안 문화로서 민속의 가능성을 탐색해 보고자 함이었다.

　"만들어진 전통invention of tradition"이라는 개념이 학계에 소개된 이후,[80]

---

[79]　영양군청, 『英陽郡誌』 상·중·하·별권, 2020. 이 책은 웹상에서 『디지털영양군지』로도 공개되어 있다(https://www.yyg.go.kr/yyggunji).
[80]　Hobsbawm, Eric, *The Invention of Tradition*, Cambridge Univ. Press, 1983(홉스봄, 에릭, 박

인문·사회 학문 영역에서 전통 또는 민속의 재구성 방식에 관한 다양한 연구들이 생산되었다. 이러한 논의에 따르면, 민속의 의미와 성격은 결코 고정적인 실체를 지닌 것으로 존재하지 않는다. 오히려 그것은 '구체적인 맥락 속에서 특정 집단이 어떤 의도와 방식으로 기획·실천하는가?' 그리고 그 속에서 '자신들의 정치적 정당성과 권위를 어떻게 확보해 나가는가?'를 기술·분석함으로써 해명될 수 있다.[81] 나아가, 현대 사회 민속의 재구성은, 과거의 그것과 달리 시공간적 경계와 한계에 제약받지 않으며, 오히려 문화 창조 주체로서 유동적인 개인의 존재와 그들의 복잡다단한 상호작용에 기인함을 유념해야 한다.[82] 이러한 점에 유의하여, 연구의 성과를 요약하면 다음과 같다.

먼저, 영양댐 저지 활동이라는 배경에서 지역의 귀농·귀촌인들은 토착 주민과 함께 장파천 문화제를 기획·실천했다. 이러한 모습은 지역사회 특히 해당 지역 주민의 '절박한' 현실적 필요에 따라, 민주화운동이나 민중운동의 과정에서 재발견·재구성되어 활발하게 연행된 80년대의 민속이,[83] 영양이라는 지역사회로 귀환한 것이라 할 수 있다. 물론 이 문화제에서 재현된 민속이 80년대 그것의 직접적 계승이나 전파의 결과는 아니다. 하지만, 귀농·귀촌인이나 연출가 장소익 등의 존재로 인해, 그러한 시공간적 간극을 자연스럽게 메꿀 수 있었던 것으로 보인다. 이 지점에서 고려해야 할 부분이 귀농·귀촌인이나 장소익 등의 개인적 경험이나 활동이다.

그들은 고등 교육을 받았으며, 서구의 미학 이론이나 민속학 그리고 다양한 미디어에 자연스럽게 노출된 존재들이다. 또한, 장파천 문화제 이전

지향 외 옮김, 『만들어진 전통』, 휴머니스트, 2004).
[81] Adams, K. M, "Ethnic Tourism and the Renegotiation of Tradition in Tana Toraja (Sulawesi, Indonesia)", *Ethnology* Vol.36(4), 1997, pp.309~320; Chang, T.C, "Theming Cities, Taming Places : Insights from Singapore", *Human Geography* Vol.82(1), 2000, pp.35~54. ect.
[82] Remedi, Gustavo, Op.cit., pp ix~xi
[83] 김광억, 앞의 글, 131~172쪽; 조현범 앞의 글; 김달현, 앞의 글; 김진식, 앞의 글; 박흥주, 앞의 글, 2013a; 박흥주, 앞의 글, 2013b 등 참조.

이미 그들 중 일부는 민속의 현대적 활용이나 지역사회에서의 적용 가능성을 모색해 왔다. 영양댐 저지 활동이라는 상황과 맥락은 그들이 지닌 민속 관련 문화적 잠재력과 능력을 발현하는 계기가 되었으며, 장파천 문화제에서 '장승제'나 '(솟대에) 오색실꼬기', '풍물 공연' 등으로 구현될 수 있었다. 이와 더불어 토착 주민의 문화적 수용성 역시 장파천 문화제의 성공적 개최에 간과할 수 없는 부분이다. 특히, 민속의 상징적 의미는 토착 주민의 문화적 전통 속에서 쉽게 수용될 수 있었으며, 그것이 지닌 형식은 귀농·귀촌인과 토착 주민을 비롯한 다양한 참여자가 자연스럽게 함께 어울리는 기회를 제공했던 것으로 보인다.

비록, 영양댐 백지화를 계기로 장파천 문화제는 중단되었지만, 그것이 지닌 지역사회의 파급력과 문화적 역동성 역시 주목할 부분이다. 이러한 모습은 'H 마을 산신제' 그리고 다시 그것으로부터 파생된 다양한 문화 현상에서 구체적으로 확인된다. 주산 산신제는 대규모 풍력발전단지 조성사업 반대 활동의 맥락에서 기획·실천된 의례이며, 영양댐 저지 활동을 이미 경험했던 귀농·귀촌인들이 장파천 문화제의 전례에 따라 제안한 것이다. H 마을 산신제 이후 풍력발전 저지 활동과정에서 그리고 그것의 성공적 저지라는 결과 속에서, 주민들 사이에서는 산신과 관련한 민속적 세계관과 상상력을 자극·강화하는 모습이 나타난다.

예를 들면, H 마을 주민들은 그들이 '산신이 보내주었다'고 이야기하는 수리부엉이를 마을수호새로 지정해 마을회관 앞에 기념비를 세웠다. 또한, '주신이여! 편히 쉬소서'라고 새긴 비석을 주산 정상에 세우고 산신에 대한 감사의 고사를 지냈는데, 이러한 모습을 통해 민속적 세계관과 상상력에 입각한 주민들의 사유방식과 그에 따른 문화적 실천을 구체적으로 확인할 수 있다. 이는 종교적인 의례가 정치적인 세속의례로 변화했던 80년대의 그것과는 변별적인 현상임과 동시에,[84] 지역 또는 마을 사회라는 맥락에서 문화 전파·자극·수용 과정의 복잡성과 가변성을 보여준다.

이러한 모습은 현대 한국사회 민속의 역동적 재구성 과정의 일면을 보여준다는 점에서, 민속학적으로 주의 깊게 살펴야 할 필요가 있다. 사실, 지배질서나 권력에 저항하는 다양한 현장에서 자신들의 정치적 정당성을 주장하는 문화적 기제로 민속이 끊임없이 호명·재현되는 현상은, 현대 한국사회에서 일반적으로 관찰되는 모습이다.[85] 이처럼 현대 사회의 필요에 따라 특정한 맥락 속에서 재구성된 민속은 새로운 의미와 역할을 부여받는데, 이는 과거의 그것과 연속성을 지님과 동시에 단절적인 것이기도 하다. 또한, 이질적인 사회와 역사적 배경을 지닌 문화의 뒤섞임을 통해 생성된다는 점에서 혼종적이다.

　결론적으로, 이 연구에서 보여준 '80년대 민속 - 장파천 문화제 - 주산 산신제'의 흐름 속에서 관찰되는 민속 관련 실천의 모습과 상징적 의미의 재구성은, 현대 한국사회 문화적 역동성의 보편성과 특수성을 이해하는 일정한 도움을 줄 것으로 기대한다. 또한, 이 글에서 제시한 장파천 문화제나 산신제의 사례를 통해, 현대 한국사회의 대안 문화로서 민속이 지닌 가치와 유효성을 재확인할 수 있을 것이다. 결국, 문화의 창조와 의식의 구성은 정치적 과정이며, 대안 문화alternative culture의 형성은 과거와 현재의 요소를 이용함으로써 가능한 것이 된다.[86]

84　김광억, 위의 글, 131~172쪽 참조.
85　현대 한국사회의 다양한 갈등의 현장, 예를 들면 새만금에서는 생태복원의 염원을 담은 '장승'이 등장했다. 매향리에서는 미군 폭격장 폐쇄를 위한 '민족장승지행사'가 열렸으며, 부안 '반핵 촛불집회' 등에서도 이와 유사한 모습이 나타났다(김진식, 앞의 글, 38~39쪽 참조). 또한, 박근혜 대통령 탄핵국면에서의 촛불시위나 세월호 관련 집회의 현장에서도 민속의 형식과 의미를 채택한 문화적 실천양상은 매우 다양하게 관찰된다(이영배, 「사회적 연대의 소스 코드로서 민속의 변화와 생성 - 행동의 형태로 본 세시풍속과 촛불행동의 다중적 연관을 중심으로 -」, 『한국민속학』 66, 2017, 7~32쪽 참조).
86　레이먼드 윌리엄스, 박만준 옮김, 『마르크스주의와 문학』, 지식을만드는지식, 2012, 89~109쪽; 박만준, 『레이먼드 윌리엄스, 마르크스주의와 문학』, 커뮤니케이션북스, 2016, 83~90쪽 참조.

제10장

고향영화Heimatfilm에 대한 독일 Tübingen대학 민속학연구소의 연구 배경과 방법*

이상현

1. 들어가며

본 연구의 대상은 고향을 소재로 한 대중영화인 고향영화Heimatfilm이다. 고향영화는 주로 독일의 농촌 생활 혹은 알프스 등의 생활을 담은 극영화로써 독일 영화가 활발하게 소개되고 있지 않은 우리나라에서는 거의 접하기 어려운 영화 장르이다. 아마 1965년에 제작되어 흥행에 성공을 거두었고 우리나라에도 1969년에 개봉한 〈sound of music〉이 독일 고향영화의 특징을 일정 부분 보여줄 수 있는 영화로 생각된다. 이 영화의 무대는 오스트리아 잘츠부르크 시내와 주변 알프스 지역이며 견습 수녀와 예비역 대령

---

* 이 글은 「고향영화(Heimatdilm)에 대한 독일 Tübingen대학 민속학연구소의 연구 배경과 방법」, 『실천민속학연구』 38호, 실천민속학회, 2021, 153~181쪽에 게재된 논문을 수정·보완한 것임.

그리고 대령 자녀들과의 사랑 이야기를 영화에 담고 있다. 영화 내용 중에 알프스를 배경으로 하는 여러 노래를 영상에 담았으며 특히 민요 경연대회 등의 민속과 관련된 내용도 포함되어 있다.

다만 〈sound of music〉의 마지막 부분에서는 예비역 대령과 그의 가족 그리고 수녀가 나치를 피하여 스위스로 망명을 가는 내용으로 구성되어 있으나, 나치시대 제작된 고향영화는 나치 이념의 선전도구로 활용되었고 전후戰後에 제작된 독일의 고향영화에서는 정치적 사건에 대한 내용이 거의 없다.

고향영화라는 용어는 1950년 독일 문학가인 Ludwig Ganghofer의 소설 「Geigenmacher von Mittenwald」(Mittenwald마을의 바이올린 제작 장인)을 원작으로 제작된 영화를 평가하면서 이를 고향영화라고 명명하면서 최초로 사용되었다. 이후 고향영화라는 용어가 본격적으로 사용되었고, 이는 당시 독일 영화계에서 농촌 혹은 산악 지방의 전통적 생활을 담은 영화 제작이 활발하게 제작되던 시기와 연관이 있다. 또한 하나의 영화 장르로서 인정받으려는 시도가 등장한 시기로 간주할 수 있다. 1970년대 이후 농촌의 갈등 문제, 농촌에 거주하고 있는 외국인의 문제 등이 고향영화의 소재가 되면서 고향영화 장르의 정치성에 대한 혼란이 있지만, 일반적으로 1950년대와 1960년대 제작된 고향영화를 고전적인 고향영화로 간주하려는 경향이 있다.

당시 고향영화의 내용은 독일민속학자의 고향에 대한 인식과 유사하다. 독일 지식인들은 19세기부터 독일 농촌마을의 전통적인 생활 모습에 관심을 갖고 다양한 활동을 전개하였다. 활동 배경으로는 당시 다른 유럽국가의 지식인들처럼 산업화에 대한 부정적인 인식 그리고 농촌생활을 하나의 대안으로 제시하려는 운동과 연관되어 있다. 더구나 독일의 경우 당시 봉건 체제가 지속되고 이로 인하여 프랑스, 영국 등의 인접국가에 비하여 정치적 그리고 경제적 발전 속도가 더디게 진행되면서 민족 통일에 대한 욕구가 독일지식인들에 의하여 강하게 제기되었다. 독일지식인들은 농촌 생활의 모습에서 민족의 오랜 생활 모습이 잔재하고 있다고 인식하고 이를 고향으로 명명하고 이와 관련된 다양한 자료를 수집하고 활용하는 여러 가지 활동을 전개하였다.

독일민속학자들은 이러한 운동에 가장 적극적으로 가담하였던 지식인들이었다. 주로 설화, 세시풍속, 축제 등의 민속자료를 수집하였고 이러한 자료를 바탕으로 농촌의 갈등적인 모습보다는 화합적이고 공동체적 삶을 그렸다. 또한 이러한 활동을 통하여 민속의 지속적 전승의 특성을 제시하였고 민족의 정체성을 구현하려고 노력하였다.

전후戰後 독일민속학계에서는 나치시대에 복무한 이전 독일민속학연구는 낭만적 민족주의라는 이념에 기인한다고 비판하고 이를 극복하려는 다양한 연구, 예를 들어 현재 독일사람들의 일상생활에 대한 연구 등이 추진되었다. 이중에서 영화, 라디오 혹은 텔레비전 등 현재 일상생활에서 큰 역할을 하는 대중매체에 대한 연구도 본격적으로 진행되었다. 본 연구의 대상인 고향영화에 대한 연구도 이러한 배경 속에서 추진되었다.

고향영화에 대한 기존 연구로는 영화학 분야의 연구를 들 수 있으나 다른 영화장르에 비하여 활발하게 연구되고 있지 않다. 주로 영화장르로써 고향영화의 특징적인 측면 특히 전후戰後 고향영화에 대한 연구[1] 그리고 다른 국가의 유사한 영화장르 예를 들어 미국의 서부극 혹은 스웨덴의 고향영화Landsbygdsfilm과의 비교 연구 등이 있다. 이 외에 특정 고향영화에 대한 소개와 간략한 연구 정도만 있을 정도이다. 우리나라에서 독일어권 영화에 대한 소개에서도 고향영화는 나치시대 독일 민족주의 영향을 깊게 받은 영화로 간략하게 소개되어 있을 정도이다.[2]

---

1 Willy Höfig, *Der deutsche Heimatfilm, 1947-1960*, Stuttgart, 1973.
2 현재 한국에서 소개된 독일영화사에 관한 연구서에서도 고향영화에 대한 소개가 일부 제시되어 있으나 상대적으로 비판적으로 간략하게 언급되고 있다. 예를 들어, 볼프강 야콥센·안톤

독일민속학계에서도 영화, 텔레비전 등의 대중매체에 대해서는 연구가 진행되고 있으나 고향영화에 대해서는 거의 연구되고 있지 않다. 다만 Tübingen대학교 민속학연구소Institut für Empirische Kulturwissenschaft(이하 EKW)에서는 고향영화에는 고향을 소재로 고향소설Heimatroman, 고향음악Heimatlied과 유사하게 대중들의 고향에 대한 관심을 반영하고 있다고 전제하고 이에 대하여 연구하였다.

본 연구에서는 먼저 고향에 대한 독일민속학자들의 인식적 특징 그리고 라디오, 텔레비전 그리고 영화 등의 대중매체 대한 독일민속학계 특히 EKW의 연구 경향을 소개하고 그 특징을 분석한다. 다음으로 고향영화 장르의 유형을 분류하고 이에 대한 EKW의 연구 방향과 방법을 제시할 계획이다. 주로 독일에서 고향영화가 가장 활발하게 제작되었던 1950년대의 고향영화를 중심으로 영화의 특징과 분석 방향과 방법에 대하여 논의할 생각이다.

2. 고향과 대중매체에 대한 EKW의 연구 특징

독일어의 Heimat라는 단어는 20세기 초반에 일본 민속학자들이 고향 혹은 향토로 번역하였고 일제강점기 우리나라에도 그대로 수용되어 지금도 사용되고 있다. 이 단어는 일반적으로 태어나서 자란 곳을 의미하고 주로 그곳을 떠난 사람들이 인식하는 곳 주로 상상화된 공간을 의미한다.

그러나 독일에서 Heimat라는 용어는 역사적으로 다양하게 이해되어 사용되었다. 어원語原은 게르만 고어古語인 'heima'에서 유래했고 주로 특정

케스·한스 헬무트 프린츨러 엮음, 이준서 옮김, 『독일영화사』 2 : 1930년대~1950년대, 이화여자대학교출판부, 2010, 158~162쪽.

공간의 외지인에 대한 반대 개념으로 이해되었다. 예를 들어, 당시 자주 쓰이던 'Heimatloser'라는 용어는 주로 소유 주택과 농지가 없는 사람들로서 거주지가 불명확한 사람 혹은 거주 권한이 없는 사람을 지칭하였다. 다만 당시에 특정 공간의 범위에 대해서는 집, 마을 그리고 특정 지역 등으로 범위가 명확하지 않았다.

근대 들어서 Heimat는 특정 공간에 대한 소유와 권한을 의미하기 시작하였다. 태어난 곳, 사는 곳 혹은 소유한 땅에 대하여 이 단어를 사용하기 시작하였다. 19세기 주민들의 권한을 보호하고 그리고 행정 당국이 주민들의 보호를 의무화하는 법인 'Heimatrecht'에도 이러한 특성이 잘 보여지고 있다. 또한 Heimat에는 심리적인 공간을 지칭하기도 하였는데, 1877년 Grimm형제가 편찬한 독일 최초의 독일어사전인 'Grimmisches Wöterbuch'의 'Heimat' 항목에 '태생적 혹은 정치적으로 연고가 있는 공간 그리고 내적으로 선호하는 공간'으로 기술되어 있다.[3]

19세기 중반에 목가적인 농촌을 Heimat로 인식하는 새로운 흐름이 시민계급으로부터 등장하게 된다. 당시 독일도 다른 유럽 국가처럼 산업화, 도시화 등이 본격적으로 전개되면서 이에 대한 문제점을 지적하는 움직임이 주로 도시에 살고 있는 시민층에 의하여 제기되었다. 이들은 농어촌 마을을 휴가의 여가의 공간으로 생각하고 나아가 도시 생활의 대안으로 간주하고 다양한 활동을 전개하였다.[4]

특히 독일의 경우 영국, 프랑스 등과 달리 봉건영주가 통치하는 중세적 정치 형태로 운영되어 근대화 전개에 많은 문제점이 지적되었고, 이를 극복하기 위하여 민족국가 성립을 위한 다양한 활동이 전개되었다. 특히 이

---

3   *Grimmisches Wöterbuch*, 4Bd., Leipzig, 1877, pp.864~866.
4   Ovar Löfgren, "Natur, Tiere und Moral. Zur Entwicklung der bürgerlichen Naturauffassung", Utz Jeggle 외(Hrsg.), *Volkskulur in der Morderne. Probleme und Perspektiven empirischer Kulturforschung*, Hamburg, 1988, pp.122~144.

러한 정치 운동의 주도 세력은 고향운동을 주도하였던 시민층이었다.

이들은 특히 민족국가 형성을 위한 정체성 구축을 위하여 민속에 관심을 갖고 민속 자료의 수집 그리고 활용 등의 다양한 활동을 전개하였다. 초창기에는 다른 유럽 국가의 시민들처럼 자연적 삶에 대한 칭송 그리고 농촌 마을의 민속 혹은 지역의 역사적 유적과 유물에 대하여 관심을 갖고 이에 대하여 수집하는 정도에 머물러 있었다. 19세기 초반 독일의 민담 자료를 수집하였던 Grimm형제는 이들 시민단체에 초청을 받아 강연하기도 하였다.[5] 이외에도 독일민속학의 아버지로 평가받는 Wilhelm Heinrich Riehl도 고향과 관련된 활동을 하는 시민단체의 주요 강연자였다.[6]

다만 대외적 정치적 상황에 따라 민족적 성격이 강조되면서 Heimat는 점차로 정치적 성격을 함축하게 된다. 1871년과 1872년 프랑스와의 전쟁 이후 독일에서 민족운동이 활발하게 진행되고 일반 독일 국민들도 이 운동에 동참하였다. 당시 분위기는 게르만민족 신화에 관한 책들이 베스트셀러가 되었고 일반 가정에 게르만민족과 관련된 그림이 집 안에 걸리게 되었고 이 외에도 민족과 관련된 다양한 기념물들이 독일 전역에 설치되는 현상에 잘 보이고 있다. 이러한 국민적 관심으로 인하여 Heimat를 조국祖國과 연관되어 이해되기 시작하였다.

이전에 Heimat에 대한 관심 그리고 관련된 운동을 주도한 층은 주로 도시에 거주하고 있는 시민층이었으나 이후 대부분의 독일 사람들이 관심을 갖게 되는 대상이 되었다. 대중적 관심의 대상으로써 당시 Heimat 현상은 후에 고향영화 제작에 소재로 활용된 고향소설Heimatroman이 베스트셀러가 되었다. 또한 고향동우회Heimat-vereinigunger. 혹은 Heimatbund 등이 활발하게

---

5 이상현, 「민속아카이브의 정리 방법과 민속학 연구 : 독일민속학을 중심으로」, 『한국민속학』 52, 한국민속학회, 2011, 284~286쪽.
6 이상현, 「19세기 독일민속학과 W. H. Riehl」, 『실천민속학연구』 12, 실천민속학회, 2008, 177~178쪽.

조직되었고 학교에서 고향에 대한 교육프로그램이 운영되었고 향토박물관 Heimatmuseum이 건립되기 시작하였다.

조국祖國과 연관된 고향에 대한 인식은 나치시대에는 정치적으로 악용되어 인종주의의 대상이 되었다. 피와 땅의 이데올로기Blut-und Bodenideologie로 표현되는 나치의 인종주의는 Heimat를 게르만민족의 원래 모습을 구현하려는 장소이며 민족공동체Volksgemeinschaft의 공간으로 간주하였다.

전후戰後 고향에 대한 인식이 변화하게 된다. 우선 나치 이념에 악용되었기 때문에 기존 고향에 대한 인식에 비판적인 태도가 당연히 등장하게 되었다. 더불어 전후戰後 인구의 급속한 이동 그리고 고향이라는 낭만적 대상에 대하여 항상 관심을 갖고 있는 대중매체의 증가와 활성화 등의 이유로 고향에 대하여 새로운 인식이 형성되기 시작하였다.

독일민속학에서 고향에 대한 본격적인 연구는 1970년대 초반 Ina-Maria Greverus에 의하여 추진되었다. 그는 당시 고향 현상에 대한 다양한 조사를 수행하였고 이를 분석하기 위하여 고향에 대한 개념 정의 작업을 진행하였다.

고향이란 일반적으로 특정 공간 혹은 태어나거나 어린 시절 생활하였던 시간과 공간을 그리워하는 향수鄕愁 그리고 노스탤지어에 기초하고 있다는 점에 대하여 그는 관심을 가졌다. 이는 인간의 보편적인 욕구일 뿐만 아니라고 다른 동물들에게 발견되는 욕구라는 점을 강조하였다.

인간의 보편적 욕구로써 고향에 대한 관심은 특정 공간에서 인간적 의식주라는 기본적 욕구를 해소하고 또한 집단 생활을 지속적으로 영위하기 다양한 활동을 전개한다는 이른바 '공간적 인간Der territoriale Mensch'의 기본적 속성에 한 형태로 간주하였다.[7] 고향 그리고 '공간적 인간'에 대한 그의 인식은 마을만들기사업에 구체적으로 활용되었다.[8]

---

7   Ina-Maria Greverus, *Der territorianle Menschen. Ein literaturanthropologischer Versuch zum Heimatphänomen*, Frankfurt/Main, 1972.

반면 Bausinger는 고향이라는 개념이 역사적으로 다양하게 이해되었고 또한 고향의 범주에 속하는 공간이 범위 그리고 특정 공간에서 생활하는 여러 사회 집단에 따라 고향에 대한 이해가 다르다는 점을 강조하였다. 고향에 대한 그의 조사와 연구는 '고향에서 추방된 사람들Heimatvertriben(이하 이주민)'에서 시작되었다. 고향에서 추방된 사람들이란 이차세계대전 종전終戰 이후 동구권에서 거주하던 독일사람들 중 서독으로 이주한 사람들을 의미하는 용어이다. 이들에 대한 표현에 고향이란 용어를 접두사로 쓰였다는 점에서 고향이란 용어는 전전戰前과 달리 부정적으로 인식하고 있다는 점을 보여주고 있다. 다만 외부의 입장에서 이들에 대한 평가와 별개로 이들이 인식하는 고향은 다양하였다.

Bausinger는 1950년대 초반 이주민들에 대한 조사를 진행하였다. 우선 이주민들의 정착촌 21곳을 조사하였고 정착촌의 환경 인구 구성, 가족 및 친족 생활, 사회 조직 그리고 종교 생활에 대하여 조사하였다.[9] 이를 바탕으로 사회 생활의 전반적 특징 그리고 정착 과정이 있어 이주 이전 민속 혹은 그 외의 문화 요소의 활용에 대하여 조사하였다. 이주민들은 새로운 환경에 적응하기 위하여 이주 이전에 습득한 문화를 포기 혹은 새롭게 변화할 필요가 있었다. Bausinger는 특정 문화요소가 적응 기제로써 지속 혹은 변화되고 있는 측면에 주목하여 이를 문화적 자산Güter라고 규정하였다.

본 연구에서 주목되는 부분은 고향에 대한 조사와 연구이다. Bausinger는 이주민들의 고향 인식의 단계, 각 단계별 문화적 자산의 활용 방법, 출신 지역에 따른 고향 인식의 차이점 그리고 정착 시기별로 고향 인식의 변화 등을 조사하고 분석하였다.[10]

8 이상현, 「독일민속학의 마을만들기사업 참여 배경과 방법」, 『한국민속학』 48, 한국민속학회, 2008, 59~64쪽.
9 Hermann Bausinger · Markus Braun · Herbert Schwedt, *Neue Siedlungen. Volkskundlich-soziologische Untersuchungen des Ludwig-Uhland-Institts Tübingen*, Stuttgart, 1959.
10 Ibid., pp.174~205.

일반적으로 이주민들은 이주 초창기 새로운 환경에 적응하는 과정에서 심미적 불안감이 증대된다. 이들은 동향同鄕 출신사람들과의 접촉하면서 향우회를 조직하는 방식으로 새로운 환경에 적응하는 단계로 생활하였다. 이주민의 정착 과정에서 고향에 대한 인식이 형성되고 변화되고 있다는 현상에 대하여 Bausinger는 관심을 가졌다. 이 조사와 연구를 통하여 Bausinger는 이주민들이 고향을 인식할 때, 이주 이전의 민속 혹은 그 외 문화요소 중에 이주지역에서 필요한 요소만을 선택하여 이를 활용하고 있다는 점에 주목하였다. Bausinger는 이주민들의 고향에 대한 인식을 능동적 인식이라고 간주하고 이와 관련된 다양한 자료를 수집하고 분석하였다. 이러한 고향에 대한 접근방법은 이주민들에 대한 새로운 연구 방향을 제시하였다.

또한 그의 접근방법은 고향을 공간적 차원에서 머물지 않고 관련 주체들의 사회 경제 그리고 정치 행위 속에 파악했다는 점에서 전후戰後 독일민속학의 고향 연구에 새로운 연구 방향을 제시하였다. 특히 일반인들의 고향에 대한 관심, 예를 들어 농촌 마을의 관광 그리고 대중매체에 표현된 고향에 대한 연구에도 많은 영향을 주었다.

20세기 초반 대중매체가 활발하게 발명되고 발전되었고 주로 대중매체의 소비자 혹은 이용자들은 도시에 살고 있는 시민층이었고 이들은 고향에 대한 관심을 갖고 있는 계층이었다. 이들을 위하여 유성기의 LP판에 고향을 소재로 한 민요Heimatlied 혹은 대중가요Heimatschlager 등이 제작되어 유통되었고 라디오방송국에서도 이 노래들을 방송하여 송출하였다. 또한 이 시기에는 후에 고향영화의 소재로 활용된 고향소설Heimatroman도 활발히 제작되어 거리의 가판대에서 판매되었다.

Bausinger는 이주민에 대한 조사와 연구를 진행하던 50년대에 대중매체에 대하여 많은 관심을 갖고 조사하였다. 그는 1952년에 'Württemberg 북동부 지역에서 전승되는 민담'에 대한 연구로 박사학위 논문[1]을 준비하면서 당시 조사 지역 사람들이 구연하는 옛이야기는 인쇄되어 판매되는 책의 영향을 많이 받았다는 점에 주목하였다. 또한 다른 조사에서 독일민속학자들의 조사 연구한 민요는 합창동호회Gesangverein에서 주로 불리고 있다는 점을 지적하였다. 이들 동호회에서 불리는 민요는 지역적 특징이 거의 없고 전국적으로 알려진 민요만이 불리고 있으며, 이러한 현상은 LP 혹은 라디오의 영향으로 보았다. 그러나 당시 독일민속학계에서는 이러한 현상에 대하여 거의 주목하지 않았고 또한 대중가요Schlager에 대해서는 상업적 목적으로 제작되었다고 전저하고 이에 대해서 연구를 거의 진행하지 않았다. 그러나 1930년대 민요를 조사한 민속학자들은 이미 농촌 마을에서도 대중가요가 일상적 노래로 불리고 있다는 점을 지적하고 있었다.

Bausinger는 20세기 이후 대중가요가 과거 농촌 사회에서 민요의 기능을 대체한다고 강조하였다. 다라서 민속학자들은 LP 혹은 라디오 등의 대중매체를 통하여 전승되는 현재의 민요의 상황 그리고 일상생활 속에서 대중가요의 역할과 기능에 대해서 연구할 필요가 있다고 주장하였다.[12]

동일한 관점에서 Bausinger는 민족문학Volkspoesie 연구를 위한 구비문학 연구를 지양하고 구비문학의 전승 상황과 배경 그리고 대중들이 관심을 갖고 많이 읽는 통속소설Trivialliteratur에 대하여 연구할 것을 주장하였다.[13] 이에 대한 EKW의 연구로는 '20세기 평범한 가정의 애정소설', '전쟁소설 애독자 연구', '서부소설 연구' 등을 들 수 있다.

통속소설에 관한 EKW의 연구 방법으로는 텍스트 분석 즉 내용분석 Inhaltan anlyse, 제작 환경 그리고 독자에 대한 분석으로 나눌 수 있다. 예를 들어, 서부소설의 경우 총 4개 항목을 대상으로 분석하였다. 먼저 서부소설

---

11 Hermann Bausinger, "Lebendige Erzählen. Studien über das Leben volkskundlichen Erzählgutes auf Grund von Untersuchungen im nordöstlichen Württemberg,"(Diss, Tübingen), 1952.
12 Hermann Bausinger, "Volkslied und Schlager", *Jahrbuch des Österreichischen Volksliedwerkes* V, 1956, pp.59~76.
13 Hermann Bausinger, "Zur Entwicklung des Ludwig-Uhland-Instituts", *Attempto*, Heft 49/50, 1974, p.5.

의 역사를 고찰하였다. 다음으로 내용분석의 일환으로 등장인물을 분석하였는데, 소설에 등장하는 영웅 그리고 악당의 유형과 특징, 인디언과 군인 등 소설 주변의 인물들에 대하여 천착하였다. 이외에 소설에 표현되어 있는 가치관, 예를 들어 백인 중심의 권선징악, 서부 개척의 정당성 등에 대하여 분석하였다. 이 외에도 서부소설의 생산 환경과 독자에 대해서도 관심을 갖고 논의하였다.[14]

민요 대신 대중가요 연구 그리고 설화 연구에서 통속 소설 연구로 새로운 연구 방향과 방법을 제시한 Bausinger와 EKW연구소 연구원들은 나아가 LP, 라디오, 대중영화 그리고 텔레비전에 대한 연구도 진행하였다. EKW의 노래에 대한 연구로는 'Volkslied-Schlager-Evergreen(민요-대중가요-인기곡)'을 들 수 있다. 이 연구는 가사와 유형 그리고 지역적 변이에 대한 독일민속학의 민요에 대한 기존 연구 방법과 달리 학교, 동호회 혹은 식당 등의 현장에서 불리는 노래를 조사하여 그 의미와 기능에 대하여 조사 연구하였다. 연구의 조사 지역은 독일 남서부 Baden-Württemberg주州에 위치한 Reutlingen시市이다. Reutlingen시는 EKW연구소가 있는 Tübingen시의 이웃 도시로 공업도시이다. 조사지역에서 노래가 불리는 현장에 대한 조사 그리고 지역 학교의 수업 시간에 활용되는 음악교과서, 노래동호회의 노래책자, 지역 LP판매점에서 판매 순위 등을 조사하였다.[15]

대중매체와 노래에 대한 EKW의 다른 연구로는 방송 매체인 라디오와 민요에 대한 연구를 들 수 있다. '향토방송-민속학-포크로리즘Heimafunk-Volkskunde- Foklorismus'에서 연구자는 민속음악을 송출하는 방송과 그 프로그램의 청취자들에게 고향에 대한 인식을 심어주는 역할을 한다고 보고 이

---

14 EKW의 미디어연구에 관해서는 李相賢, 「ドイツ・テュービンゲン大学民俗学研究所のメディア研究の歴史と特徴」, 『日常と文化』 3, 日常と文化研究会, 2017, pp.103~106을 주로 참고하였다.
15 Hermann *Fischer, Volkslied-Schlager-Evergreen. Studien über das lebendige Singen aufgrund von Unterschungen im Kreis Reutlingen.*, Tübingnen, 1965(Band 7).

를 향토방송이라고 규정하였다. 연구자는 우선 향토방송이 수와 위치, 방송 담당 지역 그리고 방송 시간대를 조사하였고 방송에서 송출하는 민요를 대상으로 종류와 특징에 대하여 분석하였다.

더불어 방송 담당자들에게 고향의 의미, Folklore 그리고 Folkloismus의 의미에 대하여 질문하였다. 이러한 조사를 통하여 연구자는 향토방송은 Folkllorismus를 생산하는 주요한 기관이라는 점을 지적하였고 방송에서 송출하는 민요를 대상으로 종류와 특징에 대하여 분석하였다.

다만 인용된 연구에서는 송출되는 민속음악의 선정에 있어 청취자의 의견이 잘 반영되지 못했고 민속음악 나아가 지역민속에 대하여 자세히 모르는 담당자가 음악 선정에 관여하고 있다고 비판하였다. 특히 향토방송의 역할을 하는 지역방송국이 이 지역의 민속과 관련된 문화정책에 따라 민속음악을 선정하는 문제점을 지적하였다.

이러한 비판적 태도는 독일 철학계의 Frankfurt학파의 영향으로 볼 수 있다. Frankfurt학파는 사회를 구성하고 있는 다양한 계급이 과거 같은 역사를 갖고 있다는 '환상'에 사로잡혀 있어 계급 문제를 인식하지 못하는 경우라 많다고 비판하였다. 특히 문화산업이 사회 구성원들에게 계급 사회의 모습을 인식하지 못하도록 하는데 기여하고 있다고 비판하였다. 구체적으로 산업화된 시대에는 인간 관계가 상품 생산과 소비 관계로 인식되는 이른바 '사물화 현상Warencharakter'이 지배하게 되고, 문화산업은 이러한 사물화 의식을 조장하는 기능을 수행한다는 점을 비판하였다. 사물화된 세계에서 대중들은 문화산업이 제공하는 환상에 도피하고 안주하게 되고 이로 인하여 계급 모순과 같은 사회 정치적 문제를 인식하지 못하고 있다고 비판하였다. 특히 이러한 비판은 다중매체 중에 EKW의 대중영화 그리고 텔레비전에 대한 연구에 많은 영향을 주었다.[16]

16   EKW 연구에서 Frankfurt학파의 영향에 대해서는 Martin Scharfe, "Kritik des Kanon", Hermann Bausinger 외(Hrsg.), Abschied vom Volkleben, Tübingen, 1970(Band 27), pp.74~84.

다만 1980년대 들어서 EKW에서 일상생활Alltag에 대하여 관심을 가지면서 방송매체와 일상생활에 대하여 관심을 갖고 연구하기 시작하였다. 대중매체의 특징, 신문, 라디오, 텔레비전 등의 정보 전달 그리고 소통방식에 집중하였고 또한 구독자, 청취자 그리고 시청자들의 일상생활과 연관하여 분석하였다. 그러나 본 연구의 대상인 1950년대 고향영화에 대한 연구에서는 이와 관련된 자료가 거의 없기 때문에 논의하지 않겠다. 다만 1980년대 제작된 고향을 소재로 한 TV드라마인 'Schwalzwladklinik(흑숲의 병원)'을 간략하게 소개하고 연구에 응용한 연구 방법에 대하여 간략하게 언급하겠다.

3. 고향영화의 역사와 유형 그리고 EKW의 연구 대상과 방법

고향영화라는 명칭은 1932년과 1933년 향토소설 작가인 Ganghofer의 소설을 영화로 제작한 작품에 최초로 사용되었으나, 당시 영화계에서는 이 명칭이 거의 통용되지 않았다. 1950년에 초연된 영화 〈Der Geigenmacher von Mitterwald〉[17]를 당시 영화비평가들은 고향영화라고 규정하였고, 본 영화 제작자인 Peter Ostermayr 본인 자신도 고향영화 제작자라 밝히면서, 영화 비평가 그리고 제작자들 사이에 이 용어가 일반적으로 쓰이게 되었다.

다만 고향영화가 하나의 영화의 장르로 인정받기 전에 성격이 유사한 영화들이 이미 1910년대에 제작되었다.[18] 고향영화의 원조로는 당시 소시민의 일상을 영상에 담은 이른바 민중영화Volksfilm로 명명된 영화를 들 수 있다.

---

17 Mittewald라는 산촌 마을에 바이올린 수련공인 Vitus와 마을의 가난한 집의 딸인 Afra의 사랑을 그린 영화이다. 이 영화는 1933년에 제작된 영화 'Die blonde Christl'를 리메이크한 영화이며, 이 영화의 극본을 쓴 Ludwig Ganghofer는 원래 연극 공연을 위하여 쓴 작품으로 알려져 있다.
18 고향영화의 장르적 특징에 관해서는 Wolfgang Kaschuba, "Der Deutsche Heimatfilm – Bildwelten als Weltbilder", Bundeszentrale für politische Bildung(Hrsg.), *Heimat, Analysen, Themen, Perspektiven*, Bonn, 1990, pp.832~836을 주로 참고하였다.

다음으로 산악영화Bergfilm를 들 수 있는데, 알프스 혹은 몽블랑 등의 높은 산을 등산하는 산악인들의 활동을 영상에 담은 영화이다. 이 영화에는 주로 거친 환경을 극복하는 인간의 모습을 영상에 담았고 후에 고향영화에서 자연을 개척하는 사람들의 모습을 영상에 담는 이야기 설정은 산악영화의 영향으로 볼 수 있다.

다음으로 독일의 전설, 역사적 인물 혹은 특정 시기의 사건을 영화의 소재로 담은 역사영화Historienfilm도 고향영화 장르에 포함시킬 수 있다. 이 영화장르는 독일 육군이 UFA(Universum Fim AG) 설립에 관여하면서 본격적으로 제작되었다. 대표적인 영화로는 1923년에 독일 신화를 영화 소재로 제작된 'Nibelungen'을 들 수 있다.

국가주의적 성격이 강한 역사영화는 다른 영화 장르에 결합하여 역동적인 영화를 제작하였다. 예를 들어, 1932년 Luis Trenker에 의하여 제작된 영화 'Der Rebell(저항군)'에는 나폴레옹에 대항한 오스트리아의 Tirol사람들의 영웅담을 영상에 담았고 이러한 영상 제작 방식은 후에 나치시대 제작된 고향영화에 많이 활용되었다.

마지막으로 고향영화 장르에 가장 유사한 영화로 평가받는 마을영화Dorffilm를 들 수 있다. 주로 독일 농촌마을의 다양한 생활을 영화의 소재로 제작한 영화로써, 이는 당시 고향미술Heimatkunst의 전원적인 모습에 마을주민의 다양한 이야기를 영상에 담은 영화장르이다.

당시 마을영화는 고향소설Heimatroman을 원작으로 하는 경우가 일반적이었다. 당시 고향소설은 19세기 대중적 인기를 얻었던 '마을역사Dorfgeschichte'라는 소설장르에서 발전한 소설장르이다. 마을역사라는 장르에서 마을은 목가적으로 표현되었고 마을에 대한 생활도 낭만적으로 기술되었다. 마을역사에서 마을은 문명화의 문제점이 내재되어 있는 도시와 다른 곳이며 도시 시민층의 이상적 세계로 그려진 공간이다. 마을역사에서 표현된 마을은 당시 고향운동의 주역인 도시 시민층의 고향에 대한 인식과 유사하였다.

마을역사라는 장르 명칭을 최초로 사용한 것으로 알려진 Berthold Auerbach은 1842년에 「Schwarzwälder Dorfgeschichten(흑숲의 마을역사들)」이라는 마을역사 소설을 집필하여 그 성공을 거두었다. 이 소설은 총 27편으로 구성되어 있다.

1편은 'Der Tolpatsch'에서 흑숲의 한 마을에서 Tolpatsch이라는 별명으로 살고 있는 근면 성실한 청년 Aloys Schorer는 마을의 소녀인 Marannele과 사랑하는 사이였다. 그러나 Aloys이 군생활 중에 Marammele가 다른 사람과 결혼하였고 그는 제대 이후 가족과 함께 미국으로 이민을 갔다가 후에 다시 마을로 돌아온다는 내용의 소설이다.

마을역사라는 소설장르는 19세기 후반에 '고향소설' 장르 명칭으로 변화하게 되고 후에 고향영화의 극본으로 활용된다. 고향소설의 대표적인 작가로는 Ludwig Ganhofer을 들 수 있는데, 그의 고향소설은 당시 수 백만 부가 판매되었다. 그의 고향 소설은 영화로 많이 제작되었으며 당시 영화전문가들은 이 영화를 마을영화로 분류하였다. 예를 들어, 그의 고향소설인 「Schloß Hubertus」은 Hubertus성에 살고 있는 Egge백작과 그의 가족에 관한 이야기이다.

Hubertus 성城의 귀족이며 성에 관련된 일보다는 사냥에만 관심이 있는 Egge는 부인이 오래 전에 떠났고 3남 1녀의 자녀가 있으나 거의 돌보지 않았다. 장남은 노름에 빠져 방탕한 생활을 하였고 둘째 아들은 변호사로써 항상 어려운 사람들을 도왔고 셋째 아들은 병으로 활동이 지장이 있었고 막내 딸은 항상 밝은 성격을 소유자로 묘사되었다. 이 외에도 소설에서 Egge의 충직한 사냥꾼 Franz과 밀렵꾼으로 항상 돈에만 관심이 있는 Schlipper가 소설 속에서 중요한 역할을 한다.

소설의 결말은 소설의 악당 역할을 주로 하는 Schlipper가 밀렵 중에 사망하고 장남도 도박과 관련된 사건에서 총격사고로 죽는다. Egge백작은 병에 걸려 사망하기 전에 낮은 신분의 남자와 결혼하려는 막내딸의 결혼을 승낙한다.

이 소설은 계급 넘어선 사랑 이야기 그리고 당시 대부분의 남성들이 관심을 갖고 있는 사냥에 대한 이야기를 담고 있어 대중적인 인기를 얻었으며 고향소설「Schloß Hubertus」는 1934년, 1954년 그리고 1973년에 영화로 제작되었다. 세 편의 감독과 출연진 그리고 촬영 장소는 달라지만 영화 내용은 거의 유사하며 세 편 모두 고향영화로 간주되고 있다.

고전적인 고향영화의 특징은 농촌 가정과 산악 세계를 전통이 전승되고 항상 화합적인 성격이 함축되어 있는 이상적인 공동체로 묘사하고 있다는 점이다. 고향영화의 주요 촬영대상인 농촌과 산악 세계에 대한 이러한 묘사는 19세기의 고향에 대하여 많은 관심을 가졌던 시민층이 이상적으로 상상하였던 공간에 대한 인식과 비슷하다. 다만 하나의 스토리를 갖춘 영화의 소재가 되기 위해서 선과 악의 대결 그리고 관람객의 흥미를 줄 수 있는 서사 구조가 제시될 필요가 있고, 이것이 고향영화의 영화 장르적 특징을 보여준다.

고향영화에서는 앞에서 강조하였듯이 전원적인 농촌 생활 혹은 산촌 생활이 배경으로 등장한다. 다만 눈사태 등의 자연의 위협에 의하여 목가적인 생활이 파괴되면서 시련이 시작된다. 여기서 자연의 폭력적인 힘이 등장하게 되는 계기는 마을의 일부 나쁜 무리들이 자연적 질서를 해치거나 전통을 파괴하는 등의 원인을 제공하였다고 설정하는 경우가 일반적이다. 이들이 영화에서 악당 역할을 하고 주인공들은 전통 친화주의자이며 마을의 질서를 존중하는 존재로 묘사되었다. 주인공들은 악당과의 싸움에서 승리하여 마을을 과거 목가적이고 이상적인 상태로 되돌린다는 방식으로 영화의 이야기를 전개하고 있다.

다만 고향영화에서는 서부영화처럼 명확한 선과 악의 대결을 제시하기도 하지만 또한 명확한 악을 제시하지 않고 대도시의 유혹 혹은 전통의 파괴라는 것에 유혹된 주인공을 등장시키는 경우도 있다. 특히 자연의 위협과 대결을 하는 과정에서 기존 삶에 대한 회의 혹은 도시에 대한 유혹에 빠진 주인공이 다시 고향 마을로 돌아오는 이야기 전개도 고향영화 장르에서 자주 등장한다. 예를 들어, 1934년 제작된 고향영화에서 'Der verlorene Sohn (잃어버린 아들)'[19]에서 이러한 전형적인 고향영화 장르의 모습을 볼 수 있다.[20]

이 영화의 무대는 알프스 산촌 마을이고 주인공은 Tonio로 그는 아버지의 농사일을 도우면서 벌목공으로 생활하고 있으며 마을의 목각 십자가 조각가의 딸인 Barbl과 연인 사이이다. 어느 해 그는 미국에서 온 관광객 모녀(Hobley와 그녀의 딸 Lilian)의 산악 등반에 안내 요청을 받는다. Tonio는 그의 친구 Jörg과 함께 등반 안내를 하였으나 눈사태로 Tonio는 미국인 모녀를 구했으나 친구를 구하지 못했다.

두 번째 무대는 뉴욕으로 Tonio는 미국으로 이주하고 그곳에서 특별한 일자리를 찾지 못해 노동자로 일하고 심지어 권투선수로 생계를 이어간다. 권투경기장에서 우연히 등반 안내를 했던 Lilian을 만나고 그녀를 통해서 미국의 상류사회에 진출하게 된다. 그러나 Lilian이 Tonio에게 결혼을 신청한 그 공간에서 그는 고향마을의 Rauhnacht[21]에 사용하는 탈Sonnenmaske을 발견한다.

마지막 세 번째 무대는 고향마을로 Tonio는 고향마을로 돌아와 Rauhnacht

---

19 YouTube(https://www.youtube.com/watch?v=vnFKJtf_gak)에서 시청할 수 있다.
20 영화는 YouTube(https://www.youtube.com/watch?v=vnFKJtf_gak)에서 시청할 수 있다. 이 영화의 감독은 위에서 언급한 영화 〈Der Rebell〉의 감독을 맡은 Luis Trenker이다. 그의 영화 예를 들어 〈Der Rebell〉은 나치정권의 선전장관이었던 Gobbels로부터 칭송을 받았으며 또한 나치시대 영화 제작 기관에 참여하였다. 이러한 이유로 현재까지도 독일문화계에서 지속적으로 논쟁의 중심에 있는 인물이다.
21 독일을 비롯하여 중부 유럽국가에서 연말과 연초 사이에 개최되는 축제이다. 이 단어의 복수인 Rauhnächte는 유럽의 기독교적 세시풍속의 하나로 크리스마스와 공현 축일(1월 6일) 사이 12일간의 밤을 의미하며 일반적으로 이 의례를 전승하는 지역 주민들은 이 시기 밤에 악령이 나온다고 믿는다. Ostwald Adolf Erich(begr.), *Wörterbuch der deutschen Volkskunde*, Stuttgart, 1974(3. Aufl.), pp.665, 'Rauchnächte'을 참조하였다.

축제에 참여하고 축제의 왕으로 선정되어 Sonnenmaske탈을 쓴다. 그리고 축제가 끝나고 탈을 반납한 이후 자정미사에 Tonio는 연인인 Barbl과 함께 교회에 입장하면서 영화는 끝을 맺는다.[22]

이 영화는 전통적인 축제 그리고 탈을 영화에 중요 소재로 삼아 이야기를 전개하였고 또한 뉴욕이라는 대도시를 부정적으로 묘사했다는 점에서 전형적인 고향영화로 평가 받을 수 있다. 또한 1934년 제작 당시의 시대적 분위기도 일정 부분 읽을 수 있는 영화이다. 다만 이 영화는 전후戰後 연합군에 의하여 미국을 부정적으로 묘사했다는 근거로 상연 불허 판정을 받았다. 전후戰後 고향영화도 일정 부분 변화가 진행되었는데, 이는 고향에 대한 독일 사람들의 인식 변화와 일정 부분 연관이 있다.

1950년대부터 고향영화는 전성기를 맞게 된다. 당시 독일은 라인강의 기적으로 급속한 경제 성장이 진행되었던 시기였다. 또한 영화를 상영할 수 있는 시설이 급속히 증가하여 1952년에 당시 서독지역에 6,239개 극장이 운영되었고 이 시기에 매년 130~150편의 고향영화가 제작되어 상영할 정도로 대중적으로 인기가 많았다. 특히 당시 미국, 영국 등의 연합군은 UFA의 영상 자료(시나리오, 필름 등)의 활용을 허가되었고 나치시대에 영화를 제작한 감독들에게도 영화 제작이 허용되어서 단시간에 많은 고향영화가 제작될 수 있었다.

고향영화에 대해서는 앞에서 언급하였듯이 다른 영화장르보다 활발하게 진행되고 않고 있다.[23] 다만 고향 그리고 대중매체에 대하여 일찍이 관심을

---

[22] 고향영화의 장르적 특성 그리고 영화 〈Der verloren Sohn〉에 관한 서사 분석은 Ludwig-Uhland-Institut für Empirische Kulturwissenschaft der Universität Tübingen(Hrsg.), *Der Deutsche Heimatfilm. Bilwelten und Weltbilder. Bilder, Texte, Analysen zu 70 Jahren deutscher Filmgeschichte.*, Tübingen, 1989, pp.28~29을 참고하였다.

[23] 대중적인 인기를 얻었던 영화장르에 대하여 영화전문가들이 다른 장르보다 상대적으로 적게 갖고 있는 현상에 대하여 지식인들의 취향에 고향영화가 맞지 않았다고 비판적 진단을 할 수 있다. 이에 관해서는 Wolfgang Kaschuba, "Bildwelten als Weltbilder", Ludwig-Uhland-Institut für Empirische Kulturwissenschaft der Universität Tübingen(Hsg.), op. cit,, p.7.

갖고 연구한 Tübingen연구소에서 고향영화에 대한 연구를 진행되었다.[24] 연구 대상과 방법은 고향영화의 장르적 특징 그리고 EKW의 다른 미디어 연구처럼 내용분석을 중심으로 진행되었다.

연구 목적은 주로 고향영화의 대중적 성공 요인에 대한 분석으로 고향영화에서 표현된 인물과 내용은 당시 대중들의 꿈과 욕망이 내재되어 있다고 전재하고 이를 분석하였다.[25] 다음으로 고향영화에서 표현된 규범, 갈등, 이념 등을 분석하였다. 이를 통하여 시대별 사회적 관계의 특성과 변화를 연구하였다.[26] 또한 시대의 정치적 문제를 표현하지 않은 고향영화의 사물화 현상에 대한 비판적 작업도 진행하였다.

EKW에서는 1950~60년대 독일의 고향영화 전성기의 대중화의 성공 요인으로 다섯 가지를 제시하였다.

첫 째로 전쟁으로 인한 이주와 새로운 고향을 고향영화에서 제시하였다. 당시 패전으로 끝난 전쟁 이후 1,000만명 이상의 독일 주민들이 이주하였으며 전쟁에 참여한 군인들도 그들이 돌아온 고향은 폐허가 되었고 심지어 가족과 헤어지는 경우가 많았다. 고향영화에서는 이러한 비극적 상황과 새로운 고향을 찾는 내용을 영상에 담았다. 예를 들어, 고향영화 〈Grün is die Heide〉에서 전후 소련 영토가 된 지역에서 거주하였던 만석꾼이 서독 지역으로 이주하고 그곳 마을의 소시민으로 적응하면서 새로운 삶을 시작한다는 내용을 영상에 담았다.[27]

---

[24] 고향 혹은 대중매체에 대한 독일민속학계 연구는 활발하게 전개되고 있으나 고향영화에 대한 연구는 EKW에서만 진행되었다. 학생들의 교육의 일환으로 실시된 프로젝트에서 진행되었다. 프로젝트 결과물은 Ludwig-Uhland-Institut für Empirische Kulturwissenschaft der Universität Tübingen (Hrsg.), op. cit.

[25] 독일의 사회학자이며 영화 이론가 Siegfried Kracauer는 '대중적인 영화는 대중적인 소망과 일치한다'라는 주장에 나타나 있듯이 고향영화의 대중적 히트는 당시 대중들의 소망 혹은 희망을 표현하고 있기 때문이다. Siegfried Kracauer, *Theorie des Films*, Frankfurt 1985, p.223.

[26] EKW의 고향영화 연구 대상의 선정 배경과 방법에 관해서는 Wolfgang Kaschuba, "Der Deutsche Heimatfilm – Bildwelten als Weltbilder", op. cit., pp.831~832.

[27] YouTube(https://www.youtube.com/watch?v=1ReZIMmD_8E)에서 시청할 수 있다.

두 번째로 부부와 가족의 행복을 영상에 담았다. 전후戰後 전쟁 미망인 그리고 가족의 해체와 갈등 문제는 독일이 처한 가장 큰 사회적 문제였다. 1950년대 제작된 고향영화 중에 30% 이상은 사랑과 결혼이 주제였고 연인 혹은 가족 간의 갈등은 항상 'Happy End'로 끝나도록 설정하였다.

〈Schwarzwaldmädel(흑숲의 소녀)〉는 1950년 제작되어 1,600만명의 관객이 관람하였고 1951년에 Bambi영화제의 최우수 영화로 선정되었던 당시 최고의 히트작이다. 이 영화는 Schwarzwald출신의 여자주인공 Bärbele Riederle과 젊은 화가 Hans Hauser의 사랑 이야기를 담은 고향영화이다.[28] 여자주인공은 보석상 Bussmann의 비서 역할로 등장한다. 첫 장면에 화려한 무도회와 보석상으로부터 보석을 빌려서 파티에 참석한 아이스쇼의 스타 Malwine Heinau 그리고 그의 친구인 화가 Hans가 이 무도회에 참석한다. Hans는 첫 만남에서 Bärbele에게 관심을 갖게 된다. Bärbele는 상을 타서 고향마을이 있는 Schwarzwald로 휴가를 가고 보석상 그리고 Hans 그리고 스타 Malwine도 휴가 혹은 보석과 관련된 문제로 Schwalzwald로 떠나게 된다. 이 과정에서 이들은 색다른 경험을 하고 보석상은 친구인 Hans와 Malwine를 화해하려는 시도도 한다.

Bärbele는 고향마을의 축제인 Cäcilienfest에서 흑숲의 여왕으로 선발되고 축제의 무대에서 Hans와 춤을 춘다. 그리고 보석상 Bussmann 아이스쇼의 스타에게 사랑을 고백하는 장면으로 끝을 맺는다. 네 명의 남성과 여성의 사랑의 갈등이 마무리에 해결되고 특히 마을의 축제라는 무대가 해결의 장소로 활용되었다. 또한 전전戰前 고향영화의 두대인 마을은 다양한 사람들의 생활 공간으로 묘사되고 있으나 1950년대 영화의 무대인 마을은 화려하며 특정 주민들의 코믹한 이야기를 소재로 다루고 있다.

세 번째로 고향영화에서는 부유함과 사회적 성공을 영상에 담았다. 고향

---

28 YouTube(https://www.youtube.com/watch?v=566UGG28e8k)에서 시청할 수 있다.

영화에 등장하는 인물들은 화려한 의상을 입었고 좋은 자동차로 이동하고 고향의 경치가 많이 남아 있는 고장을 여행하는 장면을 영상에 담아 당시 관람객의 부와 축적 그리고 사회적 성공의 꿈과 희망을 영상에 담았다.

이는 위에 언급한 영화 〈Schwarzwaldmädel〉에서도 화가, 보석상 등의 화려한 직업에 종사하는 사람들이 주요 역할을 하였고 화려한 무도회, 풍요롭고 전통이 전승되는 마을을 묘사하는 장면에서 고향영화의 이러한 특징이 잘 보여주고 있다. 이외에도 당시에 제작된 고향영화에서는 오토바이 혹은 자동차 특히 당시 독일사람들에게 최초 국민차로 평가받는 딱정벌레차Käper가 많이 등장하는 배경에도 고향영화의 특성이 잘 드러나고 있다.

네 번째로 여가시간에 대한 낭만을 고향영화에서 주요 소재로 다루었다. 주로 많은 고향영화에서는 자연적 환경이 그대로 보존되어 있는 지역 그리고 아직도 전통적인 축제와 민요가 불리우고 있다고 생각하는 지역을 관광하는 내용을 많이 담았다. 바이에른 지방의 위치한 König호수를 배경으로 하는 고향영화 특히 Immenhof라는 가상의 농촌주택단지를 배경으로 하는 고향영화가 많이 제작되었다. 예를 들어, 1955년에 〈Die Mädels vom Immenhof(Immenhof의 소녀들)〉, 1956년에 〈Hochzeit auf Immenhof(Immenhof에서의 결혼식)〉, 1957년에 〈Ferien auf Immenhof(Immenhof에서 휴가)〉가 제작되어 상영되었다.

또한 1950년대 후반부터 섹스를 소재로 다룬 고향영화가 등장하기 시작하였는데, 이는 당시 자유스러운 여가시간에 대한 관람객의 관심을 영상으로 표현한 것으로 생각된다. 섹스를 소재로 담은 고향영화는 1960년대 많이 제작되었고 심지어는 고향영화 하부 장르로 'Lederhosen Sexfilm'[29]가 있다는 비판을 받을 정도였다. 또한 1960년대 이후에 제작된 고향영화 속에 마을은 목가적이고 공동체적 생활보다는 마을 주민간의 갈등이 표출되

---

29 Lederhose는 알프스 지방 특히 바이에른 남성들이 입은 바지이다, 다만 이 단어는 독일의 중북부 지역의 사람들이 바이에른 사람들을 조롱할 때 즐겨 사용한다.

는 공간으로 묘사되었다.

1950년대 제작된 고향영화는 사회적 갈등 예를 들어, 전전戰前 세대와 전후戰後 세대와의 갈등 문제 혹은 원주민과 이주민과의 갈등 문제 등에 대해서는 거의 다루지 않았다. 일부 고향영화에서는 이러한 문제를 영화에 담았지만 전전戰前 세대의 전통적인 규범에 따라 문제 해결되어 Happy- End로 끝나게 설정되었다.

당시 고향영화의 다른 문제점으로는 당시 많은 고향영화의 촬영 대상은 Schwarwald 혹은 Bodensee 등의 유명 관광지였다. 이는 당시 고향영화가 하나의 예술영화라기보다는 관광 홍보용으로 제작되었다는 비판을 받을 수 있다.

마지막으로 고향영화에는 지역의 축제 혹은 특정 세시풍속을 영상에 담았지만, 이러한 민속에 내재되어 있는 문제, 예를 들어 지역의 계급 문제를 영상에 담지 않았다. 이 외에도 고향영화에 표현된 민속에 대하여 마을 내부 혹은 외부에서의 변화 요구를 부정적으로 표현하였고 심지어는 지속 내지는 복구되어야 할 대상으로 묘사되었다.[30]

1970년대 이후 독일의 고향영화는 농촌의 갈등 문제 혹은 외국 노동자들의 적응 문제를 주제를 다루고 있어 정체성의 혼란이 있었고 대중적 인기 그리고 제작 편수도 이전보다 훨씬 줄어들게 되었다. 또한 이 시기에 독일에서는 텔레비전의 보급수가 엄청나게 증가하면서 영화에 대한 관심이 급속하게 줄어들게 된다.

1980년대 들어서 독일 경제가 비약적으로 성장하면서 고향에 대한 새로운 관심이 등장하게 되었고 이는 TV드라마의 소재로 표현되었다. 고향을 소재로 하여 대중적인 인기를 얻어 TV드라마로는 〈Die Schwarzwaldklink(흑숲의 병원)〉을 들 수 있다. 이 드라마는 주 1회 방영된 주말드라마이었으

---

30 Wolfgang Kascuba, 〈Der Deutsche Heimatfilm – Bildwelten als Weltbilder〉, op. cit., pp.839~840.

며 1984년부터 1987년까지 제2국영방송ZDF에서 총 70회가 방영되었다. 시청률이 60%이상일 정도로 대히트를 기록하였다.[31] 참고로 1986년 당시 독일의 국가적 영웅으로 대중적 인기를 모았던 테니스 선수 Boris Becker이 참가한 윔블던테니스 대회 결승전 시청률이 38%였다.

이 드라마의 줄거리는 도시에서 활동하였던 유능한 외과의사인 Klaus Brinkmann이 고향 마을로 돌아와 그곳에 종합병원의 원장으로 취임하고 그곳에서 여러 종류의 사람들을 치료하면서 발생하는 다양한 이야기 그리고 고향 주민들과의 일상적 이야기 등으로 구성되어 있다.

〈Die Schwarzwaldklink〉는 1950년대 고향영화의 소재를 많이 활용하였다. 우선 주요 촬영 장소였던 Schwarzwald를 촬영 무대로 선정하였으며 주인공 Brinkmann박사가 거주하는 공간은 Schwarzwald에 위치한 Schluchsee에 있는 향토박물관 'Hüsli'이었고 그의 결혼식은 지역의 바로크식 교회인 'St. Peter'에서 진행되었다. 또한 드라마의 도입부 영상에 병원 모습, 주변의 호수, Brinkmann박사의 거주지 등 주요 활동 무대를 하이앵글로 엑스트림 롱 숏ELS으로 보여주는 것에 고향영화로써 성격이 잘 보여지고 있다.[32]

고향을 소재로 한 TV드라마에 대해서도 EKW는 관심을 갖고 연구하였다. 1970년대 이후 EKW는 독일 사람들의 일상생활에 대하여 활발하게 연구하였다. 1950년대 이후 기존 독일민속에 대한 비판적 연구 그리고 민속의 활용에 대한 연구에서 일반 독일 사람들의 일상생활에 대한 연구로의

---

31 본 연구에서는 Michael Prosser, "Das Phänomen "Schwarzklinik", Landesstelle für Volkskunde Freiburg badisches Landesmuseum Karsruhe und der Landestelle für Volkskunde Stuttgart Württemberisches Landesmuseum Stuttgart(Hrsg.), *Beiträge zur Volkskunde in Baden- Württemberg, Band5*, Stuttgart, 1993, pp.97~143을 주로 참고하였다. Michael Prosser는 EKW의 연구 활동과 직접적인 관련이 없으나 인용된 글에서 EKW의 미디어 연구 방법 특히 Bausinger의 미디어 연구 방법을 주요 방법으로 활용하였기 때문에 TV드라마의 EKW 연구 방법으로 간주하였다.
32 'Schwaldklinik' YouTube에서도 시청가능하다. 예를 들어, 1985년10월22일에 방영된 1편의 제목은 '고향에 돌아오다(Heimkehr)'이며 https://www.youtube.com/watch?v=k0uvOaC4cTQ에서 볼 수 있다.

변화였다. 이러한 변화는 일상생활이 당시 독일 학계의 새로운 패러다임으로 자리 잡았고 또한 사회과학을 추구하려는 EKW의 연구 목적과 연관되어 있다.[33]

EKW에서는 일상생활을 체계적으로 연구하기 위하여 신문, 텔레비전 등의 대중매체의 역할과 기능에 대해서도 관심을 가졌다. 당시 일상생활을 체계적으로 연구하기 위하여 대중매체의 기능과 역할을 강조한 Bausinger는 대중매체와 이용자의 다양성을 고려할 필요가 있다고 주장하였다. 그는 먼저 신문, 라디오, 텔레비전 등 대중매체의 형태는 다양하며 매체 특성에 따라 일상생활 속에서 다양한 기능을 수행하고 또한 사람들은 일상생활 속에서 다양한 방법으로 미디어를 활용한다는 특성을 인식할 필요가 있다고 보았다. 그는 대중매체는 일상생활 속에 개인들의 여러 가지 욕구와 관심을 충족시키며 충족시키는 방법도 매체마다 다양하고 이러한 방향으로 대중매체와 일상생활에 대하여 연구할 것을 주장하였다.

이 TV드라마에 분석에서 주목할 부분은 시청자의 특성과 반응에 대한 조사와 연구를 들 수 있다. 1985년 당시 이 드라마의 시청자의 특징으로 시청자의 45.3%가 여성시청자, 8.5%가 남성 시청자였고 연령대별로는 30세에서 49세까지 41%, 50세 이상이 36.4%로 조사되었다.

시청자의 특징에 대한 또 다른 조사로는 TV프로그램 관련 전문 잡지 그리고 신문, 일반 잡지 등에 실린 드라마에 대한 시청자의 의견을 들 수 있다. 예를 들어, 이 드라마는 '미국 드라마 〈Dallas〉'와 달리 독일사람들의 삶을 표현하고 있다', '이 드라마는 시청자들을 일상생활의 스트레스를 잊고 푸근하게 하면 마치 성스러운 세계heilig Welt로 보여주는 것 같다.'는 의견이 많이 제시되었다. 이 외에도 드라마 등장하는 특정 인물에 대한 평가 혹은 내용 전개에 대한 불만 혹은 드라마 전개의 방향 제시 혹은 예측 등

---

[33] 이상현, 「독일 민속학개론서의 일상문화와 민속학연구소의 일상문화 : Tübingen대학 민속학연구소의 활동을 중심으로」, 『비교민속학』 60, 비교민속학회, 2016, 287~318쪽.

에 대한 의견이 제시되었다. 시청자의 의견 조사를 통하여 시청자 개인의 꿈과 욕망을 파악할 수 있다. 또한 이들이 상상하는 고향에 대한 인식도 분석할 수 있다.

본 연구에서는 촬영 장소인 Glotterral에 찾은 관광객에 대한 참여관찰 조사를 하였는데 이는 시청자들의 직접적인 반응을 조사하기 위한 목적으로 진행되었다. 일단 촬영지를 찾는 관광객을 TV관광객이라고 명명하고 관광객의 수 그리고 이들의 행동 특징을 유형별로 기술하여 분석하였다.

당시 Glotterral 방문한 관광객은 드라마 방영 이전보다 40% 증가하였다. 구체적으로 1986년 봄 성심강림절Pfingsten 연휴에 20만명이 방문하였다. 관광객의 행동으로는 드라마의 특정 장소를 찾는 관광객, 실제로 운영 중인 재활병원을 찾아 병원 측과 갈등을 빚는 관광객, 지역관광 상품 판매점의 상품 품목의 변화, 예를 들어 관광 우편엽서의 소재 변화 등을 조사하였다. 다만 TV관광객에 대한 조사 중에는 이들의 의견을 묻는 조사는 진행되지 못하였다.

이 외에 〈Die Schwarzwaldklink〉에 관한 대중잡지들의 보도도 조사하였다. 이들 잡지는 주로 매회 드라마의 줄거리, 촬영 상황 그리고 촬영 후일담에 관한 이야기, 출연 배우들의 이야기 등을 기사에 실었다. 이에 대한 조사는 당시 많은 사람들이 본 드라마가 일상적인 이야기의 주요 주제로 작용하기 때문에 일상생활의 이야기 소재 분석을 위하여 실행되었다.

4. 마무리

본 연구는 독일의 고향영화의 역사와 특징을 분석하기 위한 목적으로 진행되었다. 고향영화란 고향을 소재로 한 영화이다. 다만 고향이란 실재의 공간이기보다는 고향을 떠난 사람 혹은 도시에 살고 있는 상상의 공간이며 고향영화란 이들의 상상을 확인시켜주는 기능을 수행하였다.

　독일의 고향영화는 20세기 초반부터 제작되기 시작하여 1950년대에는 천만 명 이상의 독일사람들이 관람한 고향영화가 있을 정도로 대중적 영화 장르였다. 이에 대해서는 독일 학계에서 활발하게 연구되고 있지 않았고 독일민속학계에서도 거의 연구되고 있지 않았다. 다만 EKW에서는 1950년대부터 고향에 대한 인식이 형성되는 배경과 목적 등에 대해서 조사하였고 또한 라디오 LP 등의 대중매체에 대해서도 연구하였고, 이러한 연구 결과를 바탕으로 고향영화에 대해서도 조사 연구를 하였다.

　다만 고향영화에 대한 자료가 많지 않고 구입하기도 쉽지 않아 고향영화를 상세하게 소개하지 못하였다. 또한 고향에 대한 다른 독일민속학자의 연구 그리고 이들의 대중매체에 대한 연구가 본 연구에서는 제시되고 있지 않아, EKW의 연구 특징 그리고 한계를 구체적으로 제시하지 못하였다. 이러한 이유로 본 글의 논지 전개가 특정 연구소의 연구 경향을 소개하는 연구 노트 수준에 머물러 있다고 생각한다.

　이러한 한계에도 불구하고 본 연구는 실천민속학의 학술대회 주제인 '레트로와 뉴트로, '민속'의 상품화' 중 레트로 현상의 발생 배경 그리고 민속학의 연구 가능성을 타진하는 데 도움을 줄 수 있을 것으로 생각한다. 예를 들어, 전원일기와 같은 고향드라마에 대한 민속학연구의 연구 가능성의 타진 나아가 연구 방법의 제시에도 본 연구가 일정 부분 기여할 수 있을 것으로 기대한다.

제11장

20세기 후반
문경도자기의 기종과 정체성 변화*

서 별

1. 문경지역 전통도자기와 사기장의 현황소개

문경지역의 사기장들은 오래전부터 일상생활에서 사용되는 전통백자를 제작해왔다. 박물관에 소장된 백자 유물들처럼 맑은 색과 화려한 문양을 가진 것은 아니지만, 양념이나 국물이 스며들지 않고 오래 쓸 수 있다는 장점을 가진 문경지역의 도자기는 1950년대 이전까지 일반인들이 사용하는 대표적인 식기류였다. 이 시기의 문경지역 도자기는 '사기'라 불렸으며, 부상負商을 의미하는 '등금장수'를 통해 여러 지역으로 판매되었다. 문경지역의 사기장들은 일제강점기와 분단이라는 역사의 변곡점을 거치고 왜사기를

---

* 이 글은 「20세기 후반 문경도자기의 기종과 정체성 변화」, 『비교민속학』 제75호, 비교민속학회, 2022, 247~293쪽에 게재된 논문을 수정·보완한 것임.

비롯한 다양한 소재의 식기류가 저렴한 가격에 공급되면서 위기를 맞았으나, 이를 극복하고 오늘날까지 전통기술의 맥을 잇고 있다.

'점놈'이라 불리며 천대받던 사기장들은 전통기술 보존에 대한 관심이 높아지고 뛰어난 기술을 가진 장인과 예술가를 보호, 지원하는 무형문화재 제도가 생기면서 예전과 다른 위상을 가지게 되었다. 2021년 현재 문경에는 1명의 국가무형문화재 사기장과 4명의 경상북도 무형문화재 사기장이 활동하고 있으며, 이들은 각자 다른 배경을 가지고 있음에도 전통기술의 원활한 전승이라는 공동 목표를 달성하기 위해 노력하고 있다. 전통기술 보존을 주도하는 사기장들의 삶과 그들이 가진 지식을 연구한다면, 문화를 구성하고 소비하는 인간의 의식이 사물과 어떤 관계를 형성하고 있는지 좀 더 깊이 이해할 수 있을 것이다.

현재 문경지역에서 생산되는 도자기 가운데 가장 잘 알려진 것은 찻사발을 비롯한 다기류이다. 문경지역의 사기장들이 결성한 문경도자기협동조합과 문경시의 지원을 받아 성장한 '문경찻사발축제'는 문경지역 도자기의 인지도를 크게 끌어올렸다. 하지만, 원래 문경지역의 사기장들이 생산했던 식기류 대신에 다기가 중심이 된 것은 의문스러운 부분이다. 또한, 현재 문경시에서 제작되는 기종 가운데 일부는 『문경지역 도요지 지표조사보고서』에서 소개된 유물과 다른 형태를 가지고 있는데도 이러한 제품들이 어느 시점부터 등장했는지를 다룬 연구는 거의 없다. 이 지점에서 전승지식과 전승문화를 연구하는 민속학이 유효한 역할을 할 수 있는데, 제작자와 사용자의 목소리에 귀를 기울임으로써 도자기 유물만을 연구하는 것으로는 밝힐 수 없는 중요한 요소들을 포착할 수 있기 때문이다.

실제로 전통의 맥을 잇고 있는 당사자의 목소리는 장기적인 전승 방향을 설정하는 데 매우 중요한 역할을 함에도 불구하고 제대로 주목받지 못했다. 전통기술이나 전통예술은 그것을 수행하는 기능보유자를 둘러싼 사회적 맥락과 불가분의 관계이나, 이러한 부분에 주목하는 연구는 소수인 것이 실정이다. 게다가 지금까지 민속학의 무형문화재, 무형문화유산에 대한 관심은 대부분 연행예술에 집중되었다. 하지만 무형문화유산은 매우 광범한 영역에 걸쳐 분포하고 있기에 민속지식, 혹은 전승지식을 활용하여 공예품을 만드는 전승문화에 대해서도 민속학적 관심이 절실하게 요청된다. 왜냐하면, 사기장들이 생산하는 도자기는 전승적 생산문화에 포함되어 있으므로 도자기만 따로 떼어서 연구하면 문화적 맥락을 이탈하여 해석에 한계를 드러내기 때문이다. 그리고 문경도자기는 지역을 단위로 하여 다수의 사기장이 생산하는 대표적인 도자기이기 때문에, 이에 대해서는 전승문화를 연구하는 민속학적 접근이 필요하다.

문경지역 도자기를 다룬 기존의 성과는 크게 세 분류로 나눌 수 있다. 첫 번째는 도자사적 관점에서 접근한 연구인데,[1] 문경도자기와 관련된 내용이 부족하고 사기장들의 역할이나 그들의 삶에 대한 탐구는 거의 이루어지지 않았다는 점에서 보완될 필요가 있다. 두 번째는 문경지역에서 출토된 유물과 유적을 통해 그 특징을 분석한 연구로,[2] 문경도자기의 특성과 제작 방식을 상세하게 다루었으나 20세기 후반에 새로이 등장한 기종들에 대한 분석과 실제로 그것을 만들고 사용한 사람들의 경험담이 보충되어야 한다. 세 번째는 문경에서 활동했거나 활동 중인 사기장들의 생애사와 도자기 제작 기술에 중점을 둔 연구이다.[3] 이러한 작업은 무형문화재 기능보유자들

---

[1] 강경숙, 『한국 도자사의 연구』, 시공아트, 2000; 방병선, 『순백으로 빚어낸 조선의 마음, 백자』, 돌베개, 2002; 방병선, 「『하재일기』를 통해 본 조선 말기 분원」, 『강좌미술사』 34, 한국불교미술학회, 2010.

[2] 권병탁, 『전통도자의 생산과 수요』, 영남대학교 민족문화연구소, 1979; 문경시, 『문경지역 도요지 지표조사보고서』, 경상북도문화재연구원, 2002; 임세권·조규복·김영아·김성영·안선우·최유라, 『문경용연리백자공방』, 안동대학교박물관, 2007; 김남희, 「조선 말기 문경 관음리 망요 연구」, 고려대학교 고고미술학과 석사학위 논문, 2013; 김남희, 「조선 말기 망동요(望同窯)의 재현(再現)과 실연(實演)」, 『도예연구』 23, 이화여자대학교 도예연구소, 2014; 김남희, 「조선 말기 망동요의 기원과 전개」, 『한국학연구』 49, 고려대학교 한국학 연구소, 2014; 김현아, 「20세기 이래 고려청자 그리고 고려다완, 왜 만들게 됐나」, 『일본연구』 77, 한국외국어대학교 일본연구소, 2018.

[3] 정명호, 「사기장 명칭과 제조기술에 관한 연구」, 『역사와실학』 5·6, 역사실학회, 1995; 김경

의 내력을 상세하게 소개하고 현장의 용어들을 보존하는 데 기여했지만, 사기장 개인에게 초점을 맞춘 만큼 보다 거시적인 관점에서 문경도자기의 기종과 정체성이 거쳐 온 변화까지 포착하지는 못했다.

에릭 홉스봄은 『만들어진 전통』에서 "통상 낡은 것처럼 보이고 실제로 낡은 것이라고 주장하는 이른바 '전통들'은 실상 그 기원을 다져보면 극히 최근의 것일 따름이며, 종종 발명된 것이다."[4]라고 주장했다. 또한, 전통적이라고 인식되는 대상들은 실제로 과거와 연속성을 가지고 있다기보다는 국가를 비롯한 권력의 주체들이 인위적으로 만들어낸 가공의 산물이라고 보았다. 이와 비슷한 관점은 원형이나 전형을 다루는 연구에서도 드러나는데, 전통예술이나 전통기술이 가진 권위는 그 자체에 내재한 것이라기보다는 무형문화재 제도에 의해 부여되는 것으로 이해된다.[5] 이러한 입장을 수용하면 논의의 초점은 무엇이 전통인지를 밝히는 것에서 대상이 현시대 상황에 이르기까지 영향을 준 요인들을 조명하는 쪽으로 이동한다. 그렇다면 문경도자기의 정체성을 논할 때도 전통성의 유무를 주장하는 것보다는 그것을 둘러싼 문화와 여러 주체들의 이해관계가 중요하다.

문경지역 도자기의 제작 전통과 정체성을 연구할 때는 식기류를 주로 생산하던 시기와 다른 사회적 · 경제적 · 정치적 요인이 작용하던 시기를 구분하여 접근해야 한다. 이를 위해서는 특정 시기의 상황을 문경도자기 전체의 경향성으로 확대해석하기보다는 특정한 역사적 사건이나 환경의 영향을 받아 기종, 혹은 정체성이 달라지는 과정에 주목할 필요가 있다. 문경도자기의 정체성이나 성격 변화와 관련 있는 중요한 요소는 1960년대 초의

식, 「경상북도 문경지역 도자제작의 역사와 사기장인의 역할」, 『한국도자학연구』 14, 한국도자학회, 2017; 손연숙, 「백산 김경옥의 생애와 사상연구」, 『차문화 · 산업학』 22, 국제차문화학회, 2012; 이진수, 「도천 천한봉의 전통 찻사발 제작에 관한 연구」, 『차문화 · 산업학』 25, 국제차문화학회, 2014; 경상북도, 경상북도도예가협회, 『사람은 그릇을 만들고 그릇은 사람을 만든다』, 경상북도, 2020.

4　에릭 홉스봄 외, 박지향 · 장문석 옮김, 『만들어진 전통』, 휴머니스트, 2004.
5　정수진, 『무형문화재의 탄생』, 역사비평사, 2008; 『문화유산의 근대와 탈근대』, 민속원, 2021.

도자기 수요 감소와 1996년에 있었던 김정옥의 국가무형문화재 사기장 인정이다. 따라서 이 사이의 시기를 과도기로 설정하고, 그 이전의 시기는 근대로 명명하여 무엇이 달라졌는지 비교, 규명하고자 한다.

근대는 한국전쟁이 일어났던 1950년 이전으로 설정했는데, 이 시기를 기점으로 도자기 수요가 눈에 띄게 감소하고 주요 생산 품목도 달라졌기 때문이다. 급격한 환경 변화로 인해 문경지역의 도자기는 분업이라는 제작방식과 재료, 기술과 같은 여러 분야에서 새로운 국면을 맞이했다. 도자기를 찾는 사람이 줄어들었던 것은 이전에도 있었던 현상이지만, 전쟁으로 가중된 혼란과 새로운 기종의 유입은 삶의 근간을 크게 흔들어놓았다. 그러므로 전통기술의 명맥이 비교적 온전히 이어지고 있던 시기를 근대로 설정하여 과도기와 구분하고, 후자의 특징을 구체화하고자 했다.

이 연구의 기본적인 접근방법은 유물과 현지 장인들을 조사하여 문경지역 도자기의 기종과 정체성 변화가 어떻게 이루어졌는지를 해명하는 것이다. 그러므로 이 연구에서 중요한 분석개념은 제작 전통과 정체성 변화이고, 다시 압축하면 전통과 정체성이다. 전통에 대해서는 다양한 정의가 있지만, 여기서는 전통을 시간의 흐름 속에서 축적되어온 정체성이자 시대 상황에 따라서 변하는 실체로 규정할 것이다. 만약 제작 전통에 이질적인 문화와 같은 큰 요인이 작용하면 균열이 발생하거나, 더 나아가서 제작한 물품의 정체성이 달라질 수 있다. 고로 전통은 정체성을 유지하려는 개념으로, 정체성 변화는 전통에 발생하는 커다란 균열과 같은 것으로 이해하고자 한다.

조사 대상자로는 전통기술에 대한 이해도가 높고 그것을 보존할 의무가 있는 무형문화재 기능보유자들을 우선적으로 선별했는데, 영남요를 운영하는 김정옥, 조선요를 운영하는 김영식, 관음요를 운영하는 김선식, 문경요를 운영하는 천한봉과[6] 그의 딸 천경희, 묵심도요를 운영하는 이학천이 여기에 해당한다. 무형문화재 기능보유자들은 대부분 문경지역에서 오랜 시간 동안 대를 이어 도자기를 만들어 왔다는 공통점을 가지고 있다. 다기류가 등장하기 전의 시기는 김정옥과 천한봉, 아버지 세대의 일을 잘 기억하고 있는 이학천과의 인터뷰를 통해 자료를 수집했다. 그 밖에도 문경지역에서 오랜 시간 동안 공방을 운영했던 고령의 사기장으로부터 경험담을 들었다. 현지 조사와 유선 인터뷰를 통해 얻은 자료를 선행연구나 구술 채록집을 통해 사전에 입수한 정보와 교차검증하는 과정을 거쳤으며, 구체적인 분석 방법은 다음과 같다.

첫째, 도자기의 수요가 줄어든 원인을 규명하고 사기장들이 이러한 문제 상황을 해결하기 위해 취한 행동을 당시에 제작된 기물을 통해 설명하고자 한다. 둘째, 문경지역에 다기류가 등장한 배경을 밝히고 기존에 제작되던 도자기와 어떤 점에서 다른지, 둘 사이에 연속성이 있는지 분석하고자 한다. 셋째, 일본 다도문화가 문경지역의 도자기 제작환경에 어떤 영향을 미쳤는지 기종과 소비자의 성격 변화를 중심으로 살펴보되, 한일 간의 인건비와 환율 차이를 중요하게 고려할 것이다. 넷째, 주요 생산 기종이 식기류에서 다기류로 변하는 과정에서 문경도자기의 성격과 정체성이 어떻게 달라졌는지 해석하고자 한다.

2. 사기장들의 생계유지를 위한 대안적 노력

1950년에 발발한 6·25전쟁과 분단은 한국 사회에 큰 상흔을 남겼으나, 이를 극복하고자 했던 국민들의 노력 덕분에 한국의 경제는 조금씩 발달하기 시작했다. 본격적으로 수입되기 시작한 외국의 문물과 기술은 한국인들의 삶의 모습을 크게 바꾸어 놓았다. 문경지역에서 활발하게 생산되었던

---

6 천한봉은 2021년 10월 31일에 별세하여 현재는 천경희가 문경요를 운영하고 있다.

백자 식기류의 소비가 줄어든 것 외에도, 한국인의 의, 식, 주는 빠른 속도로 서구화되었다. 달라진 생활 방식은 도구에 대한 인식도 바꾸었고, 한국인들에게 매우 자연스러웠던 전통기술로 만들어진 생산품들은 조금씩 자취를 감추었다.

문경지역의 도자기는 6·25 전쟁 이전에도 타격을 입은 적이 있는데, 일제강점기에 대량으로 유입된 왜사기가 원인이었다. 엄승희의 논문에 따르면, 일제는 식민지를 원활히 통치하고 전쟁 자금을 조달하기 위해 조선에 공장을 세우고 저렴한 가격의 왜사기를 대량으로 공급했다. 또한, 도자기 조합을 만들어서 사기장의 활동에도 제한을 두었기 때문에 개인 공방을 운영할 수 없어서 이 시기에 백자 전승의 맥이 끊어진 지역이 많았다.[7] 문경지역에도 1930년에 문경도자기조합이 설립되어 사기장들이 자유롭게 활동하기 어려워졌다고[8] 한다. 일본 자본가들이 조선에 설립한 공장을 지원하고, 도자기 원료를 공출하는 일제의 정책으로 인해 지방의 사기장들은 재료를 구하지 못해서 어려움을 겪었다. 설상가상으로 공장에서 대량 생산된 왜사기는 사기장이 손으로 만든 물건보다 우수한 품질을 가지고 있었다. 당시의 도자기는 대부분 등짐장수를 통해 유통되었기에 한꺼번에 많은 제품을 팔기 어렵다는 사실도 경쟁력을 떨어뜨리는 요인 중 하나였다.[9]

왜사기의 등장이 전통기술을 보유한 사기장들에게 큰 타격을 입힐 수 있었던 이유는 기존에 도자기를 완벽하게 대체할 수 있는 식기류가 없었기 때문이다. 유기나 목기가 식기로 사용되기는 했지만, 전자는 일제가 대량으로 공출해가서 매우 귀해졌고[10] 후자는 상대적으로 낮은 품질의 식기로 인식되어 사회적 지위가 낮았던 여성들이 주로 썼다.[11] 왜사기는 기계로 찍어

---

7 엄승희, 「일제강점기 도자정책과 제작구조 연구」, 숙명여자대학교 박사학위논문, 2009.
8 김정옥(남성, 80세, 국가무형문화재 사기장)의 제보(2021.08.19, 영남요).
　김남희(여성, 50세, 국가무형문화재 사기장 김정옥의 딸)의 제보(2021.07.26, 영남요).
9 엄승희, 「일제강점기 도자정책과 제작구조 연구」, 숙명여자대학교 박사학위논문, 2009.
10 김정옥(남성, 80세, 국가무형문화재 사기장)의 제보(2021.08.19, 영남요).

낸 만큼 매끄러운 표면을 가지고 있을 뿐만 아니라 여러 가지 무늬가 들어가 있어서 심미적인 효과 면에서도 전통 도자기를 앞섰다. 석고틀을 사용해서 성형하는 방식이나 비교적 저렴한 비용으로 도자기를 대량 생산할 수 있게 해주는 화학용품은 이 시기에 유입되어 한국의 일부 지역에서 사용되었다. 하지만, 일제는 조선인 사기장들을 고용했으면서도 핵심 기술은 알려주지 않는 폐쇄적이고 소극적인 태도로 일관했다.[12] 또한, 문경에서는 신기술이 활발하게 사용되지 않았던 것으로 보인다. 여기에 대해서는 문경이 산으로 둘러싸인 곳이라 외부 지역과 교류가 어려워서 그랬다는 의견[13]도 있지만, 김남희는 다음과 같은 견해를 보였다.

> 그것은, 굳이 사용할 이유가 없었겠죠. 예를 들어 틀 같은 경우는 석고틀로 만들 수 있는 건 대량생산을 하기 위해서 석고틀을 만든다든가, 특정 형태가 필요할 때 석고틀을 사용하는 경우가 있는데 정교한 형상의 도자기를 만들기 위해 사용했던 석고틀보다 당시에는 그냥 쉽고 편한 대량생산을 위한 석고틀이 사용됐을 거예요. … 그런데 김교수 사기장님은 대량생산을 할 필요가 없었고, 대량생산을 갖추기 위한 작업공간이 아니었고. 그러니까 석고틀을 사용할 필요가 없었겠죠. 두 번째는 석고틀이 아니라 물레로 성형하는 기술을, 아주 장기간 수련을 통해서 하루에 몇백 개쓰 만들 기술이 있는데 굳이 석고틀을 만들어서 도자기를 성형할 필요가 없으셨겠죠. 그리고 화공약품은, 화공약품에 대한 이해가 있었는지 아는데 사용을 안했는지 이건 내가 알 수 없으나 그것 또한 원래 사용하시던 유약, 자연에서 얻은 그런 걸로 수비를 해서 유약을 만드셨는데 그걸 사용하시던 게 있으니까 그냥 꾸준히 쓰셨던 것 같아요.[14]

11　이한승, 「청송 진안마을 옹기 생산의 변화 양상」, 안동대학교 민속학과 석사학위 논문, 2008.
12　엄승희, 「일제강점기 도자정책과 제작구조 연구」, 숙명여자대학교 박사학위논문, 2009.
13　이종규, 「[2009 낙동·백두를 가다(40)전통 도자기 본향, 문경」, 『매일신문』, 접속일자 : 2021. 11.03, http://news.imaeil.com/page/view/2009100107385883789
14　김남희(여성, 50세, 국가두형문화재 사기장 김정옥의 딸)의 제보(2021.11.09, 유선 인터뷰).

김남희의 말에 따르면 문경지역의 사기장들은 이미 전통기술에 익숙해져 있었기 때문에 굳이 새로운 기술을 쓸 필요가 없었던 것으로 보인다. 또한, 문경지역에는 왜사기 공장이 없었다는 사실을 고려하면 기술이 있어도 그것을 실현할 수 있는 환경이 뒷받침되지 않았을 것으로 추정된다. 대량생산을 한다고 쳐도 그것을 구매할 수 있는 소비층이 갖춰져 있어야 하는데, 산지인 문경에서 그 정도의 수요가 있었을 가능성은 낮다. 그리고 문경도자기조합을 제외한 도자기 생산 활동이 제한받은 것은 사실이나, 모든 사기장이 개인적으로 작업하는 것을 완전히 그만둔 것은 아니었다. 김교수는 문경도자기조합에 소속되어 일하던 시기에도 혼자서 도자기를 만들었다고 한다.[15] 이러한 요인들 덕분에 문경지역의 전통 도자기 제조 기술은 다른 민요들이 어려움을 겪던 시기에도 명맥을 유지할 수 있었던 것으로 보인다.

　　문경도자기가 더욱 큰 타격을 입은 시기는 사기장들의 회상에 따르면 6·25 전쟁 이후이다. 공방과 집이 파괴되면서 많은 사기장이 삶의 터전을 잃었고 도자기를 구매할 일반인들의 소비력도 축소되었다. 천한봉은 일꾼이 필요하다거나 군 복무를 인정해준다는 명목으로 주민을 끌고 가는 군인들 때문에 어려움을 겪었다고 회상했다.[16] 전쟁이 끝난 후에도 어려운 상황은 변하지 않아서 많은 사기장이 생업을 포기하거나 다른 공방의 일을 해주며 돈을 벌었다. 마침 그 시기의 문경지역에서는 석탄을 캐는 광업이 성황을 이루고 있었기에 많은 사람이 탄광으로 떠났다.[17] 가족 단위의 경영이 이루어지던 소수의 공방을 제외하고는 다수의 도자기 공방이 문을 닫았다.

　　이러한 위기에 박차를 가한 것은 양은과 플라스틱을 비롯한 대체용기의 유입이었다. 전쟁의 상흔은 일반인들의 살림에도 큰 타격을 주었으므로 이들은 실용적이고 값싼 그릇을 찾았다. 무겁고 잘 깨진다는 도자기의 단점

15　김남희(여성, 50세, 국가무형문화재 사기장 김정옥의 딸)의 제보(2021.11.09, 유선 인터뷰).
16　경상북도, 경상북도도예가협회, 『사람은 그릇을 만들고 그릇은 사람을 만든다』, 경상북도, 2020.
17　천한봉, 『그릇과 나의 인생』, 도서출판 호미, 2007.

을 극복한 대체용기들은 가격도 저렴하여 빠른 속도로 시장을 점유해 나갔다. 스테인리스까지 유입되면서 식기로서의 도자기는 완전히 입지를 잃어버렸다. 식기는 단순히 음식을 담는 그릇인 만큼 저장이나 보존 등의 기능이 필요 없었기에 청결하게 유지할 수만 있다면 굳이 도자기를 고집할 이유가 없었기 때문이다. 사발, 대접, 종지, 병, 접시, 대접, 술잔 등 문경에서 흔히 사용되던 식기들은 양은이나 플라스틱, 스테인리스로 만들어도 충분히 제 기능을 했다. 당시에는 현재처럼 전통기술을 보존해야 한다는 인식이 없었고, 환경오염이 심각한 문제로 받아들여지지도 않았다. 소비자들은 대체용기의 장점을 마다하고 사용할 정도의 가치나 기능성을 도자기로부터 발견하지 못했으며, 이러한 상황에서 도자기의 도태는 매우 자연스러운 일이었다고 할 수 있다.

도구의 교체를 수반하는 생활양식의 변화는 기존에 사용되던 물건을 제작하는 생산기술자들의 생계 문제로 이어진다. 그런 점에서 과도기의 문경 지역에서 주로 생산되는 기종이 달라진 것은 사기장들의 삶을 위협한 경제적 어려움과 밀접한 관련이 있다. "자본주의 경제에서 수익의 고려가 기술 변화에 밀접하게 관련되어 있는 것은 당연한 일이다."[18]라는 관점을 이러한 상황에 적용한다면, 사기장들이 시장에서 생존하기 위해 기울였던 노력이 전통기술이나 그 보존 상황에 영향을 끼쳤을 거라는 추측도 가능하다.

근대의 사기장들은 도자기 제작과 농사를 병행했는데, 이는 도자기가 팔리지 않아서라기보다는 농한기에 부수적인 수입을 얻기 위해서였다.[19] 하지만, 소비 시장이 줄어들자 손해를 감수해 가며 전통기술로 도자기, 즉 백자 식기를 제작할 이유가 없어졌다. 사기장들이 문제 상황을 극복할 수 있을 만한 혁신적인 기술 변화를 일으키는 것은 현실적으로 어려웠으므로, 그들은 전통기술을 유지하되 주로 생산하는 품목만 바꾸는 방식으로 대응했다.

18 송성수 편역, 「무엇이 기술을 형성하는가」, 『우리에게 기술이란 무엇인가』, 녹두, 1995, 134쪽.
19 이학천(남성, 60세, 경상북도 구형문화재 사기장)의 제보(2021.11.20, 묵심도요).

다행히 이 시기에는 자동차가 보급되어 과거보다 운송 환경이 나아졌으므로 비교적 쉽게 다른 지역에 물건을 판매할 수 있었다.

상대적으로 잘 판매되는 품목의 수요도 한계가 있으므로 사기장들의 형편은 크게 나아지지 않았다. 또한, 사기장들에 대한 사회의 인식이 긍정적이지 않았다는 사실도 그들이 생업을 포기하게 했다. 학문을 숭상하며 육체노동으로 생산품을 제작하는 기술자들을 천시하던 유교문화에서 비롯된 편견은 과도기에도 그다지 나아지지 않았고, 사기장들은 여전히 '점놈'이라는 멸칭으로 불리며 천대받았다.[20]

1950년대 후반부터 도자기가 빠른 속도로 대체되었던 가장 큰 이유는 기능성의 측면에서 다른 용기와 차별화되는 장점이 없었기 때문이다. 이러한 상황에서 입지를 잃지 않았던 품목은 요강과 화분으로, 전자는 과도기로 설정된 시기의 생필품이었고 후자는 부자들을 위한 사치품이었다. 이 시기에는 아직 양변기가 보급되지 않아서 재래식 화장실을 이용했는데, 날이 어두워지면 위험했기 때문에 집 안에 요강을 두는 것이 보편화되어 있었다. 대체용기로 만든 요강은 악취를 완전히 차단하지 못했지만, 도자기로 만든 요강은 냄새가 나지 않아서 찾는 사람이 많았다.[21]

김정옥의 이야기에 따르면, 요강은 '잡사기'에 해당하며 식기보다 큰 편이라 만들기 어렵다고 한다. 요강 제작은 두 개를 만들어서 붙이거나 꼬박을 올려 물레 위에서 완성하는 방식으로 이루어졌으며, 높은 수준의 성형 기술이 필요하고 굽는 과정에서 파손될 위험도 있어서 괜찮은 기술자를 구하기 힘들었다.[22] 당시에는 혼수품으로 요강을 들고 가는 여자들이 많았으므로 요강이 다른 기물보다 잘 팔리는 편이었다고 한다.[23] 같은 시간 동안

---

20 이학천(남성, 60세, 경상북도 무형문화재 사기장)의 제보(2021.11.20, 묵심도요).
21 천한봉(남성, 89세, 경상북도 무형문화재 사기장)의 제보(2021.08.28, 문경요).
22 천한봉(남성, 89세, 경상북도 무형문화재 사기장)의 제보(2021.08.28, 문경요).
23 천한봉, 앞의 책.

많은 요강을 만드는 사기장은 여러 공방으로 불려 다녔는데, 이를 통해 과도기에는 도자기 제작 속도가 사기장의 능력을 평가하는 중요한 조건이었다는 것을 알 수 있다.

요강은 기존에 제작하지 않았던 품목을 소비자들의 수요에 따라 새로 만든 것이 아니라, 원래도 만들던 것을 생산량만 늘린 사례에 속한다. 동로면의 적성리와 노은리에는 20세기의 것으로 추정되는 백자 가마터가 두 군데 있는데, 이곳에서 발견된 20세기 백자 가마터의 유물을 통해 과도기 이전에도 요강을 생산했다는 사실을 확인할 수 있다.[24] 요강은 소성 과정에서 터지는 것을 방지하기 위해 점성이 높은 태토를 사용해야 한다[25]는 것을 제외하면 제작 기술의 측면에서 전통 도자기와 크게 다른 점이 없다. 기물의 모양도 크기나 구연부를 제외하고는 기존에 만들었던 항아리와 많은 차이가 나지 않는다. 구연부가 높지 않고 상부와 하부의 비율이 비슷한 항아리 중에는 요강과 거의 흡사한 도양의 기물도 있다. 아래의 사진에 제시된 도자기는 각각 1950년대, 1960년대, 1970년대에 제작된 요강과 항아리로, 순서대로 김교수, 김정옥, 김천단의 작품이다.

〈사진 1〉 김교수가
1950년대에 만든 호
높이 : 15.4 구경 : 13.6 저경 : 10.7

〈사진 2〉 김정옥이
1960년대에 만든 요강
높이 : 16 구경 : 13.5 저경 : 13

〈사진 3〉 김천만이
1970년대에 만든 항아리
높이 : 15.5 구경 : 13.1 저경 : 13

---

24 문경시, 앞의 책.
25 천한봉, 앞의 책.

김교수가 제작한 호는 무늬의 유무를 제외하고는 이후에 만들어진 도자기와 유사한 모습을 하고 있다. 김정옥의 요강은 그가 도예에 입문하고 1년이 지난 시점에 직접 성형하고 소성한 것으로, 가문의 전통 무늬가 들어가 있으며 김천만이 제작한 항아리와 비슷한 모양이다. 특이한 점은 김교수가 제작한 기물은 호로 분류되는 다른 유물과 비교하면 상당한 형태 차이가 있다는 것이다. 김천만의 항아리에서도 흔히 항아리라는 용어로 지칭되는 기종과 다른 점을 여러 부분 발견할 수 있다. 이러한 사실을 확인하기 위해 문경지역에서 발견된 유물의 모습을 살펴보자.

〈사진 4〉 19~20세기에 만들어진 소호[26]　〈사진 5〉 19세기에 만들어진 풀꽃무늬 항아리
높이 : 7.1 구경 : 14.8 저경 : 7.4　　　　　높이 : 20 구경 : 12 저경 : 10

〈사진 4〉의 유물은 평천리에 있는 백자 가마터에서 발견된 청화백자로, 기종은 소호小壺에 해당하며 김교수의 작품과 비교하면 구연부가 솟아있고 입술 부분이 두꺼우며 높은 굽을 가지고 있다. 오른쪽의 풀꽃무늬 항아리도 입구가 돌출되어있으나 굽은 상대적으로 낮은 편이다. 하지만, 모든 호와 항아리가 높은 구연부나 굽을 가지고 있는 것은 아니다. 방병선이 집필한『조선후기 백자 연구』[27]에 수록된 사진 자료를 참고하면 호로 분류되는 기물의 형태가 매우 다양하다는 것을 알 수 있다. 사실 호와 항아리를 완전

26　문경시, 앞의 책.
27　방병선,『조선후기 백자 연구』, 일지사, 2000.

히 별개의 용어로 보는 것은 어려운데, 호壺라는 용어 자체가 도자기에 대한 학계의 관심이 높아지고 일본이 정립한 이론이 국내에 알려지기 시작하면서 퍼진 명칭이기 때문이다. 이를 증명하기 위해 일본의 도자공예 용어가 한국의 도자공예 용어에 미친 영향을 다룬 김현아의 논문을 참고했다.

조선의 도자기를 연구했던 이시카와 다쿠미는 조선인들이 실제로 사용하는 명칭을 중시했으며, 1931년에 출판된 그의 저서 『조선도자명고』에 수록된 삽화 옆에 한글로 기종의 이름을 적어두었다.[28] 실제로 『조선도자명고』를 살펴본 결과, 항아리라는 용어만이 발견되었고 호라는 명칭은 찾아볼 수 없었다. 반대로 일본의 도자 용어를 사전의 형식으로 정리한 홈페이지[29]에서는 일부 기종을 지칭할 때 '호'라는 표현을 사용한 것을 확인했다. 상기한 내용을 통해 알 수 있는 사실은 오래전부터 일본의 영향을 받아온 도자사적 접근 방식만으로는 한국의 전통 도자기 제작 기술 전승이 어떤 변화를 겪었는지 면밀하게 밝히기 어렵다는 것이다. 이런 점에서 사기장들의 경험을 기반으로 현장의 용어를 밝히는 작업은 매우 중요하다고 볼 수 있다.

화분이 언제부터 만들어지기 시작했는지는 알 수 없으나, 많은 사기장들은 화분을 어려운 시기를 버티게 해주었던 품목 가운데 하나로 꼽았다. 천한봉의 자서전에 따르면, 그는 찻사발을 만들기 전에는 주로 화분을 만들어 팔며 생계를 유지했던 것으로 보인다.[30] 화분은 생활 수준이 높은 부자들이 자주 찾았던 품목으로, 수도권에서 판매되는 경우가 많았다.[31] 이는 한국인들의 전반적인 생활 수준이 상향되었으나 지역별로 격차가 발생했다는 것을 의미한다. 근대와 과도기의 문경지역에는 관상용 꽃을 심는 용도의

---

[28] 김현아, 「식민지시기 유입된 일본어 도자공예 용어가 現도자공예용어에 미친 영향」, 『일본연구』 62, 한국외국어대학교 외국학종합연구센터 일본연구소, 2014.
[29] "陶芸に関する用語集", うまか陶, n.d. 수정, 2021년 11월 11일 접속, https://www.umakato.jp/library/glossary/inde-.html.
[30] 천한봉은 신정희와 만나서 찻사발 제작을 시작하고 사쿠라가와 스님의 의뢰를 받아 본격적으로 작품을 만들기까지 주로 화분을 만들었던 것으로 보인다. 천한봉, 앞의 책.
[31] 이학천(남성, 60세, 경상북도 무형문화재 사기장)의 제보(2021.11.20, 묵심도요), 위의 책.

기물을 소비할 수 있을 정도로 경제력을 갖춘 사람이 적었기 때문이다. 실제로 문경지역에서 발견된 도요지 중에서 화분이 출토된 곳은 20세기의 가마로 추정되는 동로면 적성리의 유적과 20세기 중반의 것으로 보이는 관음리 백자 가마터밖에 없다.[32] 화분을 찾는 사람이 늘었다는 것은 교통 상황이 개선되어 유통 범위가 늘어났다는 사실과도 관련이 있다. 이학천의 이야기에 따르면, 등금장수는 1960년대 이전에 사라졌으며 그 이후로는 자동차로 기물을 실어 판매했다고 한다. 문경지역 내부의 수요가 충분했다면 굳이 다른 지역에 가서 판매할 필요가 없으므로, 이러한 환경 변화가 없었다면 사기장들도 화분을 만들지 않았을 거라 추측할 수 있다.

과도기의 사기장들이 경제적 어려움을 극복하기 위해 제작했던 또 다른 기물은 칠기이다. 칠기는 흑유자기라고도 부르며, 이 시기의 문경지역에서 처음 등장한 것이 아니라 고려시대부터 있었던 기종이다. 하지만 과도기 전에 제작된 것으로 추정되는 유물이 문경지역에서는 발견되지 않은 것으로 보아 어느 시점부터 맥이 끊겼던 것으로 예상된다. 그렇다면 칠기가 과도기에 다시 등장할 수 있었던 원인이 무엇인지 밝히는 작업이 중요해진다. 인근의 경상북도 상주에서는 조선시대의 칠기 도요지가 발견[33]되기 때문에 그 지역 사기장들의 영향을 받았을 거라고 추측할 수도 있지만, 이학천의 말에 따르면 당시에는 다른 지역의 사기장끼리 교류하는 일이 거의 없었다고 한다.[34] 문경지역은 왜사기 공장이 들어서지 않았기 때문에 새로운 도자기 제작 기술과 상당히 동떨어져 있었으며, 전기물레도 1980년 초반이나 되어서야 알려지기 시작했다.[35] 과도기보다 앞선 시기에는 교통 여건이 더 불편했던 만큼, 다른 지역 사기장들의 영향으로 칠기가 시작되었

---

32 문경시, 앞의 책.
33 천경희, 「전통 흑유자기 계승을 위한 유약 표현 연구」, 청주대학교 공예학과 석사학위 논문, 2020.
34 이학천(남성, 60세, 경상북도 무형문화재 사기장)의 제보(2021.09.17, 유선 인터뷰)
35 이학천(남성, 60세, 경상북도 무형문화재 사기장)의 제보(2021.11.20, 묵심도요)

을 가능성은 희박해 보인다.

천한봉은 사기대장 양근택, 김정옥은 부친인 김교수로부터 칠기 제작 기술을 배운 것으로 알려져 있다. 하지만, 양근택과 김교수가 오래전에 전승이 끊긴 것으로 보이는 칠기 제작 전통기술을 어떻게 알게 되었는지는 불명이다. 문경지역의 여러 박물관을 방문하여 확인한 결과, 흑유자기 유물 중에서 가장 오래된 것은 1960년대에 김교수가 제작한 병이었다. 만약 김교수가 처음으로 흑유자기를 제작했다면 그의 아들인 김정옥이 증언할 수 있을 것으로 보이나, 그러한 언급은 없었다. 문경읍 관음리에 오래 거주했던 노인들을 방문하여 질문해도 조선요에 물어보는 게 정확하다는 답변만 돌아와서 관련 정보를 얻기 어려웠다.

조사에 난항을 겪던 중 이학천에게 칠기에 대해 문의했고, 그는 과도기의 문경에서 처음으로 칠기를 만든 사람은 그의 부친이었던 이정우 사기장이라고 대답했다. 이정우는 김정옥의 부친인 김교수나 천한봉과도 교류했던 유명한 사기장으로, 옹기를 보고 영감을 받아서 칠기를 제작했으며 칠기가 잘 팔린 덕에 누이들을 전부 결혼시킬 수 있었다[36]고 한다. 당시에 칠기의 인기가 매우 높았다는 것은 "사기는 이문이 사 배 남고, 옹기는 오 배, 칠기는 칠 배 남는다"[37]라는 옛말로도 알 수 있다. 칠기가 이처럼 높은 이윤을 남길 수 있었던 이유는 실패할 확률이 낮기 때문이다. 이학천은 투명한 색을 내기 위해 환원불을 두지해야 하는 백자와 달리, 칠기를 만들 때는 유약만 잘 녹는다면 불의 종류는 중요하지 않다고 했다. 또한, 백자는 맑고 투명한 색이 중요하지만 칠기는 검은색이기 때문에 흠집이나 이물질이 있어도 티가 나지 않아서 버리는 물건의 수가 적었다고 한다.

칠기의 검은색은 약토라고 불리는 유약의 원료에서 비롯된 것으로, 백자유약을 만들 때 사용하는 묵보래와 비교하면 철분이 다량으로 함유되어 있

---

36 이학천(남성, 60세, 경상북도 무형문화재 사기장)의 제보(2021.09.10, 묵심도요).
37 천한봉, 앞의 책.

어 재를 섞으면 검은색을 띠게 된다.[38] 이정우가 어떤 과정이나 실험을 거쳐 칠기를 만드는 데 성공했는지 자세히 알 수 없으므로, 그가 최초로 칠기를 만들었다고 주장하려면 근거를 보충할 필요가 있다. 하지만, 이학천이 과거의 일을 잘 기억하고 있을 뿐만 아니라 진술에 일관성이 있어 신빙성이 상당한 것으로 보인다. 또한, 성병희·김구군·배영동이 작성한 「문경 사기장 보고서」에는 이정우가 1948년부터 백자와 칠기를 연구했다는 내용[39]이 있어서 이학천의 주장에 신뢰성을 더해준다.

소비자들이 칠기를 찾았던 이유는 여러 가지가 있는데, 가장 큰 장점은 옹기의 단점을 보완했다는 것이다. 옹기는 크고 무거워서 살림을 담당하던 여성들이 사용하기 어려웠지만, 칠기는 작아서 상대적으로 옮기기 쉬웠다. 또한, 옹기보다 높은 온도에서 소성되었으므로 강도가 높아 잘 파손되지 않았다. 옹기가 시장에서 생존할 수 있었던 원인 중 하나인 발효 기능을 갖추고 있다[40]는 점도 칠기가 선호되는 원인 가운데 하나였고, 잡티가 눈에 띄지 않아 깔끔할 뿐만 아니라 뚜껑이 있어서 음식물을 보관하기 쉬웠다. 심지어 기물의 크기도 다양하여 여러 가지 용도로 사용할 수 있는데다 묶어서 판매하는 경우가 많았기에 한 벌을 마련하면 오랫동안 쓸 수 있어 주부들의 선호도가 높았다.[41] 칠기 중에서도 자주 사용되던 항아리 형태의 기종은 크기에 따라 다른 명칭을 가지고 있었다. 이학천의 이야기에 따르면 일개, 이개, 삼개, 사개, 오개, 대항 순으로 뒤로 갈수록 큰 기물이었으며, 제일 작은 일개는 작은 종지나 술잔 정도의 크기, 가장 큰 대항은 달항아리 정도였다.[42] 칠기는 무늬가 없고 미관상 깔끔해 보이기 때문에 단지를 제외

---

38 이학천(남성, 60세, 경상북도 무형문화재 사기장)의 제보(2021.11.20, 묵심도요).
39 도천도자미술관의 벽면에는 천한봉이 1951년부터 양근택과 김교수의 공방에서 사발과 칠기를 비롯한 생활자기를 만들었다는 설명이 적혀있다. 현재 확인되는 자료를 종합했을 때, 보고서에 적혀있는 이정우의 칠기 연구(1948년)가 가장 이른 시기의 일이다. 성병희·김구군·배영동, 「문경 사기장 조사 보고서」, 2003.
40 이학천(남성, 60세, 경상북도 무형문화재 사기장)의 제보(2021.11.20, 묵심도요).
41 이학천(남성, 60세, 경상북도 무형문화재 사기장)의 제보(2021.11.20, 묵심도요).

하고도 기름병이나 요강, 양념통, 화병, 호롱 등 다양한 용도로 만들어졌다.[43] 다음의 사진에서 그 모습을 확인할 수 있다.

  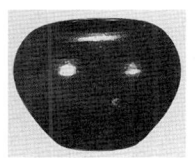

〈사진 6〉
김교수가 만든 흑유병
높이 : 25.9 구경 : 6.7
저경 : 9.2

〈사진 7〉[44]
천한봉이 만든 칠기 항아리
높이 : 10.2 넓이 : 7   높이 : 12.5 넓이 : 8.5 높이 : 14.3 넓이 : 11
높이 : 17.5 넓이 : 12 높이 : 18 넓이 13.2

〈사진 8〉[45]
천한봉이 만든 칠기 요강
높이 : 15.5 넓이 : 12

요강과 화분, 칠기의 공통점은 일상에서 사용하기 위해 만들어진 만큼 실용성이 중시된다는 것이다. 전통기술로 만든 도자기는 이 시점까지는 예술품의 지위를 획득하지 못했다. 형태가 일그러지지 않고 맑은 하얀색을 가진 도자기가 선호된 것처럼 요강과 화분, 칠기를 평가하는 미관상의 기준이 없는 것은 아니었지만, 작품에 일반적으로 부여되는 예술적인 가치가 앞서 언급한 기물에 있다는 인식은 없었다. 비록 환경이나 의식의 개선은 없었지만, 이 시기의 사기장은 솜씨만 있다면 일정 수준 이상의 수익을 올릴 수 있었던 것으로 보인다. 당시의 상황을 이해하기 위해 김정옥의 요강 가격과 임금 지급 방식에 대한 회상을 참고할 수 있다.

어느 정도 가격이 되는가? 그거는 지금 내가 계산이 조금 어려운데. 계산이

---

42 이학천(남성, 60세, 경상북도 무형문화재 사기장)의 제보(2021.11.20, 묵심도요).
43 천경희, 「전통 흑유자기 계승을 위한 유약 표현 연구」, 청주대학교 공예학과 석사학위 논문, 2020.
44 천한봉, 앞의 책.
45 위의 책.

어려워 가지고 가격을 그 시대에, 하여튼 일 하루 시키고 요강 하나 주고 그랬어. 그러니까 꽤 비쌌어. 일당이 지금, 그렇게 비싼 건 아니다. 일당이 한 십만 원? 거 십만 원 받아야 되겠다. 하여튼 그렇겠지. 예를 들어서 그렇게 해가지고 한 개, 두 개 이렇게 거의 이제 팔려나가는 게 아니고, 한 차로 싣고 와서 팔고 이랬으니까.. 정확하게는 내가 모르겠다. 하여튼 하루 일한 거를 요강 하나 주고 이러는 건 있었어.[46]

김정옥이 언급했듯이 물건으로 일당을 받았다는 것은 과도기에 판매되던 도자기가 아직 완전히 가치를 잃어버리지 않았다는 사실을 의미하는데, 팔리지 않는 물건을 줬다면 일하려는 사람도 없었을 것이기 때문이다. 임금 지급이 항상 기물로 이루어진 것은 아니고 천한봉처럼 돈으로 일당을 받는 사례도 있었다.[47] 솜씨 있는 사기장들이 여러 공방에 불려 다닌 것과는 별개로 사기장에 대한 사회적인 인식은 이 시점에서도 크게 나아지지 않았다. 이학천은 그의 부친이 사기장 일과 관련된 질문을 받을 때마다 농사를 짓는다고 둘러대거나 그런 건 왜 물어보냐는 식으로 퉁명스럽게 대답했다고 회상했다.[48] 대를 이어 사기장 일을 하면서 가족을 부양했음에도 가업을 부정했다는 것을 통해 직업에 대한 편견에 기인한 시선에서 오는 불이익이 상당했다고 유추할 수 있다.

아직 수요가 있는 기물을 생산하거나 전통 식기에는 없는 장점을 갖춘 제품을 내놓으며 새로운 활로를 찾았던 사기장들의 노력은 일시적이나마 그들의 생계 문제를 해결해주었다. 경제적인 요건이 개입한 것과는 별개로, 문제 상황을 해결하려는 사기장들의 시도가 주체성을 가지고 있었다는 사실은 부정하기 어렵다. 상황에 휩쓸리기만 했다면 진작에 모든 공방이 문

---

46 김정옥(남성, 80세, 국가무형문화재 사기장)의 제보(2021.08.19, 영남요).
47 천한봉(남성, 89세, 경상북도 무형문화재 사기장)의 제보(2021.08.28, 문경요).
48 이학천(남성, 60세, 경상북도 무형문화재 사기장)의 제보(2021.11.20, 묵심도요).

을 닫아서 전통 도자기의 맥이 끊어졌을 것이기 때문이다. 하지만, 전통 도자기 제작 기술은 여전히 쇠퇴의 길을 걷고 있었으며 요강과 화분, 칠기도 식기로 이용되던 사기의 전철을 밟을지 모른다는 불안감은 사라지지 않았다. 실제로 천한봉은 화분을 판매하고도 돈을 받지 못해서 고용주에게 월급제를 제안했으나 거절당했다.[49]

단절될 위기에 처한 문경지역의 전통 도자기 제작 기술에 새로운 활력을 불어넣은 사건은 일본인 애호가들과 미술상들의 유입이었다. 이들에게 도자기는 단순한 막사발이 아니라 조선 사기장들의 미학이 그릇의 형태로 구현된 예술품이었다.[50] 이들의 인식은 단순히 도자기를 비싼 값에 사들이는 데 그치지 않고 문경에 거주하는 사기장과 주민들의 도자기에 대한 생각을 바꾸어 놓았다. 따라서 일본인 애호가들의 유입이 어떤 과정을 거쳐 변화를 일으켰는지 밝히고, 이들과 사기장들의 교류가 서로에게 끼친 영향을 조명하고자 한다.

3. 미술상과 일본 상인의 유입과 '문경도자기'의 재탄생

일본인과 미술상들이 찻사발과 전통 도자기를 찾아서 문경지역으로 들어온 이유를 이해하기 위해서는 역사적 배경에 대한 지식이 필요하며, 이는 박소현의 논문에 잘 정리되어 있다. 그의 주장에서 핵심적인 부분을 요약하자면 다음과 같은데, 다도문화가 근대적으로 새롭게 해석되어 유행하기 시작하면서 그와 관련된 각종 미술품을 수집하는 행위에 가치를 부여하는 사회적 분위기가 형성되었다[51]는 것이다. 기존의 유물만으로는 늘어난 수요

---

49 천한봉, 앞의 책.
50 정동주, 『조선 막사발 천년의 비밀』, 한길아트, 2001.
51 박소현, 「'고려자기'는 어떻게 '미술'이 되었나 – 식민지시대 '고려자기열광'과 이왕가박물관의

를 감당할 수 없었으므로 일본인들과 거래하는 한국의 미술상들은 전통기술을 비교적 잘 보존하고 있는 문경의 사기장들을 찾아와 찻사발을 만들어 달라고 요구했다.[52] 한일 수교가 이루어진 1965년 이후로는 일본인들이 직접 문경으로 찾아와서 원하는 기종을 주문했다고 한다. 문경지역에 처음으로 들어온 일본인과 미술상이 누구인지 특정하는 것은 현실적으로 어렵기 때문에 김정옥과 천한봉, 이학천, 이정환의 사례를 개별적으로 조사했다.

김정옥의 경우, 그의 부친인 김교수가 일본인들이 들어오기 전부터 미술상들의 요청을 받아 찻사발을 만들었다고 한다. 이들의 신상에 대해서는 알려진 부분이 거의 없으나 나중에 유입된 일본인들은 김정옥이 비교적 뚜렷하게 기억하고 있어서 그들을 위주로 조사를 진행했다. 김정옥과 교류했던 일본인은 고바야시 도고小林東五라는 학자와 나구모 신지南雲信治라는 상인으로, 전자는 1970년대 초반에 문경을 방문하여 김교수의 공방에 머물면서 김정옥과 교류했다. 그의 이력을 정리한 일본 사이트[53]에 따르면, 고바야시 도고는 1951년에 도예에 입문했다고 한다. 김정옥과 고바야시 도고의 관계는 연구 대상과 연구자에서 끝난 것이 아니라 스승과 제자로 나아갔다는 점에서 주목할 필요가 있는데, 김정옥과 김남희의 진술을 통해 그에 대한 정보를 얻을 수 있었다. 다음의 인용문은 고바야시 도고에 대한 김정옥의 회고와 김남희의 의견을 요약한 것으로, 고바야시 도고가 많은 부분에서 김정옥의 영향을 받았다는 사실을 보여준다.

> 고바야시 도고는 원래 학자인 아버지의 뒤를 이어 학문의 길을 걷고 있었으며, 동생은 스님이었다고 한다. 그가 처음 문경에 왔을 때는 제작자가 아닌 연구

정치학」, 『사회연구』 7, 한국사회조사연구소, 2006.

52 이학천(남성, 60세, 경상북도 무형문화재 사기장)의 제보(2021.09.10, 묵심도요)
53 "小林東五ㅣしぶや黒田陶苑", しぶや黒田陶苑, n.d. 수정, 2021년 11월 15일 접속, https://www.kurodatoen.co.jp/cp_lineupcat/kobayashi-togo/.

자의 입장이었지만, 사기를 짓는 김정옥의 모습에 감명받아 전통 도자기 제작 기술을 배우기 시작했다. 당시의 김정옥은 새벽 4시에 기상하여 농사일을 끝내고 자정까지 사기를 짓는 생활을 했는데, 고된 육체노동에도 최선을 다하는 그의 모습이 고바야시 도고에게 깊은 인상을 남겼다고 한다. 그는 일본에서 제작된 도록을 김정옥에게 가져다주었으며, 김정옥이 만든 작품을 구입하여 일본의 상인들에게 판매하는 역할도 맡았다. 고바야시 도고는 김정옥에게서 배운 전통 도자기 제작 기술을 연마하여 높은 수준의 도자기를 생산할 수 있게 되었고, 훗날 일본에서 전시를 열기도 했다. 현재는 노환으로 작업을 하기 어려운 상황에 놓여있지만, 몇 년 전에도 문경을 방문했으며 김정옥과 안부를 주고받고 있다.[54]

고바야시 도고가 김정옥의 영향을 받았다는 것은 작품을 통해서도 확인할 수 있다. 그는 자신이 제작한 도자기에 서명을 남기거나 도장을 찍지 않는데, 조선의 사기장들에게 그러한 문화가 없었기 때문이다.[55] 실제로 문경 지역의 사기장들이 서명을 넣기 시작한 것은 1960년대 이후의 일이며,[56] 과도기에 김정옥과 김교수가 제작한 작품 중에는 서명이 없는 물건도 있다.[57] 또한, 일본에서 국보로 지정된 조선의 사발에도 그것을 만든 사기장의 이름이 새겨져 있지 않다. 고바야시 도고가 문경지역에서 전승되고 있던 전통 도자기 제작 기술을 배운 이유는 김교수와 김정옥에 대한 존경심도 있겠지만, 조선의 사발은 조선의 기술로 만들어야 한다는 생각도 개입된 것으로 보인다. 이러한 주장에 대한 근거를 보충하기 위해 일본인과 상인이

---

[54] 김남희(여성, 50세, 국가무형문화재 사기장 김정옥의 딸)의 제보(2021.08.19, 영남요).
[55] "小林東五－福岡での古美術・骨董品の販売・買取は「天平堂」へ", 天平堂, n.d. 수정, 2021년 11월 15일 접속, https://tenpyodo.com/artists/kobayashi-togo/.
[56] 이학천의 말에 따르면 문경지역의 도공들이 작품에 서명을 남기기 시작한 것은 1960년 이후의 일이라고 한다. 이학천(남성, 63세, 경상북도 무형문화재 사기장)의 제보(2021.11.20, 묵심도요).
[57] 김남희의 이야기에 따르면 김교수는 따로 낙관이 없었으며, 김정옥은 1982년부터 '백산'이라는 낙관을 남기기 시작했고 1996년 이후로는 '백산' 외에도 '문화'라는 낙관을 함께 사용했다. 김남희(여성, 50세, 국가무형문화재 사기장 김정옥의 딸)의 제보(2021.11.28, 문자로 문의).

문경을 찾아온 이유를 유추한 김남희의 견해를 참고할 수 있다.

> 그럼 왜 문경에 김교수 할아버지와 저희 아버지를 찾아와서 이런 찻사발을 만들 수 있냐고 했는가. 조선시대부터 이렇게 작업을 쭉 이어오는 전통기술은, 기법은 가지고 계셨기 때문에 다시 찻사발에 대한 수요가 생기면서 찻사발을 전통 방식으로 만들 수 있는 기술을 보유하고 있는 사람을 찾아와야 했죠. 그래서 저희 할아버지와 아버지께 온 게 아닌가 싶어요. 그러면서 찻사발이 문경의 어떤, 도자기, 문경의 전통 도자기 핵심 주제가 된 거겠죠.[58]

김교수와 김정옥이 조선시대의 도자기 제작 기술을 보유하고 있을 거라는 일본인들의 기대는 자연스러운데, 두 사람은 대를 이어 사기장 일을 하고 있기 때문이다. 심지어 김교수는 조선시대에 태어났고, 광주 분원의 관요에서 일했던 부친 김비안에게 직접 기술을 배웠다. 고바야시 도고는 김교수와의 첫 만남을 회고하면서 "그분의 얼굴을 보자마자 조선을 대표하는 사기장의 모습이라는 생각이 들었습니다"[59]라고 이야기했다. 이러한 발언은 조선시대부터 전해 내려온 도자기 제작 기술의 전통성에 대한 그의 기대가 컸다는 것을 보여준다. 고바야시 도고가 몇 달씩 김교수의 공방의 머무르며 기술을 배웠고 현재까지 교류를 계속하고 있다는 사실은 그가 바라던 부분이 충족되었음을 뜻한다.

김정옥과 나구모 신지의 교류는 비교적 늦은 시기에 시작되었으며, 그는 김정옥을 비롯한 유명한 사기장들의 작품을 여러 점 취급했다.[60] 김정옥이 그와 거래한 수많은 일본 상인 중에서 나구모 신지를 특별히 언급한 이유는 약 30년에 이르는 긴 시간을 교류했고, 사업의 규모가 비교적 컸기 때문

---

58 김남희(여성, 50세, 국가무형문화재 사기장 김정옥의 딸)의 제보(2021.08.19, 영남요).
59 김정옥, 『국가 무형문화재 백오호 사기장 백산 김정옥』, 영남요, 2021.
60 김정옥(남성, 80세, 국가무형문화재 사기장)의 제보(2021.08.19, 영남요).

이다. 김정옥의 이야기에 따르면, 나구모 신지를 처음 만난 곳은 1984년도에 서울 강남에서 개최되었던 무역박람회라고 한다. 그는 김정옥이 경상북도의 요청을 받아 출품한 작품을 보고 협업을 제안했는데, 이는 김정옥이 1987년에 치러진 제12회 대한민국 전승공예대전에서 입선하여 유명해지기 전에도 그의 이름이 알려져 있었음을 의미한다고 볼 수 있다.[61]

천한봉의 자서전에는 생활고를 겪다가 서선길과 함께 조령요업사를 차린 후 그에게 운영을 맡기고 자신은 도자기 생산을 전담했다는 내용이 나온다. 또한, 이 시기에 부산에서 골동품상을 운영하던 신정희가 찾아와 찻사발을 만들어 달라고 요청했는데, 천한봉이 이를 수락하여 낱사기 한 점을 백 원에 판매하기로 계약했다는 서술도 있다.[62] 신정희가 골동품점을 운영했던 부산은 조선시대에 왜관이 설치되어 있던 곳으로, 15세기에서 18세기까지 일본인들의 주문을 받아 찻사발을 생산했다.[63] 김해를 비롯한 인근의 지역들도 오래전부터 민요가 있었으며, 일본에서 유명한 여러 찻사발의 고장으로 이름이 높았다. 이러한 여건에도 신정희가 굳이 문경까지 들어왔다는 것은 그 지역의 전통 도자기 제조 기술의 맥이 끊어졌거나 당시의 도자기 수요가 매우 높았다는 것을 의미한다.[64] 신정희의 요청으로 찻사발을 만들어 본 경험은 천한봉이 일본 대덕사의 주지이자 고고 미술학자였던 사쿠라가와 스님의 찻사발을 만들어달라는 제안을 받아들이는 게 도움이 되었다.

---

61 1987년 이전의 김정옥의 작품활동은 정명호의 논문에 잘 다루어져 있다. 정명호, 「사기장 명칭과 제조기술에 관한 연구」, 『역사와 실학』 5·6, 역사실학회, 1995.
62 천한봉, 앞의 책.
63 김현아, 「20세기 이래 고려청자 그리고 고려다완, 왜 만들게 됐나」, 『일본연구』 77, 한국외국어대학교 일본연구소, 2018.
64 김정옥이 최초이자 유일한 국가무형문화재 사기장이 될 수 있었던 이유는 7대째 가업을 이어 전통기술을 유지하고 있었기 때문이다. 다른 지역에서 전통기술의 맥이 완전히 끊겼다고 단언하는 것은 어렵겠지만, 적어도 김정옥의 가계만큼 오랜 시간 동안 대를 이어 사기장 일을 해온 사례는 없었던 것으로 보인다. 김남희(여성, 50세, 국가무형문화재 사기장 김정옥의 딸)의 제보 (2021.07.26, 영남요).

서선길, 신정희와 의견 차이로 독립을 결심한 천한봉은 1973년에 그의 공방 문경요를 세웠고[65] 화분을 주로 제작했다. 사쿠라가와桜川 스님이 그를 찾아온 것은 이 시기의 일로, 자세한 내용은 천한봉의 자서전에 소개되어 있다.[66] 사쿠라가와 스님이 그에게 건네준 『고려다완』이라는 서적에는 일본에서 찻사발로 사용되는 조선의 도자기들이 흑백 사진과 함께 소개되어 있었는데, 형태와 크기, 색깔 등을 다룰 뿐 제작 방법은 일절 나와 있지 않았다.[67] 천한봉은 책에 의지하여 3년을 연구만 한 끝에 사쿠라가와 스님의 인정을 받는 찻사발을 제작하는 데 성공했다고 회상했다. 그는 사진과 최대한 비슷한 형태와 색의 찻사발을 만들기 위해서는 그것이 만들어진 지역의 재료를 써야 한다고 생각했으며, 이를 실천하기 위해 경상남도 하동을 방문했다고 한다. 다음의 인용문을 통해 당시의 천한봉이 어떤 식으로 재료를 구하고 작업했는지 알아보자.

> 그 책 보니까 생산지가 경상남도 하동이더라고. 하동 새미골. 그러니까 이제 다완을 일본 사람들이 명칭을 이도라고 정호(井戸), 새미골(샘골 : 필자)이거든. 그러니까 새미골을, 그 지명을 찾아서 그 지역에 가서 그 지역에 사는 어른들한테 물어보니까 옛날에 도자기를 구웠다 해가지고 옛날 가마터를 찾아가보니까 파편이 나와요. 그래서 그 근처의 흙을 우리가 사용을 하니까 거기에 흙을 산 주인이 광산을 만들었어요. 그 주인은 돈 많이 벌었지. 흙을 팔아가지고. 캐 가지고. 자기네 산에. 우리만 쓴 게 아니고 뭐 우리나라 전체, 서울, 재료 제조공장이 있거든. 경기도 이천이나 여주 지방에 가면 많이 있습니다, 공장들이. 원료를 생산하는. 그런데 이게 다 들어간다고요. 그런 식으로 소문이 나 가지고, 좋다고. 실제 시험을 해보니까 실제 좋고, 그래가지고 그 사람들 돈 많이 벌었죠. 나중에

---

65 성병희 · 김구군 · 배영동, 「문경 사기장 조사 보고서」, 2003.
66 천한봉, 앞의 책.
67 천한봉(남성, 89세, 경상북도 무형문화재 사기장)의 제보(2021.08.28, 문경요).

이제 흙도 어느정도 한계가 있잖아요. 몇십년을 파먹으니까 흙도 맥이 있기 때문에 끊겨버리는거야. 그래서 이제 광산도 못하고, 흙이 없으니까. 다 부숴버리고. 그리고 이제 그러다 보니까 다른데 또 개발하고.[68]

천한봉의 경험담을 통해 알 수 있는 사실은 이 시기부터 다른 지역의 흙을 사용하기 시작했다는 것이다. 실제로 근대의 문경지역에는 외부의 흙을 문경으로 가져오기보다는 좋은 흙이 나는 곳으로 이사를 하는 경우가 일반적이었다. 교통의 발달로 운송이 쉬워지면서 사기장들은 필요한 흙을 구매하여 자신의 공방까지 가져올 수 있게 되었다. 또한, 흙의 맥이 끊겨서 다른 산을 개발했다는 점을 통해 도자기의 수요가 그만큼 높아졌다는 것을 알 수 있다.

이학천은 일본인들과의 교류가 있을 당시에 10대였으나, 일찍부터 그림 솜씨를 인정받아 여러 공방을 다니며 일을 도왔기에 그 시기의 일을 잘 기억하고 있었다. 그의 부친 이정우를 찾아와 거래했던 일본인은 세 사람으로, 이름은 곤도權藤, 오미야大宮, 나가사키長崎였다. 이들은 40대 정도로 보이는 용모였으며, 머리를 깎지 않은 유발승이었다고 한다. 일본 다도문화를 정립한 센노 리큐千の利休가 승려였다[69]는 것을 생각하면 천한봉과 교류했던 사쿠라가와 스님을 비롯한 찻사발 상인과 애호가 중에 승려가 많았던 것은 자연스러운 일이다. 이정우와 이학천은 그들이 가져온 도록을 참고하여 사진 속의 찻사발과 유사한 작품을 만들기 위해 노력했다고 하는데, 당시의 상황을 이해하기 위해 이학천의 경험담을 참고할 수 있다.

그러니까 내가 이걸 할 적에는 아버지한테, 우리는 그때 당시만 해도 내가 배울 적에는 전국의 도자기를 그래도 일본 사람들이 가져온, 박물관에 자기네들,

68 천한봉(남성, 89세, 경상북도 무형문화재 사기장)의 제보(2021.08.28, 문경요).
69 정동주, 앞의 책.

예를 들어서 동양도자박물관에 있는 책이라든지, 박물관책을. 그때 우리는 도록도 하나도 못 찍었어. 우리나라 그런 시절이, 그런 찍을 수 있는 실력이 안됐고, 거 외국에서, 일본에서 가져와도 컬러 도록이 가끔 하나씩 있었지 거의 흑백이라. 그런 걸 가지고 오면 그걸 보고 답습을 했지요.[70]

인용된 이학천의 이야기에서 중요한 지점은 과도기부터 특정 유물을 재현하려는 목적의 도자기가 만들어지기 시작했다는 것이다. 사기장들이 일본에서 가져온 도록 속의 유물을 의도적으로 답습했다는 것은 거기에 수록된 유물이 도자기의 가치를 결정하는 새로운 척도가 되었다는 사실을 의미한다. 문경지역의 전통 도자기도 나름의 평가 기준이 있었지만, 기본적으로 식기류인 만큼 실용성이 중시되었다. 그러나 찻사발은 일본의 국보로 지정된 고려다완과 최대한 똑같이 만드는 것이 중요했는데, 고객들이 그것을 바랐기 때문이다. 일본 다도문화는 찻사발을 구성하는 요소들에 여러 가지 예술적, 심미적 가치를 부여했기에 일본인들이 원하는 대로 고려다완을 재현하기 위해서는 그에 대한 배경지식이 필요했다. 이학천은 이 지점에서 과도기에 생산된 다기류를 비판했는데, 만드는 사람과 사는 사람 모두가 단순히 외형을 따라 하는 것에만 급급했다는 것이다. 사실, 과도기에 문경지역에서 만들어진 찻사발들이 유물들과 같은 방식으로 제작되었다는 보장은 없다. 찻사발의 외형을 구성하는 요소들은 사기장이 의도한 것이라기보다는 우연이나 미숙한 기술의 산물이었기 때문이다.[71] 이학천은 이러한 괴리를 극복하기 위해 오랜 시간 동안 일본에서 다도문화를 공부했다고 한다. 일련의 이야기들을 통해 알 수 있는 사실은 대상의 가치는 그것을 평가하는 주체에 의해 결정되며, 이 판단은 그 대상과 관련 있는 다른 요소들에 영향을 준다는 것이다. 따라서 찻사발을 바라보는 일본인 애호가들의 시각

---

70 이학천(남성, 60세, 경상북도 무형문화재 사기장)의 제보(2021.09.10, 묵심도요).
71 정동주, 앞의 책.

은 사기장들의 도자기에 대한 인식을 변화시켰다그 할 수 있다.

이정환은 문경 출신의 사기장이며, 어린 시절부터 친구의 조부와 부친에게 도자기 제조 기술을 배웠다고 한다. 그가 본격적으로 도예에 입문한 것은 1970년의 일인데, 일본의 사기장 시미즈 히로시淸水日呂志가 그의 스승이다. 시미즈 히로시는 일본에서 고려다완을 연구하다가 한국의 그릇은 한국에서만 만들 수 있다는 결론을 내리고 경상남도 김해시에 공방을 차렸다. 이정환은 김해로 내려가 시미즈 히로시의 공방에서 숙식하며 약 10년 동안 기술을 배웠다고 한다. 이정환이 전통기술을 보유하고 있는데도 일본인 사기장에게 배웠다는 것은 그만큼 일본 다도문화의 영향이 컸다는 것을 의미한다. 원료나 제작 기술도 중요하지만, 이학천도 지적했듯이 도구를 둘러싼 문화적 배경을 이해하지 못하면 단순히 외형을 따라 하는 데서 그칠 가능성이 있다. 일본의 영향을 어떻게 해석해야 할지는 다음 장에서 자세히 다룰 것이며, 여기서는 전통 도자기에 대한 인식이 어떻게 달라졌는지를 알아보고자 한다. 다음의 내용은 인터뷰에서 질문했던 당시의 분위기에 대한 이학천의 답변을 요약하여 인용한 것이다.

일본 내부에서 찻사발에 대한 수요가 늘어나면서 수요를 충당할 수 없게 되자, 미술상과 일본인 애호가 외에도 도굴꾼들이 한국에서 활동하기 시작했다. 문경지역에도 도굴을 하거나 여러 집을 돌아다니며 닥치는 대로 그릇을 사 모으는 사람들이 있었다. 그러고도 수량이 부족해서 당시에 활동했던 사기장 중 일부는 오래된 것처럼 보이는 가짜 사기를 제작하여 일본인들을 속이기도 했다. 찻사발을 직접 성형할 수 있는 수준의 기술력을 갖추지 못한 사기장들이 석고틀로 모양을 만드는 일도 있었다. 하지만, 당시에는 일본인들에 대한 감정이 좋지 않았기 때문에 이러한 어두운 면을 눈감아주는 분위기가 있었다. 이들의 활동 때문에 사기를 막사발로만 인식하고 있던 사람들도 가치를 깨닫기 시작했다. 오래된 물건은 도깨비가 붙는다는 미신 때문에 파기되는 일이 잦았던 사기는 높은 가치를 가진 미술품이 되어 고가에 거래되었다. 전통사기를 만드는 일의 전망을 긍정적으로 예측하여 사기장이 된 사례도 있는데, 실제로 큰 성공을 거두어서 유명해졌다.[72]

인용문을 통해 알 수 있듯이, 문경지역 주민들의 전통 도자기에 대한 인식이 달라지고 사기장들의 입지가 높아진 것은 분명 긍정적인 일이다. 사기장들이 돈을 벌지 못하는 상황이 지속되었다면 전통기술의 맥도 끊어졌을 가능성이 크기 때문이다. 하지만, 전통 도자기가 경제적 가치를 가진 예술품이 되어 활발하게 거래되었다는 것은 유물이 대량으로 반출되어 연구가 어려워졌다는 사실도 의미한다. 실제로 생계를 유지하기 어려웠던 주민들은 도자기를 팔아 돈을 마련했기에 오래된 유물은 상당수가 대를 이어 전통 도자기를 만드는 집안에서만 보존되고 있었다. 이학천의 경우, 친척집에서 그의 조부이자 사기장이었던 이만현이 제작한 사기를 팔아버린 사건 이후로 남아있던 기물을 가져와 세척하여 잘 보관해 두었다고 한다.

전통 도자기를 바라보는 새로운 시각이 등장하여 유물을 찾는 사람이 많아진 것과는 별개로, 과도기에 문경지역에서 생산되었던 기종들 가운데 가장 인기가 있었던 물건은 찻사발이다. 찻사발은 기존에 제작하지 않았던 물건이라는 점에서 다른 유물들과 차별화되는데, 앞서 언급했듯이 일본의 영향이 없었다면 문경지역에서 등장하지 않았을 확률이 높다. 그렇다면 일본인들은 왜 자국의 도공들에게 찻사발 제작을 맡기는 것이 아니라 문경지역까지 찾아왔는지를 규명할 필요가 있다. 고려다완을 제작한 나라의 사기장들이 직접 만든 찻사발과 그것이 가지는 향토성에 대한 환상도 있겠지만, 일본의 찻사발과 비교하면 상대적으로 저렴한 가격도 원인이었을 것으로 보인다. 〈표 1〉은 1970년, 1980년, 1990년 일본과 한국의 여러 물가를 비

---

72 이학천(남성, 60세, 경상북도 무형문화재 사기장)의 제보(2021.09.10, 묵심도요)

교한 것이다.

<표 1> 한일 간 환율과 물가 비교[73]

환율, 물가	연도 국가	1970년	1980년	1990년
환율	한국	88.5원	325.3원	532.4원
	일본	100엔	100엔	100엔
근로자(회사원) 월 소득	한국	28,180원	234,085원	943,271원
	일본	58,400엔	191,700엔	283,800엔
쌀 40kg	한국	2,880원	28,000원	49,200원
	일본	7,440엔	16,568엔	19,736엔
닭고기 2kg	한국	420원	2,890원	6,700원
	일본	1,820엔	2,900엔	3,060엔
돼지고기 500g	한국	208원	1,540원	2,300원
	일본	575엔	940엔	1,045엔
소고기 500g	한국	375원	2,660원	5,500원
	일본	1,185엔	2,870엔	3,400엔

<표 1>에서 눈에 띄는 부분은 1970년의 환율로, 당시 한국과 일본의 경제규모 차이를 감안하면 화폐가치가 제대로 반영되지 않은 것처럼 보인다. 이것은 1962년에 있었던 화폐개혁의 영향인데, 긴급통화조치 때문에 기존에 사용되던 환(圜)이라는 단위는 사라지고 원(圓)이라는 표현이 등장했으며 10환은 1원과 같은 가치를 가지고 있었다.[74] 화폐개혁으로 돈의 액면가는 줄었으나 그 가치는 증가했던 사건이 1970년대까지 영향을 미쳤으므로, 환

---

[73] 한국 근로자 가구의 월 소득에 대한 정보는 통계청 국가통계포털(KOSIS)에서, 물가와 관련된 정보는 한국은행에서 발간한 『물가총람(物價總覽)』에서 얻었다. 일본과 관련된 정보는 일본의 통계학자 쿠보 테츠로(久保哲朗)가 일본 총무성통계국과 후생노동성의 조사 자료를 연도별로 정리한 인터넷 사이트 年次統計(https://nenji-toukei.com)에서 찾았다. 쌀은 5kg, 닭고기, 돼지고기, 소고기의 단위는 100g 단위로 정리되어 있으나 비교의 편의를 위해 한국과 같은 무게가 나오도록 설정했다. 환율에 대한 내용은 e-나라지표에서 찾은 것이다.

[74] "화폐개혁(貨幣改革)", 한국민족문화대백과사전, 2010년 수정, 2021년 1월 11일 접속, http://encykorea.aks.ac.kr/Contents/Item/E0068608.

율만 보았을 때는 두 국가의 물가 수준을 제대로 이해하기 어렵다. 따라서 당시에 근로자들이 받았던 평균 월급과 흔하게 소비되던 제품의 물가도 고려해야 정확하게 비교할 수 있다. 1970년 일본 회사원의 월급 58,400엔은 원화로 치면 51,684원 정도인데, 이는 한국인 노동자의 1.8배 정도이다. 일본의 쌀, 닭고기, 돼지고기, 소고기 무게를 한국의 지표에 맞추어 설정하고 가격을 원화로 계산한 뒤 소수점 아래의 숫자를 생략하면 각각 6,584원, 1,610원, 508원, 1,048원이다. 따라서 1970년의 전반적인 일본 물가는 한국보다 2~4배 정도 비싸게 형성되어 있었다고 볼 수 있다. 1980년 일본 회사원의 월급은 원화로 환산하면 약 623,600원으로 한국 근로자 가구 월 소득의 약 2.5배이며, 일본 식자재의 전반적인 가격은 1970년과 마찬가지로 한국의 2~4배 정도이다. 따라서 일본인의 경우 한국에서 물건을 구매하는 편이 일본 국내에서 사는 것보다 훨씬 적은 비용이 든다. 이러한 경향은 1990년까지도 이어져서 일본인 회사원은 대체로 한국 근로자 가구의 1.6배 정도 되는 월급을 받지만, 물건을 살 때는 한국에 비해서 2~4배에 해당하는 금액을 지불해야 했다. 일본과 한국의 식기류나 찻사발이 얼마에 판매되었는지 구체적으로 비교할 수 있는 가격에 대한 정보는 없으나, 이러한 경향성이 주문 제작 상품에서도 드러났다면 일본인들은 비교적 저렴한 가격에 문경의 사기장들이 제작한 찻사발을 구매할 수 있었을 것이다.

    문경지역 사기장들의 입장에서도 일본인들과 직접 거래하여 찻사발을 만드는 편이 많은 돈을 벌 수 있었다. 천한봉의 자서전에 따르면, 그가 1969년에 서선길과 함께 조령요업사를 차리고 화분을 만들어 팔았을 때는 물건 하나에 100원 정도를 받았다[75]고 한다. 일반적으로 화분이 식기류보다 크다는 것을 감안하면, 일상생활에 사용할 목적으로 만들어진 도자기 소재의 식기류는 그와 비슷하거나 저렴한 가격이었을 것으로 보인다. 또한, 조령요

---

75   천한봉, 앞의 책.

업사를 차린 후에 만난 신정희가 찻사발 형태로 만들어진 닻사기 한 점을 100원에 구매할 때 사쿠라가와 스님은 찻사발 60개에 200만원을 주었다[76]는 내용도 그의 자서전에 서술되어 있다. 천한봉이 만든 800개의 찻사발 가운데 사쿠라가와 스님이 선별한 60개만이 상품으로서 가치를 인정받았다[77]는 것을 감안해도, 쌀 40kg이 3천 원도 하지 않던 1970년을 전후한 시기에 개당 3만 원 정도의 가격으로 팔리는 찻사발은 좋은 수입원이 될 수밖에 없었다. 사기장들이 종전부터 줄곧 생산해왔던 식기류가 낮은 가격에 판매되던 것과 달리, 일본인들이 구매한 다기류는 그들의 가치관과 물가가 반영된 고가품이 되었다. 이로 인해 다기류는 문경지역 사기장들 사이에서 중요한 생산품목으로 떠오를 수 있었다.

전통 도자기와 비교하면 짧은 역사를 가진 찻사발이 현재 문경지역을 대표하는 관광상품이 된 것은 위와 같은 환경적 요인들이 맞물린 결과이다. 이러한 현상의 이유를 밝히기 위해서는 찻사발을 비롯한 다기류와 그것의 제작환경, 다도문화 향유자들에 대한 이해가 필요하다. 다음 장에서는 어떤 부분에서 일본의 영향력이 작용했는지 밝히고, 근대의 상황과 비교하여 달라진 점은 무엇인지 규명하고자 한다.

4. 일본 다기의 영향을 받은 '문경다기' 제작

일본의 다도문화 향유자들은 차를 마실 때 찻사발을 제외하고도 다양한 다기를 사용한다. 대표적으로 주전자를 의미하는 다관과 찻잔, 차를 보관하는 차통이 있는데, 문경지역의 사기장들이 찻사발을 생산하기 시작하면서

---

76 위의 책.
77 사쿠라가와 스님은 천한봉이 만든 800개 정도의 찻사발중 60개만을 남기고 나머지는 전부 파기하라고 지시했다는 내용이 자서전에 나온다. 위의 책.

찻잔을 비롯한 다기류를 찾는 사람도 늘어났다. 말차를 저어서 거품을 내 마실 때 사용되는 찻사발과 달리, 다기류는 주로 찻잎을 뜨거운 물에 우려 마실 때 쓴다. 앞서 이야기했듯이 문경지역에는 차를 마시는 문화가 없었으므로 과도기 이전에는 다기류를 만드는 사람이 없었다. 사실, 이 시기에 일본인들이 가져온 도록에 수록되어 있던 찻사발들은 다른 지역에서 제작된 것이므로 문경에서 만들어지던 전통 도자기와는 연속성이 없다고 볼 수 있다. 찻사발을 평가하는 기준은 전통 도자기와 달랐으므로 사기장들은 일본인들의 요구를 최대한 따라야 했고, 책을 참고하여 기술을 배우거나 일본 다도문화를 공부하는 등 여러 방면에서 노력했다. 대표적인 예로 적은 수의 사기장만 생산하다가 찻사발 제작이 시작된 이후로 생산이 늘어난 진사백자가 있다.

진사백자는 구리 녹가루가 들어간 유약을 발라 환원불에서 소성한 하얀 바탕에 붉은색이 섞인 도자기[78]인데, 과도기 이전에는 잘 생산되지 않았다. 문경지역의 사기장들이 소장하고 있는 진사백자 가운데 가장 오래된 것은 이학천의 조부 이만현이 만든 작품으로, 그림 부분에만 진사를 만들 때 사용되는 기술을 적용했다. 김정옥의 부친 김교수는 진사백자를 만들지 않았으며 김정옥은 30대 초반에 책을 보며 제작기법을 배웠다. 천한봉은 그의 자서전을 참고했을 때 진사백자를 만들지 않았던 것으로 추정되는데, 실제로 도천도자미술관에 전시된 그의 작품 중에 진사백자는 없었다. 문경지역의 가마터에서 출토된 유물을 정리한 보고서[79]에서도 진사백자는 발견되지 않았기에 과도기 이전에는 이만현을 포함한 매우 소수의 사기장만이 진사백자의 맥을 잇고 있던 것으로 보인다.

이학천의 이야기에 따르면, 그의 아버지가 제작한 진사백자를 살 수 있었던 것은 소수의 부자뿐이었다. 따라서 과도기 이전에 문경에서 만들어진

---

78 김정옥(남성, 80세, 국가무형문화재 사기장)의 제보(2021.08.19, 영남요).
79 문경시, 앞의 책; 임세권・조규복・김영아・김성영・안선우・최유라, 앞의 책.

진사백자 유물이 발견되지 않는 이유는 찾는 사람이 적었기 때문이라고 생각할 수 있다. 높은 구매력을 가진 일본인 애호가와 미술상의 유입은 진사백자와는 인연이 없던 사기장들도 제작기술을 배우는 원인이 되었다. 김정옥의 경험담은 이러한 변화의 배경에 일본 다도문화의 영향이 있었다는 것을 알려주는데, 그가 진사백자 제작 기술을 배운 초기에 만든 기종은 찻사발이었다고 한다. 당시에 찻사발을 찾았던 사람은 대부분 일본인이거나 일본인과 거래하는 미술상이었으므로 문경지역에서 진사 제작 기술을 사용한 찻사발을 만들기 시작한 것은 일본 소비자들의 영향이었다는 것을 알 수 있다.

찻사발을 비롯한 다기류의 특징은 기존에 문경지역에서 제작되던 전통도자기와 상당히 다른 외형을 가졌다는 것이다. 찻사발은 막사발이나 대접과 비교하면 비교적 높은 굽을 가지고 있는 것이 특징인데, 일본의 국보로 지정된 조선의 찻사발이 정확히 어떤 용도로 사용되었는지는 알 수 없다. 일본 내부에서는 고려다완이 식기였다는 의견이 지배적이었으나, 현재는 이를 반박하는 견해가 많다.[80] 김정옥은 찻사발이 막사발과 비교하면 크기가 작고 굽이 좁아서 식기로 사용하기는 부적절하다고 언급했다.[81] 천한봉도 정호다완은 사발이나 대접과 비교하면 굽이 높고 그릇이 깊어서 잡기로 만들어졌을 것 같지는 않다[82]고 추측했다. 이러한 추측의 근거를 이해하기 위해, 문경지역 관음리에서 발견된 19세기에서 20세기 사이의 유물 도면과 도천도자미술관에 소장되어 있는 찻사발을 비교해보자.

---

80   정동주, 앞의 책.
81   김정옥(남성, 80세, 국가무형문화재 사기장)의 제보(2021.08.19, 영남요).
82   천한봉, 앞의 책.

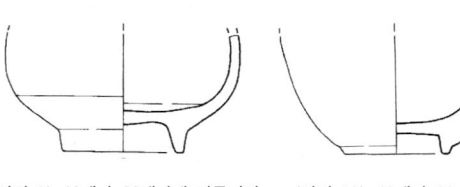
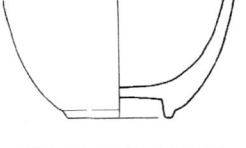
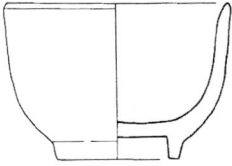

〈사진 9〉 19세기~20세기에 만들어진 백자발 유물 도면[83]
현고 : 7.5 저경 : 7.2

〈사진 10〉 19세기~20세기에 만들어진 백자발 유물 도면[84]
현고 : 7.5 저경 : 6.2

〈사진 11〉 19세기~20세기에 만들어진 백자발 유물 도면[85]
높이 : 9.9 구경 : 13.3 저경 : 7.2

〈사진 12〉 평두두옥찻사발
높이 : 5.9 구경 : 15

〈사진 13〉 김해찻사발
높이 : 8.5 구경 : 13.5

〈사진 14〉 대정호찻사발
높이 : 8.8 구경 : 15.8

윗줄의 백자발 유물 도면과 아랫줄의 찻사발 사진을 비교하면, 찻사발의 굽은 높이에 비해 좁아서 백자발보다 무게 중심이 불안정하다는 것을 알 수 있다. 또한, 구연부와 굽 넓이의 편차가 커서 흔히 배라고 불리는 몸통 부분의 경사가 백자발보다 급하다. 한국인은 식사할 때 그릇을 손으로 잡지 않고 상 위에 놓아서 먹는 만큼, 아랫부분이 좁은 찻사발의 형태는 식기로 사용하기에 적합하지 않아 보인다. 김해찻사발은 이름 그대로 김해에서 만들어진 물건으로, 굽이 네 갈래로 갈라졌다는 점에서 유물 도면이나 다른 찻사발과는 차별화된다. 천한봉의 이야기에 따르면, 굽 사이에 새끼줄을 끼워 편하게 묶기 위해서 이런 모양으로 만들었다고 한다.[86] 대정호찻사발은 굽의 울퉁불퉁한 부분이 특징으로 소성 과정에서 유약이 오그라들어서

---

83 문경시, 앞의 책.
84 위의 책.
85 위의 책.
86 천한봉(남성, 89세, 경상북도 무형문화재 사기장)의 제보(2021.08.28, 문경요).

저런 형태가 되었다. 이 부분을 일본에서는 매화피梅華皮라고 표현하며, 이와 관련된 중요한 내용을 천한봉의 자서전에서 발견할 수 있었다.

> 시유하고 남은 유약이 아까워 버리지 않고 그 다음 작업에 그것을 다시 썼더니 가마에서 나온 도자기의 유약이 모두 똘똘 말려 버려서 한가마를 몽땅 버린 경험이 있었다. 그 실패했던 유약이 정호 다완을 재현하는 데 성공하는 열쇠가 되었던 것이다. 그때는 그것이 실패라고만 생각했지, 그 후 정호 다완의 유약이 되리라고는 생각하지 못했다.[87]

인용된 내용에서 주목할 부분은 찻사발 제작이 시작되기 전의 천한봉은 유약이 뭉친 것을 실패라고 생각했다는 것이다. 백자는 흠 없이 깨끗할수록 높은 평가를 받기 때문에[88] 과도기 이전의 기준으로는 유약이 뭉치거나 오그라들지 않은 것이 좋은 도자기의 조건이었다. 하지만, 으그라든 유약에 가치를 부여하는 일본인들의 유입 이후에는 실패의 산물이 예술적인 가치를 가진 것으로 인식되었다. 매화피는 정호다완이 꼭 가지고 있어야 하는 중요한 요소이기 때문에 의도를 가지고 유약을 오그라들게 해야 한다. 도자기를 소성한 결과물 자체는 달라지지 않았지만, 일본 다도문화로부터 영향을 받은 사기장들은 완성된 물건에 기존과는 다른 의미를 부여하게 되었다.

과도기에 제작된 찻사발의 또 다른 주목할 점은 전통 도자기와 다른 다양한 색상과 무늬이다. 도자기 유물은 밝고 어두운 정도의 차이는 있으나 기본적으로 하얀색에서 벗어나지 않는다. 반면에 찻사발의 표면은 옅은 갈색부터 푸른 빛이 도는 진한 갈색까지 여러 가지 색으로 이루어져 있다. 표면의 무늬도 전통 청화백자에서 발견되는 그림이 아니라 도구를 사용해 긁

---

87 천한봉, 앞의 책.
88 김영식(남성, 53세, 경상북도 무형문화재 백자 사기장)의 제보(2021.03.05, 조선요).

은 모양새이다. 백자로 분류되는 전통 도자기 사발은 상기했듯이 맑고 투명한 하얀색의 표면이 중요했다. 그래서 이러한 조건과 부합하지 않는 색상과 무늬는 근대에 높은 평가를 받지 못했다. 하지만, 찻사발 제작이 시작된 이후로는 이 다채로운 색조를 '요변'이라 부르며 중시하게 된다. 요변은 도자기를 소성하는 과정에서 가마 내부의 온도가 일정하지 않을 때 발생한다. 백자에 해당하는 전통 도자기는 가마 내부에 산소가 들어가지 않도록 주의하면서 고온의 불을 유지하는 것이 중요했다.[89] 표면에 갈색과 푸른색이 혼재하는 것은 사기장의 불 때는 솜씨가 부족한 것으로 생각되었다. 일관되지 않은 표면의 색상은 일본의 애호가들에게 차를 마시는 시간을 더욱 즐겁게 만들어주는 심미적 요소였다. 과도기의 사기장들도 근대의 사기장들처럼 도자기를 소성할 때 망댕이 가마를 사용했기 때문에 작업환경의 변화는 없었다. 하지만, 달라진 소비층이 불을 때는 사기장들의 행동과 인식에 영향을 미쳤다고 볼 수 있다.

과도기에 제작된 차를 마실 때 필요한 물건은 찻사발만 있는 것이 아닌데, 찻사발과 다른 도구들을 묶어서 다기라고 한다. 과도기의 다기 유물은 일부 기종을 제외하고는 실물이 없으므로, 부득이하게 현대에 제작된 김영식의 작품으로 다기의 종류를 설명하고자 한다.

〈사진 15〉
김영식이 제작한 다기 세트

〈사진 16〉
『조선도자명고』에 수록된 주전자 삽화[90]

---

89 이학천(남성, 60세, 경상북도 무형문화재 사기장)의 제보(2021.09.10, 묵심도요).
90 아사카와 다쿠미, 심우성 옮김, 『조선의 소반·조선도자명고』, 학고재, 1996.

 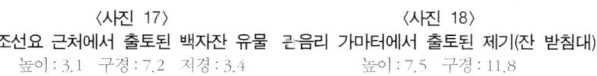 

〈사진 17〉
조선요 근처에서 출토된 백자잔 유물
높이:3.1 구경:7.2 저경:3.4

〈사진 18〉
관음리 가마터에서 출토된 제기(잔 받침대)
높이:7.5 구경:11.8

〈사진 19〉
『조선도자명고』에 수록된
약탕기 삽화[91]

제일 뒤에 보이는 주전자는 찻물을 끓일 때 사용되며, 다드문화 향유자들은 탕관이라고 부른다. 『조선도자명고』[92]에는 도자기로 만든 주전자에 대한 내용이 나와있지만, 이것은 어디까지나 다른 지역의 사례인 것으로 보인다. 김영식의 이야기에 따르면, 문경지역의 사토는 점성이 부족하여 주전자의 주둥이나 손잡이를 만들어 붙여도 파손되는 경우가 많았기 때문에 도자기로 만든 주전자는 없었다[93]고 보아도 무방하다. 문경도자기박물관과 사기장들이 소유하고 있는 유물들을 조사해보아도 주전자는 찾을 수 없었다. 따라서 주전자는 기존에 문경지역에서 제작되지 않았고, 일본 다도문화의 영향을 받아 등장했다는 사실을 알 수 있다.

〈사진 15〉의 좌측에 보이는 큰 기종은 숙우라고 불리는데, 끓인 물을 적당한 용도로 식히는 용도의 그릇이다. 물을 따르는 부분이 돌출된 것을 제외하고는 일반적인 사발과 비슷한 모양이지만, 근대에는 의도적으로 구연부의 일부가 튀어나오게 만든 기종이 없었다. 설령 있었다고 해도 성형이 잘못된 것으로 인식되었을 가능성이 크기 때문에 다기 제작이 시작된 이후에 새로이 만들게 된 기종으로 보는 편이 적합하다.

〈사진 15〉의 앞쪽에 보이는 것은 차를 따라 마시는 그릇인 찻잔과 받침

---

91 위의 책.
92 아사카와 다쿠미의 이야기에 따르면 당시의 주전자는 금속이나 도자기로 제작되었다고 한다.
93 김영식(남성, 53세, 경상북도 무형문화재 백자 사기장)의 제보(2021.12.12, 조선요).

이다. 찻잔은 구연부가 바깥으로 살짝 휘어진 것을 제외하고는 〈사진 17〉의 백자잔 유물을 닮았다. 받침은 제기와 형태가 유사한데, 굽이 없는 형태도 있으며 이것은 보통 작게 축소한 접시 모양이다. 찻잔과 받침은 기존에 문경지역에서 만들어지던 익숙한 형태의 기종들이 소비자들의 요구에 따라 변형된 사례로 볼 수 있다.

〈사진 17〉 우측에 보이는 손잡이가 달린 기종은 다관이며 차를 우려낼 때 쓰인다. 다관은 물이 나오는 주둥이와 측면으로 돌출된 손잡이가 특징인데, 도자기나 그와 유사한 소재로 제작되던 기종 가운데 약탕기와 비슷하게 생겼다. 약탕기도 주전자와 마찬가지로 문경지역에서 제작된 유물을 찾을 수 없어서 『조선도자명고』에 수록된 삽화로 대체했다. 다관과 약탕기는 주둥이가 있고 위쪽 방향으로 달린 손잡이가 없으며 무언가를 우릴 때 사용한다는 공통점이 있지만, 둘 사이에 연속성이 있다고 주장하는 것은 어려워 보인다. 흔하게 사용되던 약탕기와 달리 다관은 과도기 이전에 사용된 적이 없으며, 뚜껑이 부속품으로 달려있다. 또한, 옆을 향해 직선으로 뻗은 모양의 손잡이는 문경지역에서 출토된 어떤 근대의 유물에서도 보이지 않는다. 김영식의 이야기에 따르면 약탕기는 대부분 칠기로 만들었기 때문에 전통 도자기, 그중에서도 백자 약탕기는 없었다[94]고 보아도 무방하다. 그러므로 다관은 일본 다도문화의 영향을 받아 등장한, 문경지역 내부에서는 새로운 종류의 기물이라고 할 수 있다.

과도기의 가장 큰 변화는 다기류를 생산하게 된 것이지만, 사기장들의 작업환경이 달라진 것도 중요하다. 도자기가 잘 팔리지 않게 되면서 일꾼을 쓰기 어려워지자 많은 사기장이 혼자서 작업하게 되었다. 그러나 기술 전수가 도제식으로 이루어졌다는 점은 근대와 유사한데, 돈을 받는 건아꾼 대신 기술 수준을 끌어올리고 싶은 제자들이 숙식하며 일을 배웠다. 원료

---

[94] 김영식(남성, 53세, 경상북도 무형문화재 백자 사기장)의 제보(2021.12.12, 조선요).

수급도 사기장이 직접 이사하기보다는 다른 지역에서 흙을 구매해오는 식으로 바뀌었다. 흙을 수비한 뒤 꼬박을 밀어 태토를 만든다는 기술적인 부분은 변하지 않았으나, 전통기술을 수행하는 사기장의 생산 형태나 재료의 원산지와 같은 부수적인 요소가 달라졌다. 유약을 만들 때 사과나무 재를 사용하게 된 것도 과도기의 일로, 이전에는 석회석과 소나무 재, 느릅나무 재, 감나무 재, 뽕나무 재를 사용했다. 이학천은 문경지역의 전통 도자기인 백자를 만들기에 좋은 것은 느릅나무 재였지만, 구하기 힘들어서 다른 재를 썼다고 회상했다.[95] 감나무 재도 유약의 재료로 사용되었으나 적은 수의 감나무를 여러 공방에서 찾으면서 고목의 수가 줄어들게 되어 어린 감나무밖에 남지 않게 되었다.[96] 감나무 재의 대체재로 사과나무 재를 사용하게 된 것은 약 40년 전인데, 문경지역에서 사과나무 재배가 시작된 이후의 일이다.[97] 천한봉은 사과나무는 5년에서 6년 정도면 수종 갱신을 하므로 구하기 쉽다고 말했으며 약 10년 전에 사과밭을 구매했다고 한다.[98] 사실, 근대에는 나무 재로 만든 유약보다는 묵보래에 석회석을 섞은 유약을 많이 사용했다.[99] 김정옥은 막 도예에 입문하여 전통 도자기, 즉 백자를 만들 때는 석회석만 썼고, 나무 재는 군 생활을 마친 1960년대 후반에 찻사발을 만들기 위해 사용했다고 한다.[100] 성형작업의 경우, 일부 사기장이 석고 성형을 한 사례가 있으나 보편적이지는 않았으며 1980년대에 소개된 전기물레를

---

95 이학천(남성, 60세, 경상북도 무형문화재 사기장)의 제보(2021.09.17, 유선 인터뷰).
96 천한봉(남성, 89세, 경상북도 구형문화재 사기장)의 제보(2021.08.28, 문경요).
97 이학천(남성, 60세, 경상북도 구형문화재 사기장)의 제보(2021.09.10, 묵심도요).
98 천한봉(남성, 89세, 경상북도 구형문화재 사기장)의 제보(2021.08.28, 문경요).
99 김정옥, 김영식, 김선식은 모든 전통 백자를 만들 때는 석회석을 사용한다고 대답했다. 이학천도 유약의 제조과정을 이야기할 때 석회석의 농도를 맞춰야 좋은 색의 백자가 나온다고 말했다. 김정옥(남성, 80세, 국가무형문화재 사기장)의 제보(2021.08.19, 영남요). 김영식(남성, 53세, 경상북도 무형문화재 사기장)의 제보(2021.03.05, 조선요). 김선식(남성, 51세, 경상북도 무형문화재 사기장)의 제보(2021.05.09, 관음요). 이학천(남성, 60세, 경상북도 무형문화재 사기장)의 제보(2021.09.10, 묵심도요).
100 김정옥(남성, 80세, 국가무형문화재 사기장)의 제보(2021.08.19, 영남요).

구비한 공방도 거의 없었다. 소성 작업도 비슷한데, 1995년에 발표된 정명호의 논문을 보면 소수의 공방에서 개량식 가마를 사용하기는 했지만 대부분은 전통장작 가마인 망댕이 가마로 도자기를 굽고 있었다.[101]

도자기의 유통방식이 달라진 것도 눈에 띄는 부분으로, 근대에 사기장들과 거래했던 등금장수들은 엄밀히 말하자면 자본력을 가진 상인은 아니었다. 등금장수들의 일은 기본적으로 육체노동의 성격을 띠고 있으며, 걸어 다니는 만큼 물건이 이동하는 범위가 그리 넓지 않았다. 과도기에 유입된 일본인들과 미술상은 상대적으로 높은 자금력을 가지고 있을 뿐만 아니라 교통수단을 활용하여 찻사발을 먼 곳까지 실어 나를 수 있었다. 유통을 담당하는 상인들이 상대하는 고객의 성격도 달라졌는데, 등금장수들이 상대했던 일반인들은 실생활에 사용하는 것을 목적으로 전통 도자기를 구매했다. 하지만, 대도시에서 점포를 운영하는 미술상을 찾는 애호가들은 소장하거나 문화생활에 사용할 목적으로 찻사발을 찾았다. 근대와 과도기의 생산 형태, 기종, 소비자의 특징, 생산 방법을 비교하여 표로 정리하면 다음과 같다.

〈표 2〉 근대와 과도기의 문경도자기

특징		시기	근대	과도기
생산 형태		전승 형태	도제식(사기대장-건아꾼)	도제식(사기장-제자)
		생산 형태	분업	개인이 모든 공정 담당
유통방식과 소비자		유통방식	등금장수를 통해 유통, 육로를 주로 이용	일본인과 미술상이 구매하여 유통, 운송 수단을 이용
		소비자	문경과 주변 지역의 일반인	높은 수준의 경제력을 가진 애호가
생산 품목		기종	생활용기, 주로 식기류	요강, 화분, 칠기, 다기
		태토제조	문경에서 채취한 사토를 직접 수비하여 사용	교통 여건이 개선되면서 다른 지역의 사토를 사용할 수 있게 됨, 태토는 직접 제작

101　정명호, 「사기장 명칭과 제조기술에 관한 연구」, 『역사와 실학』 5·6, 역사실학회, 1995.

생산 방법의 변화	유약 제조 방법	묵보래와 석회석을 섞어 만든 유약으로 백자를 생산	나무 재를 태워 만든 유약으로 찻사발을 생산
	성형 방식	발물레로 성형	석고틀 성형과 전기물레가 알려졌으나 대부분 발물레로 성형
	가마의 종류	망댕이 가마	망댕이 가마, 극소수의 개량 가마

일본인과 미술상의 등장은 문경지역의 도자기와 그것을 둘러싼 문화를 여러 방면에서 바꾸어 놓았다. 도자기 제작 기술이나 작업환경 자체는 크게 달라지지 않았지만, 주요 소비자의 변화는 문경지역에서 생산된 도자기와 그것을 만드는 사기장의 사회적 지위 상승을 가져왔다. 천대받는 기술자에서 예술품을 만드는 장인이 된 사기장들은 기존과는 다른 관점으로 도자기 제작에 전념했고, 이들의 작품은 일본에서 큰 인기를 끌어 높은 가격으로 거래되었다. 유명한 사기장들은 일본의 방송에 출연하여 기술을 시연하거나 천왕을 만나는 기회를 얻기도 했다.[102]

일본의 국보로 지정된 다완을 재현하는 사기장은 많지만, 작품의 가치를 인정받는 사람은 소수이다. 1996년에 있었던 김정옥의 국가무형문화재 사기장 인정은 제도를 통한 권위의 인정으로, 문경지역 도자기의 전통성을 국가가 공인했다는 점에서 중요한 사건이었다. 김정옥의 인지도 상승은 그의 작품을 찾는 소비자들의 증가로 이어졌다. 이것은 다양한 성향을 띠게 된 생산자와 소비자가 문경지역 도자기의 정체성을 새로이 형성해 나간다는 것을 의미한다.

일본인 애호가들이 문경지역 도자기의 정체성에 변화를 가져온 것은 사실이나, 이것을 일방적인 영향으로 단정하는 것은 무리가 있다. 사기장들이 소비자들의 문화를 이해하기 위해 다도문화를 적극적으로 공부했을 뿐만 아니라, 그들의 요구를 들어주기 위해 연구와 실험을 거듭하면서 과거와는

---

[102] 이학천(남성, 60세, 경상북도 무형문화재 사기장)의 제보(2021.11.20, 묵심도요).

다른 관점으로 도자기 제작 기술을 연구했기 때문이다. 전통기술이 시대의 요구와 결합한 사례는 세계 여러 곳에서 발견되는데, 일본의 '귀와鬼瓦'도 이러한 관점에서 이해할 수 있다. 귀와는 일본어로는 '오니가와라'라고 하며, 오니라는 괴물의 얼굴이 새겨진 기와를 의미한다. 타카시 타카하라는 켄이치라는 장인이 일본의 전통기술에 프랑스의 조각 기술을 결합하여 오니가와라의 완성도를 높였다는 사실을 밝혔다.[103] 하지만, 귀와를 사용한 건축은 여전히 전통적인 이미지로 받아들여지고 있다. 따라서, 전통기술의 순수성을 판별하는 것보다는 그것이 현재까지 전승되는 과정에서 어떤 변화를 거쳤고, 왜 전통성을 가지고 있다고 여겨지며, 그 정체성은 어떻게 형성되었는지를 밝히는 것이 중요하다.[104]

새로운 기종의 등장은 그것을 둘러싼 역사적 배경에 대한 이해가 선행될 때만 온전히 해석될 수 있다. 특히 생산자가 받는 정치적·경제적 영향은 그들이 제작하는 상품에 직접적으로 투영된다는 점에서 이들의 관점은 매우 중요하다. 문경지역의 사기장들은 윗세대로부터 배운 기술을 수용하는 데서 그치지 않고, 시대적 특수성 속에서 변형해나가며 새로운 정체성을 구성해왔다. 결과적으로 사기장들에 대한 사회적 인식 또한 달라졌으며, 이러한 변화는 새로운 소비자를 창출했다. 각양각색의 계층이 방문하는 문경찻사발축제의 성공은 문경지역 도자기가 일본의 영향에서 벗어나 새로운 정체성을 형성하고 있다는 사실을 의미한다고 볼 수 있다. 따라서 문경지역에서 생산된 도자기의 정체성은 몇 가지 요소로 환원될 수 없으며, 반드시 시대적 맥락 속에서 이해되어야 한다.

---

[103] Takashi Takahara, *The Individual and Tradition*, Indiana : Indiana University Press, 2011, p.179.
[104] 한양명은 구심적 전승과 원심적 전승을 병행하여 창조적 전승을 위한 독창성을 발휘할 것을 강조했으며, 무형문화재 제도를 둘러싼 갈등에서 단순히 시시비비만을 따지는 소모적 논쟁보다는 창조적 전승의 가치를 인정해야 한다는 견해를 드러냈다.

5. 요약과 차후의 방향성

이 연구는 식기류를 주로 생산했던 문경지역의 사기장들이 20세기 후반부터 점차 새로운 기종을 만들게 된 사회문화적 배경과 과정을 해명한 것이다. 문경지역에서 찻사발 제작이 시작된 것은 1960년대 이후의 일인데, 기존의 도자사적 관점만으로는 찻사발을 비롯한 새로운 기종이 언제부터, 무슨 이유로 만들어지기 시작했는지 알 수 없었다. 이 연구에서는 주로 제작되는 기종과 생산 형태, 사기장의 사회적 지위, 소비자의 성향을 기준 삼아 문경지역 도자기의 역사를 근대와 과도기로 구분하고, 기존과 비교해서 달라진 부분을 파악하고자 했다. 중심이 되는 연구자료는 실제로 그 시기를 살았던 사기장들의 경험이며, 이를 통해 유물을 조사하는 것만으로는 밝히기 어려운 사실들을 알아낼 수 있었다.

대체용기의 유입으로 전통 도자기의 수요가 감소하면서 문경지역의 사기장들은 위기에 직면했는데, 이 시점을 과도기의 시작으로 잡았다. 가볍고 파손될 위험이 적은 대체용기가 빠른 속도로 시장을 점유하기 시작하면서 많은 공방이 문을 닫게 되었다. 사기장들은 이러한 위기 상황에 대응하기 위해 요강과 화분, 칠기를 생산하여 생계를 유지했다. 도자기로 만들어진 요강은 냄새가 밖으로 새어 나오지 않아서 찾는 사람이 많았으며, 화분은 수도권의 부자들이 주로 소비했다. 칠기는 이학천의 부친 이정우가 제작하기 시작한 것으로 추정되는데, 튼튼한 데다가 다양한 크기를 가지고 있어서 실용성이 높았기 때문에 잘 팔렸다고 한다.

사기장들의 대응에도 불구하고 전통기술로 제작된 도자기를 찾는 사람의 수는 갈수록 줄어들었다. 사멸될 위기에 처한 전통 도자기 제작 기술은 찻사발을 찾아 문경지역으로 유입된 미술상과 일본인 애호가들로 인해 전환점을 맞게 된다. 이들은 사기장들에게 찻사발을 만들어 달라고 요청했는데, 이로 인해 사기장들은 고려다완을 최대한 비슷하게 재현한다는 새로운 목적을 가지고 작업을 하게 되었으며 결과적으로 찻사발은 예술품이라는 새로운 정체성을 획득했다. 진사백자가 근대에 비해서 활발하게 생산되기 시작한 것도 이 시기의 일로, 이전에는 소수의 사기장만이 진사백자를 제작했다.

일본인들이 찻사발을 찾아 문경지역까지 흘러들어온 이유로는 전통기술로 만든 찻사발에 대한 기대도 있지만, 저렴한 인건비 또한 중요한 요소였던 것으로 추정된다. 이 시기에는 일본과 한국의 물가 차이가 상당했으므로 일본인들은 훨씬 저렴한 가격에 양질의 찻사발을 구할 수 있었다. 이러한 분위기 속에서 도자기의 입지 또한 달라지기 시작했다. 평범한 식기일 뿐이던 전통 도자기는 예술품이라는 지위를 획득했고, 사기장들에 대한 사회적 인식도 근대와 비교하면 높아졌다.

찻사발을 제외한 여타의 다기도 과도기부터 제작되기 시작했는데, 문경지역에서 원래 생산되던 전통 도자기와는 다른 부분이 있다. 그중에서도 찻사발은 굽이 높고 옆면의 경사가 급해서 식기로 사용하기에는 적합하지 않다. 사기장들의 증언에 따르면, 문경지역에는 차를 마시는 문화도 없었으므로 찻사발을 비롯한 다기류의 제작은 일본 다도문화의 영향을 받아 이루어졌다는 사실을 알 수 있다.

하지만, 문경지역의 전통 도자기가 일본 문화의 영향을 일방적으로 받기만 했다고 보는 것은 어렵다. 사기장들이 문경지역을 찾아온 일본인들에게 전통 도자기 제작 기술을 알려주었을 뿐만 아니라, 일본 다도문화를 더 잘 이해하기 위해 스스로 공부도 했기 때문이다. 또한, 극히 일부의 공방에서 석고틀을 이용하는 성형법을 사용하거나 개량식 가마를 도입한 것을 제외하고는 전통기술도 거의 변하지 않은 채 지속되었다. 중요한 지점은 사기장들이 기술자로서 쌓아온 판단력과 솜씨를 주체적으로 활용하면서 고려다완을 재현하기 위해 노력했다는 것이다.

새로운 기종이 등장하면서 생산품의 종류가 다양해졌다는 것은 문경지역의 도자기가 외부와 교류하는 과정에서 정체성의 변화를 겪었다는 것을 의미한다. 이를 통해 정체성은 복잡하게 상호작용하는 환경적 요인들의 영향을 받아 다층적으로 형성된다는 사실을 알 수 있다. 생산자와 소비자는 기존과 다른 기술이나 관점을 받아들여 사물의 의미를 새롭게 구성해나간다. 따라서, 전통기술이 얼마나 변형되었는지 판별하여 전통성 유무를 따지는 것보다는 그것이 전승되는 과정에서 어떤 변화를 거쳤으며, 만들어진 물건의 정체성은 어떻게 달라졌는지를 밝히는 것이 중요하다.

이 논문은 기존의 도자사적 관점으로는 미처 발견하지 못했던 부분에 주목하여 문경지역 도자기의 정체성 문제를 다루었다. 우선, 역사적 사건을 거치면서 달라진 사회적 배경과 이에 맞선 사기장들의 대응을 그들의 경험담을 통해 조명했다. 또한, 문경지역 전통 찻사발의 시작을 일본 다도문화의 일방적인 영향으로 보는 시선에 이의를 제기했다. 하지만, 문경지역에서 활동하고 있는 모든 도공의 의견을 경청하지 못했다는 점에서 한계가 있다. 이러한 문제를 해결하기 위해 다양한 관점에서 여러 차례의 현지조사를 거쳐 후속 연구를 계속하고자 한다. 이 연구를 시작으로 환경 변화가 전통기술 보유자들에게 미치는 영향과 그로 인한 정체성 변화를 당사자들의 시각에서 바라보는 작업이 더욱 활발하게 이루어지기를 바란다.

참고문헌

제1부 지격 공동체의 재인식과 문제설정

제1장 인류세와 지방소멸 시대, 공동체문화의 가능성 // 이영배

기화서, 『지방소멸 일본은 어떻게 대처하고 있는가』, 태양, 2017.
도나 해러웨이, 최유미 옮김, 『트러블과 함께하기』, 마농지, 2021.
마강래, 『지방도시살생부』, 개마고원, 2017.
_____, 『지방분권이 계방을 망친다』, 거마고원, 2018.
마스다 히로야, 김정환 옮김, 『지방소멸』, 와이즈베리, 2015.
얼 C. 엘리스, 김용진·박범순 옮김, 『인류세』, 교유서가, 2021.
유선종·노민지, 『지방소멸, 어디까지 왓나?』, 매일경제신문사, 2018.
이영배, 「마을행동, 사회적 연대의 민속적 배치와 생성」, 『인문학연구』 35, 경희대학교 인문학연구원, 2017, 111~152쪽.
_____, 「공동체성의 변환과 유동하는 경계들 – 충남 홍성근 홍동면과 장곡면의 사례를 중심으로」, 『인문학연구』 46, 경희대학교 인문학연구원, 2021, 209~252쪽.
_____, 「무위(無爲)의 공동체와 민속의 공동(共同)성」, 『공동체문화와 민속 연구』 2, 안동대학교 민속학연구소, 2021, 5~46쪽.
장-뤽 낭시, 박준상 옮김, 『무위의 공동체』, 인간사랑, 2010.
제이슨 W. 무어, 김효진 옮김, 『생명의 그물 속 자본주의』, 갈무리, 2020.
최민지, 『포항 원도심 공간의 문화적 재구와 민속의 변환』, 민속원, 2020.
충남발전연구원+홍동마을 사람들, 『마을공화국의 꿈, 홍동마을 이야기』, 한티재, 2014.

제2장 귀농인의 지역사회 적응과 사회적 자본 // 이진교

자료

『의성에 '귀농·귀촌 정보센터' 개스』, 『안동MBC뉴스』, 2015년 11월 23일(https://www.youtube.com/watch?v=-DiLyXuHxek).
『2021년도 업무계획 군긴과 함께 행복한 의성을 그려갑니가!』, 의성군청 홈페이지(https://www.usc.go.kr/board/list.tc?mn=1277&mngNo=274&pageSeq=1313)
『경북 의성군 읍면별 인구통계 2004-2021 데이터 레이스』, 홉이든HOPEDEN 유튜브(https://www.

youtube.com/watch?v=g6saTKX0E7w).
『귀농귀촌 의성이 좋다 2018 의성군 귀농귀촌 소식지』, 의성군귀농귀촌정보센터, 2018.
『귀농귀촌 의성이 좋다』, 의성군농업기술센터, 2021.
『귀농어‧귀촌 활성화 및 지원에 관한 법률』, 국가법령정보센터 홈페이지(https://law.go.kr/).
『젊은 여성 없는 의성‧고흥‧군위…30년 뒤 내 고향 사라진다』, 『중앙일보』, 2016년 5월 2일 (https://news.joins.com/article/19968138).
『의성군 귀농‧귀촌인 조례』, 경상북도 의성군, 2015.11.30.
『의성군 귀농귀촌 소식지 귀농귀촌 의성이 좋다』, 의성군귀농귀촌정보센터, 2019.
『의성군 귀농귀촌 소식지 귀농귀촌 의성이 좋다』, 의성군귀농귀촌정보센터, 2020.
『의성군의회 회의록』, 의성군의회(http://www.cus.go.kr/source/korean/index.html).
고영준, 「귀농 선배들 "후배여, 이것은 명심하자"」, 오마이뉴스, 2015년 4월 24일(http://m.ohmynews.com/NWS_Web/Mobile/amp.aspx?CNTN_CD=A0002102147)

논저

강대구, 「귀농자의 귀농유형별 영농정착과정」, 『농업교육과 인적자원개발』 제39권 제1권, 한국농산업교육학회, 2007.
＿＿＿, 「귀농동기에 따른 귀농정착과정」, 『열린충남』 제54권, 충남발전연구원, 2011.
김기흥, 「귀농귀촌 개념과 정책 방향 재정립에 관한 연구 - 충남 사례를 기반으로 - 」, 『농촌사회』 제28권 2호, 한국농촌사회학회, 2018.
김기흥 외, 「지방자치단체의 귀농귀촌 정책과 거버넌스」, 『한국농촌경제연구원 연구자료』, 한국농촌경제연구원, 2016.
김덕만, 「2015 귀농‧귀촌 정책방향」, 『한국농촌경제연구원 연구자료』, 한국농촌경제연구원, 2015.
김백수‧이정화, 「귀농인의 농촌사회 적응에 대한 생태체계적 분석」, 『農村社會』 제23권 제2호, 한국농촌사회학회, 2013.
김선기, 「인구구조변화 대응을 위한 新지역균형발전 방안」, 『월간 주민자치』 68, 한국자치학회, 2017.
김정섭‧오정훈 엮음, 「귀농‧귀촌 정책 및 농촌 마을공동체 활성화 방향 - 한국농촌경제연구원 연구자료 -」, 한국농촌경제연구원, 2016.
김진아, 「완주지역 마을공동체와 문화이장 연구 : 농촌지역 마을공동체 사업을 중심으로」, 원광대학교 행정대학원 석사학위논문, 2020.
마상진, 「귀농‧귀촌, 무엇을 어려워하는가?」, 『한국농촌경제연구원 기타연구보고서』, 한국농촌경제연구원, 2016.
＿＿＿, 「귀농‧귀촌 동기 유형과 관련 변인」, 『농업교육과 인적자원개발』 제50권 1호, 한국농산업교육학회, 2018.
마상진‧박대식, 「귀농‧귀촌의 역사적 고찰과 시사점」, 『농촌사회』 29, 한국농촌사회학회, 2019.
마이클 우즈, 『농촌 - 지리학의 눈으로 보는 농촌의 삶, 장소 그리고 지속가능성 - 』, 따비, 2016.
박대식‧김경인, 「농촌주민이 인식하는 귀농‧귀촌이 농촌 지역사회에 미치는 사회경제적 영향」, 『한국지역사회생활과학회지』 제28권 4호, 한국지역사회생활과학회, 2017.
박대식‧남승희, 「귀농‧귀촌인의 지역사회참여 실태와 관련 요인」, 『농촌사회』 제25권 3호, 한국농촌사회학회, 2015.
박문호‧오내원‧임지은, 『농촌지역 활성화를 위한 귀농‧귀촌 추진방안』, 한국농촌경제연구원, 2012.
박선미, 「현대 농촌 공동체의 주도적 활동가 유형과 활성화의 동력」, 『실천민속학연구』 제37호, 실천민속학회, 2021.

박정운・최현선・김재현, 「귀농귀촌 시대의 공동체의 역할 – 괴산군 사례를 중심으로 – 」, 『韓國地方自治學會報』 제25권 3호, 한국지방자치학회, 2013.
박 철, 「지방소멸과 주민자치 인프라」, 『월간 주민자치』 65, 한국자치학회, 2017.
송미령・성주인・김정섭・심재헌, 「귀농・귀촌 증가 추세와 정책 과제」, 『한국농촌경제연구원 농정포커스』 103호, 한국농촌경제연구원, 2015.
송재일, 「귀농귀촌 지원법에 대한 고찰 – 입법론적 논의를 중심으로」, 『명지법학』 제12권, 명지대학교 법학연구소, 2013.
안민지, 「농촌사회 변화에 따른 농촌 원주민과 귀농・귀촌인 간 갈등 인식 연구」, 서울시립대학교 대학원조경학과 석사학위논문, 2017.
유학열, 「충남지역 귀농 귀촌의 실태 및 유형별 특징」, 『열린충남』 제54권, 충남발전연구원, 2011.
이준우・홍유미, 「귀농귀촌에 대한 원주민의 인식과 욕구」, 『한국콘텐츠학회논문지』 제18권 10호, 한국콘텐츠학회, 2018.
이철우・박순호, 「경상북도 귀농・귀촌정책의 문제점과 개선방안」, 『대한지리학회지』 제50권 6호, 대한지리학회, 2015.
이해진・김철규, 「대안가치지향 귀농귀촌인의 사회적 특성과 역할」, 『農村社會』 제23권 제2호, 한국농촌사회학회, 2013.
정기석, 「사회적 자본을 활용한 제주지역 농촌공동체 활력화 방안」, 『귀농・귀촌 정책 및 농촌 마을공동체 활성화 방향-한국농촌경제연구원 연구자료 – 』, 한국농촌경제연구원, 2016.
주문희, 「농촌 마을의 재구성과 차이・공존의 장소정치」, 『한국지역지리학회지』 제24권 3호, 한국지역지리학회, 2018.
진명숙, 「귀농귀촌인 주도 커뮤니티 유형과 특징 – 진안군의 사례를 중심으로 – 」, 『지역사회연구』 제27권 1호, 한국농촌사회학회, 2019a.
_____, 「에코페미니즘 관점에서 본 귀농귀촌 여성의 토종씨앗지키기 실천 분석」, 『農村社會』 제29권 제2호, 한국지역사회학회, 2019b.
진양명숙, 「젊은 도시민의 농촌 이주 양상과 성격」, 『지역사회연구』 제16권 제4호, 한국지역사회학회, 2008.
채상헌, 「귀농정착 현황 및 귀농정착 성공요인 분석 – 귀농귀촌교육수료생 대상 영농정착실태조사 사례 중심으로 – 」, 『한국농・산업교육학회 학술대회 발표자료집』, 한국농산업교육학회, 2013.
허태호・최원실・이상현, 「귀농인의 사회적 자본이 경제적 성과에 미치는 영향」, 『農業經濟研究』 제25권 3호, 한국농업경제학회, 2021.
Robert D. Putnam, 안청시 외 옮김, 『사회적 자본과 민주주의』, 博英社, 2000.

제3장 동해안 지역의 기후변화와 어촌의 현실 // 이중구

자료
관계부처합동, 『이상기후 보고서』, 각 연도, 2010~2020.
국립기상과학원, 『우리나라 109년 기후변화 분석 보고서(1912-2020년)』, 2021.
영덕군, 『영덕군 통계연보』, 1977.
환경부, 『한국 기후변화 평가보고서 2020 : 기후변화 영향 및 적응』, 2020.

『한국일보』, 2021년 5월 30일.

『경향신문』, 2020년 9월 11일.

논저

H.H. 램 저, 김종규 역, 『기후와 역사 : 기후·역사·현대 세계』, 한울아카데미, 2004.
가와사끼 쓰요시 저, 공영·서영상 역, 『기후변화와 어류』, 아카데미서적, 2012.
공 영·서영상·성기탁·한인성, 『기후변화와 해양생태계』, 아카데미서적, 2010.
김문기, 「온난화와 청어 : 천·해·인의 관점에서」, 『역사와 경계』 90, 경남사학회, 2014.
김봉태 외, 「기후 요소가 해파리 출현에 미치는 영향 분석」, 『수산해양교육연구』 27권 6호, 한국수산해양교육학회, 2015.
김연신, 「18세기 문화이론으로서 기후풍토론 : 헤르더의 인류학적 기후풍토론을 중심으로」, 『괴테연구』 29, 한국괴테학회, 2016.
金蓮玉·李淑姬, 「東海岸 漁村의 水産地理學的 硏究 : 丑山港을 中心으로」, 『農村問題論集』 2, 梨花女子大學校 農村問題硏究所, 1976.
김연옥, 『기후 변화』, 민음사, 1998.
김재호, 「조선후기 한국 농업의 특징과 기후생태학적 배경」, 『비교민속학』 41, 비교민속학회, 2010.
데이비트 키플란 저, 최협 역, 『인류학의 문화이론』, 나남출판, 1994.
디디에 오글뤼스텐느·장 주젤·에르베 르 트뢰트 저, 박수현 역, 『기후 예고된 재앙』, 알마, 2009.
사까이 이찌로 저, 정호성·김지희 역, 『백화현상의 실체와 극복』, 서울대학교 출판부, 1998.
슈테판 람슈토르프·캐서린 리처드슨 저, 오철우 역, 『바다의 미래, 어떠한 위험에 처해 있는가』, 도서출판 길, 2012.
安田 撤 저, 윤양호 역, 『해파리의 경고』, 전파과학사, 2009.
엘스워스 헌팅틴 저, 한국지역지리학회 역, 『문명과 기후』, 민속원, 2013.
요한 고트프리트 폰 헤르더 저, 안성찬 역, 『인류의 교육을 위한 새로운 역사철학』, 한길사, 2011.
울리히 벡, 「변화의 기후인가 아니면 녹색 근대가 어떻게 가능할까?」, 『기후문화 : 기후변화와 사회적 현실』, 성균관대학교 출판부, 2013.
윌리엄 F. 러디먼 저, 김홍옥 역, 『인류는 어떻게 기후에 영향을 미치게 되었는가』, 에코리브르, 2017.
윤양호, 『바다의 반란 적조(赤潮)』, 집문당, 2010.
이승호 외, 「기후변화가 농업생태에 미치는 영향 : 나주지역을 사례로」, 『대한지리학회지』 43권 1호, 대한지리학회, 2008.
이화운·지효은·이순환, 「한반도 동남연안지역의 냉수대 영향과 해풍의 상호관련성 연구」, 『한국대기환경학회지』 25-6, 한국대기환경학회, 2009.
이희연, 「비달의 환경가능론」, 국토연구원 엮, 『공간이론의 사상가들』, 한울, 2001.
조숙정, 「동해안 '해류' 구분법과 '무대'에 관한 민속지식 : 서해안 '물때'와 비교의 관점」, 『비교민속학』 37, 비교민속학회, 2021.
조천호, 『파란하늘, 빨간지구』, 동아시아, 2019.
프란츠 마우엘스하겐·크리스티안 피스터, 「기후에서 사회로 : 21세기 기후역사」, 『기후문화 : 기후변화와 사회적 현실』, 성균관대학교 출판부, 2013.
홍선기, 「기후변화에 따른 해양생태계 변화와 어업」, 『생태와 환경』 47, 한국하천호수학회, 2014.

IPCC, *Climate Change 2007 : The Physical Science Basis*, CAMBRIDGE UNIVERSITY PRESS, 2007.

제2부 지역 공동체의 문화적 전통과 변환

제4장 한말 지역 공동체 구성원의 역할 형평성 전통∥배영동

강대기, 『현대사회에서 공동체는 가능한가』, 아카넷, 2004.
김순모, 「나라골 8종가의 연대에 관한 연구」, 안동대 민속학과 석사논문, 1993.
김재영, 「일제강점기 호서지방의 형평운동」, 『충청문화연구』 18집, 충남대학교 충청 문화연구소, 2017.
김정미, 「한말 경상도 영해지방의 의병전쟁」, 『대구사학』 42, 대구사학회, 1992.
김희곤 외, 『영덕의 독립운동사』, 영덕군, 2003.
김희곤·권대웅 편, 『韓末義兵日記; 乙未義兵日記·赤猿日記』, 국가보훈처, 2003.
남재욱·오건호, 「기초생활보장 수급 노인의 기초연금 권리보장 - 보충성 원리와 사회적 형평성을 중심으로 -」, 『비판사회정책』 59권, 비판과 대안을 위한 사회복지학회, 2018.
마르셀 모스, 이상률 옮김, 『증여론』, 한길사, 2013.
박선미, 「동성마을 잔치 부조(扶助)의 양상과 호혜성 - 20세기 중후반 경북 영양군 감천마을의 사례 -」, 『실천민속학연구』 제31호, 2018.
박호성, 『공동체론 : 화해와 통합의 사회·정치적 기초』, 효형출판, 2009.
배영동, 「근대시기 '순흥초군청(順興樵軍廳)' 결성의 배경과 의의」, 『실천민속학 연구』 제22호, 실천민속학회, 2013.
_____, 「분류적 인지의 민속지식 연구의 가능성과 의의」, 『비교민속학』 제57집, 비교민속학회, 2015.
심상훈, 「한말 경북지역 의병일기의 사료적 특징과 활용을 통해 본 선비정신 - 「스토리테마파크」 이야기 소재 자료를 중심으로 -」, 『국학연구』 28, 한국국학진흥원, 2015.
유영익, 「을미의병」, 『한국민족문화대백과사전』, 한국정신문화연구원, 1996.
윤주명, 「신행정학에 대한 이론적 고찰과 평가」, 『한국자치행정학보』 20권 1호, 한국자치행정학회, 2006.
이영배, 「공동체 문화 재생의 역사적 원천과 특이성」, 『구상과 영역들』, 민속원, 2020.
이종수, 「사회적 형평성」, 『행정학사전』, 대영문화사, 2009.
이종수, 『공동체 - 유토피아에서 마을만들기까지 -』, 박영사, 2015.
임의영, 「신행정학의 규범적 기치로서 사회적 형평성 : 민주주의의 기본원리에 기초한 정치철학적 비판」, 『한국행정학보』, 28권 4호, 한국행정학회, 1994
_____, 「사회적 형평성의 정의론적 논거 모색 : R. Dworkin의 '자원평등론'을 중심으로」, 『행정논총』 45권 3호, 서울대 한국행정연구소, 2007.
_____, 「사회적 형평성의 정의론적 논거 모색 : '응분의 몫(desert)' 개념을 중심으로」, 『행정논총』 46권 3호, 서울대 한국행정연구소, 2008.
_____, 「형평성의 개념화」, 『서울행정학회 학술대회 발표논문집』, 2011.01.
최 협·김명혜·윤수종 등, 『공동체론의 전개와 지향』, 선인, 2001.

제5장 해안 지역 민간신앙의 용신(龍神)과 자연 이해 // 이용범

강성복, 「충남 서해안의 어로민속」, 『충남의 민속문화』, 국립민속박물관, 2010.
강소전, 「북제주군 구좌읍 김녕리 동김녕마을 잠수굿의 제차와 그 역할」, 『탐라문화』 27, 제주대탐라문화연구소, 2005.
강정식, 「한국 제주도의 해양신앙」, 『도서문화』 27, 목포대 도서문화연구원, 2006.
김종대, 『도깨비를 둘러싼 민간신앙과 전설』, 인디북, 2004.
김재호, 「전통사회 해촌에서 농업이 갖는 사회문화적 의미」, 『비교민속학』 65, 비교민속학회 2018.
김택규, 『한국농경세시의 연구』, 영남대출판부, 1985.
문화공보부 문화재관리국, 『한국민속종합조사보고서』 경남편, 1972.
_____, 『한국민속종합조사보고서』 농악·풍어제·민요편, 1982.
배영동, 「반농반어촌의 농경의례와 어로의례의 상관성과 복합성 : 20세기 경북 영덕 창포마을의 경우」, 『비교민속학』 65, 비교민속학회 2018.
서영대, 「한국과 중국의 성황신앙 비교」, 『중국사연구』 12-1, 중국사학회, 2001.
서울새남굿보존회 편, 『서울새남굿 신가집』, 문덕사, 1996.
송기태, 「어경(漁耕)의 시대, 바다 경작의 단계와 전망」, 『민속연구』 25, 안동대민속학연구소, 2012.
이경엽, 「남해안 용왕굿의 현장론적 연구 : 벌교 장도 용왕굿을 중심으로」, 『한국민속학』 38, 한국민속학회, 2003.
_____, 「서남해의 갯제와 용왕신앙」, 『한국민속학』 39, 한국민속학회, 2004.
_____, 「갯벌지역의 어로활동과 어로신앙」, 『도서문화』 33, 목포대 도서문화연구원, 2009.
_____, 「바다·삶·무속 : 바다의 의례적 재현과 의미화」, 『한국무속학』 26, 한국무속학회, 2013.
이경엽 외, 『여수영당, 풍어굿, 악공청』, 민속원, 2007.
이용범, 「전주 용왕제의 역사적 변회와 특징」, 『남도민속연구』 25, 남도민속학회, 2012.
최길성, 『한국무속의 연구』, 아세아문화사, 1978.
최덕원, 『다도해의 당제 : 신안지역을 중심으로』, 학문사, 1986.
최정여·서대석 공저, 『동해안 무가』, 형설출판사, 1974.
하효길, 『한국의 풍어제』, 대원사, 1998.
허호익, 「귀츨라프의 생애와 조선 선교활동 : 최초로 조선을 찾은 프로테스탄트 선교사」, 한국기독교역사연구소, 2009.
현용준, 「제주도의 바다 : 삶의 터전, 죽음의 자리 그리고 굿 한마당」, 『제주도 무혼굿』, 열화당, 1985.
홍태한, 「서해안 풍어굿의 양상과 특징」, 『도서문화』 28, 목포대 도서문화연구원, 2006.
秋葉 隆, 최길성 역, 『조선 무속의 현지연구』, 계명대출판부, 1987.
Smith, Neil, 1996, "Nature", Adam Kuper and Jessica Kuper eds., *The Social Science Encyclopedia* (2nd edition), London & New York : Routledge.

제6장 한국 무속 '표시 체험'에 대한 연구 // 정은정

김광일, 『한국전통문화의 정신분석』, 시인사, 1984.
김성례, 「제주무속 : 폭력의 역사적 담론」, 『종교 신학연구』 4-1, 서강대 비교사상연구원, 1991.
김영재, 「점복문화 배경의 여성 내담자를 위한 상담전략의 모색 – 근거이론적 접근 – 」, 숙명여자대학교 박사학위논문, 2003.

김헌선, 『인천 영종도 숙개 재수굿 무가집』, 보고사, 2009.
로버트 엘우드 지음, 서창원 옮김, 『신비주의와 종교』, 이화여자대학교 출판부, 1994.
손노선, 「한국 강신무의 접신에 관한 연구」, 영남대학교 석사학위논문, 2009.
이부영, 『한국의 샤머니즘과 분석심리학 : 고통과 치유의 상징을 찾아서』, 한길사, 2017.
이희정, 「샤먼의 신령 접촉 형식에 관한 연구 – 한국, 시베리아, 북미 샤먼들의 사례를 중심으로 – 」, 서울대학교 박사학위논문, 1999.
장순범, 「입 무(入 巫) 과정에서 '허주 굿과 삼산돌기'의 포착과 내림굿에 따른 애동 무당의 갈등」, 안동대학교 석사학위논문, 2016.
차옥숭, 『한국인의 종교경험 巫敎』 서광사, 1997.
한국민족문화대백과사전, http://encykorea.aks.ac.kr.

제7장 한국전쟁 이후 옹기공방에서 여성의 역할 변화 // 이한승

고영복, 『사회학사전』, 사회문화연구소 출판부, 2000.
김재호, 「'꺼매기'옹기의 생산・소비 방식과 문화사적 의의」, 『민족문화논총』 39, 영남대학교 민족문화연구소, 2008.
_____, 「옹기 장인들의 불에 대한 민속지식과 민속분류」, 『민속연구』 31, 안동대학교 민속학연구소, 2015.
_____, 「옹기장인의 옹기제작기술과 전통지식」, 『문화재』 48(2), 국립문화재연구소, 2015.
문옥표, 「도시중산층의 가족생활과 주부의 역할」, 『도시중산층의 생활문화』, 한국정신문화연구원, 1992.
민경은, 「옹기점 운영의 생산・분배적 조건과 신앙풍속」, 『민속학연구』 23, 국립민속박물관, 2008.
배영동, 「옹기의 제작기술과 판매방식」, 『역사민속학』 6, 역사민속학회, 1997.
_____, 「문화전승으로서 농업기술 교육의 전통과 변화」, 『비교민속학』 25, 비교민속학회, 2003.
_____, 「수제(手製) 전통의 산업적 성격 전환 과정 : 울산 외고산마을 옹기의 사례」, 『한국민속학』 59, 한국민속학회, 2014.
안혜경, 「옹기의 사용과 여성의 가사활동에 관한 연구 – 예천 금당실 사례를 중심으로」, 서울대학교 인류학과 석사학위논문, 2003.
염미경, 「무형문화재의 전승원리와 전통방식 해석에 따른 전승구도 변화와 대응 : 제주도 옹기장 사례를 중심으로」, 『한국사회학』 52(1), 한국사회학회, 2018.
오창윤, 「제주 옹기문화연구회의 변천과 발전 방안」, 『한국도자학연구』 13(2), 한국도자학회, 2016.
이반 일리치, 노승영 역, 『그림자 노동』, 사월의 책, 2015.
이중구, 「마을사회 여성 리더의 성장과 정치적 의미 – 연지3리 여성 이장의 사례 – 」, 『민속연구』 40・41, 안동대학교 민속학연구소, 2020.
이토 아비토(伊藤亞人), 「옹기와 주부」, 『한국문화인류학』 17, 한국문화인류학회, 1985.
이한승, 「옹기 제작에 나타나는 전승지식의 양상 : 경기도 '오부자옹기'를 중심으로」, 『민속연구』 31, 안동대학교 민속학연구소, 2015.
_____, 「1970년대 광명단 옹기에 대한 논란과 그 문화적 파장」, 『실천민속학연구』 29, 실천민속학회, 2017.
_____, 「옹기 제작 전통의 재창조와 무형문화재 가치 논의 : 경기지역 한 옹기공방의 사례를 중심으로」, 『실천민속학연구』 36, 실천민속학회, 2020.

임재해, 「민속문화의 여성성과 민속학의 여성주의적 문제의식」, 『비교민속학』 45, 비교민속학회, 2011.
천혜숙, 「여속지 기술의 관점과 체계」, 마을 민속보고 어떻게 할 것인가, 『민속연구』 12, 안동대학교 민속학연구소, 2003.
_____, 「전통사회의 여성과 남성 - 가부장 담론과 여성 억압의 현실」, 『실천민속학연구』 7, 실천민속학회, 2005.

제3부 지역 문화의 활용 가능성과 전망

제8장 밀양농악의 전승과 의의 // 한양명

40년사 편찬위원회, 『밀양아랑제 40년사』, 밀양아랑제집전위원회, 1999.
강용권, 「민속예술」, 『한국민속종합조사보고서』 경남편, 문화공보부·문화재관리국, 1977.
권태목, 「국악」, 40년사편찬위원회, 『밀양아랑제40년사 : 별책부록』, 밀양아랑제집전위원회, 1999.
김익두, 「이리농악」, 『한국민속예술사전(농악)』, 국립민속박물관, 2016.
김택규·석대권·김경배, 『한국의 농악』 영남편, 수서원, 1997.
김헌선, 『한국농악의 다양성과 통일성』, 민속원, 2014.
남근우, 『한국민속학 재고』, 민속원, 2014.
남성진, 「진주·삼천포풍물의 전통 형성과 전승주체의 현실 대응」, 안동대학교 민속학과 석사학위논문, 2002.
村山智順(무라야마 지쥰), 박전렬 역, 『조선의 향토오락』, 집문당, 1992.
무안용호놀이보존회, 『무안용호놀이』, 무안용호놀이보존회, 2015.
문화공보부문화재관리국, 『한국종합민속조사보고서』 경남편, 문화공보부문화재관리국, 1972.
송기태, 「마을농악의 전승구도 변화와 현실 대응 : 전남남해안지역 마을농악을 중심으로」, 『공연문화연구』 30, 공연문화학회, 2015.
이승수, 「민속원형의 창출과 제도화 : 밀양백중놀이를 중심으로」, 『한국민속학』 46, 한국민속학회, 2007.
정병호, 『농악』, 열화당, 1986.
정상박, 「영남농악의 민낯과 현대농악의 형성」, 『영남춤학회지』 8-2, 영남춤학회, 2020.
주강현, 『한국의 두레 1』, 집문당, 1997.
추현태, 「밀양백중놀이의 전통창출과 사회문화적 의미」, 안동대학교 민속학과 석사학위논문, 2004.
한양명, 「지역축제의 전승과 민속의 변용」, 『비교민속학』 35, 비교민속학회, 2008,
_____, 「전통축제와 축제적 연행의 구성과 진행방식에 관한 시론 : 초월과 포월의 가능성 탐색」, 『비교민속학』 43, 비교민속학회, 2010.
_____, 「솟대놀음의 변화와 놀음의 미학」, 『비교민속학』 55, 비교민속학회, 2014.
_____, 「제주입춘굿의 성격과 축제사적 의의」, 『민속연구』 38, 안동대 민속학연구소, 2019.
_____, 「칠원 줄다리기 조사연구」, 함안군, 안동대 산학협력단, 2020.

권태목, 「국악협회밀양지부 회원명단」, 1969(추현태 소장).

_____, 「병신굿놀이 조사발굴 회원 명단」, 1969(추현태 소장).
_____, 「밀양농악 판제」, 1971(추현태 소장).
_____, 「밀양전승놀이(일명 윷놀이)」, 1971(추현태 소장).
_____, 「밀양농악 판제와 출석부」 1989(추현태 소장).
_____, 「밀양농악 판제와 도해」, 1990년대 중반(추현태 소장).
_____, 「밀양농악 판제와 해설」, 2001(추현태 소장).

미리미패, 「밀양12차농악시연회」팸플릿, 2001.04.29.
밀양농악보존회, 〈밀양농악 공연영상〉, 제60회 밀양아리랑대축제, 2018.05.19.
_____, 〈밀양농악 공연영상〉, 제61회 밀양아리랑대축제, 2019.05.18.
_____, 〈밀양농악 공연영상〉, 제19회 정기발표회 2020.10.24.
『조선일보』, 1930.04.16, 3면.

제9장 '80년대' 저항 문화와 민속의 지역사회 귀환 // 이진교

자료

「KBS 2TV 추적 60분 '영양댐 이상하다'…언론중재위 반론보도 결정」, 『경북신문』, 2013년 5월 22일.
「농촌전통테마마을, 두메송하마을이 '최고'」, 『경북도민일보』, 2007년 12월 10일, http://www.hidomin.com/news/articleView.html?idxno=43522&replyAll=&reply_sc_order_by=I#reply(2021.03.30.)
「영양군 이장에게 보내는 편지」, 영양댐 건설추진 반대공동대책위원회, 2012(미간행).
「영양댐 건설 추진 그 갈등과 논란」, 『PD저널 팩트』, TBC, 2012년 12월 6일.
「영양댐 건설반대 경과보고」 보도자료, 영양댐 반대공동대책위원회, 2014년 4월 30일(미간행).
「영양댐이 이상하다」, 『추적 60분』, KBS, 2013년 4월 10일.
「위기의 장파천」, 『물은 생명이다』 545회, SBS, 2013년 4월 19일.
『영양댐 반대대책위 동영상』, 영양댐 반대대책위, 2012(미간행).
『장파천 문화제 동영상』, 영양댐 공동대책위원회, 2014년 6월 14일(미간행).
『제2회 장파천 문화제 동영상』, 영양댐 반대대책위원회, 2013(미간행).

논저

강내희, 「신자유주의 시대 문화지형의 변동과 문화운동」, 『마르크스주의 연구』 4(1), 경상대학교 사회과학연구원, 2007.
권혁희, 「민속문화의 근대적 변용과 현대적 창출 - 20세기 풍물의 역사적 전개와 현대적 창출 과정 -」, 『현대화와 민속문화』, 서울대학교 비교문화연구소, 2020.
김광억, 「저항문화와 무속의례 : 현대한국의 정치적 맥락」, 『한국문화인류학』 23(1), 한국문화인류학회, 1991.
김달현, 「1980년대 대학 대동제의 창출과정과 연행민속의 의미」, 안동대학교 석사학위논문, 2005, 81쪽.
김두하, 『장승과 벅수』, 집문당, 1990.
김성례, 「무속전통론의 창출과 유용」, 『아시아문화』 22, 한림대학교 아시아문화연구소, 2006.
김성일, 「문화운동에 있어 '실천'의 재구성」, 『실천문학』 104, 실천문학사, 2011.
김진식, 「1970년대 이후 장승의 전승과 변화양상」, 안동대학교 석사학위논문, 2013.
김창남, 「80년대의 문화와 문화운동」, 『문학과사회』 2(4), 문학과지성사, 1989.

박흥주, 「1980년대 풍물운동에 발현된 굿성 연구」, 『비교민속학』 50, 비교민속학회, 2013a.
_____, 「풍물굿의 새로운 전망설정에 필요한 논의」, 『실천민속학연구』 22, 실천민속학회, 2013b.
영양군청, 『英陽郡誌』 상·중·하·별권, 2020.
이영배, 「사회적 연대의 소스 코드로서 민속의 변환과 생성-행동의 형태로 본 세시풍속과 촛불행동의 다중적 연관을 중심으로-」, 『한국민속학』 66, 2017.
이진교, 「마을사회의 위기와 의례적 대응-풍력발전 반대 '산신제'에 대한 민속지적 연구-」, 『민속연구』 35, 안동대학교 민속학연구소, 2017.
_____, 「농민들의 저항과 마을 지식의 재구성-경북 영양군 H마을 풍력발전 반대운동의 민속지적 연구-」, 『민속연구』 37, 민속학연구소, 2018.
_____, 「투쟁 공동체에서 풀뿌리 공동체로-경북 영양군 귀농·귀촌인 한 모임에 대한 민속지적 연구-」, 『비교민속학』 70, 비교민속학회, 2019.
_____, 「지역사회의 연대와 저항 -영양 풍력발전 저지 활동의 민속지적 연구-」, 『실천민속학연구』 35, 실천민속학회, 2020.
조현범, 「한국사회의 민속담론과 민속종교에 대한 연구 : 산업화 이후 전개과정을 중심으로」, 서울대학교 대학원, 1994.
천미전, 「장승의 현대적 변용과 활용양상」, 『남도민속연구』 21, 남도민속학회, 2010.
한양명, 「축제 정치의 두 풍경 : 국풍81과 대학대동제」, 『비교민속학』 26, 비교민속학회, 2004.
홍성태, 『토건국가를 개혁하라 : 개발주의를 넘어 생태복지국가로』, 한울아카데미, 2011.
_____, 『생태복지국가를 향하여』, 전인진, 2019.

Adams, K. M, "Ethnic Tourism and the Renegotiation of Tradition in Tana Toraja (Sulawesi, Indonesia)", *Ethnology* Vol. 36(4), 1997, pp.309~320.
Chang, T.C, "Theming Cities, Taming Places : Insights from Singapore", *Human Geography* Vol. 82(1), 2000, pp.35~54.
Geertz, Clifford, "Notes on the Balinese Cockfight," *The Interpretation of Cultures*, Basic Books, 1973(기어츠, 클리퍼드, 문옥표 옮김, 「심층놀이 : 발리의 닭싸움에 대한 기록들」, 『문화의 해석』, 까치, 1998).
Gilmore, David D., "The Democratization of Ritual : Andalusian Carnival after Franco", *Anthropological Quarterly* 66(1), 1993.
Hobsbawm, Eric, *The Invention of Tradition*, Cambridge Univ. Press, 1983(홉스봄, 에릭, 박지향 외 옮김, 『만들어진 전통』, 휴머니스트, 2004).
Remedi, Gustavo, *Carnival Theater : Uruguay's Popular Performers and National Culture*, University of Minnesota Press, 2004.

제10장 고향영화(Heimatfilm)에 대한 독일 Tübingen대학 민속학연구소의 연구 배경과 방법 // 이상현

김륜옥, 「독일의 최장수 TV드라마 〈린데 거리〉에 대한 문화사회학적 고찰」, 『독일어문학』 91, 한국독일어문학회, 2020.
이상현, 「독일 민속학개론서의 일상문화와 민속학연구소의 일상문화 : Tübingen대학 민속학연구소의 활동을 중심으로」, 『비교민속학』 60, 비교민속학회, 2010.
이상현, 「민속아카이브의 정리 방법과 민속학 연구 : 독일민속학을 중심으로」, 『한국민속학』 52, 한국민

속학회, 2011.

볼프강 야콥센・안톤 케스・한스 힐무트 프린츨러 엮음, 이준서 옮김, 『독일영화사』 2 : 1930년대~1950년대, 이화여자대학교출판부, 2010.

李相賢, 「ドイツ・テュービンゲン大学民俗学研究所のメディア研究の歴史と特徴」, 『日常と文化』 3, 日常と文化研究会, 2017.

Bausinger, Hermann, "Volkslied und Schlager", Jahrbuch des Österreichischen Volksliedwerkes V, 1956.

Bausinger, Hermann・Braun, Markus・Schwedt, Herbert, Neue Siedlungen. Volkskundlich- soziologische Untersuchungen des Ludwig Uhland-Institts Tübingen, Stuttgart, 1959.

Bundeszentrale für politische Bildung(Hrsg.), Heimat. Analysen, Themen, Perspektiven., Bonn, 1990.

Greverus, Ina-Maria, Der territorianle Menschen. Ein literaturanthropologischer Versuch zum Heimatphänomen, Frankfurt/Main, 1972.

Höfig, Willy, Der deutsche Heimatfilm, 1947-1960., Stuttgart, 1973.

Kaschuba, Wolfgang, "Bildwelten als Weltbilder", Ludwig-Uhland-Institut für Empirische Kulturwissenschaft der Universität Tübingen(Hrsg.), Der Deutsche Heimatfilm. Bilwelten und Weltbilder. Bilder, Texte, Analysen zu. 70 Jahren detuscher Filmgeschichte., Tübingen, 1989.

Kracauer, Siegfried, Theorie des Films, Frankfurt, 1985.

Löfgren, Ovar, "Natur, Tiere und Moral. Zur Entwicklung der bürgerlichen Naturauffassung", Utz Jeggle 외(Hrsg.), Volkskultur in der Morderne. Probleme und Perspektiven empirischer Kulturforschung, Hamburg, 1988.

Ludwig-Uhland-Institut für Empirische Kulturwissenschaft der Universität Tübingen(Hrsg.), Der Deutsche Heimatfilm. Bilwelten und Weltbilder. Bilder, Texte, Analysen zu 70 Jahren detuscher Filmgeschichte., Tübingen, 1989.

Prosser, Michael, "Das Phänomen 'Schwarzklinik'", Landesstelle für Volkskunde Freiburg Badisches Landesmuseum Karsruhe und der Landestelle für Volkskunde Stuttgart Württemberisches Landesmuseum Stuttgart(Hrsg.), Beiträge zur Volkskunde in Baden-Württemberg. Band5, Stuttgart, 1993.

웹사이트

https://www.youtube.com/watch?v=vnFKJtf_gak
https://www.youtube.com/watch?v=1ReZIMmD_8E
https://www.youtube.com/watch?v=566UGG28e8k
https://www.youtube.com/watch?v=k0uvOaC4cTQ

제11장 20세기 후반 문경도자기의 기종과 정체성 변화 // 서별

강경숙, 『한국 도자사의 연구』, 시공아트, 2000.
경상북도, 경상북도도예가협회, 『사람은 그릇을 만들고 그릇은 사람을 만든다』, 경상북도, 2020.
권병탁, 『전통도자의 생산과 수요』 영남대학교 민족문화연구소, 1979.
김경식, 「경상북도 문경지역 도자제작의 역사와 사기장인의 역할」, 『한국도자학연구』 14, 한국도자학회, 2017.
김남희, 「조선 말기 문경 관음리 망동요 연구」, 고려대학교 고고미술사학과 석사학위 논문, 2013.
_____, 「조선 말기 망동요의 기원과 전개」, 『한국학연구』 49, 고려대학교 한국학 연구소, 2014.
_____, 「조선 말기 망동요(望同窯)의 재현(再現)과 실연(實演)」, 『도예연구』 23, 이화여자대학교 도예연구소, 2014.
김영원, 「분원 관요에 대한 재론 : 명칭과 설치시기의 연구사적 검토」, 『동양미술사학』 3, 동양미술사학회, 2015.
김정옥, 『국가 무형문화재 백오호 사기장 백산 김정옥』, 영남요, 2021.
김현아, 「식민지시기 유입된 일본어 도자공예 용어가 現도자공예용어에 미친 영향」, 『일본연구』 62, 한국외국어대학교 외국학종합연구센터 일본연구소, 2014.
_____, 「20세기 이래 고려청자 그리고 고려다완, 왜 만들게 됐나」, 『일본연구』 77, 한국외국어대학교 일본연구소, 2018.
문경시, 「문경지역 도요지 지표조사보고서」, 경상북도문화재연구원, 2002.
박소현, 「'고려자기'는 어떻게 '미술'이 되었나 – 식민지시대 '고려자기열광'과 이왕가박물관의 정치학」, 『사회연구』 7, 한국사회조사연구소, 2006.
방병선, 『조선후기 백자 연구』, 일지사, 2000.
_____, 『순백으로 빚어낸 조선의 마음, 백자』, 돌베개, 2002.
_____, 「『하재일기』를 통해 본 조선 말기 분원」, 『강좌미술사』 34, 한국불교미술학회, 2010.
성병희·김구군·배영동, 「문경 사기장 조사 보고서」, 경상북도 2003.
손연숙, 「백산 김정옥의 생애와 사상연구」, 『차문화·산업학』 22, 국제차문화학회, 2012.
송성수 편역, 「무엇이 기술을 형성하는가」, 『우리에게 기술이란 무엇인가』, 녹두, 1995.
아사카와 다쿠미, 심우성 옮김, 『조선의 소반·조선도자명고』, 학고재, 1996.
엄승희, 「일제강점기 도자정책과 제작구조 연구」, 숙명여자대학교 박사학위논문, 2009.
에릭 홉스봄 외, 박지향·장문석 옮김, 『만들어진 전통』, 휴머니스트, 2004.
이진수, 「도한 천한봉의 전통 찻사발 제작에 관한 연구」, 『차문화·산업학』 25, 국제차문화학회, 2014.
임세권·조규복·김영아·김성영·안선우·최유라, 「문경용연리백자공방」, 안동대학교박물관, 2007.
장남원, 「고유섭의 도자인식 – 고려시대 청자를 중심으로」, 『미술사학연구』 248, 한국미술사학회, 2005.
정동주, 『조선 막사발 천년의 비밀』, 한길아트, 2001.
정명호, 「사기장 명칭과 제조기술에 관한 연구」, 『역사와실학』 5·6, 역사실학회, 1995.
정수진, 『무형문화재의 탄생』, 역사비평사, 2008.
_____, 『문화유산의 근대와 탈근대』, 민속원, 2021.
천경희, 「전통 흑유자기 계승을 위한 유약 표현 연구」, 청주대학교 공예학과 석사학위 논문, 2020.
천한봉, 『그릇과 나의 인생』, 도서출판 호미, 2007.
うまか陶, https://www.umakato.jp/library/glossary/inde-.html
しぶや黒田陶苑, https://www.kurodatoen.co.jp/cp_lineupcat/kobayashi-togo/
天平堂, https://tenpyodo.com/artists/kobayashi-togo/
한국민족문화대백과사전, http://encykorea.aks.ac.kr/Contents/Item/E0068608

찾아보기

ㄱ

가부장제 23, 218, 219 237, 245, 248
가속화 25, 29, 40, 88, 91, 113, 116
가업 계승 237, 238, 246, 247, 248
가족 28, 48, 163, 178, 181, 186~188, 190, 192, 211, 219, 228~230, 233, 237, 237, 245, 246, 248, 249, 303, 305, 325, 331, 335, 342, 343, 358, 368
가치실천 양식 19, 23, 24, 28, 31~35, 37~41
갈등 45, 47, 56, 64, 66, 81, 82, 147, 265, 294, 306, 325, 326, 342~345, 348, 392
건아꾼 217, 221, 225, 227, 229, 230, 388, 390
경연대회 254~256, 259, 260, 263, 265, 281, 325
고령화 18, 42, 55, 59, 82, 102, 115
고을농악 255, 256, 272, 274, 280, 284
고향소설 Heimatroman 327, 329, 332, 337~339
고향영화 Heimatfilm 324~327, 329, 332, 336~346, 348, 349
공동성 37, 38
공동재共同財, commons 146
공동체 30, 31, 35~37, 43, 119, 120, 122~124, 127, 133, 134, 138, 140, 147~149, 273, 283, 288, 311, 339
공동체문화 19, 28~32, 35~39, 41, 120
공동체성 30, 79, 280, 283, 288
구성원 합의형 형평성 149
귀농·귀촌인 42~45, 47, 54, 56, 58~62, 64, 65, 74, 75, 77~84, 286, 297, 300, 304, 305, 308, 310, 313, 315, 316, 319~322

귀농인 42~51, 54, 56~58, 60~73, 75~85
기술력 221, 222, 224, 377
기종 351~355, 359, 362~64, 366, 370, 378, 383, 386~388 390, 392~394
기후변화 20, 23, 86~91, 100, 102, 106, 110~116
기후위기 112
기후지식 91, 110, 113
길굿 263, 267 269, 271~277
꿈 176, 178, 179, 181, 184~186, 190, 202, 342, 344, 348

ㄴ

네트워크 26, 31, 36, 51, 75, 83
노동 23~25, 34, 72, 73, 215, 225, 229, 245
노스탤지어 330
농민 35, 36, 39, 45, 89, 122, 138, 253
농민문화 305, 313
농악대 256, 258, 259, 262, 266, 267, 269
농업 20, 22, 30, 75, 82, 84, 89, 90, 173
농촌 29~31, 36, 39, 42, 45, 49, 54~57, 65, 72, 82, 84, 85, 237, 325, 326, 328, 339, 345

ㄷ

다기류 351, 355, 376, 381~383, 388, 394
다도문화 355, 369, 375~377, 381~383, 385, 387, 388, 391, 394, 395
담론 18, 23, 27, 28, 31~33, 38, 45, 61~63, 68,

80, 82~84, 179, 218, 280
대동굿 156, 159, 165, 166
대동놀이 254, 299, 305, 311
대안 19, 27, 29, 31, 32, 35, 37, 38, 45, 79, 104, 294, 325, 328
대안 문화 320, 323
대중가요 254, 332~334
대중매체 326, 327, 330, 332~336, 341, 347, 349
도시재생 32
독일민속학 329, 330, 332, 334
동해안 90, 92, 93, 95, 97, 99, 101, 106, 107, 110, 112~116, 157
동해안 별신굿 159, 165, 166
두레 36, 254
딜레마 101, 106, 116

라

라디오 326, 327, 333, 334, 336, 347, 349

마

마을공동체 123, 139
만신 180~184, 186~192, 198, 200, 201, 203~205, 209~214
무당 176~213, 224
무대화 253, 255, 259, 260, 265, 269, 270, 280~283
무속 162, 163, 172, 176~179, 193, 196~198, 202, 207, 208, 212, 213
무업 176, 177, 180, 182, 184, 188, 196, 198, 199, 206, 213
무형문화재 36, 216, 217, 219, 233~238, 241, 242, 255, 256, 260, 271, 351~ 354
무형유산 259, 260, 280
문경도자기 352, 353, 355, 358, 369, 390
문중 123, 124, 126~130, 132~134, 136, 138~141, 143~149
문화권력 266
문화적 실천 44, 81, 322

미술상 369, 370, 377, 383, 390, 391, 393
민간신앙 153~156, 158, 160, 161, 164, 166~174
민속담론 288, 289
민속학 42, 43, 85, 90, 91, 216~218, 309, 321, 323, 334, 349, 351, 352
민요民謠 260, 325, 332~335, 344
민요民窯 358, 373
민족공동체Volksgemeinschaft 330
민중영화Volksfilm 336
밀양농악 253, 256, 261~266, 268~272, 275, 280~284

바

바다 40, 89, 91, 92, 94, 99, 101~109, 113~116, 154, 155, 157, 159, 160, 163, 166, 168~174
발화 181, 186, 187, 197, 200, 203, 205~208, 211, 213
백화현상 102
뱃고사 156, 158, 160

사

사기장 350~361, 363~372, 375~378, 380~383, 385~395
사제 176, 179, 194~198, 200,~202, 206, 207, 213
사회변동 215, 216, 254
사회적 자본 46, 68, 69, 73, 83, 84
사회적 형평성social equity 120, 121, 141
산악영화Bergfilm 337
산업사회 22
상대적 형평성 121, 133, 134, 138~140, 143, 147, 148, 149
상쇠 263, 265, 268, 273, 274, 277, 281, 309
상품화 23~25, 33, 349
상호관계 171
상호작용 20, 43, 64, 81, 123, 134, 172, 214,

289, 290, 300, 321, 395
생산문화 215~217, 240, 241, 244 248~250, 352
생존 29, 86, 89, 90, 106, 107, 111, 112, 114~116, 359, 366
생태계 21, 22, 25, 99, 102, 105
생태교육 35
성금 124, 136, 138, 139, 149
성차 216~218, 220, 238, 244, 249
성황당 123, 124, 134~140, 148, 151
소통 31, 62, 174, 190, 191, 196, 202, 203, 205, 207, 209, 211, 213, 227, 255
손님 116, 176~178, 180~187, 191~197, 200~203, 207~213
솟대 286, 301, 302, 305~307, 311, 312, 315, 316, 322
수리부엉이 317~319, 322
수사자水死者 154, 159, 163, 165~167, 170, 172, 174
수신水神 154, 161, 164, 170, 174
스마트팜 49, 51, 61
신뢰 46, 69, 71, 73, 74, 83, 190 191, 207~209, 212, 213, 299
신명풀이 283
신비 체험 192, 193
실용성 367, 376, 393
심방 179, 184, 186, 213
쑬루세chthulucene 27, 28, 39~41

아

아전 130, 131, 135~138
양반 122, 127, 133, 134, 148
어로 91, 94, 100, 102, 103, 105, 106, 113, 116, 154, 156~162, 167, 170, 172~174
어업 100, 101, 106, 115, 116, 173
어종 89, 91, 94, 95, 98, 99, 112, 114~116
어촌 90, 106, 110, 112, 114, 116, 173
역동성 285, 286, 290, 304, 319, 320, 322, 323
역사영화Historienfilm 337

연대 31, 35~37, 134, 144, 214, 256, 295, 296, 303, 308, 317~319
연행 34, 155, 167, 254, 255, 259, 263~265, 268, 269, 273~278, 286, 288, 289, 298, 301, 321
영가 199, 200, 203, 205
영양댐 286, 290~298, 300, 305, 308~311, 313, 314, 319~322
영해향교 강학소 141, 144, 147, 148
예술성 280, 283
옹기 생산 215, 217, 219~225, 227~230, 232~234, 236~239, 241, 244~250
옹기대장 217, 221, 222, 226~230, 232
옹기흙 217, 221, 222, 236
왜사기 350, 356, 358, 364
요강 360~362, 367~369, 390, 393
욕망 41, 112, 116, 342, 348
용신龍神 153~172, 174
용제龍祭 161, 165
원형 284, 353
유물 38, 242, 329, 350~352, 354, 361, 362, 364, 365, 369, 376, 378, 382~388, 393
을미의병 123, 124, 127, 129, 143, 148
의례 154~169 171~174, 177~179, 185~187, 192, 194~196, 200, 213, 286~288, 305, 315, 316, 319, 322
의례 방식 200
이수자 234~238, 241, 243
인류세anthropocene 17~20, 22, 23, 25~28, 31, 33~35, 38~41, 87, 88, 116
인적 연망 46, 52, 69, 71, 73, 83, 84
인지모델 155, 170, 171
일상생활 91, 106, 112, 326, 333, 336, 346~348, 350, 380

자

자기 판단형 흥평성 138, 139, 140, 149
자본세capitalocene 18, 26~28, 33, 39~41
자본주의 체제 19, 23~25, 32~34, 39

자연 조건 153, 155, 170, 172
잠수굿 156, 159, 165, 166, 172, 173
장승제 300, 302~305, 307, 311, 312, 313, 315, 316, 319, 322
장파천 문화제 286, 290, 294~306, 308~316, 319~323
재현 30, 178, 241, 242, 249, 265, 269, 270, 275, 281~283, 298, 308, 312, 321, 323, 376, 385, 391, 393, 394
잿물 217, 221, 222
저항 문화 290, 308, 310~312, 319, 320
저항장승 288, 303, 304, 312
적응 45~49, 52, 54~56, 62, 65, 67~77, 79~85, 87, 91, 112, 115, 116, 198, 232, 331, 332, 342, 345
전승 218, 233, 234, 236, 237, 241, 242, 245, 247~249, 253~259, 262, 264~274, 279~284, 287, 288, 304, 317, 326, 332, 333, 339, 344, 351, 356, 363, 365, 371, 392, 395
전승교육사 234~237, 241
전승주체 283
전승지식 122, 147, 150, 216, 222, 223, 236, 351, 352
전통기술 351, 353, 354, 356, 358, 359, 365, 367, 370, 372, 377, 378, 389, 392~395
전통문화 234, 240, 241, 247, 287, 311
전통성 249, 353, 372, 391, 392, 395
절대적 형평성 139, 140, 147~149
점주 225, 227~230, 238, 248
접신 179, 180, 202, 204~207
정체성 56, 71, 77, 83, 194, 243, 290, 293, 325, 326, 329, 345, 353~355, 391, 392, 394, 395
제가집 177, 178, 180, 181, 189~192, 195, 198, 205, 214
조상 178, 181, 184~192, 197, 199, 201~205, 207, 211
종교 176, 177, 179, 180, 193, 195~198, 201, 212, 214, 287, 295, 296, 307, 311, 322, 331
종손 129, 131, 146, 147
주산 산신제 285, 290, 315, 317, 320, 322, 323

지방소멸 17~19, 28~32, 34, 35, 38, 39, 42, 44, 45, 51, 68, 81, 82
지배 권력 316
지역 공동체 120, 123, 134, 140, 148, 149, 293
지역사회 35, 36, 42, 43, 45~50, 52, 54~57, 59 ~65, 67~72, 75, 77, 78, 80~85, 123, 126~128, 130, 132~134, 138, 149, 241, 289~291, 308~ 310, 312, 314, 319~322
지역재생 18, 32, 60
진사백자 382, 383, 394

차

찻사발 351, 363, 369, 370, 372~378, 380~386, 389, 390, 393~395
창출 34, 115, 232, 238, 255, 256, 261, 266, 270, 280~282, 290, 304, 315, 392
초군청樵軍廳 123, 134, 135, 137~140
축제 168, 256, 258~260, 289, 302, 309, 314, 326, 341, 343~345
치배 255, 256, 262, 266, 269, 273, 276~280
친환경농업 36
칠기 364~367, 369, 388, 390, 393

카

코로나19 76, 77

타

타자화 43, 45, 68, 83
태풍 89, 90, 98, 104, 106~108, 110, 111, 113
텍스트 282, 283, 333
텔레비전 326, 327, 334~336, 345, 347
토착 주민 42, 43, 46, 53, 55, 56, 63~68, 71, 72, 74, 81, 83, 286, 292, 300, 304, 305, 312, 313, 316, 319, 321, 322

파

판제　255, 256, 259, 262~264, 266~279, 281, 282, 284
페미니즘　218
폭풍해일　89, 92, 106, 107, 109~124
표시 체험　176~181, 183~187, 189~207, 209, 211~214
풍력발전단지　285, 315, 319, 322
풍물　286, 287, 289, 301, 304, 309, 311~313, 322
풍어豐漁　154, 158~162, 165, 166, 169, 170, 172, 174

하

해녀　101~103, 105~107, 115, 160, 172
해안 지역　154~161, 164~174
향수鄕愁　330
향토방송Heimafunk　334, 335
향회鄕會　124, 127, 130~134, 148
허재비　168, 169
협동　31, 35, 36, 80, 305
형평성　120~124, 132, 134, 138, 141, 146~149
혼성성　282
화분　360, 363, 364, 367, 369, 374, 380, 390, 393
흑숲　336, 338, 343, 345

찾아보기　413

글쓴이 소개 (집필순)

이영배

안동대학교 민속학과 교수로 재직하면서 민속학연구소장을 맡고 있다. 주요 논문으로는 「공동체문화 실천의 역사적 원천과 그 재생의 특이성」(『한국학연구』, 2019), 「공동체문화 연구의 민속적 패러다임 정립을 위한 기획」(『인문학연구』, 2019), 「공동체문화 실천의 동인과 대안의 전망」(『인문학연구』, 2020) 등이 있다.

이진교

안동대학교 민속학과 부교수로 재직 중이며, 현재 대학원 민속학과 4단계 BK21 교육연구팀장이다. 지역 공동체 현실문제에 관한 연구를 수행하고 있다. 「마을사회의 위기와 의례적 대응」, 「지역사회의 연대와 저항」 등의 연구논문과, 『문화권력과 버내큘러』(공저), 『현대화와 민속문화』(공저) 등의 저서가 있다.

이중구

안동대학교 대학원 민속학과 BK21교육연구팀에서 학술연구대우교수로 재직중이며, 주로 마을사회와 어촌문화에 대해 연구하고 있다. 주요 논문으로는 「인접 마을 간의 관계성 변화」, 「어촌사회의 공공개발 수용과 환경 변화」, 「분단의 현실과 접경지역의 어민사회: 고성군 현내면 대진리의 사례」 등이 있다.

배영동

안동대학교 민속학과 교수로 재직 중이며, 농경문화, 음식문화, 지역문화를 연구하고 있다. 논문으로는 「궁중 내농작과 농가 내농작의 의미와 기능」, 「산업화에 따른 마을공동체 민속의 변화와 탈맥락화」, 「고조리서『음식결조飮食節造』저술의 배경 문화 탐색」 등이 있고, 저서로는『농경생활의 문화읽기』, 『민속지식의 인문학』(공동) 등이 있다.

이용범

안동대학교 민속학과 교수로 재직 중이며, 한국민속종교와 관련 의례문화에 관심을 갖고 있다. 대표 논저로 Korean Popular Beliefs(공저), 『도시마을의 민속문화』(공저), 「한국 전통 죽음의례의 변화: 유교 상장례와 무속의 죽음의례를 중심으로」 등이 있다.

정은정

안동대학교 대학원 민속학과 박사과정을 수료 후, 현재 무속 공동체와, 지역의 협동조합에 관심을 갖고 연구 중이다. 대표 논문에는 「한국 무속 종교 체험에 대한 연구 - '표시 체험'을 중심으로 - 」가 있다.

이한승

안동대학교 대학원 민속학과 BK21교육연구팀에서 학술연구대우교수로 재직중이며, 공동체 문화와 무형유산에 대해 관심을 가지고 있다. 대표 논저에는 『옹기를 만드는 사람들』, 「1970년대 광명단 옹기에 대한 논란과 그 문화적 파장」 등이 있다.

한양명

안동대학교 민속학과 교수로 재직 중이며, 민속예술과 축제, 놀이에 대해 공부하고 있다. 대표 논저로는 『물과 불의 축제 : 선유·낙화놀이의 전통과 하회 선유줄불놀이』, 『용과 여성, 달의 축제 : 영덕의 동제와 대동놀이』, 「민속예술을 통해 본 신명풀이의 존재양상과 성격」, 「솟대놀음의 변화와 놀음의 미학」 등이 있다.

이상현

안동대학교 민속학과 교수로 재직 중이며, 주요 논저에는 「독일 민속학개론서의 일상문화와 민속학연구소의 일상문화」, 「민속학의 공동체적 마을 인식의 특징과 문제점」, 『世界遺産時代の民俗學』 등이 있다.

서 별

안동대학교 대학원 민속학과에서 박사과정을 밟고 있으며, 장인들이 조직한 공동체의 문화와 무형유산에 대해 관심을 가지고 있다. 대표 논저에는 「20세기 후반 문경도자기의 기종과 정체성 변화」, 「문화정책과 장인조직으로 본 문경지역 도자기의 정체성 변화」 등이 있다.